성공하는 사람들의 8번째 습관

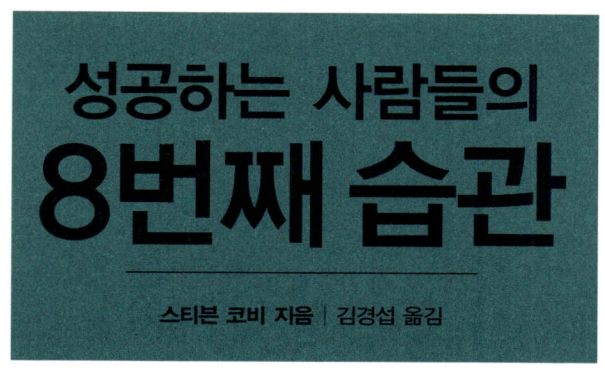

성공하는 사람들의
8번째 습관

스티븐 코비 지음 | 김경섭 옮김

from Effectiveness to Greatness
The 8th HABIT

김영사

특별부록
동영상 바로보기

성공하는 사람들의 8번째 습관

저자_ 스티븐 코비
역자_ 김경섭

1판 1쇄 발행_ 2005. 9. 12.
1판 25쇄 발행_ 2024. 6. 1.

발행처_ 김영사
발행인_ 박강휘

등록번호_ 제406–2003–036호
등록일자_ 1979. 5. 17.

경기도 파주시 문발로 197(문발동) 우편번호 10881
마케팅부 031)955–3100, 편집부 031)955–3200, 팩스 031)955–3111

값은 뒤표지에 있습니다.
ISBN 978–89–349–1916–2   03320

홈페이지_ www.gimmyoung.com   블로그_ blog.naver.com/gybook
인스타그램_ instagram.com/gimmyoung   이메일_ bestbook@gimmyoung.com

좋은 독자가 좋은 책을 만듭니다.
김영사는 독자 여러분의 의견에 항상 귀 기울이고 있습니다.

이 책에 쏟아진 격찬의 글

세계에서 가장 존경받는 리더십 전문가인 스티븐 코비가 이번에는 『성공하는 사람들의 8번째 습관』으로 우리를 놀라게 했다. 그는 베스트셀러 『성공하는 사람들의 7가지 습관』의 토대 위에서 세상을 변화시키고, 위대함이라고 하는 불멸의 유산을 남기는 열정적인 삶을 살기 위해 따라야 할 또 하나의 습관을 제시한다.

래리 킹 (CNN의 진행자)

나는 『성공하는 사람들의 7가지 습관』을 읽은 이후 10년이 넘도록 그 다음 단계의 책을 기다려 왔다. '7가지 습관' 이후 삶의 환경은 크게 변했고, 삶을 바라보는 다른 시각이 필요해졌다. '8번째 습관'으로 나의 삶은 새로운 영감을 얻었다!

그레그 콜먼 (야후미디어 세일즈 담당 부사장)

스티븐 코비는 이 책을 통해 사람들을 고무하는 리더십이라고 하는 새로운 경지를 열어젖힘으로써 리더십의 개념을 바꾸어 놓았다. 리더가 되려고 하는 모든 사람들의 필독서이다.

아룬 간디 (비폭력간디협회 회장)

위대한 리더들은 사람들이 소중하다는 것을 알고 있다. 그들은 다른 사람들의 의견에 귀를 기울이는 데 그치지 않고, 그들의 의견을 적극적으로 구한다. 그들은 모든 팀원들에게 의미 있고 영속적인 공헌을 할 기회를 제공한다. 그들은 리더의 가장 중요한 책무는 사람들을 개발하고 그들이 잠재능력을 충분히 발휘하도록 고무하고 성장하게 하는 것이란 사실을 인식하고 있다. 이것은 오래 전부터 우리 메리어트 그룹의 철학이었다. 우리는 그 철학에 따라 우리가 직원들을 극진하게 대해 주면, 직원들도 고객들에게 극진하게 대해 줄 것이라고 확신한다. 스티븐 코비는 바로 이 철학을 이야기하고 있는 것이다. 이 책은 더 강하고, 더 효과적이고, 진실로 다른 사람들을 고무하는 리더가 되기 위한 훌륭한 지침서이다.

J. W. 메리어트, Jr. (메리어트인터내셔널 회장)

그는 우리 안에 존재하는 위대함을 깨닫게 해준다. 8번째 습관은 정말로 영원한 리더십 원칙이다. 그것은 개인 존중의 원칙이며, 사람을 한낱 생산수단으로 인식하는 세계에서 잃어버린 본질적 진실이다. 세계화되고 무한한 네트워크로 연결된 시장에서, 스티븐은 우리가 매일 접하는 수많은 사람들이 각자 지닌 위대함을 드러내고 서로 축하하도록 도와준다. 나는 150개국에 퍼져 있는 12만 명의 재능 있는 사람들의 리더로서, 스티븐의 탁월한 사고와 거침없이 전개되는 리더십 이야기에 감사를 보낸다.

윌리엄 G. 파레트 (딜로이트의 CEO)

언제나 그렇듯이, 스티븐 코비는 무엇이 마음을 움직이고 동시에 비즈니스를 성공시키는지 보여 주는 데 탁월한 능력을 가지고 있다. 이 책은 마음의 평화를 얻고 정말 중요한 일에 집중하는 데 필수적이다.

램 차란 (『실행 : 업무 완수의 규율』의 공동 저자)

이 책은 효과성을 뛰어넘어 한 단계 더 나아가기 위한 강력하고 실천적인 로드맵이다. 행복하고 재능을 펼치는 삶을 원하는 사람이라면 반드시 읽어야 할 책이다.

클레이튼 M. 크리스텐슨 (하버드비즈니스스쿨 경영관리학 교수)

스티븐 코비의 새 저서는 모든 개인과 기업이 위대한 가능성을 갖고 있다는 나의 믿음을 확인시켜 준다. 그는 위대함은 열정을 필요로 하고, 열정은 협력과 성장과 헌신을 북돋우고 보상해 주는 기업 관행에 지배를 받는다는 것을 알고 있다.

앤 리버모어 (HP테크놀로지솔루션그룹 부사장)

이 책은 개인과 기업이 탁월함을 추구하는 데 도움이 되는 영원한 원칙들로 가득 차 있다. 스티븐의 최근 통찰은 우리가 도전하고 행동하지 않을 수 없게 만든다. 이 책은 21세기 리더들을 향해 행동을 재촉하는 외침이다.

팀 타소풀러스 (칙필에이 운영 담당 부사장)

이 주목할 만한 새 책은 각자의 내면에 있는 위대함이라고 하는 놀라운 가능성을 실현하는 열쇠를 제공한다. 그것은 또한 『성공하는 사람들의 7가지 습관』에서와 마찬가지로 도달해야 할 구체적인 기준을 제시한다.

존 R. 우든 (UCLA 농구 팀의 명예 코치, 『My Personal Best』의 저자)

리더십의 대부가 이번에는 더 큰 일을 해냈다! 이 책은 우리가 자신의 비전을 추구할 때, 내면의 소리를 발견할 수 있는 궁극적인 도구를 제공할 것이다.

팻 크로스 (NBA 필라델피아 세븐티식서스의 전 구단주)

직장과 가정에서 개인적 효과성을 크게 높이려고 하는 경영자들은 반드시 읽어야 할 책이다. 코비는 새 천년에 직업적, 개인적 성공의 멋진 청사진을 만들었다.

더글러스 R. 코넌트 (캠벨수프 회장)

나는 스티븐 코비가 리더십의 본질을 정확하게 파악하고 있다고 생각한다. 이 책은 성공하는 경영자들에게 가장 중요한 책 가운데 하나가 될 것이다.

마이클 H. 조던 (EDS 회장)

| 감사의 글 |

내가 삶에서 배운 가장 중요한 교훈은 새로운 공헌을 하고 싶으면 새로운 준비를 해야 한다는 사실이다. 책을 낼 때마다 이 원칙을 확인했지만, 잊혀지기 쉬운 것이 또한 이 원칙이다. 나는 5년 전에 내가 평생 해온 리더십 연구, 교육, 컨설팅의 성과를 이용하면, 몇 달 안에 '후딱 해치울 것'이라고 생각하고 이 책을 쓰기 시작했다. 1년여의 작업 끝에 초안을 완성하고, 마침내 해냈다고 기뻐했다. 하지만 그때 우리는 산에 오르는 사람들처럼 시행착오를 겪었다. 정상에 도달한 것이 아니라, 단지 첫 번째 봉우리만 정복했을 뿐이었다. 우리는 땀 흘려 얻은 통찰을 통해 전에 보지 못했던 것을 볼 수 있었다. 그것은 첫 번째 봉우리에 올라서야만 보이는 것이었다. 그래서 우리는 '진짜' 정상을 목표로 다시 오르기 시작했다.

그러기를 10여 차례, 우리는 정상이라고 생각하고 올랐지만, 즉 책을 다 마쳤다고 확신했지만, 올라가서는 또 다른 차원의 통찰에 도달한 것에 불과하다는 깨달음을 겸허히 받아들여야 했다. 우리 앞에는 또 다른 산이 놓여 있었다.

역사상 가장 위대하고 감동적인 등정 기록은 개인이 아니라 팀에서 나온다. 서로에게 헌신하고, 끝까지 비전을 공유하는 단합되고, 재능 있고, 준비된 팀만이 기록을 세울 수 있다. 에베레스트에 도전하는 등정팀은 대부분 정상 정복에 실패한다. 아주 극소수의 팀만이 성공한다. 대부분의 개인이나 팀은 이러저러한 이유 때문에 극한상황을 맞았을 때, 중도에 포기하고 하산하게 된다. 이 책을 집필하는 5년 동안의 등정 과정도 이와 다르지 않았다. 나를 지원해 준 훌륭한 팀의 확고한 의지, 흔들리지 않는 헌신, 인내, 격려, 시너지가 없었다면, 이 책이 지금과 같은 모습을 갖추고 빛을 보지는 못했을 것이다!

이 책이 나오는 데 도움을 준 다음 분들에게 깊은 감사를 드린다.

- 솔직한 의견을 제시하고, 기꺼이 실제로 겪고 있는 삶의 문제, 고통과 희망을 이야기해 준 세계 각국의 수만 명의 사람들에게 고마움을 전한다. 그들은 계속 이어지는 배움의 등정 기회를 제공함으로써, 우리가 끊임없이 재창조하고 귀중한 통찰을 얻으며 인내력을 끝없이 테스트할 수 있게 해주었다.
- 지난 5년간 헌신적이고 열정적으로 이 책의 개발과 편집을 도맡아 준 보이드 크레이그에게 감사를 드린다. 그는 이 엄청난 프로젝트를 전체적으로 관리하고, 출판사 및 대리인과 우리 회사와의 관계에서 리더십과 시너지를 발휘했다. 무엇보다도 뛰어난 정신력과 판단력, 유연함, 인내심, 전문성을 보여 주었다. 보이드의 부인 미첼 더인스 크레이그의 긍정적 태도와 든든한 지원, 오랜 기간의 희생에 대해서도 고마움을 전한다.
- 사무실 직원들과 지원팀 패티 팰럿, 줄리 주드 길먼, 달라 샐린, 줄리 맥칼리스터, 낸시 올드리지, 카라 포스터 홈스, 루시 에인즈워스, 다이앤 톰슨, 크리스티 브레진스키에게도 감사를 드린다. 그들은 남다른 헌신과 성실성, 어떻게 해서라도 더 나은 결과를 얻으려고 하는 투철한 직업 정신을 보여 주었다.
- 프랭클린코비사의 헌신적인 동료들, 특히 최종 원고를 심도 있게 검토하고 실제적으로 도움이 되는 귀중한 의견을 내준 밥 휘트먼과 나의 아들 숀에게도 고마움을 전한다.
- 리더십 문헌고찰을 도와준 에드워드 H. 폴리와 지칠 줄 모르고 연구

에 힘을 보태 준 리처드 가르시아, 마이크 로빈스에게도 고마움을 전한다.

- 초고 단계에서 편집을 도와준 테사 메이어 산티아고에게도 감사를 드린다.
- 오랫동안 이 책의 도안을 맡아 준 셰리 홀 에버렛에게도 고마움을 전한다.
- 이 책의 DVD에 포함된 영화제 수상 작품의 제작을 도와준 브래드 앤더슨, 브루스 네이바우어, 마이카 메릴과 다른 많은 재능 있는 동료들에게도 고마움을 전한다.
- 우리의 사명 완수를 위해 환상적인 마케팅 능력과 헌신적인 노력을 보여 준 그레그 링크에게도 고마움을 전한다.
- 직접 본보기를 보이고, 이론적 실천적 기초를 천착해 들어가는 태도를 통해 신뢰에 대해 많은 교훈을 준 아들 스티븐에게도 고마움을 전한다.
- 오랜 기간 나를 도와준 유쾌한 저작권 대리인 얀 밀러와 그녀의 파트너 샤논 마이저 마빈에게도 감사의 뜻을 전한다.
- 내가 오랫동안 신뢰하는 편집인 밥 아사히나에게도 고마움을 전한다. 그녀는 다시 한 번 나의 관점에서 벗어나 항상 독자의 관점에서 시작할 수 있도록 일깨워 주었다.
- 파트너인 사이먼 앤 슈스터 출판사의 소중한 사람들, 특히 캐롤린 레이디, 마서 레빈, 수잔 도나휴, 도미니크 안푸소에게 감사를 드린다. 그들은 여러 차례의 '가짜 분만'에도 굴하지 하고 오랜 기간의 '산고 과정'을 끝까지 지켜 주었다.
- 집필 작업이 지루하게 길어졌음에도 불구하고, 재촉하지 않고 미소와 격려를 보내 준 사랑하는 아내 샌드라와 아이들, 손자 녀석들에게

도 고마움을 전한다. 또한 사랑하는 할아버지 스티븐 L. 리처즈, 점
잖은 부모님 스티븐 G.와 루이스 리처즈 코비, 어린 시절부터 지금
까지 내게 많은 영향을 준 사랑하는 형제자매 아이린, 헬렌 진, 마릴
린과 존에게도 고마움을 전한다.

- 모든 자녀들의 행복을 계획하고 계시는 아버지 하나님께 감사를 드
린다.

살아가면서 우리는 몇 번의 큰 기회를 만난다. 이 중 하나가 훌륭한 멘토를 만나는 것이 아닐까 싶다. 내게는 인생의 제2막을 설계하던 시기에 스티븐 코비 박사를 만났던 일이 여기에 해당하는 행운이었던 것 같다. 이 만남이 『성공하는 사람들의 7가지 습관』을 번역하고 한국리더십센터를 설립하여 리더십 워크숍을 진행하게 되는 계기로 발전하게 되었다. 인생의 제1막에서 타인의 잘못을 원망하면서 어떻게 하면 그들을 바꿀 수 있을까를 궁리했던 내가 코비 박사와의 만남 후부터는 나의 변신에 노력을 집중하고 있다.

코비 박사의 가르침대로 내가 변해 감에 따라 우리 가정이 변하기 시작하였다. 아내가 변하고, 자녀교육이 제 모습을 갖추기 시작한 것이다. 이렇듯 스스로를 쇄신하기 위해 노력하며 15년을 보내다 보니 나의 모습을 지켜본 지인들이 때때로 지혜를 나누어 달라고 부탁하기도 한다. 삶의 멘토를 만나는 일은 이렇듯 누군가의 삶에 드라마틱한 변화를 만들어 낸다.

회사경영도 마찬가지였다. 미국에서 설립하여 한국에 지사를 둘 만큼 한때 성공했던 회사가 거의 도산할 만큼 어려워졌는데도 그 당시에는 이유를 정확하게 모르는 채 경제상황, 임직원들의 무능함과 잘못된 대처만을 원망하였다. 코비 박사를 만난 후에야 그 이유를 파악할 수 있었고, 회사경영에 대한 자신감도 생겼다. 이후 1994년 한국리더십센터, 2001년 한국성과향상센터, 2003년 한국코칭센터를 설립해 고객들로부터 사랑받는 회사로 인정받고 매년 높은 성장률을 보이고 있다. 올해 초에는 우리 회사에 관심을 갖고 있던 유명 매체 출판부에서 제안하여 『우리는 이상한 회사에 다닌다』라는 책까지 출간했다. 더 나아가 최근에는 임직원들이 10개년 계획으로 '좋은 회사에서 위대한 회사로 도약하자'는 슬로건 아래 회사혁신 운동을 전개하고 있다.

솔직히 고백하자면 이러한 과정은 이 책을 번역해 가면서 구체성을 얻기 시작하였다. 그 전까지만 해도 회사혁신운동을 어떻게 시작해야 할지, 무엇을 해야 할지 막연했었는데 이 책을 읽으면서 '할 수 있겠다'는 자신감이 생겼다. 『성공하는 사람들의 7가지 습관』이 우리 가정을 변화시키고 우리 회사가 좋은 조직이 되게 만들었다면 『성공하는 사람들의 8번째 습관』은 '위대한' 조직의 지침서이다.

번역서를 읽을 때마다 또, 책을 번역할 때마다 느끼는 것은 번역은 새로운 창작이라는 것이다. 이 책의 번역은 코비 박사가 이야기하고자 하는 내용을 담기 위하여 최대한의 노력을 기울였다. 다소 엉뚱한 이야기처럼 들릴지 모르나 번역에는 독자들이 기여하는 부분이 크다. 나는 『성공하는 사람들의 7가지 습관』이 스테디셀러가 되고 있는 큰 이유 중 하나가 독자들이 계속해서 오자, 탈자, 용어 수정, 어문 개선 등에 관한 좋은 아이디어들을 보내 주어 번역을 개선시키고 있기 때문이라고 생각한다.

이 책을 읽는 모든 분들이 여기에서 얻은 느낌과 생각을 실천하여 자신과 조직을 혁신하고 성공으로 나아가기 바란다. 또 번역자와 함께 더 많은 사람들이 쉽게 읽을 수 있도록 내용을 개선해 주기 바란다. 그리고 무엇보다도 우리 사회가 발전하고 성공하는 데 도움을 주기 바란다.

2005년 8월
김경섭

차례

감사의 글 8   옮긴이의 말 12

1장 고통 19
2장 문제 35
3장 해결책 52

제1부 내면의 소리를 찾아라

4장 내면의 소리를 찾아라 | 열어 보지 않은 탄생의 선물 69
5장 내면의 소리를 내고 행하라 | 비전, 규율, 열정, 양심 102

제2부 내면의 소리를 찾도록 고무하라

6장 다른 사람도 내면의 소리를 찾도록 고무하라 | 리더십 도전 145

초점 : 모범보이기와 방향설정

7장 영향력의 소리 | 트림탭이 되라 181
8장 신뢰의 소리 | 성품과 역량의 모범보이기 208
9장 신뢰의 속도 227
10장 내면의 소리 섞기 | 제3의 대안을 찾아서 260
11장 한 가지 소리 | 공동의 비전, 가치, 전략 찾기 296

실행 : 한방향정렬과 임파워해주기

12장 내면의 소리와 실행능력 | 목표와 시스템을 원하는 결과에 맞추기 319
13장 임파워해주기 | 열정과 재능 일깨우기 341

지혜의 시대

14장 8번째 습관과 타격점 371
15장 내면의 소리를 지혜롭게 사용하기 | 다른 사람을 돕는 방법 398
　　　　가장 자주 하는 20가지 질문 432

부록

부록 1 4가지 지능 개발하기 | 실행지침 446
부록 2 리더십 이론의 문헌고찰 472
부록 3 리더십과 관리에 대한 글 모음 480
부록 4 낮은 신뢰의 높은 비용 486
부록 5 4가지 실행능력 실천 방법 490
부록 6 xQ 조사 결과 491
부록 7 다시 보는 〈맥스와 맥스〉 495
부록 8 프랭클린코비의 접근방법 502

참고문헌 507　　찾아보기 513　　프랭클린코비사 522　　한국리더십센터 524

리더십은 지위가 아니라 선택이라는 것을
본보기를 통해 보여 주는, 겸손하고, 용기 있고,
'위대한' 사람들에게 이 책을 바친다.

THE 8ᵀᴴ HABIT From Effectiveness to Greatness

1

고통

이 불평을 들어 보라.

"나는 틀에 박힌 생활을 하고 있어."

"사는 게 재미없어. 몸도 마음도 지쳤어."

"아무도 나를 중요하게 여기거나 인정해 주지 않아. 상사는 내 능력을 전혀 몰라."

"돈을 지불할 때를 빼고는 내가 특별히 필요한 사람이라고 느껴지지 않아. 직장에서도 그렇고, 10대 자녀들과 함께 있을 때도 그렇고, 이웃과 사회에서도 그렇고, 아내와 함께 있을 때도 그래."

"일할 의욕을 잃었어. 신이 나지 않아."

"비용을 충당할 만큼 돈을 못 벌고 있어. 앞으로 어떻게 살아야 할지 모르겠어."

"내겐 그런 능력이 없는 것 같아."

"나는 별 볼일 없는 사람이야."

"허무한 느낌이 들어. 사는 게 의미 없고, 무언가 빠진 느낌이야."

"화가 나. 두렵기도 하고. 직장을 그만둘 수는 없으니 말이야."

"너무 외로워."

"스트레스가 너무 심해. 온통 급한 일들뿐이야."

"시시콜콜 간섭이야. 숨이 막힐 것 같아."

"온통 헐뜯고 아첨하는 인간들한테 신물이 났어."

"따분해. 그냥 시간만 보내고 있어. 직장에서는 만족을 느낄 수 없어."

"목표를 달성하라고 난리인데, 나한테는 그럴 시간도 자원도 없어."

"아내는 이해 못하고, 아이들은 말을 안 듣고, 집에 와도 직장보다 나을 게 없어."

"어쩔 수 없는 상황이야."

모두 직장이나 가정에서 하는 불만스러운 말들이다. 급변하는 세상에서 생존하기 위해 노력하고 있는 수백만 부모, 노동자, 서비스업 종사자, 관리자, 전문직 종사자, 경영자들의 불평이다. 현재 우리가 겪고 있는 개인적인 고통은 심각한 수준이다. 칼 로저스Carl Rogers가 말했듯이 "가장 개인적인 문제가 가장 일반적인 문제이다."[1]

물론 열심히 일해서 직장에 기여하고, 활기차게 생활하는 사람들도 있다. 그러나 그런 사람들은 극소수다. 나는 사람들에게 강연할 때 자주 이렇게 질문한다. "조직에서 대부분의 직원들이 현재의 직무가 요구하거나 허용하고 있는 것보다 훨씬 더 많은 재능, 지혜, 능력, 창의력을 갖고 있다는 데 동의합니까?" 그러면 대부분의 사람들이 손을 올린다. 전 세계 어디를 가도 마찬가지다. 사람들은 적은 자원으로 큰 성과를 내라는 압력을 받고 있다. 복잡해져 가는 세계에서 적은 자원으

로 많이 생산하라는 요구를 받고 있지만, 막상 그들의 재능과 지혜를
발휘하는 것은 허용되지 않고 있다.

조직에서 최우선 목표에 초점을 맞추어 실행하지 못할 때보다 더
난감한 일은 없을 것이다. 최근 해리스인터랙티브_{Harris Interactive}사가
xQ(실행지수) 설문*을 이용하여 핵심산업*, 핵심업무 분야*에서 풀타
임으로 일하고 있는 2만 3,000명의 미국인들을 대상으로 실시한 조사
에서, 다음과 같은 놀랄 만한 결과들이 나왔다.

- 37%만이 조직이 무엇을 왜 달성하려고 하는지 분명하게 안다고 말했다.
- 5명 가운데 1명만이 팀과 조직의 목표에 대해 열의를 갖고 있었다.
- 5명 가운데 1명만이 자신의 업무가 팀과 조직의 목표와 일치한다고 답했다.
- 절반만이 일주일 동안 성취한 일에 대해 만족했다.
- 15%만이 조직이 핵심목표를 수행할 수 있을 만큼 충분히 지원하고 있다고 생각했다.
- 15%만이 신뢰의 분위기 속에서 일하고 있다고 생각했다.
- 17%만이 조직이 다양한 의견들을 존중하고, 더 좋은 새로운 아이디어를 수용하는 커뮤니케이션 문화를 갖고 있다고 생각했다.
- 10%만이 조직이 사람들에게 결과에 대해 책임을 지게 한다고 생각했다.
- 20%만이 자기가 일하고 있는 조직을 전폭적으로 신뢰했다.

■ 해리스인터랙티브사에서 2만 3,000명의 직원, 관리자, 임원들을 대상으로 실시한 xQ 설문조
  사 결과에 대해 자세하게 알고 싶으면 '부록 6: xQ 조사 결과'를 보라.
■ 핵심산업은 다음과 같다. 숙박·음식 서비스, 자동차, 은행·금융, 통신, 교육, 보건의료, 군수,
  공공행정·정부, 소매, 기술 서비스, 전기통신.
■ 핵심업무는 다음과 같다. 회계, 행정지원·비서, 광고·마케팅, 전문직, 임원, 컴퓨터 전문가, 교
  육 관리자, 금융 전문가, 정부 전문가, 보건의료 전문가, 판매 대리점·직원.

- 13%만이 다른 그룹 혹은 다른 부서와 서로 신뢰하고 협력하는 업무 관계를 갖고 있었다.

축구 팀에 비유한다면, 운동장에서 뛰는 11명의 선수들 가운데 4명만이 어느 쪽 골대에 골을 넣어야 하는지 알고 있는 셈이다. 또한 11명 가운데 2명만이 골에 대한 관심을 갖고, 자기 포지션과 그 역할을 알고 있다. 2명을 제외한 모든 선수들이 상대 팀과 싸우기보다는 어떤 식으로든 자기들끼리 싸우고 있을 것이다.

많은 것을 생각하게 하는 자료다. 이 결과는 전 세계 수많은 조직의 구성원들을 만나 본 나의 경험과 일치한다. 신기술, 제품 혁신, 세계 시장의 확대에도 불구하고, 직원들은 자신의 조직에서 최선을 다하지 못하고 있다. 그들은 일에 흥미나 만족을 느끼지 못한다. 조직이 어디로 가는지, 최우선 목표가 무엇인지도 모른 채, 좌절감에 휩싸여 있다. 무엇보다도 자신들이 많은 것을 변화시킬 수 있음을 느끼지 못한다. 직원들의 열정, 재능, 지혜를 끌어내지 못할 때, 조직과 개인이 치르게 될 비용을 상상해 보았는가? 각종 세금, 지급 이자, 노동비용을 합친 것보다 더 큰 비용을 치르게 될 것이다!

왜 8번째 습관인가?

『성공하는 사람들의 7가지 습관』이 출간된 1989년 이후 세상이 많이 변했다. 현대인이 개인 생활과 대인관계를 비롯해 가정, 직장, 조직에서 직면하고 있는 도전과 복잡성은 그 당시와 차원이 다르다. 사실 1989년은 여러 가지 면에서 분기점이 되는 해였다. 베를린 장벽이 무너졌고, 정보 시대가 열리면서 엄청난 변화가 일어났으며, 새로운 시대가 시작되었다.

많은 사람들은 7가지 습관이 오늘날의 새로운 현실에도 여전히 유효한지 묻는다. 그 질문에 나는 항상 변화가 크고 도전이 어려울수록 그 유효성은 더 커진다고 대답한다. 7가지 습관은 효과성effectiveness ▪ 을 높이기 위한 것으로, 인간의 효과성과 성품에 관한 보편적이고 영원한 원칙으로 구성된 완벽한 틀을 제시해 준다.

오늘날 개인과 조직의 효과성을 높이는 것은 더 이상 선택사항이 될 수 없다. 경쟁이라는 경기를 하기 위해 기본적으로 필요한 것이다. 새로운 현실에서 살아남아 번성하며 혁신하고 우수성을 발휘하여 승리하기 위해서는 효과성을 뛰어넘어 그 이상이 되어야 한다. 새로운 시대가 요구하는 소명은 위대함이다. 즉 인생의 성취를 위한 열정적인 실행, 헌신과 기여를 의미하며, 성공과는 다른 차원이다. 의미 있는 공헌은 성공과 다른 종류의 문제이지만, 중요성에는 차이가 없다. 잠재되어 있는 재능과 동기를 열정적으로 발휘하여 기여하고 싶어하는 소망, 즉 내면의 소리voice에 귀 기울이고 성취하기 위해서는 새로운 마음자세, 새로운 기술, 새로운 도구, 다시 말해 새로운 습관이 필요하다.

8번째 습관은 7가지 습관에 추가되는 항목이 아니라, 잊혀졌던 습관이라고 할 수 있다. 8번째 습관의 목적은 새로운 지식노동자 시대의 도전에 맞춰 7가지 습관을 3차원에서 적용하여 그 위력을 발휘하게 하는 것이다. 곧 8번째 습관은 내면의 소리를 찾고, 다른 사람들도 찾도록 고무하라는 것이다.

....

■ 효율성(efficiency)과 대비되는 개념으로, 효율성은 최소의 에너지로 최대의 성과를 강조하는 데 비해 효과성은 보람되고 지속적인 성과를 강조한다(『성공하는 사람들의 7가지 습관』 78쪽 참고).

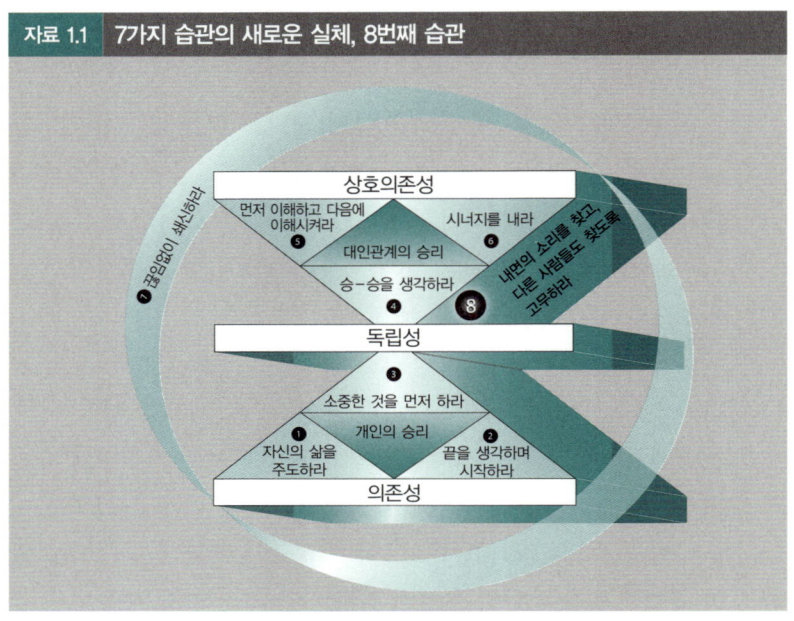

8번째 습관은 현실을 지극히 희망적으로 이끌어 주는 통로로서, 앞에서 말한 고통이나 좌절과는 정반대되는 상황을 제시한다. 사실 8번째 습관은 영구 불변의 해결책이다. 그것은 인간의 영성에서 나오는 희망과 지식으로 충만하고, 탄력이 강한 특성을 갖고 있으며, 공동선에 기여할 무한한 가능성을 지닌 내면의 소리다. 내면의 소리는 또한 생존하고 번성하여 세상의 미래를 바꾸는 조직의 정신에도 해당된다.

내면의 소리는 개인의 독특하고 의미 있는 공헌이다. 그것은 심각한 도전에 직면했을 때 그 상황을 극복할 수 있게 해준다.

〈자료 1.1〉과 〈자료 1.2〉에서 내면의 소리는 재능(타고난 능력과 강점), 열정(활력을 불어넣고, 신바람을 불러일으키며, 동기를 부여하고, 영감을 주는 것들), 필요(자기를 포함해 세상이 필요로 하는 것), 양심(옳은 것

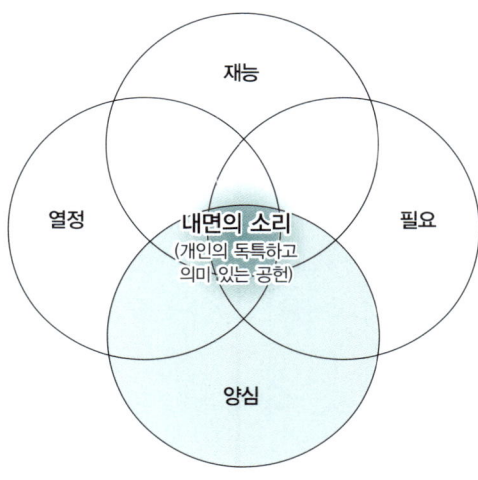

자료 1.2

을 확신시켜 주고 그 실행을 재촉하는 내면의 조용하고 작은 목소리)이 결합되는 가운데 지점에 위치한다. 재능을 개발하고, 열정을 불러일으키며, 양심의 명령에 따라 세상에 필요한 존재라는 의식을 갖고 일할 때, 내면의 소리, 소명, 영혼 속에 숨겨진 소망이 나온다.

인간의 내면 깊은 곳에는 자기만의 무언가에 집중하고 헌신하고 싶어하는 형언하기 어려운 열망이 존재한다. 이러한 진실을 웅변해 주는 한 가지 예로는 인터넷의 폭발적인 확산을 들 수 있다. 인터넷은 새로 다가올 정보·지식노동자 시대와 최근에 일어난 극적인 변화의 대표적 상징물이다. 로크Locke, 레빈Levine, 설즈Searls, 와인버거Weinberg-er는 1999년에 출간된 그들의 책『클루트레인 선언Cluetrain Manifesto』에서 현실을 다음과 같이 표현했다.

우리는 인터넷을 통해 서로 대화하는 법을 배우면서 다시 내면의 소리를 찾고 있다. … 불과 5년 전만 해도 전혀 없었고, 산업혁명 이후 별로 없었던 대화가 나라 안과 밖에서 일어나고 있다. 인터넷을 통해 세계가 하나로 연결된 후 대화는 폭발적으로 확대되고 다면화되어 대화의 내용을 파악하려는 시도 자체가 무의미해졌다. 그것은 DNA의 이중 나선 구조에 10억 년 동안이나 갇혀 있던 희망과 공포와 꿈에 관한 것이고, 우리 인간의 괴이한 집단적 환각에 대한 것이다. 먼 옛날부터 존재해 왔고, 본질적이고 성스러운 것이며, 21세기의 컴퓨터 속에서 펼쳐지는 아주 흥미진진한 것이다.

… 이 대화는 수십억 또는 수백억 갈래로 갈라지지만, 그 시작과 끝에는 항상 인간이 있다.…

이러한 웹에 대한 열광은, 우리의 내면 깊은 곳에 오직 영적으로만 이해되는 어떤 갈망이 있다는 것을 말해 준다. 갈망의 존재는 우리의 삶에 무언가 빠져 있음을 의미한다. 빠진 것은 바로 개인적인 내면의 소리다. 웹의 영적 유혹은 내면의 소리의 표현이다.[2]

아무래도 내면의 소리를 직접 설명하기보다는 한 인물의 실제 이야기를 통해 이해를 돕는 편이 좋을 듯하다. 무하마드 유누스Muhammad Yunus는 방글라데시에서 극빈층을 대상으로 소액신용대출microcredit을 전문으로 하는 그라민Grameen 은행의 설립자다. 나는 그를 만났을 때, 언제 어떻게 자신의 비전을 갖게 되었는지 물었다. 그는 처음에는 아무 비전도 없었다고 말했다. 단지 어려운 사람들을 돕고 싶었고, 그 과정에서 비전이 생겼다는 것이다. 무하마드 유누스의 빈곤 없는 세상에 대한 비전은 방글라데시 거리에서 일어난 한 사건에서 비롯되었다. 리더십에 대한 『뉴욕타임스』 칼럼을 위한 인터뷰에서 그는 나에게 이렇게 말했다.

　이야기는 25년 전으로 거슬러 올라간다. 나는 당시 방글라데시의 한 대학에서 경제학을 가르쳤고, 전국은 기아에 휩싸여 있었다. 아주 끔찍했다. 미국에서 막 박사 학위를 받고 돌아온 나는 상아탑 안에서 학생들에게 고상한 경제 이론을 가르쳤다. 그러나 학교 밖으로 나오면 주변에는 온통 뼈만 남아 죽기를 기다리는 사람들뿐이었다.

　내가 배우고 또한 가르치고 있는 모든 것이 삶에는 전혀 의미가 없는 그럴듯한 이야기일 뿐이라는 생각이 들었다. 그래서 대학 캠퍼스 근처의 마을 사람들은 어떻게 사는지 알아봤다. 나는 한 인간으로서 단 한 사람의 죽음을 늦추거나 막기 위해 할 수 있는 일은 없는지 찾았다. 방관자적인 자세를 버렸다. 하늘에서 새의 눈으로 세상을 내려다보다가 땅으로 내려왔다. 벌레의 눈으로 내 앞에서 무엇이든 찾으려고 했다. 냄새를 맡고 만져 보면서, 내가 무엇을 할 수 있는지 생각했다.

　한 사건이 내게 새로운 방향을 일러주었다. 나는 대나무 의자를 만드는 한 여성을 만났다. 오랜 대화를 통해 그녀가 하루 종일 버는 돈은 2페니, 즉 2센트(한화로는 약 20원)라는 사실을 알았다. 열심히 일해서 그토록 아름다운 대나무 의자를 만들고도 그 정도밖에 벌지 못한다는 사실이 믿어지지 않았다. 그녀가 설명하기를, 의자의 재료가 되는 대나무 살 돈을 거래하는 사람에게 빌렸는데 그가 의자를 자신이 정한 가격으로 자기에게만 팔아야 한다는 조건을 붙였다는 것이다.

　그래서 고작 2페니를 벌 수밖에 없었던 것이다. 그녀는 사실상 그 사람에게 속박된 노동을 하고 있었다. 대나무 재료를 얼마에 사느냐고 물었다. "약 20센트 정도요. 아주 좋은 것은 25센트까지 지불합니다." 나는 생각했다. '사람들은 20센트 때문에 고통을 받는다. 내가 뭔가 할 수 있는 일은 없을까?' 나는 그녀에게 20센트를 그냥 쥐야 하는지 고민하다가 한 가지 생각이 떠올랐다. '그래 이런 돈이 필요한 사람들부터 파악해 보자.' 나는 학생 한 명을 데리고 며칠 동안 마을을 돌아다니면서 자금이 필요한 42명의 명단을 만들었다. 그들이 필요한 돈은 전부 합쳐 겨우 27달러였다! 열심히 일하는 42명의 숙련된 기술자들에게 27달러도 대 주지 못하는 사회에서 살고 있는 나 자신이 부끄러웠다.

나는 수치심에서 벗어나기 위해 돈을 꺼내 학생에게 주며 말했다. "이 돈을 우리가 만났던 42명의 마을 사람들에게 주고, 빌려 주는 돈이니 형편대로 아무 때나 갚아도 된다고 말하게. 그들은 좋은 가격으로 물건을 팔 수 있을 거야."

> 악이 승리하기 위해 필요한 것은 선한 사람이 아무 일도 하지 않는 것뿐이다.[3]
>
> —에드먼드 버크(Edmund Burke)

그들은 돈을 받고 대단히 기뻐했다. 나는 기뻐하는 그들의 모습을 보면서 이제 어떻게 해야 할지 궁리했다. 우선 대학 캠퍼스에 있는 은행 지점이 떠올라 지점장을 찾아갔다. 그리고 마을에서 만났던 가난한 사람들에게 돈을 빌려 줄 것을 제안했다. 그러자 그는 깜짝 놀라며 말했다. "미쳤군요. 그건 불가능합니다. 어떻게 가난한 사람들에게 대출해 줄 수 있습니까? 그 사람들은 신용이 전혀 없어요." 나는 애원하며 말했다. "한번 해 보세요. 소액에 불과합니다." "안 됩니다. 규칙상 그럴 수 없어요. 담보도 제공 못할뿐더러, 그렇게 적은 돈은 대출할 가치도 없습니다." 그리고 그는 나에게 은행의 높은 사람들을 만나 보라고 권했다.

나는 그의 조언을 받아들여 은행계에서 중요한 위치에 있는 사람들을 만났으나 모두 똑같은 말을 했다. 며칠간 뛰어다닌 끝에 나는 마침내 스스로 보증을 서기로 결심했다. '내가 보증을 서겠어. 어떤 서류가 필요하건 서명할 거야. 내가 대출을 받아서 필요한 사람들에게 나눠줘야지.'

그것이 시작이었다. 은행은 내게 돈을 받은 가난한 사람들이 결코 갚지 못할 것이라고 거듭 경고했다. 나는 말했다. "모험을 해보죠." 그리고 놀라운 일이 일어났다. 그들이 돈을 완전히 다 갚은 것이다. 나는 흥분해서 지점장에게 달려갔다. "보세요, 그 사람들이 돈을 갚았어요. 전혀 문제가 없습니다." 그러나 지점장은 말했다. "아닙니다. 그들이 당신을 놀리고 있는 거예요. 아마 더 많은 돈을 빌려 가면 결코 갚지 않을 것입니다." 그래서 나는 더 많은 돈을 빌려 주었지만, 역시 모두 상환했다. 이 사실을 들은 지점장은 말했다. "글쎄요, 한 마을에서는 그럴 수 있지요. 하지만 다른 마을이라면 그렇지 않을 겁니다." 나는 다른 지역에도 같은 방식을 사용했지만, 역시 똑같은 효과가 있었다.

그렇게 나하고 은행 관계자 간에 일종의 기 싸움이 계속되었다. 그들은 마을이 5개가 되면 문제가 생길 것이라고 주장했다. 나는 5개 마을에 같은 방식을 사용했지만 역시 모든 사람이 돈을 갚았다. 그래도 여전히 그들은 고집을 꺾지 않고 말했다. "마을이 10개, 50개, 100개가 되면 달라질 것입니다." 내가 나눠주고 있는 돈이 그들의 돈이었으므로 나는 그들이 부인할 수 없는 성과를 들이댔다. 하지만 가난한 사람들은 믿을 수 없다고 교육을 받아 온 그들은 현실을 받아들이려 하지 않았다. 다행히 나는 그렇게 배우지 않았기 때문에 내가 경험한 사실만 믿을 수 있었다. 그러나 은행가들의 마음과 눈은 그들이 가진 인식에 가려져 있었다.

결국 나는 '왜 내가 그들을 설득하려고 애쓰고 있는가?' 라는 생각에 이르렀다. 나는 가난한 사람들이 돈을 빌려 가면 갚을 수 있다는 것을 확신

했다. 왜 은행을 세울 생각을 하지 못했을까? 나는 흥분되었다. 은행 설립
안을 만들어서 정부에 제출했다. 정부를 설득하는 데 2년이 걸렸다.

1983년 10월 2일, 우리는 드디어 독립된 정식 은행이 되었다. 우리 은
행을 갖고, 우리가 원하는 대로 성장할 수 있게 되어서 얼마나 기뻤는지
모른다. 그리고 실제로 우리는 계속해서 성장했다.

> 사람은 훌륭한 목적, 특별한 프로젝트에 의해 고무될 때, 모든 생각의 한
> 계가 사라진다. 공헌하려는 정신은 여러 가지 장애를 넘어서게 되고, 헌신
> 하려는 의지는 사방으로 확대되고, 우리는 멋지고 훌륭한 신세계에 들어
> 가게 된다.
>
> ─파탄잘리(Patanjali)의 『요가 수트라(Yoga-sutra)』

그라민 은행은 현재 방글라데시에서 1만 2,000명이 넘는 직원들이
1,267개 지점을 통해 4만 6,000개 이상의 마을을 상대로 영업하고 있
다. 은행은 12~15달러의 소액대출로 총 45억 달러를 빌려 주었다. 매
년 5억 달러를 대출해 주는데, 심지어는 걸인에게도 돈을 빌려 주어
물건을 팔아 구걸을 면할 수 있게 해주었다. 주택 대출금은 300달러인
데, 사업가에게는 적은 돈이지만 개인에게 미치는 효과는 엄청나다.
매년 370만 명이 총 5억 달러를 대출받고 있고, 그 가운데 96%가 여성
이다. 그들은 자신과 가족들의 삶을 변화시키기 위해 행동을 결심한
사람들이다. 370만 명이 현재 상황을 변화시킬 수 있다고 결심하고 나
서 잠 못 이루는 하룻밤을 보낸 후, 다음날 아침 떨리는 마음으로 그라
민 은행을 찾아간다. 이 임파워먼트™ 중심에는 개인 혹은 집단으로 농
작물이나 수공업품을 집이나 동네에서 생산하는 독립된 사업가가 되

어 경제적으로 성공하겠다고 선택한 여성들이 있었다. 그들은 내면의 소리를 찾아 실행에 옮긴 것이다.

나는 전 세계 위대한 리더들을 연구하고 인터뷰하면서, 그들이 내면의 소리와 비전을 서서히 찾게 되었음을 파악할 수 있었다. 예외적으로 갑자기 비전이 떠오르는 경우도 있을 것이다. 그러나 일반적으로 비전은 사회적 필요를 느끼고, 그 필요를 충족시키기 위해 양심이 작용할 때 생긴다. 하나의 필요를 충족시키면 또 다른 필요가 나와서 충족시키는 과정이 계속된다. 그러면서 그들은 점차 그 필요를 보편화하고, 자신의 노력을 체계화시킬 방법을 생각하기 시작한다.

무하마드 유누스는 사회적 필요를 느끼고 양심이 작용하여 재능을 발휘하고 열정을 쏟았던, 즉 내면의 소리를 찾았던 대표적인 인물이다. 처음에는 개인적으로, 다음에는 신뢰를 쌓고 문제에 대한 창조적 해결방안을 찾았고, 마지막으로 조직을 통해 사회적 필요를 충족시킬 수 있는 방법을 제도화했다. 그가 찾은 내면의 소리는 다른 사람들도 자신의 것을 찾도록 고무했다. 소액신용대출 운동은 이제 전 세계로 퍼져나가고 있다.

> 위대한 일을 할 수 있는 사람은 많지 않지만, 우리 모두는 큰 사랑으로 작은 일은 할 수 있습니다.
>
> ―테레사 수녀(Mother Teresa)

■ 상대방을 신뢰하고 그의 잠재능력이 최대한으로 발휘되게 도와주는 것(『성공하는 사람들의 7가지 습관』 참고).

고통, 문제, 해결책

이 책의 서두에서는 직장인들의 고통을 이야기했다. 그 고통은 조직에서의 지위나 업무에 관계없이 누구나가 느끼는 감정이다. 가족, 지역, 사회에서 일반적으로 느끼는 감정인 것이다.

이 책의 목적은 오늘날의 새로운 환경, 즉 직장과 조직뿐 아니라 전체 삶 속에서 그러한 고통과 좌절을 넘어 진정으로 성취하고, 의미를 가지며, 기여하는 삶으로 나아가는 로드맵을 제공함으로써 내면의 소리를 찾도록 안내하는 것이다. 또 이 책은 우리가 어떤 지위에 있더라도 자기 내면의 소리를 찾고자 하는 사람들에게 커다란 영향력을 끼칠 수 있게 한다. 우리가 사랑하는 가족, 그리고 팀이나 조직이 그들 내면의 소리를 찾아내고, 효과성, 영향력, 성장을 크게 증대시킬 수 있도록 고무할 것이기 때문이다. 우리는 그러한 영향력과 리더십이 서열이나 지위에서 오는 것이 아니라 성품과 자질의 선택에 의해 획득된다는 사실도 알게 될 것이다.

고통에서 벗어나 영구적 해결책을 찾으려면, 우선 고통을 일으키는 근본 문제부터 파악해야 한다. 이 경우에 발생하는 많은 문제들은 스스로 자기를 비하하고, 재능과 잠재능력을 억압하는 불완전한 패러다임이나 인간성에 대한 잘못된 시각 때문이다.

인류 역사에 나타난 대부분의 커다란 공헌들이 그렇듯이 문제에 대한 해결책은 낡은 사고방식을 깨트리는 것에서 시작된다. 참을성 있게 문제의 근원을 파악하고 불변의 보편적인 원칙들을 적용하겠다는 목표를 세운다면, 내부에서 시작하여 점차 외부로 영향력을 확대시켜 자기 내면의 소리를 찾아내고 팀과 조직도 그들의 소리를 찾도록 고무하는 능력을 얻을 수 있을 것이다.

1장에서는 고통스러운 현실을 간단하게 다뤘다.

2장에서는 핵심문제를 확인한다. 이 본질적인 문제를 이해하면 개인적으로, 가족 및 업무 관계에서, 그리고 조직에서 직면하는 도전들을 보다 분명하게 조망할 수 있을 것이다. 그것은 약간의 지적인 노력이 필요하지만, 지난 세기의 조직 내에서 사람과 관련된 문제들을 검토해 보면 아주 중요한 패러다임을 발견할 수 있을 것이다. 또한 개인적으로나 대인관계에서 심각한 도전에 직면하거나 좋은 기회를 맞을 때 지혜와 지침과 역량을 얻을 수 있을 것이다.

3장에서는 8번째 습관의 적용 방법에 관한 전체적인 윤곽을 보여주고, 이 책의 활용 방법을 간단히 설명한다.

영화 〈유산〉

다음 장으로 넘어가기 전에 〈유산〉이라는 3분짜리 짧은 영화의 시사회에 초대하려고 한다. 미국 전역에서 상영되었던 이 영화는 내면의 소리의 핵심요소와 인간의 4가지 보편적인 욕구인 살고, 사랑하고, 배우고, 유산을 남기는 것에 대해 잠시 생각할 기회를 제공한다. 다음 장에서 다룰 기본 모델 혹은 패러다임인 전인적 인간whole person 모델을 잘 보여 줄 것이다.

이 책의 대부분에서는 각 장의 핵심적 내용을 설명할 때 이와 같은 짧은 영화를 언급할 것이다. 영화들은 모두 이 책의 부록으로 제공된 DVD에 들어 있는데, 국내외에서 권위 있는 상을 받은 작품들이 많이 포함되어 있다. 픽션과 논픽션을 아우르는 영화는 깊은 감동을 줄 뿐 아니라, 책의 내용을 더 잘 파악하고 느끼고 이해하는 데 도움이 되리라고 확신한다. 영화를 보는 것은 가치 있고 즐거운 일이 될 것이다. 영화에 관심이 없으면, 건너뛰고 읽어도 상관없다.

이제 가정용 DVD 플레이어나 컴퓨터 드라이브에 DVD를 넣고 메뉴에서 〈유산〉을 선택하면 된다. 자, 즐겁게 시청해 보자.

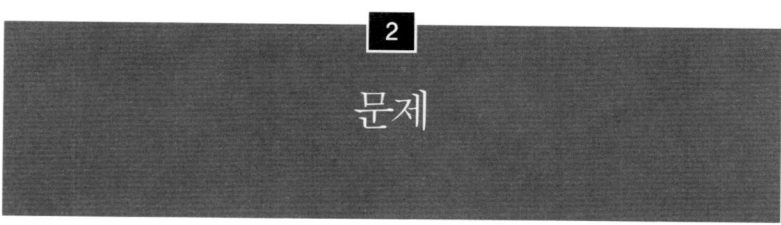

문제

> 기반이 약간이라도 움직이면, 다른 모든 것들은 크게 흔들린다.[1]
>
> 스탠 데이비스(Stan Davis)

우리는 인류 역사상 가장 의미 있는 변화를 목격하고 있다. 이 시대 최고의 경영 사상가인 피터 드러커Peter Drucker는 말한다.

거시적인 관점에서, 역사가들이 기억해야 할 가장 중요한 사건은 기술도 인터넷도 전자 상거래도 아닌 유례없는 인간 생활의 변화라고 생각한다. 역사상 처음으로 삶의 방식들을 스스로 선택할 수 있는 인구가 급증하고 있고 자기 자신을 관리해야 하는 시대를 맞았지만, 우리는 거기에 전혀 대비하지 못하고 있다.[2]

드러커의 예언에 담긴 핵심적인 문제와 깊은 시사점을 이해하기 위해서는 먼저 역사적 맥락을 읽어야 한다. 인류 문명의 5가지 시대, 즉 수렵·채취 시대, 농경 시대, 산업 시대, 정보·지식노동자 시대, 그리고 막 시작되고 있는 지혜의 시대에 따라 내면의 소리는 변화되

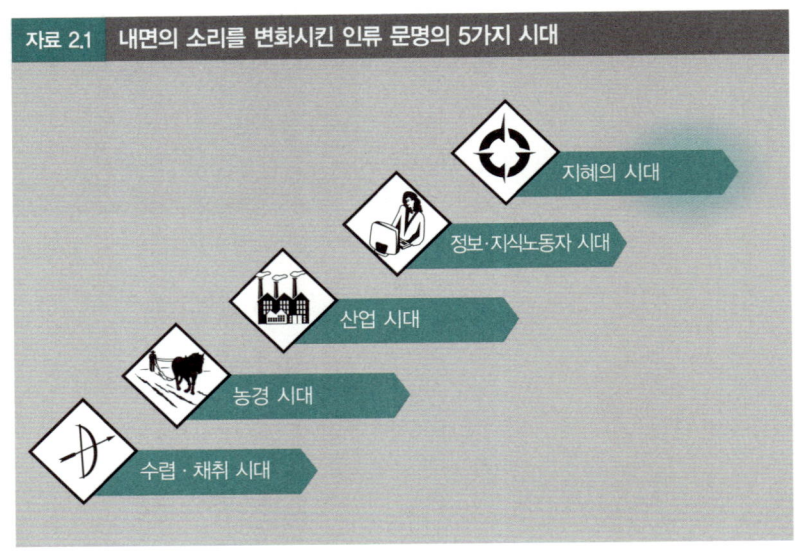

자료 2.1 　내면의 소리를 변화시킨 인류 문명의 5가지 시대

지혜의 시대

정보·지식노동자 시대

산업 시대

농경 시대

수렵 · 채취 시대

어 왔다.

　수렵 · 채취 시대에 살고 있다고 상상해 보자. 우리는 가족의 식량을 구하기 위해 매일같이 활과 화살 혹은 돌과 막대기를 들고 나간다. 우리가 할 수 있는 생존 활동은 오직 수렵과 채취뿐이다. 그런데 누군가 다가와 이른바 농부가 하는 일을 새롭게 시작해 보라고 설득한다. 어떻게 반응하겠는가?

　우리는 농부가 들에 나가서 땅을 갈고 작은 씨를 뿌려 보지만 당장은 아무것도 나지 않는 모습을 지켜본다. 그는 땅에 물을 대고 잡초를 뽑는다. 그러나 여전히 곡식은 보이지 않는다. 하지만 우리는 결국 농부가 큰 수확을 거두는 것을 목격한다. 그 농부의 산출량은 최고의 수렵 · 채취인의 50배나 된다. 어떤 생각이 들겠는가? 우리는 아마 자신에게 이렇게 말할 것이다. "농사를 짓고 싶어도 지을 수가 없잖아. 기술도, 도구도 없으니."

이제는 그 농부가 많은 생산을 해서 아이들을 학교에 보내고, 그들이 많은 일을 할 수 있을 만큼 큰돈을 버는 것을 본다. 입에 겨우 풀칠만 하며 살아가던 우리는 농부의 유리함을 경험하고 난 다음 아이들을 농부로 키운다. 이런 일이 바로 인류 역사 초기에 일어났다. 수렵·채취인의 90% 이상이 직업을 바꾸거나 사라졌다.

수많은 세대가 흘러 산업 시대가 도래했다. 인간은 공장을 짓고, 분업과 위임 그리고 규모의 생산성과 조립라인의 높은 효율성을 배운다. 산업 시대의 생산성은 가족농업 시대의 50배가 넘는다. 만일 우리가 수렵·채취인의 50배를 생산하는 농부인데 갑자기 공장이 들어서서 가족농보다 50배나 더 많이 생산하는 것을 목격한다면 어떻게 하겠는가? 부러워할 수도 있고 위협을 느낄 수도 있다. 산업 시대에 살아남기 위해서는 완전히 새로운 기술과 도구, 그리고 무엇보다도 새로운 사고방식이 필요할 것이다. 산업 시대의 공장이 가족농의 50배 이상을 생산한다는 것은 결국 농민의 90%가 일자리를 잃는다는 것을 의미한다. 농업에서 살아남았던 사람들도 산업 시대의 개념을 받아들여 산업화된 농장을 만들었다. 오늘날 미국의 농부는 전체 인구의 3%에 불과하지만, 그들은 미국과 여러 국가에 필요한 농산물의 대부분을 생산하고 있다.

정보·지식노동자 시대 역시 산업 시대의 50배를 생산할 것인가? 우리는 이미 그것을 목격하기 시작했다. 2배나 3배나 10배가 아닌 50배이다. 마이크로소프트Microsoft의 전 수석 과학자 네이선 마이어볼드Nathan Myhrvold는 말한다.

"최고의 소프트웨어 개발자는 평균적인 개발자보다 생산성이 10배, 100배, 혹은 1,000배가 아닌 만 배나 높다."

질 좋은 지식노동은 대단히 가치가 높아서, 그 잠재능력을 개발하면 조직은 엄청난 부가가치를 창출해 낼 수 있을 것이다. 가정에서도 아이들의 잠재능력을 발휘하게 하는 일이 얼마나 중요한지 생각해 보라. 지식노동은 조직이나 가정이 하고 있는 모든 투자의 가치를 극대화시킨다. 실제로 지식노동자는 조직의 다른 모든 투자를 연결시켜, 조직의 목표 달성을 위한 선택과 집중, 창의력, 투자수익의 극대화를 이루어 낸다.

지식노동자 시대가 궁극적으로 산업 시대의 노동자를 90%까지 줄여 놓을 것이라고 보는가? 그렇다. 최근의 아웃소싱과 실업률 추세는 빙산의 일각에 불과하다. 실제로 이러한 경향은 심각한 정치적 문제가 되었다. 그러나 산업 시대 노동자들의 일자리 감소는 정부 정책이나 자유무역협정과 별로 관계가 없으며, 경제가 지식노동자 시대로 급속하게 변화하는 데 따른 부수적 현상으로 봐야 한다. 새로운 시대를 맞이하여 새로운 사고방식, 새로운 기술, 새로운 도구를 배우려면 무엇이 필요한지 생각해 보라. 새로운 시대에 생존하기 위해 무엇을 해야 하는지, 조직에는 무엇이 요구되는지 생각해 보라.

드러커는 산업·육체노동자 시대와 오늘날의 지식노동자 시대를 이렇게 비교한다.

20세기에 가장 중요하고도 특별한 경영자들의 기여는 제조 분야 육체노동자의 생산성을 50배로 높였다는 것이다.

21세기에 경영자들이 해야 할 가장 큰 기여는 마찬가지로 지식노동과 지식노동자의 생산성을 증대시키는 것이다.

20세기 기업의 가장 중요한 자산은 생산 장비였다. 기업이든 단체든 21세기 조직의 가장 중요한 자산은 지식노동자와 그들의 생산성이 될 것이다.[3]

위대한 역사가 아널드 토인비_{Arnold Toynbee}는 사회와 조직의 역사를 "성공만큼 큰 실패는 없다"는 말로 잘 표현했다. 성공은 도전을 이겨내는 것이지만, 성공 다음에 새로운 도전에 직면했을 때 과거에 성공했던 낡은 방식으로 대응하면 실패하게 된다는 의미이다.

우리는 지식노동자 시대를 살고 있지만, 조직은 잠재능력의 발휘를 철저하게 억누르는 통제적 산업 시대 모델로 운영되고 있어서 내면의 소리는 무시되고 있다. 이것은 놀라운 사실이다. 오늘날 직장에 널리 퍼져 있는 산업 시대의 사고방식은 지식노동자 시대와 신경제 체제에서는 결코 통하지 않는다. 하지만 우리는 가정에서도 통제적 사고방식에 사로잡혀 있다. 통제적 사고방식이 배우자를 상대하거나 대화하는 방식과, 아이들을 관리하고 훈육하고 동기를 부여하는 방식에 영향을 미치는 경우가 많다.

산업 시대의 '사람 = 물건' 사고

산업 시대에 경제적 번영의 가장 중요한 자산이자 원동력은 기계와 자본, 즉 물건이었다. 사람도 필요했지만 대체할 수 있는 자원이 더 중요했다. 육체노동자들은 별 탈 없이 마음대로 부릴 수 있었다. 노동시장에서 공급이 수요를 초과했기 때문이다. 시장에서는 엄격한 작업 조건에 맞는 더 튼튼한 육체를 얼마든지 구할 수 있었고, 사람은 물건과 같아서 효율적으로 사용이 가능했다. 지성, 감정, 영성(모두 기계 시대의 원활한 프로세스를 방해하는 요소들이다)이 아닌 신체만을 원할 때, 사람은 물건으로 전락한다.

현대의 수많은 관리 방식은 산업 시대에 비롯된 것이다.

그것은 사람을 감독하고 관리해야 한다는 믿음을 주었다.

그것은 사람을 비용으로 여기고, 기계를 자산으로 생각하게 하는 경제관을 심어 주었다. 사람은 손익계산서에서 비용에 들어가고, 장비는 대차대조표에서 투자로 들어간다.

그것은 당근과 채찍 방식을 주었다. 동물처럼 앞에서는 당근(보상)으로 동기를 부여하고, 뒤에서는 채찍(공포와 처벌)으로 모는 것이다.

그것은 현재의 추세로 미래를 추정하여 전체 조직의 예산을 수립한 다음, '목표 달성'을 독려하기 위해 계층 조직과 관료 집단을 형성하였다. 이러한 낡은 시스템은 '내년에도 예산이 줄지 않도록 책정된 예산을 다 쓰게 만들고', '부서의 마이너스 성장을 감추는 조직 문화'를 낳는다.

육체노동자들을 위해 만들어진 산업 시대의 관행이 악용되고 있는 것이다.

문제는 관리자들이 산업 시대의 통제 모델을 여전히 지식노동자들에게도 적용하고 있다는 점이다. 관리층은 직원들의 진정한 가치와 가능성을 못 보고, 인간의 본성을 정확하고 완전하게 이해하지 못하고 있다. 그들은 물건을 다루듯이 사람을 관리한다. 이러한 이해의 부족으로 직원의 동기, 재능, 소질을 개발하지 못한다.

사람을 물건으로 취급할 때 어떻게 되는가? 모욕당하고 소외되고 몰개성화된 직원은 조직을 불신하고 노조를 결성하므로 소송이 빈발하는 조직문화가 형성될 것이다. 10대 아이를 물건처럼 대하면 모욕당하고 소외되고, 소중한 관계 대신 불신하고 싸우고 반항하는 가정이 되는 것과 마찬가지다.

공동의존codependence▪의 악순환

사람을 물건처럼 대할 때, 그들은 리더십이 선택에서 나온다는 것을 믿지 않게 된다. 대부분은 리더십을 지위로 생각하지만, 지위가 없어도 리더가 될 수 있다. 자신의 리더십(영향력)을 선택하는 것은 피아노를 연주할 자유와 마찬가지로 노력해서 얻어야 한다. 노력할 때 비로소 리더십은 선택이 될 수 있다.

그 사실을 깨닫기 전까지는 관리층만이 결정을 내려야 한다고 생각하고, 무의식적으로 물건처럼 감독당하는 데 동의한다. 그들은 주도적 행동의 필요성을 인식한 경우에도 행동에 나서지 않는다. 공식 직책을 가진 사람으로부터 지시를 기다리고, 지시받은 대로 반응한다. 일이 잘되면 그의 공으로 돌리고, 일이 잘못되어도 그의 탓으로 돌린다. 그리고 '협조하고 지원해 줘서' 고맙다는 인사를 받는다.

주도적으로 나서고 독립적으로 행동하기 싫어하는 수많은 사람들의 경향은, 지위를 가진 리더에게 지시와 관리의 필요성을 더 강화시킬 뿐이다. 리더는 부하들을 행동하게 하려면 지시와 명령이 필요하다고 생각하게 된다. 이러한 관계는 곧 공동의존 관계로 발전한다. 양측의 약점이 서로의 행동을 정당화하고 강화한다. 관리자가 감독을 강화하면 할수록, 더 많은 감독과 관리가 필요한 행동이 유발된다. 공동의존의 조직문화는 결국 관행이 되어 아무도 책임지지 않는 상황에 이르게 된다. 시간이 가면 리더와 부하들은 묵계 속에서 자신의 역할을 확인한다. 그들은 자신의 상황이 좋아지려면 상대방이 변해야 한

■ 심리학 용어. 심각한 성격적 결함을 가진 사람들과 오랫동안 아무런 조처 없이 참고 살아가는 세칭 착한 사람의 증상을 일컬어 피의존 혹은 공동의존증이라고 부른다.

다고 믿음으로써 스스로 자신의 권한을 박탈한다. 공동의존의 악순환은 부모와 자녀들 사이의 가족 관계에서도 똑같이 발생한다.

이와 같은 묵계는 도처에 존재하지만, 그것을 스스로 인정할 만큼 용감한 사람은 많지 않다. 묵계에 대한 이야기를 들어도 본능적으로 자신과는 무관한 것으로 생각한다. 나는 대중에게 강연할 때 종종 이렇게 질문한다. "이 교육이 좋지만, 정말로 이 교육을 꼭 받아야 할 사람들은 이 자리에 오지 않았다고 생각하시는 분들은 손 들어 보세요." 그러면 폭소가 터지면서 대부분의 사람들이 손을 든다.

여러분도 이 책을 꼭 읽어야 될 사람들이 이 책을 읽지 않을 것이라고 생각하는가? 바로 그러한 생각이 공동의존 관계에서 나온다. 상대방의 약점만을 생각하면서 이 책을 읽는다면, 스스로 자신의 권한을 박탈하고 그들의 약점은 강화하는 것이며, 자신의 삶에서 주도성과 에너지와 열정은 계속 위축될 것이다.

영화 〈맥스와 맥스〉

더 자세히 들어가기 전에, 문제의 본질을 〈맥스와 맥스〉라고 하는 짧지만 훌륭한 영화를 통해 설명해 보도록 하겠다. 이 영화는 '맥스'라는 사냥개와 고객 서비스 담당 직원 '맥스'의 이야기다. 또한 신입사원 맥스를 비롯한 다른 직원들을 자신의 개 맥스처럼 관리하는 해럴드 상사에 대한 이야기이기도 하다.

영화의 무대는 일터이다. 누구나 일터를 갖고 있다는 점을 잊지 말라. 학생, 교사, 교장과 교감에겐 학교가 일터이다. 많은 사람들에게 회사나 정부 기관이 일터이며, 가족들의 일터는 가정이다. 지역사회,

교회, 성당이 일터인 사람들도 있다. 따라서 이 영화는 직장에 대한 이야기일 뿐 아니라 공동의 목적을 가진 사람들 사이의 인간관계와 상호작용에 대한 이야기이기도 하다. 이 영화의 무대를 자기 삶의 영역에도 적용시켜 보기 바란다.

이 영화는 누구나 공감할 만한 내용이다. 이 책의 부록으로 제공된 DVD를 통해 〈맥스와 맥스〉를 보도록 하자.

영화를 다 보았는가? 맥스는 다른 사람들처럼 새로운 직장에서 열정과 열의를 갖고 업무를 시작한다. 맥스는 주도적으로 고객을 확보하고 관리하지만, 해럴드 씨는 그를 철저하게 감시한다. 맥스는 모든 행동이 관리되고 통제되자 마음에 상처를 받는다. 자주 놀라고, 목적의식, 자신감, 선택의 자유를 잃는다. 그는 내면의 소리를 잃은 것이다. 다시는 주도적으로 나서지 않겠다고 맹세한다. 맥스는 해럴드 씨와 공동의존 관계를 형성한다. 그는 점차 다음 명령만을 기다리는 해럴드 씨의 개 맥스를 닮아 간다. 영화를 보았다면, 누구나 해럴드 씨를 탓하고 싶을 것이다. 하지만 그가 개 맥스를 다루듯이 사람 맥스를 다룬다는 점에도 주목하라. 그러한 모욕적인 모든 행동은 회사 전체에 널리 퍼져 있다. 직원들은 모두 공동의존적 사고에 젖어 있다. 리더십은 지위에서 나오는 것이라고 생각하기 때문에 아무도 리더십(즉주도성과 영향력)을 행사하지 않는다.

사실 대부분의 조직은 이 영화의 상황과 별반 다르지 않다. 지난 40년간 내가 도와주었던 최고의 조직들도 온갖 문제들로 가득했다. 이러한 문제와 도전에서 오는 고통은 세상이 변화하면서 더욱 격심해진다. 〈맥스와 맥스〉와 마찬가지로 이 문제들은 일반적으로 조직, 대인관계, 개인의 3가지 차원에서 생각할 수 있다.

조직 차원에서는 통제적 관리 철학이 행동, 커뮤니케이션, 보상·보수, 훈련, 정보와 기타 핵심 시스템을 지배하며 직원의 재능과 내면의 소리를 억누른다. 이 통제 철학은 산업 시대에 비롯된 것으로, 모든 관리층의 지배적 사고방식이 되었다. 이것을 산업 시대의 '사람＝물건' 사고방식이라고 부른다.

또한 대인관계 차원에서 대부분의 조직은 공동의존 관계를 형성하고 있다. 기본적으로 신뢰가 부족하고, 서로의 차이점을 진실되고 창조적으로 해결하려는 마음가짐과 기술을 갖고 있지 않다. 조직의 시스템과 통제적 관리 방식이 공동의존 관계를 더욱 심화시키기도 하지만, 너무 많은 사람들이 가정에서 남들과 비교되고 학교나 직장 또는 운동 경기에서 서로 경쟁하도록 교육받았다는 사실이 문제를 더 복잡하게 만든다. 그 결과, 다른 사람의 성공에 진심으로 기뻐하지 못하는 부족의 심리를 갖게 되는 것이다.

명석하고 재능 있고 창조적인 개인이 조직에서는 어느 위치에 있건 억압되고 인정받지 못하며 영감을 얻지 못하고 있다고 느낀다. 그들은 스스로 상황을 변화시킬 힘이 없다고 생각하고 좌절한다.

패러다임의 힘

존 가드너John Gardner는 말했다. "병들어 있는 조직은 대부분 자신의 결함을 보지 못한다. 그들은 문제를 해결 못해서가 아니라, 문제 자체를 파악하지 못하기 때문에 고통을 겪고 있다." 아인슈타인Einstein은 "우리가 당면하고 있는 심각한 문제들은 그것이 야기되었을 때의 사고방식으로는 해결되지 않는다"고 말했다.

이 말은 내가 살아오면서 얻은 한 가지 중요한 교훈과 일치한다. 그 교훈은 점진적으로 조금씩 변화 발전하고 싶으면 관행, 행동, 태도를 바꾸고, 비약적이고 혁신적인 개선을 원한다면 패러다임을 바꾸라는 것이다. '패러다임paradigm'이란 말은 원래 과학 용어인 그리스어 'paradeigma'에서 왔으나, 오늘날에는 인식, 가정, 이론, 준거틀, 세상을 보는 시각이란 의미로 사용된다. 패러다임은 지역이나 도시의 지도와 같아서, 정확하지 않으면 목적지를 찾으려고 아무리 열심히 노력하고 적극적으로 생각해도 길을 잃고 헤매게 된다. 패러다임이 정확하다면, 그 다음으로 비로소 성실성과 태도가 중요해진다.

이를테면, 중세에는 환자들을 어떻게 했는가? 사혈bloodletting을 해서 치료했다. 그들은 피 속에 나쁜 것이 들어 있으므로 피를 빼내야 한다고 생각했다. 현대를 사는 우리가 이 패러다임을 계속 믿고 있다면 어떤 행동을 취할까? 우리는 말할 것이다. 피를 더 많이, 더 빨리, 더 아프지 않게 빼라. 사혈하기 위한 TQM과 Six Sigma 기법으로 품질 관리를 하라. 사혈 품질을 통계로 관리하고, 분산분석을 실시하라. "우리는 세계에서 가장 우수한 사혈 부서를 갖고 있다"는 광고의 필요성을 전략적으로 연구하고 효과적인 마케팅 계획을 세워라. 또는 직원들이 사혈 부서에서 더 큰 사랑과 신뢰를 쌓고 근무할 수 있도록 산으로 데려가서 서로 팔을 잡고 절벽에서 떨어지는 고공낙하 훈련도 할 수 있다. 또는 사혈 부서 직원들이 함께 목욕탕에 들어가 솔직한 커뮤니케이션을 함으로써 서로의 심리를 파악하게 할 수도 있다. 사혈을 할 때 적극성이 발휘되도록 직원들과 환자들에게 적극적 사고 기법을 가르칠 수도 있을 것이다.

한편, 세균 이론이 발견되었을 때 어떻게 되었는가? 헝가리의 제멜바이스Semmelweis, 프랑스의 파스퇴르Pasteur, 그리고 다른 과학자들에

45

의해 질병의 원인이 세균이라는 사실이 발견되자 임산부들이 산파를 선호한 이유가 설명되었다. 산파는 항상 깨끗이 씻어서 청결을 유지했기 때문이다. 그리고 전장에서 병사들이 전투보다 질병으로 더 많이 사망하는 원인이 밝혀졌다. 질병은 세균을 통해 모든 장병들에게 전염되었던 것이다. 질병 연구의 새 지평을 연 세균 이론은 오늘날까지 보건 진료의 길잡이 역할을 하고 있다.

그것이 정확한 패러다임의 위력이다. 정확한 패러다임은 먼저 원인을 설명해 주고, 그 다음에는 문제 해결의 길잡이가 되어 안내한다. 그런데 패러다임의 문제점은 전통같이 좀처럼 사라지지 않는다는 것이다. 결함이 있는 패러다임은 더 정확한 패러다임이 발견된 후에도 수세기 동안 계속된다. 역사책에는 조지 워싱턴George Washington이 인후 감염으로 사망했다고 기록되어 있다. 그러나 그는 과도한 사혈로 목숨을 잃었을 가능성이 높다. 당시 의사들은 인후 감염의 원인을 나쁜 피라고 판단하고, 그에게서 하루에 몇 리터씩의 피를 빼냈을 것이다. 현대 의학에서는 아무리 건강해도 두 달에 0.47리터 이상은 헌혈하지 말라고 권한다. 새로운 지식노동자 시대는 산업 시대의 '사람=물건' 패러다임과는 완전히 다른 새로운 패러다임에 기초한다. 바로 전인적 인간 패러다임이다.

전인적 인간 패러다임

수많은 사람들이 직장에 불만을 갖는다. 그리고 대부분의 조직들이 직원들의 재능, 소질, 창의력을 활용하지 못하고, 참으로 위대하고 오래 가는 조직이 되지 못한다. 이처럼 만족스런 직장이 되지 못하고 위

대한 조직이 될 수 없는 근본 이유는 단 한 가지뿐이다. 바로 자신에
대한 불완전한 패러다임을 갖고 있기 때문이다. 인간 본질에 대한 근

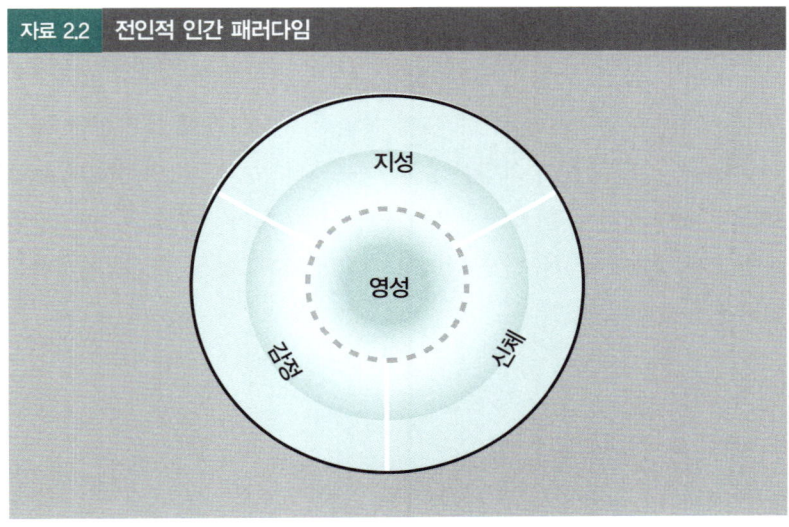

자료 2.2　전인적 인간 패러다임

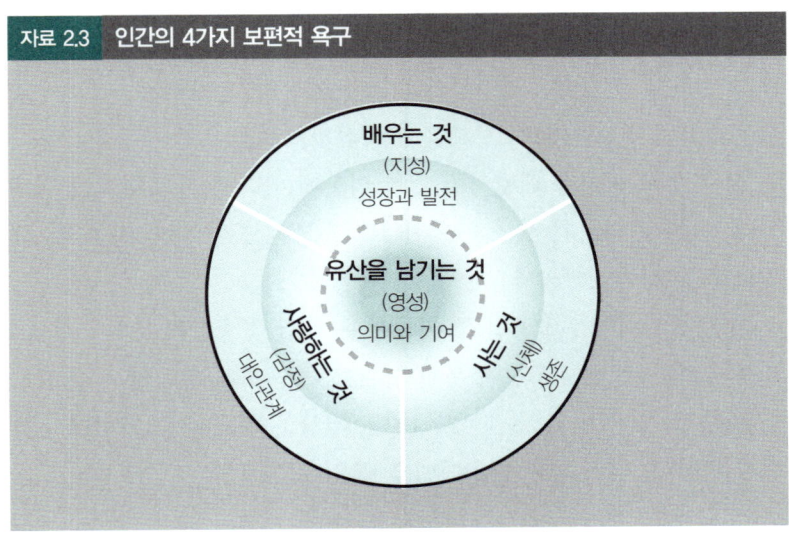

자료 2.3　인간의 4가지 보편적 욕구

본적인 관점이 불완전한 것이다.

인간은 동기를 유발시키고 감독해야 할 물건이 아니다. 인간은 신체, 지성, 감정, 영성의 4개 차원의 욕구를 가진 존재이다.

유사 이래 동서양의 철학 및 종교를 살펴보면, 신체적·경제적, 지적, 사회적·감정적, 영적 차원이라는 4개의 차원을 발견할 수 있다. 용어는 서로 다르지만, 앞서 1장에서 설명한 삶의 4가지 보편적인 욕구와 다르지 않다. 4개의 차원은 또한 〈유산〉이라는 짧은 영화에서 설명한 인간의 4가지 기본 욕구와 동기, 즉 살고(생존) 사랑하고(대인관계) 배우고(성장과 발전) 유산을 남기고(의미와 기여) 싶은 욕구임을 〈자료 2.3〉에서 보여 준다.

사람은 선택할 수 있다

현재 직장에 널리 퍼져 있는 '사람=물건'이라는 통제적이고 부분적인 인간 패러다임과, 관리자와 조직이 개인의 재능과 열정을 끌어내지 못하는 것은 어떤 직접적인 관계가 있을까? 그 답은 선택에서 찾을 수 있다. 인간은 의식적 혹은 무의식적으로 대우받는 정도나, 4가지 삶의 욕구 영역을 개발시킬 기회 여부에 따라 헌신의 강도를 결정한다. 보통 저항하거나 조직을 떠나는 것부터 신이 나서 창조적으로 일하는 것에 이르기까지 6가지를 선택할 수 있다.

〈자료 2.4〉의 6가지 방법 중 어느 것을 택할지 생각해 보라.

첫째, 공정하게 대우받지 못한다. 조직에는 사내 정치와 정실 인사가 횡행하고, 급여 체계는 공평하지도 정당하지도 않다. 기여한 만큼 받지 못한다. 이런 상황에서 어떤 선택을 하겠는가?

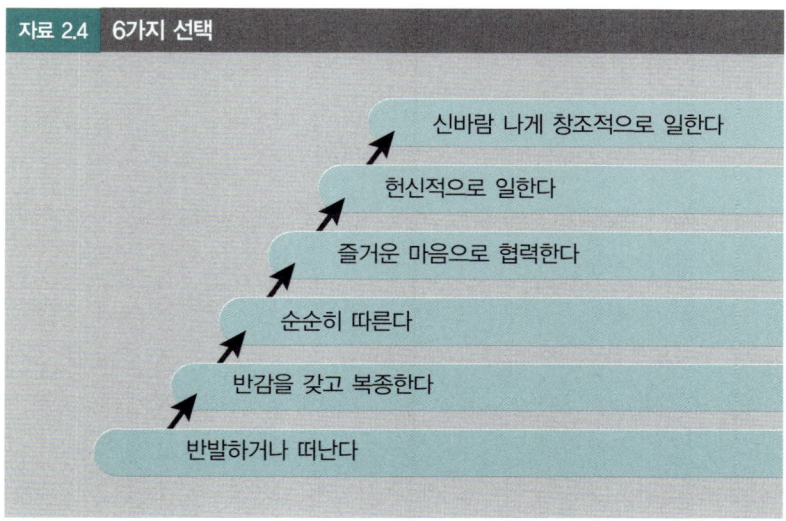

자료 2.4 6가지 선택

- 신바람 나게 창조적으로 일한다
- 헌신적으로 일한다
- 즐거운 마음으로 협력한다
- 순순히 따른다
- 반감을 갖고 복종한다
- 반발하거나 떠난다

둘째, 급여 측면에서는 괜찮지만 친절하게 대우해 주지 않는다. 즉 존중을 못 받고 있다. 대우가 일관성이 없고, 자의적이고, 변덕스럽고, 상사의 기분에 따라 달라진다. 이런 상황에서 무엇을 선택하겠는가?

셋째, 급여도 괜찮고 친절하게 대해 주지만 자신의 의견을 내지 못한다. 다시 말해서, 신체와 감정은 중요시되지만 지성은 평가받지 못한다. 이런 상황에서 어떤 선택을 하겠는가?

넷째, 급여도 괜찮고(신체) 친절하게 대해 주고(감정) 창조적으로 참여하지만(지성), 땅을 팠다가 다시 메우거나 아무도 보지 않을 보고서를 작성하라는 지시를 받는다. 다시 말해서, 하는 일이 의미가 없다(영성). 이런 상황에서 어떤 선택을 하겠는가?

다섯째, 이제 급여도 괜찮고 친절하게 대해 주고 의미 있는 일에 창조적으로 참여하지만, 다른 직원들이나 고객 또는 협력업체들을 속이고 거짓말을 한다. 이런 상황에서 어떤 선택을 하겠는가?

우리는 전인적 인간 패러다임의 4가지 요소를 살펴보았다. 신체, 지성, 감정, 영성이 바로 그것이다(영성은 다시 무의미한 일과 무원칙한 방식으로 나뉜다). 인간 본성의 4가지 욕구 가운데 어느 하나라도 소홀히 하여 사람을 물건으로 전락시켰다면, 그들을 어떻게 대하겠는가? 물건인 그들에게 동기를 부여하기 위해 감독하고, 관리하고, 당근과 채찍을 사용하지 않겠는가?

나는 전 세계의 각기 다른 배경을 가진 수많은 사람들에게 위에서 설명한 5가지 상황에 대해 질문했다. 그러자 대답은 거의 예외 없이 하위 3가지에 집중되었다. 반발하거나 떠나고, 반감을 갖고 복종하거나(일은 하지만 잘되기를 바라지 않는다), 기껏해야 순순히 따를 뿐이다. 오늘날의 정보 · 지식노동자 시대에는 분업이 아닌 완전한 직무를 수행하고 전인적 인간으로 존중받는 사람만이 상위 3가지 선택을 할 수 있다. 즉 즐거운 마음으로 협력하거나, 헌신하거나, 신바람 나게 창조

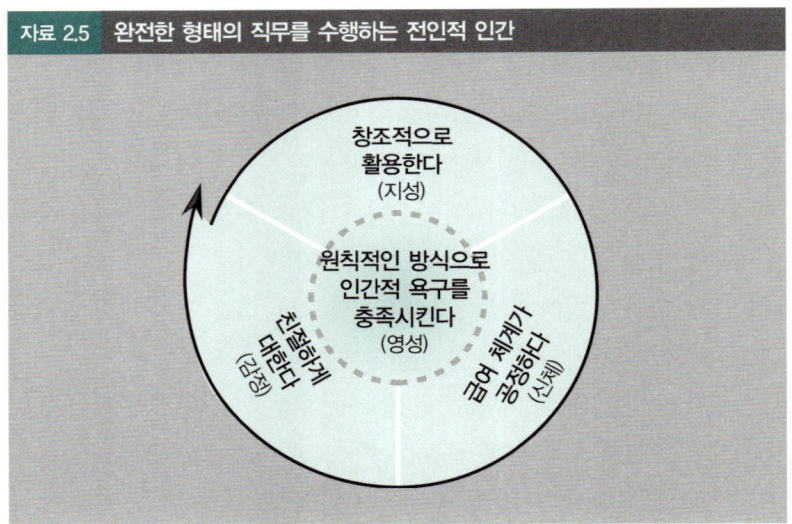

자료 2.5 완전한 형태의 직무를 수행하는 전인적 인간

창조적으로
활용한다
(지성)

원칙적인 방식으로
인간적 욕구를
충족시킨다
(영성)

친절하게
대한다
(감정)

급여 체계가
공정하다
(신체)

정체성이 운명을 결정한다.

적으로 일하는 것이다.

오늘날 직장의 근원적인 문제점과 거기에 대한 해결책이 인간 본성에 대한 패러다임에 있다는 것을 파악했는가? 가정과 지역사회의 문제점들에 대한 해결책은 이 패러다임과 어느 정도 관련되어 있다고 생각하는가? 산업 시대의 '사람=물건' 패러다임과 거기서 비롯된 모든 관행들은 현대적 의미의 피 빼기, 즉 사혈과 같다. 4가지 인간 욕구를 무시함으로써 발생된 조직의 4가지 만성적인 문제와 리더의 4가지 역할과 관련된 해결방안은 이후 6장부터 다루도록 하겠다. 그에 앞서 우리가 앞에서 기술한 고통과 문제점에 대한 개인의 반응과 해결책에 대해 살펴보도록 하자.

해결책

시의 적절한 아이디어보다 더 강력한 것은 없다.

빅토르 위고

헨리 데이비드 소로Henry David Thoreau는 이렇게 말했다. "악의 가지를 천 번 잘라 내기보다는 악의 뿌리를 뽑는 것이 낫다."[1] 이 책은 우리가 직면한 심각한 문제들의 뿌리를 뽑아 낼 수 있도록 도와줄 것이다.

우리는 앞에서 현재 당면하고 있는 고통을 검토하였고, 고통 뒤에 숨겨진 문제점들을 파악하였다. 문제점들은 개인에서 비롯되고, 직장 내의 관행 및 패러다임과 관계가 있었다. 이제 그 해결책의 배경을 설정하고, 앞으로 그것이 어떻게 전개될 것인지 개괄적으로 살펴보도록 하자.

대부분의 조직문화 혁신은 한 사람의 선택으로 시작된다. 나는 40여 년간 전 세계의 조직들과 함께 일했던 경험과, 리더십 분야 대가들의 조직 연구 결과를 토대로 그 사실을 깨달았다. 한 사람의 선택으로 인해 조직은 장기적인 성장을 유지하고 번영하면서 세계에 공헌할 수 있었던 것이다. 선택은 CEO나 회장 같은 공식적인 리더가 한 경우도 있었지만, 전문가나 현장 관리자, 또는 누군가의 조력자에서 비롯된 경우가 더 많았다. 그들은 지위에 관계없이 처음에는 자기 자신의 내면에서 시작하여 외부로 향하는 혁신을 하였다. 성품, 역량, 주도성, 긍정적 에너지, 간단히 말해서 그들의 도덕적 권위는 다른 사람들에게 영향을 미치고 고무시켰다. 확고한 자기정체성을 가진 그들은 자신의 강점과 재능을 발견한 다음 사회적 요구를 충족시키고 결과를 생산해 내는 데 사용했다. 그들은 다른 사람들로부터 인정받고 더 많은 책임을 맡게 되었다. 그리고 그들은 책임을 확대시키고 더 큰 성과를 생산해 냈다. 그러자 더 많은 사람들이 일어서서 박수를 보냈다. 고위층 인사들도 그들이 어떻게 그렇게 많이 성취할 수 있었는지 궁금해하거나 배우고 싶어했다. 조직의 문화가 그들과 그들의 비전을 중심으로 형성되었다.

일시적인 경우를 제외하면, 그들은 조직에서 부정적이고 사기를 저하시키며 모욕을 주는 조직원들과 한 패거리가 되거나 그들의 영향을 받지 않는다. 흥미롭게도 그들이 근무했던 조직은 대부분의 조직과 다르지 않았다. 조직은 엉망이지만 사장이나 조직으로부터 변화를 기대하기 어렵다는 것을 깨닫게 된다. 하지만 그들은 평범함의 바다에서 우수함의 섬을 만들었고 그 우수함은 확대되고 전염되어 갔다.

시류를 따르지 않고, 문화의 부정적 도발을 견뎌 내며, 이기심을 억누르고, 비전과 결단력을 개발하고 유지할 내적인 힘은 어디에서 오는가?

그들은 자신의 특성과 재능을 파악한 다음, 그것들을 활용하여 성취에 대한 비전을 만든다. 또한 지혜를 활용하여 주도적으로 자기 주변에서 필요로 하는 것과 적당한 기회를 포착한다. 그리고 자신의 독특한 재능을 고려하여 자기동기를 유발하고, 세상을 변화시키는 데 필요한 것들을 찾아낸다. 간단히 말해서, 자기 내면의 소리를 찾아내는 것이다. 그들은 다른 사람들도 도와주고 고무한다. 그리고 인간과 조직의 성장과 번영을 지배하는 원칙, 즉 신체, 지성, 감정, 영성이 균형을 이룬 '전인적 인간'을 만들어 주는 원칙들을 적용하는 한편 다른 사람들도 내면의 소리를 찾도록 고무하고 영향을 미치는 것이다.

해결책은 자기 내면의 소리를 찾아내고, 다른 사람들도 찾도록 고무하는 것이다. 이렇게 두 부분으로 이루어진 해결책은 지위고하를 막론하고 조직의 모든 구성원들이 자신의 성과와 영향력을 극대화시키고, 다른 사람들이 대신할 수 없는 기여를 하고■, 팀과 조직도 내면의 소리를 찾도록 고무하기 위한 로드맵이다. 따라서 이 책은 크게 두 부분으로 나뉜다.

1. 내면의 소리를 찾아라
2. 다른 사람들도 찾도록 고무하라

이제 각 부분을 간단하게 살펴보자.

■ 팀이나 조직이 최우선 목표를 실행할 수 있는 능력에 대한 자체적인 평가와 다른 조직들에 대한 평가를 비교한 무료 보고서를 얻고 싶으면, www.The8thHabit.com/offers를 이용하라.

내면의 소리를 찾아라

> 숲 속에 두 갈래 길이 있었다,
> 나는 사람들이 가지 않은 길을 택했고,
> 그것으로 모든 것이 달라졌다.[2]
>
> —로버트 프로스트(Robert Frost)

2가지의 전혀 다른 삶의 길을 보여 주는 〈자료 3.1〉은 8번째 습관 '내면의 소리를 찾고, 다른 사람들도 찾도록 고무하라'를 나타낸 것이다.

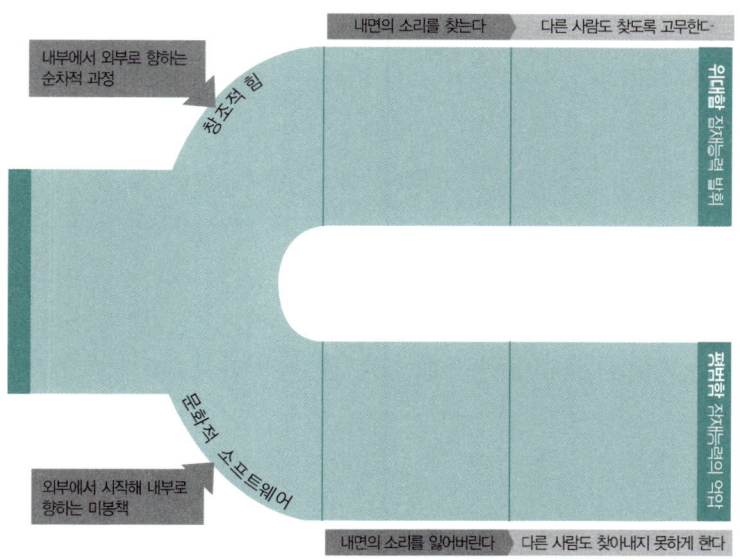

자료 3.1

두 갈래 길을 표시한 이 그림은 앞으로 14장까지 각 장의 시작 부분에 나타날 텐데, 각 장의 주제에 초점을 맞춰 점차 체계를 갖춰 나갈 것이다. 이 그림을 보면, 자신이 어디에 있고 어디에 있었으며 어디로 가는지 알 수 있을 것이다.

나이가 많든 적든, 부유하든 가난하든, 남성이든 여성이든 사람은 누구나 인생의 두 갈래 길 가운데 하나를 선택한다. 하나는 평범함으로 가는 넓고 쉬운 길이고, 다른 하나는 위대함과 의미를 찾아가는 길이다. 각 길의 목적지에 존재하는 가능성은 인간의 다양한 재능과 개성만큼이나 그 폭이 넓지만, 각각의 목적지는 낮과 밤처럼 극명하게 대비된다.

평범함으로 가는 길은 잠재능력을 억압한다. 위대함으로 가는 길은 잠재능력을 발휘하게 한다. 평범함으로 가는 길은 삶에 대한 미봉책이거나 쉬운 접근방식이다. 위대함으로 가는 길은 내부에서 시작하여 외부로 향하는 순차적인 성장 과정이다. 평범함의 길로 가는 사람들은 에고, 방종, 부족, 비교, 경쟁, 피해 의식이라고 하는 문화적 소프트웨어를 갖고 살아간다. 위대함의 길을 가는 사람들은 부정적 문화의 영향력을 벗어나 주도적으로 자신의 삶을 창조하는 힘을 갖는다. 위대함으로 가는 길을 한마디로 표현하면 자기 내면의 소리를 찾아내는 것이다. 내면의 소리를 찾고 다른 사람들도 찾도록 고무하는 것이다.

의미 있는 삶을 추구하다

우리의 내면 깊은 곳에는 정말로 소중한 사람이 되어, 세상을 변화시키며 공헌하는 위대한 삶을 살고자 하는 열망이 있다. 자신의 능력에 대해 의심을 품는 사람들도 있겠지만, 나는 우리 모두 그러한 삶을 살 수 있다고 확신한다. 그것은 인간의 타고난 권리이다.

나는 조직문화 혁신 의지가 강한 한 군부대 지휘관을 만난 적이 있다. 그는 30년 넘게 군에 몸담은 대령으로, 그해에 퇴역하기로 되어 있었다. 그런데 벌써 1년 가까이 부하들에게 강도 높은 교육과 훈련을 실시하고 있었다. 나는 그가 왜 관행, 나태, 무관심, 불신의 군 조직문화를 혁신하는 계획을 시작했는지 궁금해서 이렇게 물었다. "당신은 가만있어도 멋진 전역을 할 수 있을 것입니다. 성대한 전역식이 열리고 사랑하는 사람들과 친지들이 당신을 축하해 줄 텐데요."

그는 아주 진지한 표정으로 한참을 침묵하고 있다가, 소중하게 간직하던 경험을 들려주었다. 그는 얼마 전에 아버지가 돌아가셨다고 말했다. 아버지는 임종을 맞아 어머니와 대령을 불렀다. 어머니는 내내 슬피 울었고, 대령은 아버지의 머리맡에서 그의 희미한 목소리를 들었다. "아들아, 너는 나처럼 살지 말거라. 나는 네게도 네 어머니에게도 잘해 주지 못했고, 세상에 남긴 것도 없다. 아들아, 너는 나처럼 살지 않겠다고 약속해 다오."

그것이 아버지로부터 들은 마지막 말이었다. 하지만 대령은 그 말을 아버지가 남긴 가장 큰 선물이자 유산이라고 생각했다. 그리고 그 임종 자리에서 세상을 변화시키는 삶을 살겠다고 마음먹었다.

대령은 그 전까지는 퇴역 후의 편안한 삶을 계획했었다고 털어놓았다. 사실 그는 마음속으로 후임자가 자기만큼 잘하지 못하기를 원했다. 분명히 그렇게 될 것이라는 생각도 했다. 그러나 아버지의 유언을 듣고는 부대 지휘의 문화에 새롭고 변치 않는 리더십 원칙을 세우는 데 앞장서야겠다고 결심하고, 후임자가 자기보다 더 성공하기를 진심으로 바라게 되었다. 그는 리더십 원칙을 조직의 구조, 시스템, 프로세스로 제도화하려고 노력함으로써, 자신의 유산을 후임 지휘관들에게 물려주었다.

그는 아버지의 유언을 접하기 전에는 쉬운 길을 택해 과거의 전통을 고수하며 기본적으로 관리인의 역할을 수행했다. 평범한 삶을 선택했던 것이다. 그러나 아버지의 유언을 계기로 위대한 삶, 기여하는 삶, 의미 있는 삶, 진실로 세상을 변화시키는 삶을 살기로 결심했다.

우리도 가정에서, 직장에서, 지역사회에서 평범한 삶을 넘어 위대한 삶을 선택할 수 있다. 상황에 관계없이 누구나 그러한 결정을 내릴 수 있다. 불치의 병에 걸렸다면 불굴의 정신을 가질 수도 있고, 스스로의 가치와 능력에 대한 자신감을 심어 줌으로써 아이의 삶을 변화시킬 수도 있으며, 조직 내에서 변화의 촉매제가 될 수도 있고, 사회적 캠페인을 주도할 수도 있다. 우리에게는 위대한 삶을 살겠다고 결심할 수 있는 힘이 있다. 하루를 시작하면서 괜찮은 날을 넘어 위대한 날을 만들겠다고 결심할 수 있다. 이미 오래 전에 평범한 삶의 길에 들어섰다고 하더라도 충분히 바꿀 수 있다. 언제라도 다른 길을 선택할 수 있다. 결코 늦지 않았다. 누구나 자기 내면의 소리를 찾아낼 수 있다.

우리는 이 '가지 않은 길'을 선택함으로써 다음과 같이 내면의 소리를 찾아낼 수 있다.

1. 자신의 특성, 즉 3가지 훌륭한 탄생의 선물(4장)을 이해하고, 인간 특성의 4가지 요소와 연결된 지능을 성실하게 개발하고 사용함으로써 내면의 <u>소리를 찾아라.</u>
2. 인간 지능의 최고의 표현 형태인 비전, 규율, 열정, 양심을 개발함으로써 <u>내면의 소리를 표현하라</u>(5장).

영화 〈성품의 발견〉

내면의 소리를 찾아가는 과정이 담긴 감동적인 이야기가 있다. 여러 해 전에 우리 회사는 지역 PBS 방송국의 협조를 얻어 영국에서 제작한 드라마를 방송했다. 이 드라마의 주인공은 어린 시절을 거리의 불량배로 보냈지만, 꽤 성공한 작가가 되어 멋진 집을 마련하고 사랑하는 가족과 함께 사는 한 영국인이었다. 그러나 드라마가 다루는 시점에 그는 '작가로서의 벽'에 부딪혀 있었다. 모든 창작력이 고갈된 듯했다. 가계 빚은 늘어만 갔고, 항상 약속한 원고 마감일을 넘겨 출판사로부터 독촉을 받았다. 그럴수록 더욱더 가라앉았다. 그는 자신의 아이들이 다른 아이들처럼, 아니 청소년 시절의 자기처럼 거리의 불량배가 되는 것은 아닌지 두려워지기 시작했다. 아버지가 빚에 몰려 감옥에 갔던 기억이 생생하게 떠올랐다.

그는 낙담했다. 잠을 이룰 수도 없었다. 밤새 런던 거리를 쏘다니기 시작했다. 그는 거리에서 가난을 목격했다. 공장에서 야간조로 일하는 비인간적인 상황의 아이들과, 가족들 입에 풀칠이라도 하려고 발버둥치는 부모들을 보았다. 남을 이용하려는 사람들의 탐욕과 이기심이 그에게 충격으로 다가왔다. 감정에서 시작된 한 아이디어가 이성적으로 정리되기 시작했다. 그는 세상을 변화시키기 위해 자신이 할수 있는 일을 찾아냈다.

그는 그 어느 때보다 높은 열의와 에너지로 다시 글을 쓰기 시작했다. 의미 있는 공헌에 대한 비전이 그에게 열정을 불어넣고 몰입하게 만들었다. 그는 더 이상 회의하거나 낙담하지 않았다. 경제적 문제로 걱정하지도 않았다. 그는 이 이야기를 세상에 알리고 싶었다. 가능한 한 저렴한 비용으로 많은 사람들에게 책을 읽게 하고 싶었다. 그의 삶은 완전히 바뀌었다. 그는 정말로 자기 내면의 소리를 찾은 것이다.

우리는 이 주목할 만한 남성의 실제 경험을 짧은 영화에 담았다. 이제 〈성품의 발견〉을 시청해 보자. 아마 그의 이야기에서 감동을 받을 것이다.

다른 사람들도 내면의 소리를 찾도록 고무하라

내면의 소리를 찾아냈으면, 자신의 영향력을 확대하고 기여도를 높이기 위해 다음에 선택해야 할 일은 다른 사람들도 내면의 소리를 찾도록 고무하는 것이다. '고무하다'는 뜻의 'inspire'는 라틴어 'inspirare'에서 왔으며, 생명을 불어넣는 것을 의미한다. 우리는 다른 사람들이 인간 특성의 4가지 요소, 즉 신체적, 지적, 감정적·사회적, 영적 삶의 영역에서 내면의 소리를 찾도록 존중해주고 인정해주며 도와주어야 한다. 그러면 그들은 잠재된 재능, 소질, 창조성, 열정을 발휘하게 된다. 대다수의 사람들과 팀으로 하여금 내면의 소리를 내게 하는 조직은 시장과 사회에서 생산성, 혁신, 리더십 수준의 비약적인 향상을 경험하게 될 것이다.

이 책의 제2부는 6장 '다른 사람도 내면의 소리를 찾도록 고무하라'에서 시작된다. 세상의 모든 일은 대부분 조직에서 이루어진다. 따라서 기업, 학교, 관공서, 군대, 지역사회, 가족 등 어느 조직에서나 다른 사람들에게 긍정적인 영향을 미치기 위해 필요하고 적용 가능한 원칙들에 초점을 맞추어 설명할 것이다.

이 글을 읽으면서 아마 "그렇긴 한데……"라며 여전히 반신반의하는 사람들도 많을 것이다. 그들을 위해 각 장의 끝 부분에 자주 하는 질문과 거기에 대한 나의 대답을 실었다. 그것들이 도움이 되길 바라지만 관심이 없으면 건너뛰어도 무방하다. 이 책의 마지막 장은 보다 일반적이고 포괄적인 성격의 질문과 대답으로 구성되었다.

이 책의 효용을 극대화하는 방법

이 책을 최대한 활용하여 자신의 삶과 조직에서 커다란 변화와 발전을 주도하려는 사람들을 위해 2가지 쉬운 방법을 소개하겠다. 이 방법을 사용하면 틀림없이 좋은 결과를 얻을 수 있을 것이다. 첫 번째는 배운 것을 다른 사람들에게 가르치는 것이고, 두 번째는 배운 것을 체계적으로 적용해 보는 것이다.

배우면서 가르치고 나눠라

다른 사람을 가르칠 때 가장 잘 배우고, 배움을 실천할 때 자기 것이 되는 법이다. 이 점에 대해서는 거의 모든 사람들이 인정할 것이다.

나는 오래 전에 대학에 있을 때, 캘리포니아 주 산호세 출신의 객원교수 월터 공Walter Gong 박사를 만난 적이 있다. 그는 한 학기 동안 '교수법 향상시키기'에 대해 강의했다.

이 과목의 핵심원칙은 '배우게 하는 최선의 방법은 학생들을 교사로 만드는 것'이었다. 우리는 가르칠 때 가장 잘 배운다.

나는 이 원칙을 즉시 강의와 가정에 적용하기 시작했다. 내가 처음 대학 강단에 섰을 때, 수업에 참가하는 학생수는 15~30명 정도였다. 공 박사의 원칙을 적용하자 더 많은 학생들을 효과적으로 가르칠 수 있었다. 심지어 어떤 수업은 수강생이 1,000명에 가까웠지만, 학생들의 수학 능력과 시험 점수는 올라갔다. 그 이유는 우리가 가르칠 때 더 잘 배우기 때문이다. 모든 학생이 교사가 되고, 모든 교사가 학생이 되는 것이다.

일반적인 교육 패러다임은 교사 대 학생의 비율을 중요시한다. 학생 수가 적을수록 학습의 질이 높아진다고 생각한다. 그러나 학생들을 교사로 만들면 지렛대 효과가 생긴다. 지렛대의 받침점이 저 앞으로 이동해서 훨씬 수월해진다.

배운 것을 가르치거나 나눌 때, 우리는 은연중에 가르친 것을 실천하려고 노력한다. 자연스럽게 배운 것을 실천하려는 마음이 강해진다. 나눔은 학습을 심화시키고, 실천과 동기를 강화하며, 변화를 당연시하고, 응원자를 얻는 토대가 된다. 또한 나눔은 사람들과의 유대를 강화한다. 특히 아이들과의 관계에서 효과가 크다. 아이들이 학교에서 배운 것을 정기적으로 당신에게 가르치게 해보라. 나의 아내 샌드라 Sandra는 간단한 이 공부 방법이 외부적 동기 부여의 필요성을 없애준다는 것을 발견했다. 배운 것을 가르치는 사람은 더욱더 훌륭한 학생이 된다.

배운 것을 실천하라

알고도 행하지 않으면, 실제로는 모르는 것이다. 배우고 실천하지 않으면, 실제로는 배운 것이 아니다. 이해하고도 적용하지 않으면, 실제로는 이해한 것이 아니다. 지식과 이해를 자기 것으로 만드는 길은 실행과 적용뿐이다. 우리는 책을 읽고 강연을 들으며 테니스를 배울 수 있지만, 실제로 경기를 해보기 전까지는 테니스를 알 수 없다.

> 자기인식은 사유가 아닌 행동에 의해 이루어진다. 자신의 임무를 다하려고 노력하라. 그러면 곧 자신을 발견하게 될 것이다.
>
> —요한 괴테

이 책에서 배운 것을 적용할 수 있는 방법은 4가지가 있다.

1. 첫 번째 방법은 먼저 이 책을 통독하고, 그 다음에 개인 생활과 직장에서 무엇을 적용할지 결정하는 것이다. 대부분의 사람들이 이러한 방식으로 책을 활용한다. 책의 주제와 감정적, 지적으로 연결되어 책과 함께하고 싶어하는 마음을 반영한 방법이다.
2. 두 번째 방법은 책을 통독하고 나서 실제 적용을 염두에 두고, 전체 혹은 필요한 부분을 다시 읽는 것이다. 전체적인 내용을 파악하고 분명한 동기를 가진 상태에서 책을 다시 읽는다. 이 방법은 많은 사람들에게 효과가 있다.
3. 세 번째 방법은 내가 개인적으로 가장 효과적이라고 생각하는 방법으로, 이 책을 1년간의 개인적 성장과 발전 프로그램으로 채택하는 것이다. 앞으로 전개될 12개의 장에 매달 1장씩 접근하는 것이다. 각 장에서 배운 것을 적용하려고 노력할 때 통찰은 깊어진다.

4. 네 번째 방법은 자신의 스케줄에 맞게 세 번째 방법을 변형하여 적용하는 것이다. 어떤 독자들은 1개월 동안 한 장 이상 혹은 그 이하를 떼고 싶을 것이다. 매주 한 장씩 읽을 수도 있고, 2주 혹은 2개월마다 읽고 적용할 수도 있다. 이 방법을 이용하면, 세 번째 방법의 효과를 유지하면서 자신의 필요와 상황에 맞춰 신축성 있게 조정할 수 있다.

어떤 방법을 선택하든 각 장의 원칙들을 적용하는 데 도움을 주기 위해 적용 방법, 연습 문제, 도구들을 올려놓은 특별한 웹사이트를 만들었다. www.The8thHabit.com/offers에 접속할 수 있다.[*] 또한 이책의 마지막 두 페이지에는 '8번째 습관 도전'을 마치는 데 도움이 되는 표를 실었다. 이 도전은 각 장에서 아래의 4단계를 실행함으로써 자기개발 행동 단계의 완수를 도와줄 것이다.

1. 이 장을 읽는다.
2. 이 장에서 배운 것을 직장 동료, 가족, 친구 등을 포함하여 적어도 두 사람과 나눈다.
3. 1개월간 이 장에 포함된 원칙들을 실천하기 위해 일관된 자세로 성실히 노력한다.
4. 실천 결과와 실천을 통해 배운 것을 신뢰하는 직장 동료, 가족, 친구들에게 보고한다.

'8번째 습관 도전'을 모두 마치고 나서, www.The8thHabit.com/challenge에 들어가 사실을 확인시켜 주면 특별인증을 얻을 수 있다.

■ 한글 자료는 www.eklc.co.kr을 참고하라.

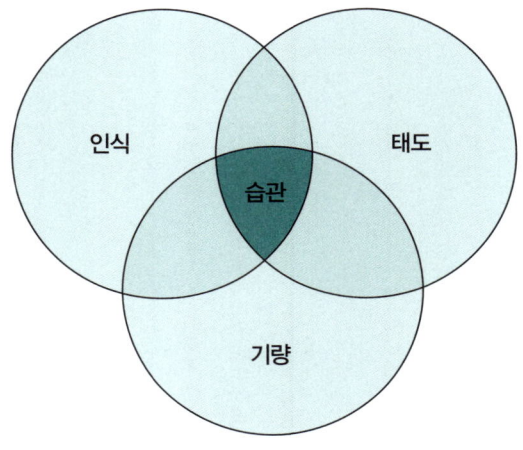

자료 3.2

이제 제1부 '내면의 소리를 찾아라' 로 넘어가면서 "고요한 과거의 도그마는 폭풍우 치는 현실에 맞지 않는다."라고 한 링컨의 말을 생각해 보기 바란다. 우리에게는 새로운 사고방식이 필요하다. 새로운 사고방식을 개발하고, 그에 따른 새로운 기술과 새로운 도구를 개발해야 한다. 이것은 어려운 일이다. 모두가 안전지대에서 나와야 한다. 이미 새로운 현실, 새로운 경제, 새로운 도전은 나타났다. 생존을 넘어 새로운 현실에서 번영하기 위해서는 새로운 반응, 새로운 습관이 요구된다. 인식, 태도, 기량이 결합될 때 습관이 형성된다는 점을 잊지 말라. 8번째 습관의 이 3가지 요소를 개발할 때, 새로운 도전을 극복하고 무한한 가능성의 세계로 들어갈 수 있을 것이다.

우리는 내면의 소리를 발견할 수 있는 힘을 가지고 태어난다. 우리 안에는 개발되지 않은 위대함의 씨앗이 있다. 재능, 능력, 특권, 지능, 기회라는 훌륭한 '탄생의 선물'은 스스로의 결단과 노력을 통하지 않고는 열리지 않는다.

내면의 소리를 찾아라 1
Find Your Voice

THE 8TH HABIT From Effectiveness to Greatness

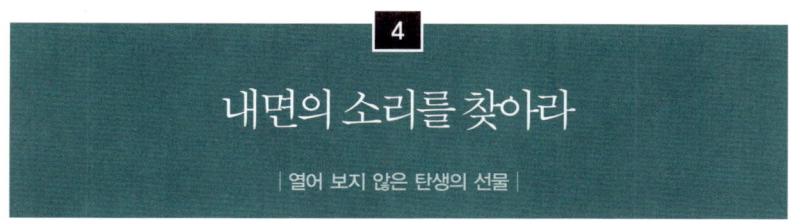

내면의 소리를 찾아라

| 열어 보지 않은 탄생의 선물 |

당신은 태어난 날 받은 선물들을 열어 보지 않았답니다.
손으로 직접 만든 선물들이 아주 많이 있지요. 신이 당신에게 보낸 것이랍니다.
사랑하는 신은 주저 없이 말합니다, "내가 가진 모든 것은 네 것이기도 하다."
당신은 태어난 날 받은 아주 많은 선물들을 열어 보지 않았답니다.[1]

하피즈(Hafiz)

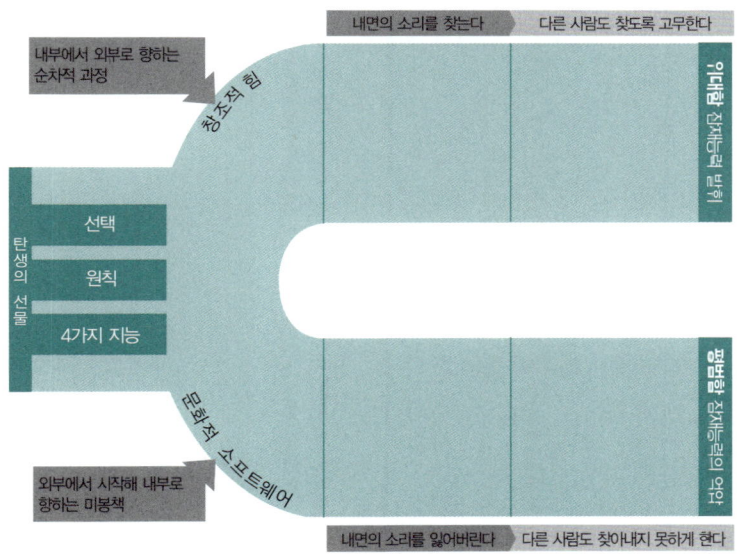

자료 4.1

우리는 내면의 소리를 발견할 수 있는 힘을 가지고 태어난다. 우리 안에는 개발되지 않은 위대함의 씨앗이 있다. 재능, 능력, 특권, 지능, 기회라는 훌륭한 '탄생의 선물'은 스스로의 결단과 노력을 통하지 않고는 열리지 않는다. 그래서 인간은 무한한 능력을 갖고 있는 것이다. 그러나 우리는 사람이 얼마나 많이 성취할 수 있는지 모른다. 아기는 세상에서 가장 의존적인 존재일 수 있으나, 몇 년 안에 가장 강력한 존재로 자라난다. 현재 지닌 재능을 많이 사용하고 확대할수록 더 많은 재능이 부여되고 능력도 커진다.

> 모든 아이들은 천재로 태어난다. 만 명 가운데 9,999명의 아이들은 부주의한 어른들에 의해 순식간에 천재성을 박탈당한다.
>
> ─버크민스터 풀러(Buckminster Fuller)

우리의 3가지 중요한 재능을 살펴보자(자료 4.2).

첫째는 선택할 자유와 힘이다.
둘째는 불변의 자연법칙 혹은 원칙이다.
셋째는 4가지 지능·능력이다. 즉 신체적·경제적, 감정적·사회적, 지적, 영적 능력은 신체, 감정, 지성, 영성으로 상징되는 인간 특성의 4가지 요소와 연결되어 있다.

마리안느 윌리엄슨Marianne Williamson은 우리가 얼마나 자주 자신의 타고난 재능을 경이롭게 생각하고 심지어 두려워하기까지 하는지를 (나는 그 재능이 우리가 부여받은 책임감 때문이라고 생각한다) 다음과 같

자료 4.2　탄생의 선물(대부분 열어 보지 않는다)
■ 선택할 자유와 힘
■ 원칙(자연법칙) 　－보편적이다 　－영원하다 　－자명하다
■ 4가지 지능·능력 　**IQ** 지적 지능　　　　　　　**EQ** 감정적·사회적 지능(감성 지능) 　**PQ** 신체적·경제적 지능　　**SQ** 영적 지능

이 아름다운 문장으로 표현했다.

　　우리의 가장 깊은 두려움은 능력이 부족해서가 아니라, 측정할 수 없을 만큼 큰 힘을 가진 데 따른 것이다. 우리를 가장 놀라게 하는 것은 우리가 갖고 있는 어둠이 아니라 빛이다. 당신은 스스로에게 반문한다. 내가 명석하고, 훌륭하고, 재능 있고, 대단한 사람이라고? 하지만 어떻게 당신이 그렇지 않은 사람이란 말인가? 당신은 신의 아들이다. 소심한 행동으로는 세상에 기여하지 못한다. 겁을 내서는 세상을 비추지 못한다. 다른 사람들이 당신과 함께 있을 때 불안감을 느끼지 않도록 해야 한다. 우리는 모두 아이들처럼 순수하고 밝은 빛을 비추도록 되어 있다. 우리는 우리 안에 있는 신의 영광을 증명하기 위해 태어났다. 선택받은 소수만이 아닌 우리 모두가 그러한 능력을 타고났다. 우리는 스스로 밝은 빛을 비출 때, 무의식적으로 다른 사람들도 그들의 빛을 비추도록 허용한다. 우리가 자신의 두려움으로부터 해방되었을 때 우리는 자동적으로 다른 사람들도 해방시킨다.[2]

첫 번째 탄생의 선물, 선택의 자유

반세기 동안 나는 세계 각처에서 색다른 경험을 많이 하면서 이 책의 주제에 몰두해 왔다. 누군가 내게 어떤 문제가 사람들에게 가장 큰 영향을 미쳤는지, 어떤 훌륭한 생각이 나의 영혼 깊은 곳에서 나왔는지 묻는다면, 또 어떤 개념이 상황에 관계없이 가장 실제적이고 가장 중요하고 시기적으로 가장 적절한지 묻는다면, 나는 주저 없이 '우리 모두는 선택할 자유를 갖고 있는 것'이라고 대답할 것이다.

선택할 힘은 생명 다음으로 큰 선물이다. 선택의 힘과 자유는 오늘날 우리 사회에 만연해 있는 피해 의식과 비난의 문화와 극명하게 대비된다.

> 자유인의 역사는 우연이 아닌 선택에 의해 쓰여진다. 그 역사는 자유인들이 선택한 것이다.[3]
>
> —아이젠하워(Eisenhower)

사람됨의 본질은 스스로 자신의 삶의 방향을 정할 수 있다는 데 있다. 인간은 행동하지만, 동물과 인간 '로봇'은 반응한다. 인간은 자신의 가치에 기초하여 선택할 수 있다. 삶의 방향을 선택할 수 있는 힘을 통해 스스로를 개혁하고, 미래를 바꾸고, 창조적 활동을 펼친다. 그것은 모든 재능을 일깨워주는 탄생의 선물로서, 우리의 삶을 더욱더 높은 수준까지 끌어올려 줄 것이다.

나는 오랫동안 수많은 조직에서 강연하면서 이렇게 말하는 사람들을 자주 만났다.

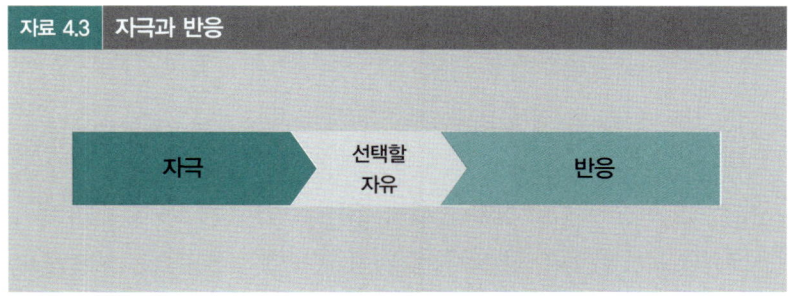

자료 4.3 ┃ 자극과 반응

자극 → 선택할 자유 → 반응

"선택할 자유와 힘에 대해 조금 더 자세히 말씀해 주십시오. 다른 사람들과 비교하지 않아도 되는 나의 천부적 가치와 잠재능력에 대해 구체적으로 말씀해 주십시오."

또한 많은 사람들은 강연이 재미있든 없든 그들의 영혼을 감전시킨 것은 선택할 자유에 대한 자각이었다고 말한다. 그것은 너무도 달콤하고 유쾌한 경험이라서, 시간을 갖고 깊이 있게 생각해 보지 못했다고 말한다.

선택할 자유가 있다는 것은 우리가 단순히 과거나 유전인자의 산물이 아니며, 다른 사람들이 우리를 대하는 태도에 따라 결정되는 존재도 아님을 의미한다. 물론 어느 정도 영향을 미치기는 하지만, 결정하는 것은 아니다. 우리는 선택을 통해 우리의 존재를 스스로 결정한다. 현재를 과거에 넘겨주었다고 해서 미래까지 넘겨줘야 하는가?

나는 하와이에서 안식년을 보내는 동안 진실로 나의 삶을 바꾸어 놓는 경험을 했다. 그 경험은 7가지 습관을 구상하는 계기가 되었다. 도서관 서고 사이를 한가로이 돌아다니던 어느 날, 나는 깊은 사색에 잠긴 채 한 권의 책을 빼 들었다. 그리고 그 책에서 깜짝 놀랄 만한 3개의 문장을 발견했다.

자극과 반응 사이에 공간이 존재한다.
그 공간에서 반응을 선택할 힘과 자유가 나온다.
그 선택 속에 우리의 성장과 행복이 들어 있다.

나는 그 전까지 주변 상황에 대한 반응을 선택할 자유에 관해 서술한 수많은 문헌들을 보아 왔다. 그러나 그렇게 특별한 날, 그렇게 사색적인 분위기 가운데, 그렇게 느긋한 상황에서 접한 "사건과 반응 사이에 공간이 존재한다"는 개념은 한마디로 충격 그 자체였다. 이후로 나는 그 공간의 크기가 대체로 유전이나 선천적 성향과 가정교육, 그리고 현재의 상황에 의해 결정된다는 사실을 이해하고 믿게 되었다.

행복한 가정에서 절대적인 사랑을 받고 자란 경우에는 그 공간이 아주 커질 가능성이 높다. 여러 가지 유전적, 환경적 영향으로 인해 공간이 아주 작은 사람들도 있다. 그러나 중요한 것은 공간이 존재한다는 사실이고, 그 공간은 사용했을 때만 확대된다는 점이다. 공간이 아주 큰 사람이라도 역경에 부딪혀 굴복을 선택하면 자극과 반응 사이의 그 공간이 축소될 수 있다. 반면 공간이 작은 사람이라도 강력한 유전적, 사회적, 문화적 장애물을 극복함으로써 자유를 확대하고 성장을 가속화하며 행복을 증진시킬 수 있다. 전자는 귀중한 탄생의 선물들을 전혀 열어 보지 않은 경우이다. 그들은 스스로 결정하기보다는 점진적으로 환경에 종속된다. 후자는 불굴의 노력으로 태어날 때 받은 거의 모든 탄생의 선물을 열어 볼 수 있는 힘과 자유를 선택하고 발견한다.

시류에 영합하지 않는 정신과 의사 R.D. 레잉R.D. Laing은 짧은 시를 통해, 우리가 가진 이 공간을 인식하지 못했을 때 어떻게 변화의 능력이 사라져 버리는지 묘사했다. 인간만이 자아의식을 갖고 있다. 이 시를 읽고, 생각해 보고 나서, 다시 읽어 보라.

우리가 보고 행하는 것의 이미지는 알지 못하는 것에 의해 제약을 받는
다. 그리고 우리는 알지 못한다는 것을 알지 못하기 때문에, 변화를 위해
우리가 할 수 있는 일은 거의 없다. 알지 못하는 것이 우리의 사고와 행동
을 어떻게 바꾸어 놓는지 알기 전까지는.

선택할 자유와 힘이 있다는 것을 인식했을 때, 우리의 능력과 가능
성에 대한 의식이 깨어난다. 그러나 이것은 우리에게 책임이 생기고,
'반응할 수 있어야' 함을 의미한다. 따라서 그 인식은 위협적일 수 있
고, 심지어 두려울 수도 있다. 자유에는 책임이 따른다. 만일 현재의
상황과 문제를 과거나 부모의 탓으로만 돌리는 데 익숙해져 있다면,
다른 방식으로 생각하는 것이 두려울 것이다. 갑자기 변명할 거리가
없어지기 때문이다.

무슨 일이 일어났건, 무슨 일이 일어나고 있건, 앞으로 무슨 일이
일어나건 발생사건과 반응 사이에는 공간이 존재한다. 자극과 반응
사이에 단 몇 분의 1초의 공간만 있어도, 그 공간은 모든 상황에 대한
우리의 반응을 선택할 힘을 제공한다.

물론 우리가 선택할 수 없는 일도 있다. 유전인자가 여기에 속한다.
하지만 유전인자를 선택할 수는 없어도, 그 유전인자에 어떻게 반응
할지는 선택할 수 있다. 유전적으로 특정 질환의 인자를 타고난다고
해서, 반드시 그 병에 걸리는 것은 아니다. 자기 자신을 인식하고, 의
지력을 발휘하여 적절한 운동과 식단을 지키고 최신 의학 상식을 따른
다면, 부모들이 걸렸던 유전병은 피할 수 있을 것이다.

선택할 내적인 힘과 자유를 키우는 사람들은 부모 세대로부터 물려
받은 악순환의 사슬을 끊어 버리는 변환자transition person가 될 수 있다.

나는 최근 '전국 좋은 아버지상'을 받는 영광을 누렸다. 나와 함께 수상한 사람들 가운데는 〈스타워즈〉에서 다스 베이더Darth Vader의 목소리로 잘 알려진 제임스 얼 존스James Earl Jones도 있었다. 나는 그의 수상 소감을 잊을 수가 없다. 그는 좋은 아버지상이 지금까지 받았던 그 어떤 연기상보다도 영광스럽고 중요한 상이라는 말로 소감을 말하기 시작했다. 전국 좋은 아버지상은 다른 상들과 달리 직업적 성공의 증거는 아니었지만, 그는 훨씬 더 큰 성공의 표시로 받아들였다. 그는 이렇게 말했다.

"나는 아버지를 몰랐고 아버지도 할아버지를 몰랐지만, 나의 아들은 아버지를 알고 있다."

이 말은 그가 인생에서 가장 훌륭하고 가장 가치 있는 성공을 이루었음을 보여 준다. 그리고 변환자로서의 그의 역할은 더없이 소중한 유산으로서 자손 대대로 이어질 것이다.

우리는 자신이 속한 조직에서도 변환자가 될 수 있다. 예를 들어 보자. 당신의 사장은 사람들이 두려워하는 사람일 수 있다. 당신의 업무 환경은 즐겁지도 공정하지도 않을 수 있다. 그러나 선택할 자유를 지혜롭게 사용하면, 환경을 바꾸고 사장에게 좋은 방향으로 영향을 미칠 수 있을 것이다. 아니면 적어도 다른 사람들의 약점에 집착하거나 감정적으로 휩쓸리는 일은 피할 수 있을 것이다. 다른 사람들의 약점이 당신의 감정에 영향을 받는다면, 자신의 잠재능력을 스스로 축소시키고 그 약점의 영향력은 강화되어 계속해서 자신의 삶을 엉망으로 만들 수 있다는 사실을 기억하라. 과거가 미래의 발목을 잡는 것이다.

우리의 선택 능력을 잘 보여 주는 일화를 소개하겠다. '나쁜' 사장을 감화시키고, 심지어 올바른 길로 인도했던 한 용감하고 영향력 있는 사람의 이야기이다.

나는 인적 자원 담당 이사로서 이사회에 참석하면서, 사장이 두려움을 불러일으키는 인물이라는 이야기를 들었다. 실제로 나는 사장실에서 그가 한 직원에게 화를 내는 장면을 목격했다. 그 후로 나는 결코 사장의 심기를 건드리지 않겠다고 결심하고, 그 결심을 잘 지켜 나갔다. 나는 주르 복도에서 사장과 이야기를 나눴으며, 사장 비서에게 모든 보고서를 늦지 않게 갖다 주었다. 또한 사장의 눈에 띄지 않도록 점심 시간에 나갈 때도 조심했다. 골프를 치면 그를 이기지 않도록 조심했다.

얼마 후 나는 자신에게서 비겁자의 모습을 보기 시작했다. 통제할 수 없는 일에 몰두하는 나 자신을 발견한 것이다. 아직 일어나지도 않은 문제의 해결방안을 생각하는 데 귀중한 창조적 에너지를 소진했다. 나는 겁이 나서 최선을 다하지 못했다. 변화는 생각도 못했다. 사실 내가 생각했던 유일한 변화는 회사를 옮기는 것뿐이었다. 실제로 다른 회사로 옮기기위해 면접 일정까지 잡아 놓았었다.

그러나 나는 그 일정을 취소했다. 내 자신이 부끄러웠기 때문이다. 그리고 정확하게 3개월간 정말로 내가 영향을 미칠 수 있는 일에만 집중하기로 결심했다. 무엇보다 사장과 건강한 관계를 형성하고 싶었다. 우리가 친한 친구는 되지 못하더라도, 동료로서의 관계는 유지해야 했다.

어느 날 사장이 내 사무실로 찾아왔다. 나는 잠시 이야기를 나누고, 몇 번을 망설인 끝에 본심을 털어놓았다. "저, 사장님이 보다 효과적으로 일할 수 있도록 제가 뭐 도와 드릴 게 없을까요?"

그는 무슨 말인지 몰랐다. "무슨 뜻이죠?"

나는 대담하게 말을 이어갔다. "사장님의 업무 부담을 덜어 드릴 수 없을까 해서 드리는 말씀입니다. 사장님의 업무를 쉽게 해주는 것이 제 일이니까요." 나는 그에게 '제발 이상하게는 생각하지 마세요'란 뜻의 약간 겁먹은 듯한 미소를 지어 보였다. 나는 그때 그의 얼굴 표정을 잊을 수가 없다. 그것이 우리 관계의 출발점이었다.

처음에 그는 "이 메모 타이프 좀 쳐 주겠습니까?", "내 대신 이 전화 좀 걸어 주겠습니까?"라며 큰 실수가 일어날 수 없는 아주 사소한 일들만 부탁했다. 그렇게 6주가 지난 후 사장이 내게 와서 말했다. "당신의 경력을 보니 근로자 재해보상 보험에 대해 잘 알고 있더군요. 이 보험 문제를 해결할 수 있겠습니까? 우리 보험료가 높거든요. 어떻게 낮출 수 있는 방법은 없는지 찾아보세요." 그는 처음으로 조직에 상당히 중요한 일을 요청했다. 나는 연간 25만 달러의 보험료를 19만 8,000달러로 낮췄다. 아울러 일부 잘못 처리된 청구 건에 대해 협상을 벌여 보험사 측에서 계약의 중도 해지 수수료를 포기하게 만들었다. 그래서 추가로 1만 3,000달러가 절약되었다. 한번은 우리 의견이 서로 맞지 않았을 때, 사장과의 대화 내용을 누구에게도 발설하지 않음으로써 그 비밀이 유지되고 있음을 입증해 보였다. 3개월간의 시험은 이렇게 성공적으로 끝이 났다. 업무 환경을 변화시키기 위해 할 수 있는 일에만 초점을 맞춤으로써 나의 관계와 영향력은 확대되었다. 현재 나는 사장과 아주 돈독한 신뢰 관계를 유지하고, 회사에도 많은 기여를 하고 있다.

> 한 척의 배는 동쪽으로, 다른 한 척은 서쪽으로 항해하네
> 바람은 같은 방향에서 불어오지만
> 항해를 결정하는 것은
> 바람이 아니라 돛이라네
> 운명의 길은 바닷바람과 같아서
> 우리가 인생을 항해할 때
> 그 목표를 결정하는 것은 평온한 바다도 투쟁도 아닌 의지이다.[4]
>
> ─엘라 휠러 윌콕스(Ella Wheeler Wilcox)

첫 번째 선물에 대해 깊이 생각해 보기 바란다. 자극과 반응 사이의 공간을 깨달아 자유를 확대하고, 끊임없이 성장하고, 배우고, 기여하는 데 사용하길 바란다. 그 선택의 자유와 힘을 사용할 때 반응의 폭이 커져서 우리의 반응 방식이 자극의 형태를 변화시키는 결과를 가져오게 될 것이다. 즉 우리가 살고 있는 세계를 창조하게 되는 것이다. 위대한 미국의 철학자이며 심리학자인 윌리엄 제임스_{William James}는 생각을 바꾸면 삶을 바꿀 수 있다고 말했다.

두 번째 탄생의 선물, 자연법칙 혹은 원칙

자극과 반응 사이의 공간, 즉 선택할 자유의 지혜로운 사용에 대해 살펴보자. '지혜로운 사용'이란 무엇인가? 지혜는 어디에서 오는가? 기본적으로는 남들처럼 응급처치의 삶을 살지 않고 원칙 혹은 자연법칙을 지키며 살아가는 것을 의미한다.

아인슈타인은 4살 때 돌아가는 나침반 바늘을 보고, '그런 현상 뒤에 어떤 것, 깊이 숨겨진 어떤 것'이 있음을 깨달았다. 이것은 삶의 모든 영역에도 해당된다. 원칙은 보편적이다. 즉 문화와 공간을 초월하여 적용된다. 원칙은 또한 영원하다. 공정, 친절, 존중, 정직, 성실, 봉사, 기여 등과 같은 원칙은 변하지 않는다. 문화가 다르면 이러한 원칙들이 다르게 사용되기도 하고, 때로는 자유가 악용되어 원칙이 가려지기도 한다. 그래도 원칙은 존재한다. 중력의 법칙처럼 항상 작용하는 것이다.

원칙은 또한 논쟁의 여지가 없다. 즉 자명한 것이다. 신뢰성을 갖추지 않으면, 지속적으로 신뢰를 받을 수 없는 것과 같다. 그것은 자연법칙이다. 나는 언젠가 30여 명이 참가한 서바이벌 게임에 조교를 맡은 적이 있다. 24시간을 꼬박 자지도 않고, 물과 음식도 먹지 않은 상태로 돌아다니다가 산을 내려왔다. 우리는 물과 음식이 있는 곳으로 가기 위해 물살이 사나운 강을 건너야 했다. 강을 가로질러 로프가 연결되어 있었고 건너편에 아침식사가 준비되어 있었다. 자원해서 내가 먼저 건너가겠다고 말했다. 그런데 내 체력이 약해져 있음을 모르고 전력을 다해 건너가지 않고 로프 위에서 장난을 쳤다. 힘이 빠지기 시작한다고 느꼈을 땐 이미 늦은 상태였다. 내가 알고 있는 모든 방법을 동원해 상상하고, 의지력도 발휘해 보았지만 소용이 없었다. 나는 결국 성난 강물 속으로 떨어졌다. 20m쯤 떠내려가다가 간신히 헤엄쳐서 강 건너편에 도착할 수 있었다. 기진해서 누워 있는 동안 학생들의 격려와 조소가 함께 들려왔다. "교만은 오래 가지 못한다"는 사실을 몸으로 보여 준 셈이다. 신체는 하나의 자연계이므로 자연법칙에 의해 지배된다. 아무리 긍정적인 마음자세를 가져도 나의 신체적 한계를 극복하지는 못한다.

C.S. 루이스C.S. Lewis는 보편적 법칙 같은 것은 없다고 말하는 사람들을 다음과 같이 표현했다.

옳고 그름이 존재한다는 것을 믿지 않는다고 말하면서도 실제로는 그 말과 모순되는 행동을 보여 주는 사람들이 있다. 그들은 약속이 중요하지 않다며, 약속을 지키지 않는다. 그러나 우리가 그들과의 약속을 지키지 못하면 금세 '공정하지 않다'고 불평한다. 한 국가에서 조약은 중요하지 않다고 말할 수 있다. 그러나 곧 자신이 파기하고 싶은 조약이 공정하지 못하다고 말함으로써 자신의 주장을 뒤집는다. 만일 조약이 중요하지 않다면, 옳고 그름이 없다면, 다시 말해서 자연법칙이 존재하지 않는다면,

공정한 조약과 공정하지 않은 조약 간에 무슨 차이가 있겠는가? 그들이 무슨 말을 하든 다른 사람들처럼 자연법칙을 정말로 인식하고 있다는 것을 무심결에 보여 주지 않았는가?

우리는 옳고 그름의 존재를 믿을 수밖에 없다. 사람들이 때때로 계산을 잘못하듯이 자연법칙도 오해를 받는다. 그러나 구구단이 취향과 의견의 문제가 아니듯이 자연법칙도 취향과 의견의 문제가 아니다. 나는 2가지 점을 말하고 싶다. 첫째로, 지구상의 모든 인간은 특정 방식으로 행동해야 하며 그 방식에서 벗어날 수 없다는 이 신기한 법칙을 인식하고 있다. 둘째로, 그들은 실제로는 그러한 방식으로 행동하지 않는다. 그들은 자연법칙을 알면서도 지키지 않는다. 이 2가지 사실이 우리 자신과 우리가 살고 있는 세계를 분명하게 이해하는 기초가 될 것이다.⁵

자연적, 도덕적 권위

자연적 권위는 자연법칙이 세상의 모든 것을 지배함을 의미한다. 우리는 자연법칙을 무시할 수 없으므로 따를 수밖에 없다. 모든 행등은 결과를 낳는다. 좋든 싫든 막대기의 한쪽 끝을 들면 다른 쪽 끝도 들린다. 10층 빌딩에서 뛰어내리는데 5층까지 떨어졌을 때 마음을 바꿔 중단하는 일은 불가능하다. 일단 뛰어내리면 그 후의 사건은 중력의 지배를 받는다. 그것은 자연현상이다. 자연은 또한 사람에게 선택할 힘과 자유를 주었다. 따라서 사람은 자연적 권위 혹은 다른 모든 창조물에 대한 지배권을 갖는다. 멸종 위기에 빠진 동물은 우리의 허락을 받아야만 살아남는다. 그 동물들은 선택할 힘과 자유가 없다. 그들은 자아의식이 없으므로 자기 자신을 개혁할 수 없다. 그들은 선택할 힘과 자유가 있는 인간의 지배를 받는다. 이것이 자연적 권위이다.

그렇다면 도덕적 권위란 무엇인가? 우리의 선택할 힘과 자유를 원칙에 따라 사용하는 것이다. 다시 말해서 사람들과의 관계에서 원칙을 따른다면, 자연의 축복을 받는다. 중력과 같은 자연법칙과 존중, 정직, 친절, 성실, 공정과 같은 원칙은 우리가 선택한 행동에 대한 결과를 지배한다. 계속해서 환경을 더럽힐 때 물과 공기가 오염되듯이, 사람에게 불친절하고 부정직할 때 신뢰는 사라지고 관계는 끊어진다. 선택할 힘과 자유를 원칙에 따라 겸손하게 사용할 때 사람, 문화, 조직, 전체 사회는 도덕적 권위를 얻는다.

가치는 사회적 규범이다. 가치는 개인적이고, 감정적이며, 주관적이고, 논쟁이 가능하다. 우리는 모두 소중하게 생각하는 가치를 가졌다. 심지어 범죄자도 나름의 가치를 갖고 있다. 우리는 자신에게 "나는 원칙에 기초한 가치를 갖고 있는가?"라고 물어야 한다. 원칙은 자연법칙이다. 원칙은 비개인적이고, 사실에 기초하며, 객관적이고, 자명하다. 행동의 결과는 원칙의 지배를 받고, 행동은 가치의 지배를 받는다. 그러므로 원칙을 소중하게 생각해야 한다.

원칙에 기초하지 않은 가치를 지닌 대표적인 경우는 스타가 되려고 집착하는 사람들이다. 그들에게 중요한 것은 인기이다. 그들은 자신이 누구인지 '북쪽', 즉 올바른 방향이 어느 쪽인지도 모른다. 그들의 삶은 사회적 가치에 기초하므로 어떤 원칙을 따라야 하는지 모른다. 그들의 삶은 사회 의식과 자아의식, 그리고 자연법칙과 원칙 사이에서 분열되어 있다. 비행기 안에서 지상의 기준 감각(원칙)을 잃고 헤매는 상태를 비행현기증vertigo이라고 부른다. 많은 사람들이 이처럼 기준 감각이 없거나 비뚤어진 도덕 감각을 갖고 살아간다. 우리의 삶 속에, 대중문화 속에 그들이 존재한다. 그들은 불변의 원칙에 기초한 가치관을 갖거나 자기중심을 잡는 것의 대가를 지불하지 않았다.

우리는 '진북true north'을 찾고, 모든 것을 그 방향으로 정렬해야 한다. 그렇지 않으면 부정적 결과를 피할 수 없다. 비록 가치가 행동을 지배한다고 해도, 원칙이 행동의 결과를 통제하므로 그것은 불가피한 결과이다. 도덕적 권위는 단기적이고 이기적인 이해관계의 포기와 사회적 가치보다는 원칙을 더 중요하게 생각하는 용기를 필요로 한다. 그리고 우리의 양심은 이 원칙을 담는 그릇이다.

영화 〈수확의 법칙〉

이번에 볼 영화는 〈수확의 법칙〉이다. 이 영화는 단순하지만 강력한 자연법칙, 즉 수확의 법칙을 보여 줄 것이다. 영속되는 모든 결과는 순차적으로 만들어지며, 원칙에 의해 지배되고, 내부에서 시작하여 외부로 나타난다. 영화를 보면서 인간 특성도 그와 같다는 것을 기억하기 바란다. 인간의 성품, 위대하게 되기, 인간관계를 지배하는 것도 '수확의 법칙'이다. 그것은 응급처치, 피해 의식, 비난의 문화와 극명하게 대비된다.

세 번째 탄생의 선물, 인간의 4가지 지능

이미 말했듯이 인간의 특성은 신체, 지성, 감정, 영성의 4가지 요소로 구성되어 있다. 그리고 4가지 요소는 그에 상응하는 4가지 능력이나 지능, 즉 신체 지능PQ, 지적 지능IQ, 감성 지능EQ, 영적 지능SQ을 갖는다. 이상 4가지 지능이 세 번째 탄생의 선물이다.

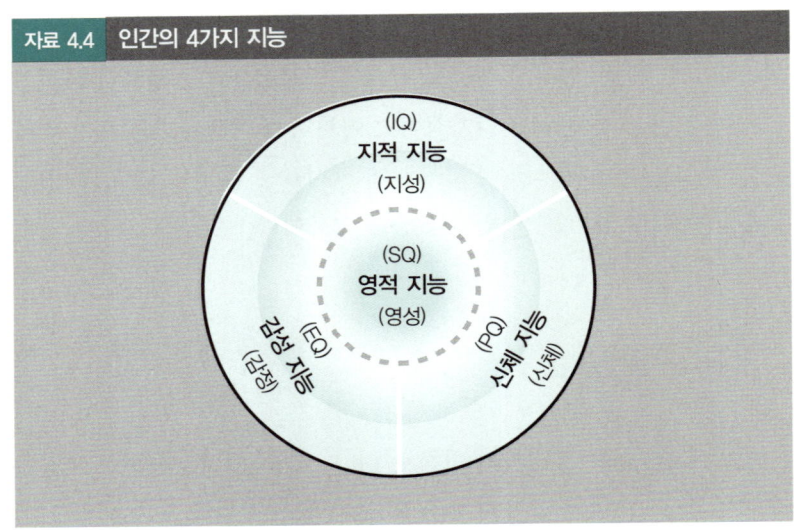

지적 지능

보통 분석하고, 추론하고, 추상적으로 생각하고, 언어를 사용하고, 마음속으로 그려 보고, 이해하는 능력인 지적 지능IQ을 지능이라고 말한다. 그러나 이것은 지능을 너무 좁은 의미로 해석한 것이다.

신체 지능

신체 지능PQ은 표현은 안 하지만 모두가 알고 있는 또 하나의 지능이다. 의식적으로 노력하지 않아도 신체는 활동한다. 신체는 호흡기 계통, 순환기 계통, 신경 계통, 기타 생명 활동 시스템을 움직인다. 신체는 항상 환경을 감시하고, 죽은 세포를 제거하며, 생존을 위해 싸운다.

인체는 놀라운 시스템이다. 책장을 넘기거나 기침을 하거나 차를 운전하는 데 필요한 신체적, 생화학적 기능 조절에 약 7조 개의 세포가 관여한다. 우리가 의식하지 않아도 그러한 작용이 일어난다는 것을 생각하면 더 더욱 놀라운 일이다. 심장이 뛰는 것, 폐가 확대되고 수축되는 것, 소화 기관이 정확한 시간에 알맞은 소화액을 분비하는 것을 의식하며 사는 사람이 있는가? 이러한 수많은 과정들은 우리가 살아가는 매 순간 무의식적으로 이루어진다. 신체 지능은 전체의 시스템을 관리하며, 그 상당 부분을 무의식적으로 관리한다.[6]

— 독 칠드리Doc Childre와 브루스 크라이어Bruce Crver

의사들은 신체에 자연적 치유 능력이 있다는 사실을 누구보다도 잘 안다. 의학은 단지 치유를 촉진하고 장애 요소를 제거할 뿐이다. 하지만 의학이 신체적 지능에 반하는 작용을 하면 오히려 장애물을 만들 수 있다.

신체는 어떻게 균형을 이루고, 지적 지능을 갖는 두뇌의 기능과 감성적 지능을 상징적으로 대변하는 심장의 기능을 조화시키는가? 인간의 신체는 최첨단 컴퓨터로도 따라올 수 없는 정교한 기계이다. 사고와 감정에 따라 행동하고, 일을 수행할 수 있는 능력은 지구상의 어느 종도 갖지 못한 능력이다.

이중맹검법에 의한 대조실험■ 연구에서 신체, 지성, 감정 사이에 밀접한 관계가 있다는 증거가 계속해서 나타나고 있다.

> 노스캐롤라이나의 한 농촌 상점에는 이런 표지판이 걸려 있다.
>
> 뇌가 말했다. "나는 신체 기관 가운데 가장 똑똑한 기관이다."
> 심장이 말했다. "누가 그러는데?"[7]

■ 심리적 요소를 피해 편견을 배제하고 효과를 올바로 평가하기 위한 일종의 비교 실험법.

감성 지능

감성 지능EQ은 자기인식, 자아의식, 사회적 감수성, 공감, 다른 사람들과 성공적으로 소통할 수 있는 능력을 말한다. 타이밍과 사회적 적절성에 대한 감각이며, 약점을 인정하며 차이점을 표현하고 존중할 줄 아는 용기를 갖는 것이다. EQ는 1990년대 이전에 한동안 화제가 되었다. 당시 EQ는 때때로 좌뇌와 구분되는 우뇌의 기능으로 설명되었다. 좌뇌는 보다 분석적이고 선형사고linear thinking와 언어 및 추리나 논리에 관여하는 반면, 우뇌는 보다 창조적이고 직관적이며 감각적이고 전체적인 영역에 관여하는 것으로 여겨졌다. 중요한 것은 좌뇌와 우뇌를 모두 중시하고, 선택을 통해 양쪽의 독특한 기능을 개발하고 사용하는 것이다. 사고와 감정을 결합하면 균형 감각과 판단력, 그리고 지혜가 더욱 발달한다.

> 직관은 사고 기능을 맡은 기관에게 다음에 해야 할 것을 알려 준다.
>
> —조너스 소크(Jonas Salk) 박사 (소아마비 백신 발견자)

마침내 커뮤니케이션, 대인관계, 리더십의 성공요소로 감성 지능이 지적 지능보다 훨씬 더 중요함을 보여 주는 많은 연구 결과가 나왔다. EQ의 권위자 대니얼 골먼Daniel Goleman은 이렇게 말한다.

모든 직장인과 스포츠계 스타들의 성과에서 감성 능력은 밖으로 나타난 능력보다 2배나 중요하다. 리더들의 최고의 성공은 거의 대부분 감성 능력에서 나왔다. 뛰어난 성과의 3분의 2 이상 역시 감성 능력에 의한 것이다. 따라서 직원들의 감성 능력을 발견하거나 개발하는 것은 조직의 수익 창출에 큰 도움이 된다. 구체적으로 어느 정도의 가치를 창출하는지 보도록 하자. 기계 조작이나 사무직과 같은 단순 업무의 경우, 감성 능력을 지닌 상위 1%는 가치 기준으로 3배의 생산성을 보여 줬다. 판매 직원이나 정비사와 같은 중간 정도로 복잡한 업무의 경우, 감성 능력이 가장 높은 사람은 가치 기준으로 12배의 생산성을 보여 줬다.[8]

감성 지능 이론은 성공 전략을 지적 지능에만 의존하고 있는 사람들에게는 치명적이다. 예를 들면 IQ가 10점 만점인 사람이 EQ는 2점에 불과하다면 다른 사람들과 어떻게 관계를 형성해야 하는지 모를 것이다. 그는 이 결점을 지적 능력에 지나치게 의존하거나 직위에서 나오는 공식적 권위를 빌려 채우려고 할 것이다. 하지만 그 과정은 종종 자신의 약점을 강화시키는 결과를 낳게 되고 상호작용을 통해 다른 사람들의 결점도 강화시켜 준다. 그러고는 자신의 행동을 지적으로 합리화하려고 노력한다.

> 직위의 힘을 빌리면 자신뿐 아니라 다른 사람들, 그리고 대인관계의 결점만 키우고 강화시켜 준다.

감성 지능의 개발은 부모나 조직의 리더들이 직면한 가장 큰 도전 가운데 하나이다.

영적 지능

네 번째는 영적 지능SQ이다. SQ는 EQ와 마찬가지로 학문 연구와 철학적·심리학적 토의에서 중심 주제로 떠오르고 있다. SQ는 가장 기본적이고 핵심적인 지능으로서, 다른 3개 지능의 안내자 역할을 한다. 그리고 무한한 것과의 연결과 삶의 의미를 추구하게 해 준다.

『영혼과 함께 생각하기Thinking With Your Soul』의 저자 리처드 울먼 Richard Wolman은 '영적'이란 말을 이렇게 사용했다.

내가 말하는 '영적'은 자신의 에고보다 더 크고 더 신뢰할 만한 것, 즉 자신의 영혼, 다른 사람, 역사와 자연의 세계, 보이지 않는 영적 낌새, 삶의 신비 등과의 연결을 추구하는 것을 의미한다. 그 추구는 태고부터 시작된 인간의 영원한 여행이다.[9]

영적 지능은 양심의 한 부분을 이루며, 나침반에 의해 상징되는 진정한 원칙을 통찰하도록 도와준다. 나침반은 항상 북쪽을 가리키기 때문에 추상적 의미를 지닌 원칙을 비유하는 데 곧잘 사용된다. 높은 도덕적 권위를 유지하는 열쇠는 항상 '진북' 원칙을 따르는 것이다.

사람의 영혼은 여호와의 등불이라.[10]

—『성경』「잠언」20장 27절

다나 조하르Danah Zohar와 이언 마셜Ian Marshall은 『SQ : 영적 지능과 연결되기SQ: Connecting With Our Spiritual Intelligence』에서 이렇게 말한다.

SQ는 컴퓨터의 IQ나 고등동물의 EQ와 달리 셋 중에서 가장 기본이 되고, 인간만이 갖고 있는 지능이다. 그것은 의미를 찾고자 하는 인간의 욕구와 연결되어 있으며, 새천년이 시작되는 지금 가장 중시되는 문제이다.

SQ는 의미, 비전, 가치를 만들고 추구하기 위해 사용하는 지능이다. 그것
은 우리를 꿈꾸게 하고, 노력하게 만든다. 또한 우리가 신봉하는 것의 기
초가 되며, 우리의 믿음과 가치를 행동에 반영시킨다. 그것은 본질적으로
우리를 인간으로 만든다.[11]

용어의 혼란과 영적 지능의 우월성

지난 20년 동안 지능 분야에서는 상당한 연구와 관찰 및 조사가 이
루어졌고, 수많은 책과 글들이 쏟아져 나왔다. 그러다 보니 같은 사실
을 표현하는 데 서로 다른 용어가 사용되곤 했다. 영적 지능의 일부를
감성 지능이라고 부르거나, 감성 지능의 일부를 영적 지능이라그 부
르는 경우도 있다. 나는 솔직히 이 용어상의 혼란을 인정하지 않을 수
없다. 독자들은 용어의 정의에 매달리지 말고, 그 바탕에 깔린 의미를
찾아 주기 바란다.

하워드 가드너Howard Gardner의 다중지능 이론에 관한 책『정신의 틀
Frames of Mind』은 독립적이지만 중복되는 지능의 개념을 잘 다뤘다. 나
는 또한 로버트 쿠퍼Robert Cooper와 대니얼 골먼의 감성 지능에 대한 연
구에서도 많은 것을 얻었다. 연구 결과에 기초한 그들의 접근방법은
포괄적이고, 영적 지능의 일부 요소들을 포함하고 있다. 나는 그들의
강연을 통해 그 사실을 깨달았다.

시각적 지능을 언어적, 분석적, 예술적, 논리적, 창조적, 경제적 등
의 지능들과 구분하는 책도 있다. 그들의 공헌을 인정하지만 그 모든
것도 삶의 4가지 차원인 신체, 지성, 감정, 영성의 4개 영역으로 분류
될 수 있다고 믿는다.

나는 하와이에서 젊은 CEO들의 모임Young President's Organization에 참
가했던 일을 잊지 못한다. 이 단체는 경영과 리더십 분야의 권위자들

과 조찬 모임을 했다. 그들 가운데는 저명한 베스트셀러 작가나 널리 존경받고 자주 인용되는 인물도 있었다. 이 포럼에서는 아무도 다른 사람의 말에 의견을 달지 않았고, 최대한 서로를 존중해 주었다. CEO 한 사람이 겸손하게 질문했다. "여러분들은 기본적으로 같은 내용을 말하고 있지 않습니까?" 그들은 모두 고개를 끄덕였다. 각자 자신의 의미와 정의를 가졌을 뿐 아니라, 다른 사람들이 말하지 않은 독특한 통찰이 있었지만, 그들이 말한 기본적인 내용은 모두 같았다. 행동보다는 그 바탕에 깔린 원칙의 측면에서 이야기했던 것이다.

> 아무리 냉소적인 사람이라도 기막히게 아름다운 것을 보면 감동하기 마련이다. 엔돌핀이 분비되고 긴장이 풀린다. 내적, 외적 에너지가 솟아나오고 융화된다. 기분 좋은 그 경험은 자연과 우주의 위력과 창조력 덕분이다. 의식적으로 이러한 경험을 만들기 위해 노력할 때 영적 근육과 영적 지능이 작용한다. '영적' 이란 무슨 뜻인가? 그것은 생존에 필요한 물질적 만족보다 더 크고, 더 창조적이고, 더 소중하고, 더 강력하고, 더 환상적이고, 더 지혜롭고, 더 신비로운 완전함과 차원을 의미한다.
> 영적인 것의 의미에는 신학적 또는 신념체계적 의미가 없다.[12]
>
> ─윌리엄 블룸(William Bloom)

나는 용어상의 차이에 따른 혼란을 피하기 위해 부단히 노력해야 했다. 항상 기본적인 의미를 찾으려고 애썼다. 그러나 다른 어디에서도 본격적으로 다루지 않은 또 다른 차원의 지능이 있다고 생각했다. 그것이 바로 다른 지능을 안내하고 관리하는 영적 지능이다. 그런 의미에서 영적 지능은 다른 지능보다 우월하다.

인간의 최고 지능인 영적 지능을 설명하는 데 도움이 될 만한 경험을 한 가지 이야기해 보겠다. 나는 이집트의 고故 안와르 사다트Anwar Sadat 대통령의 업적에 깊은 인상을 받았다. 그는 미국의 전 대통령 지미 카터Jimmy Carter, 이스라엘의 전 수상 메나헴 베긴Menachem Begin과 함께 이스라엘과 이집트 간의 캠프 데이비드 평화협정을 이끌었다.

> 세계, 조직, 사회, 공동체, 가족, 개인의 역사는 사회화된 양심이 아닌 개인의 성스러운 양심에 따라 얼마나 충실하게 살았는가 하는 점을 중심으로 기술될 것이다. 그래서 모든 주요 종교와 철학자들이 가르치는 원칙이나 자연법칙 속에는 본질적이고 직관적인 지혜가 담겨 있다. 그것은 정치, 경제, 정부, 전쟁, 사회문화, 예술, 교육, 교회와 무관하다. 이러한 도덕적 혹은 영적 차원의 성실함, 즉 사람들과 제도가 보편적이고 영원한 옳고 그름의 원칙에 얼마나 충실한가 하는 것이 모든 것을 지배하는 힘이 될 것이다.

몇 년 전에 골프카트를 타고 캠프 데이비드를 돌아볼 때, 미국의 대통령은 내게 그 협정이 조인된 곳을 가리켰다. 내게는 매우 감동적인 경험이었다. 나는 사다트가 자극과 반응 사이의 공간에 대해 알고 있었다는 것을 깨달았다. 그는 젊은 시절 카이로 중앙교도소의 54호 방에 혼자 갇혀 있을 때 엄청나게 큰 공간을 만들었을 것이다. 그의 말을 통해 그 이해의 깊이를 느껴 보도록 하라.

> 사고방식을 바꿀 수 없는 사람은 현실을 바꿀 수 없고, 단 한 발짝도 전진할 수 없을 것이다.[13]

사다트는 이스라엘에 대한 견해를 바꾸기 전에도 대단히 인기 있고 아랍의 대의에 충실한 대통령이었다. 그는 이집트 전역을 돌아다니며, 이스라엘이 아랍 땅을 한 치라도 점령하고 있는 한 이스라엘과 손을 잡는 일은 결코 없을 것이라고 연설했다. 그가 "Never! Never! Never!"라고 외치면 수많은 군중들이 따라서 "Never! Never! Never!"를 외치곤 했다.

우리는 우리 회사의 국제 심포지엄에 사다트의 부인을 기조연사로 초대했다. 나는 그녀와 함께 점심 식사를 할 수 있는 기회를 얻었다. 그녀에게 사다트와의 삶이 어떠했는지 질문했다. 특히 예루살렘의 이스라엘 의회를 방문하고 캠프 데이비드 협정으로 완성된 대담한 평화 구상을 추진하던 시기에 대해 집중적으로 물었다.

그녀는 과거 남편의 언행에 비춰 보면 그의 변화를 믿을 수 없었다고 말했다. 그녀가 말한 내용을 재구성해 보았다.

그녀는 대통령궁 거실에서 사다트에게 직접 물었다.

"이스라엘에 갈 생각인 걸로 알고 있는데, 맞나요?"

"그렇소."

"이제껏 당신이 해온 말이 있는데, 어떻게 그럴 수 있지요?"

"지금까지는 내가 틀렸소. 내가 이스라엘에 가는 것은 옳은 일이오."

"당신은 아랍 세계에서 지도력과 지지를 잃을 거예요."

"그럴 수도 있을 거요. 하지만 나는 그렇게 되리라고 생각하지 않소."

"당신은 대통령 직에서 물러나게 될 거예요."

"그럴 수도 있을 거요."

"목숨을 잃을지도 몰라요."(모두 알다시피 그는 암살되었다.)

"나의 운명은 이미 정해져 있소. 운명으로 정해진 시간에서 단 1분도 빠르거나 늦게 바뀌지는 않을 것이오."

그녀는 남편을 껴안고 정말로 위대한 사람이라고 말해 주었다.

나는 그녀에게 사다트가 이스라엘에서 돌아온 이후의 상황을 물었다. 공항에서 대통령궁까지는 보통 30분이 걸렸지만, 그날은 3시간이 넘게 걸렸다. 고속도로와 거리를 가득 메운 수십만의 군중은 사다트 대통령의 행동을 열렬히 지지하며 그를 환영했다. 그들은 불과 1주일 전만 해도 정반대되는 정책에 환호하던 사람들이다. 하지만 그는 옳은 일을 했고, 그들은 그것을 알았다. 영적 지능은 감성 지능보다 더 우월하다. 그들은 상호의존적 세계에서 독립적으로 생각하고 독립적으로 사는 것은 불가능하다는 것을 인식했다.

사다트는 그의 에고와 EQ(사회적 감수성, 공감 능력, 대인관계 기술)보다는 SQ(양심)를 더 중요하게 생각하였고, 그 결과는 전 세계로 메아리쳤다. 그의 영적 지능에 기초한 리더십은 다른 지능들도 향상시켰고 결국 엄청난 도덕적 권위를 갖게 되었다.

도덕적 권위와 개인적 성취, 그리고 큰 영향력을 이루어 내는 것은 위대한 리더만이 할 수 있는 것은 아니다. 우리는 누구나 순수하고, 위대하고, 온화한 도덕적 권위의 씨앗을 품고 있다.

4가지 지능 개발하기

삶의 4가지 차원은 서로 중복되므로 한쪽 영역에서 변화가 일어나면 다른 영역들이 직·간접적인 영향을 받는다. 이 4가지 지능을 개발하고 사용할 때 자신감과 내적인 힘과 안정감이 생기고, 용기와 사람들에 대한 배려를 동시에 생각하며 행동하는 능력, 그리고 도덕적 권위를 얻게 된다. 4가지 지능을 개발하려는 노력은 다른 사람들에게 영향을 미치고 그들이 자기 내면의 소리를 찾는 데 큰 도움이 될 것이다.

이 책의 뒷부분에는 타고난 4가지 지능을 개발하는 데 도움이 되는 지침을 실었다. 부록 1장 '4가지 지능 개발하기 – 실행지침'은 각 지능을 개발하는 실제적이고 충분한 근거를 가진 여러 가지 방법들을 제시해 줄 것이다. 일부는 상식적인 내용이지만, 상식이 모두 실천되지 않는다는 점을 명심하라. 여기에 노력을 집중하면 틀림없이 삶의 힘과 평화를 얻을 수 있을 것이다.

> 고귀한 삶 이면에는 그 삶을 만들어 준 원칙이 있다.[14]
>
> —조지 H. 로리머(George H. Lorimer)

나는 또한 우리의 삶에서 4개의 상황을 가정하는 것이 보다 균형 있고 융화되고 활력이 넘치는 삶을 사는 데 도움이 된다는 사실을 발견했다. 다시 말해, 4개 차원에 대해 특정 상황을 가정해 보는 것이다. 지속적으로 가정하는 습관을 들인다면, 필요할 때 의지할 만한 힘과 성실성이 생겨날 것이다.

1. 신체에 대해, 심장마비가 일어났다고 가정해 보라. 지금 어떻게 살겠는가?
2. 지성에 대해, 직장 생활이 2년밖에 안 남았다고 가정해 보라. 지금 어떤 준비를 하겠는가?
3. 감정에 대해, 당신이 다른 사람들에 대해 하는 모든 말을 그들이 들을 수 있다고 가정해 보라. 지금 어떻게 말하겠는가?
4. 영성에 대해, 매분기 창조주와 일대일로 만나 심판 받는다고 가정해 보라. 지금 어떻게 살겠는가?

영화 〈A.B. 콤즈 초등학교〉

4가지 지능에서 나오는 도덕적 권위와 내적인 힘은 언제 개발할 수 있는가? 당신이 꼭 봐야 할 영화를 통해 설명하도록 하겠다. 이 영화는 사회에 지도자를 배출한다는 사명을 가진 마그넷 스쿨, 미국 노스캐롤라이나 주의 레일리에 있는 A.B. 콤즈 초등학교의 한 여성 교장의 인성교육에 관한 이야기이다. 영화가 보여 주는 그녀의 훌륭한 교육은 미래에도 이어질 것이라고 생각한다.

영화를 보기 전에 질문하겠다. 내면의 소리를 찾을 수 있게 하는 소프트웨어를 배우기에 가장 좋은 시기는 언제인가? 인생에서 자신의 타고난 재능(하드웨어)과 조화를 이루기 위해 교양의 도금 혹은 소프트웨어를 얻기에 가장 좋은 시기는 언제인가? 그 시기가 어린 시절이라는 데 모두가 동의할 것이다. 그러나 유년 시절에 결손 가정에서 피해 의식과 부족의 소프트웨어를 배우고, 비난, 비판, 불평, 논쟁, 비교의 습관을 들인다면 어떻게 되겠는가? 학교가 유년 시절의 가정 교육을 대신해줄 수 있는가? 교사는 아이들이 아주 어리고, 감수성이 예민하고, 순진하고, 사회에 물들지 않았을 때 부모를 대신하여 가정의 결손을 메워 줄 수 있는가?

가정과 학교가 항상 협력 관계를 통해 서로를 보완하고 일치된 행동을 한다면 어떻게 되겠는가? 만일 유년기의 몇 년 동안 소프트웨어와 하드웨어가 일치된다면 그 결과가 어떨지 상상할 수 있겠는가? 그렇게 교육받은 사람들과 그들의 성품과 역량에서 나오는 힘에 대해 상

■ 훌륭한 설비와 교육 과정을 갖추고 통학 구역과 인종 구별 없이 통학할 수 있는 대규모 공립학교.

상할 수 있겠는가?

우리가 보게 될 〈A.B. 콤즈 초등학교〉는 전문적으로 제작된 영화가 아니라 기술적으로 질이 떨어지는 홈비디오이다. 내용은 주로 뮤리엘 토머스 서머스Muriel Thomas Summers 교장에 의해 조성된 학교와 가정의 협력 관계에 대한 것이다.

서머스 교장은 원칙에 기초한 인성 교육을 K-5 학교(5~10세의 어린이 대상)의 교과 과정에 포함시키고, 그 준비 과정에 교직원과 가정을 참여시킨다는 비전을 가졌다. 그녀는 『성공하는 사람들의 7가지 습관』을 교과 과정으로 채택했다. 7가지 습관이 인간의 지능, 특히 감성 지능을 개발하는 데 얼마나 강력한 도구인지는 부록의 개발 지침에서 확인할 수 있을 것이다.

솔직히 나는 이 영화가 다소 부담스럽다. 코비의 습관에 대해 이야기하기 때문에 설명이 망설여진다. 그래서 나는 이 학교를 방문했을 때 습관은 내가 고안한 것이 아니라 보편적이고 영원한 원칙에 불과하며, 모든 인류가 소유하는 것이란 점을 강조했다. 그리고 "우리는 소유한 것의 탐험을 중단하지 말아야 한다. 탐험이 모두 끝날 때 출발했던 곳에 도착할지니, 우리는 처음으로 그곳을 알게 될 것이다."라고 말한 T.S. 엘리엇T.S. Eliot의 말을 인용했다.

학교 축하 행사를 담은 이 비디오에서 행사를 주도하고 연설하는 사람은 어린아이들이다. 화면에는 보이지 않지만 갓난아기들의 울음 소리를 통해 앞에 가족들이 앉아 있음을 알 수 있다. 진정한 협력 관계 가 조성되어 있고, 책임, 목표, 성실성, 승-승, 먼저 이해하고 다음에 이해시키기, 시너지, 쇄신의 원칙들이 전 교과 과정에 포함되었다.

많은 사람들은 학업 성과와 성품이 별로 상관없다고 여긴다. 또한 주제 학습과 원칙 간에도 관계가 없다고 생각한다. 그러나 내면의 소 리를 찾고 다른 사람들도 찾도록 고무하는 습관 뒤에는 시너지의 개념 이 있다. 그것은 인간의 잠재능력을 깨워 주는 지능과 능력을 하나로 융화시켜 준다. 나는 원칙 중심의 인성 교육을 교과 과정에 포함시킨 것이 학업 성과에 어떤 효과가 있었는지 교장에게 직접 물었다. 그녀 는 대단히 큰 효과가 있었다고 대답했다. 나는 구체적으로 조사된 수 치가 있는지 물었다. "물론입니다. 18개월 전에 우리 학생들의 성적을 보면 67%가 전국 평균 수준 이상이었습니다. 그런데 지금은 94%나 됩니다." 그녀가 말한 것의 의미를 생각해 보라. 같은 가족, 같은 학교 시설, 같은 교과 과목과 교재, 같은 건물에서 인성교육의 도입이라는 단 한 가지 변수로 18개월 만에 성적이 그만큼 향상된 것이다!

타고난 재능을 원칙 중심의 소프트웨어와 선택의 자유로 융화시키 는 것에 대해 목소리를 높여라! 이 같은 일이 전 세계의 가정과 학교에 서 일어날 수 있다면 얼마나 좋겠는가. 비자 인터내셔널Visa International 의 설립자이자 명예 CEO이고 저술가인 디 호크Dee Hock는 이렇게 말 했다. "문제는 어떻게 혁신적 사고를 우리의 정신 속에 집어넣는가 하 는 점이 아니라, 어떻게 낡은 사고를 없애는가 하는 점이다."[16] 초등학교의 성공은 이 딜레마에 대한 답을 주었다. 어렸을 때부터 새로운 사고를 가르치는 것이다.

영화를 보기 전에 한 마디 더 하겠다. 어린이들이 이야기하고 제막을 도와준 '기적의 벽'은 잘 안 보이고 분간하기 어렵지만, 기본적으로 어린이들 각자가 그린 아름다운 색상의 560개의 세라믹 패널로 구성되어 있다. 중앙에는 4가지 욕구로 표현된 인간 특성의 4가지 요소, 살고 사랑하고 배우고 유산을 남기는 것에 대해 이야기한다. 이 영화는 각색된 것이 아니다. 모두가 실시간으로 자연스럽게 촬영된 것이다. 영화를 보면 알 수 있겠지만, 이 학교에는 56개 국가의 아이들이 다니고 있다. 내가 학교를 방문했을 때 많은 학생들은 민족 고유의 의상을 입고 자기 나라 국기를 들고 다녔다. 나는 이처럼 인종이 다양한 학교는 본 적이 없다.

A.B. 콤즈 초등학교는 다음과 같은 상을 받았다.

- 전국 최우수 학교상(미 교육부)
- 전국 최우수 마그넷 스쿨상, 3년 연속 수상(전미 마그넷 스쿨에서 주는 최고의 상). 학생들의 98%가 전국 학업 평균 수준 이상으로, 학업 성적 면에서 미국 수천 개의 학교 가운데 상위 5위권 안에 들었다.
- 노스캐롤라이나 주 최우수 학교(학업 성취도 평가)
- 노스캐롤라이나 주지사 도전 정신상(교육 분야에서 리더십과 도전 정신을 가진 기관에 수여되는 상)
- 전국 인성 교육 학교상
- 2004년 모범 학교회의에 초대받음
- 2004년 21세기 교육 분야 최우수상 결선 진출

그럼, 영화를 즐겨 보자.

질문과 대답

기본적으로 우리는 천성(유전자)의 산물인가, 환경(양육과 주변 조건)의 산물인가?

이 질문은 기본적으로 잘못되었다. 결정론이라는 틀린 패러다임에 기초해 있다. 우리는 천성이나 환경의 산물이 아닌 선택의 산물이다. 자극과 반응 사이에 항상 공간이 존재하기 때문이다. 원칙에 기초하여 선택할 힘을 지혜롭게 사용할 때 그 공간은 커진다. 너무 어리거나 정신 장애가 있는 경우가 아니라면, 대부분의 사람들은 자극과 반응 사이에 공간을 가지고 있다.

결정론은 이 시대의 문화에 깊숙이 스며들어 있다. 또한 결정론은 스스로 선택할 힘을 사용한다면 현재의 상황에 책임져야 한다는 두려움에 의해 강화되고 있다. '나는 나'이고 '나의 현재는 내가 선택한 것'이라고 정직하게 선언할 때 비로소 자신 있게 "나는 달리 선택한다"라고 말할 수 있다.

리더는 태어나는 것인가? 아니면 환경적으로 조건 지어지고 훈련받아서 만들어지는 것인가?

이 질문 역시 잘못된 이분법, 즉 결정론이라는 결함 있는 패러다임에 기초해 있다. 자극과 반응 사이에 공간이 존재하기 때문에 사람들은 선택할 힘을 갖는다. 따라서 리더는 만들어지는 것도 태어나는 것도 아니다. 리더는 선택된 반응을 통해 스스로 만들어진다. 원칙에 기초하여 선택하고 점차 규율을 강화한다면 선택할 자유는 커진다.

워런 베니스Warren G. Bennis와 로버트 토머스Robert J. Thomas는 『시대와 리더십Geeks and Geezers : How Era, Values, and Defining Moments Shape Leaders』에서 리더는 태어나는 것이 아니라 만들어진다고 주장한다.[17] 강렬한 변화를 경험하고 리더가 되는 선택을 한다는 것이 그들의 기본 개념이다. 노엘 티치Noel Tichy 또한 리더는 태어나는 것이 아니라 배우는 것이라고 말한다. 배움과 그 실행은 모두 선택이란 의미이다.

그들은 실제로 리더는 만들어지는 것도 태어나는 것도 아닌 스스로 만드는 것이라고 말하고 있다. 리더는 선택에 의해 만들어지는 것이다.

4가지 능력 혹은 지능을 모두 개발해야 하는가?

그렇다. 실제로 4가지를 모두 개발하지 않고 어느 하나만 지속 가능한 수준으로 개발하는 것은 불가능하다. 성실성이란 바로 이것이다. 그것은 모든 삶이 원칙을 중심으로 통합되어 있음을 의미한다. 우리의 생산능력과 즐거움은 궁극적으로 성품과 성실성에 의해 결정된다. 그것은 안전지대에서 나와 신체적 근육, 감정적·사회적 근육, 지적 근육, 영적 근육을 개발하기 위한 지속적인 노력을 필요로 한다. 고통스럽게 근육을 단련하고 적당한 휴식과 안정을 취하면, 근육은 회복되어 확대되고 강화될 것이다. 짐 로허Jim Loehr와 토니 슈워츠Tony Schwartz의 『몸과 영혼의 에너지 발전소The Power of Full Engagement』를 읽어 보면 도움이 될 것이다.[18]

은퇴에 대해서는 어떻게 생각하는가?

직장에서는 은퇴하되, 의미 있는 프로젝트에서는 절대 은퇴하면 안 된다. 오래 살기 위해서는 유스트레스eustress(삶의 원동력 또는 긍정적

스트레스), 즉 의미 있는 삶의 추구 및 가치 있는 프로젝트와 대의에 대한 기여가 필요하다. 예를 들면, 가족들의 세대 간 갈등을 조절해 주는 역할을 할 수 있을 것이다. 일찍 죽기를 원한다면 물러나서 골프나 낚시를 즐기고, 처방대로 약을 복용하며, 손자들이나 돌봐 줘라. 한스 젤리에Hans Selye의 『스트레스 없는 스트레스Stress Without Distress』를 읽어 보면, 좀 더 확실히 깨닫게 될 것이다.

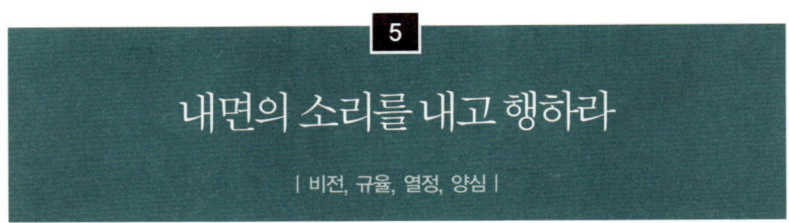

내면의 소리를 내고 행하라

| 비전, 규율, 열정, 양심 |

자신을 지배하는 사람이 가장 강한 사람이다.

세네카

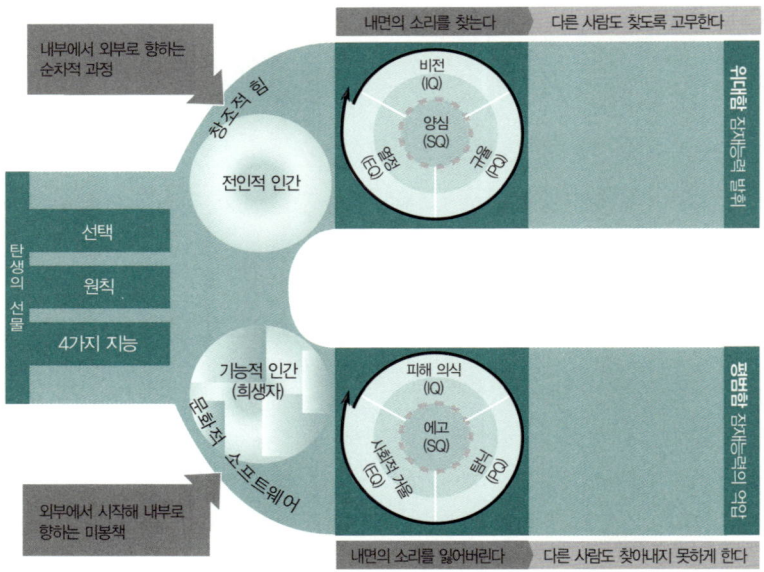

내부에서 외부로 향하는 순차적 과정

창조적 힘

전인적 인간

내면의 소리를 찾는다　다른 사람도 찾도록 고무한다

비전
(IQ)

양심
(SQ)

열정
(EQ)

규율
(PQ)

위대한 잠재능력 발휘

탄생의 선물

선택

원칙

4가지 지능

문화적 소프트웨어

기능적 인간
(희생자)

피해 의식
(IQ)

에고
(SQ)

사회적 거울
(EQ)

굴종
(PQ)

평범함 잠재능력의 억압

외부에서 시작해 내부로 향하는 미봉책

내면의 소리를 잃어버린다　다른 사람도 찾아내지 못하게 한다

자료 5.1

102

성공한 사람들, 즉 다른 사람들에게 큰 영향을 미치고 의미 있는 공헌을 하며 무언가를 이루어 낸 인물들의 삶을 연구해 보면, 공통점을 발견할 수 있다. 그들은 모두 끈질긴 노력과 자기와의 싸움을 통해, 타고난 4가지 지능·능력을 개발했다. 지적 지능은 비전으로, 신체적 지능은 규율로, 감성적 지능은 열정으로, 영적 지능은 양심으로 표현된다. 우리는 이 4가지 표현 방식을 통해 내면의 소리를 낸다.

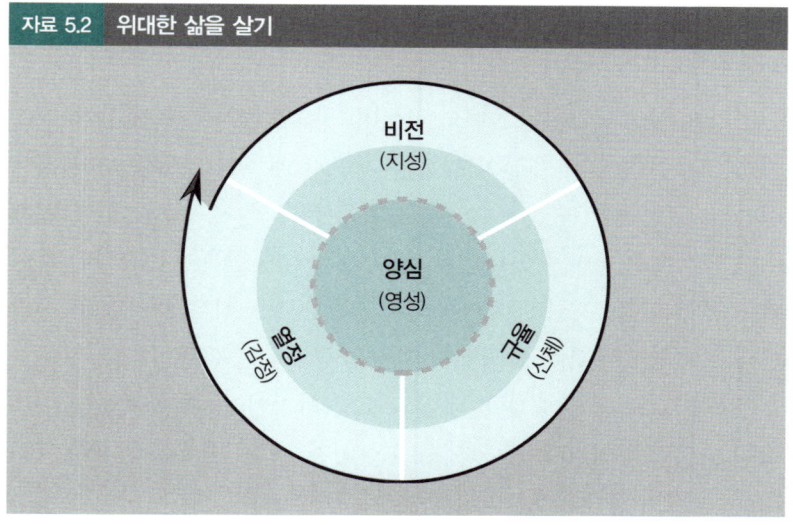

자료 5.2 위대한 삶을 살기

비전은 사람, 프로젝트, 대의, 회사의 가능성을 지성의 눈으로 보는 것이다. 지성이 가능성을 인식할 때 비전이 생긴다. 영국의 시인 윌리엄 블레이크William Blake가 말했듯이 "과거의 상상이 현실로 나타나고 있다." 비전이 없고 지적 지능의 개발을 소홀히 하는 사람은 피해 의식의 제물이 된다(〈자료 5.1〉에서 아래쪽으로 가는 길을 보라).

규율은 비전을 실현하기 위해 대가를 치르는 것이다. 강고하고 냉엄한 현실에 맞서 비전 실현에 필요한 일들을 해낸다. 비전이 헌신과 결합될 때 규율이 나온다. 규율이나 희생을 수반하는 헌신과 반대되는 것은 탐닉이다. 순간의 쾌락을 위해 인생에서 가장 소중한 것을 희생하는 것이다.

열정은 에너지, 욕구, 신념의 힘이며 비전 실현을 위해 규율을 지속시키는 추진력이다. 세상의 필요와 개인의 재능이 일치할 때 열정이 생긴다. 내면의 소리를 찾고, 그 소리를 이용하여 훌륭한 목적 달성에 이바지할 때 열정이 솟아나온다. 열정을 갖지 못할 때, 그 공간은 불안과 사회적 거울로 몰고 가는 공허한 수많은 목소리로 채워진다. 사람들과의 관계에서 혹은 조직에서 열정은 공감을 수반한다.

양심은 옳고 그름에 대한 내면의 도덕 의식이며, 의미 있는 공헌을 향한 모든 행동의 원동력이다. 그것은 비전, 규율, 열정을 지배하는 힘이다. 양심의 반대편에는 에고가 있다.

큰 영향력을 가진 사람들의 수많은 특징들은 모두 비전, 규율, 열정, 양심이라는 단어로 압축할 수 있다.

우리가 가정에서, 지역사회에서, 회사에서, 정부에서 본받을 만한 사람들을 나타내는 데 사용하는 수많은 단어들은 표현상의 차이가 있을 뿐이다. 비전, 규율, 열정, 양심이라는 각각의 빙산 아랫부분에는 그것을 표현하는 수많은 단어들이 들어 있다.

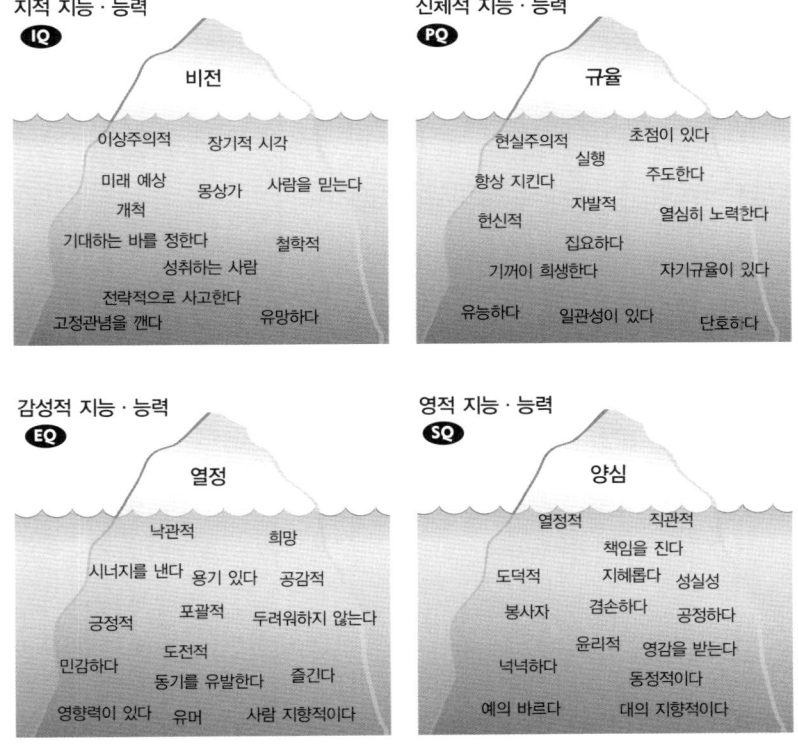

자료 5.3

뛰어난 리더는 비전, 현실, 윤리, 용기의 4개 차원에서 리더십을 발휘한다. 그것은 4가지 지능, 4가지 형태의 지각이며, 동시에 의미 있고 지속적인 결과를 얻는 데 필요한 커뮤니케이션의 언어이다.

비전을 가진 리더는 크게 생각하고, 새롭게 생각하고, 미래를 생각한다. 무엇보다도 내면 깊숙한 곳에 자리 잡고 있는 인간 의식과 잠재적 창의성과 연결되어 있다.

우리는 정신을 지배하는 틀, 즉 세계관과 가치 및 가능성에 대한 믿음을 수정할 줄 알아야 한다. 그 틀을 수정하는 것은 근본적인 변화, 힘, 에너지의 영역에 속하며, 진정한 용기를 필요로 한다.[3]

—피터 쾨스텐바움(Peter Koestenbaum), 경영 철학자

비전, 규율, 열정이 세상을 지배한다

다른 사람, 제도, 사회, 부모에게 큰 영향력을 미쳤거나 좋든 나쁘든 진실로 세상을 변화시켰던 사람은 비전, 규율, 열정이라는 3가지 공통적인 특징을 갖고 있다. 자고로 이 3가지 특징이 세상을 지배해 왔다. 그것은 리더십의 핵심요소들이다.

현대사에서 유명한 몇 사람의 리더를 예로 들어 보겠다.

조지 워싱턴George Washington은 가슴속에 외국의 간섭을 받지 않는 새로운 통일 국가 건설이라는 비전을 품었다. 그는 엄격한 자기규율을 통해 혁명군을 모집하여, 지원하고 유지했다. 미국 군인들에 대한 차별과 영국 본토의 정책, 미국의 확장에 대한 제동에 분노한 워싱턴은 자유의 대의에 열정을 바쳤다.

현대 간호학의 어머니 플로렌스 나이팅게일Florence Nightingale은 군병

원에서 간호의 질을 높이는 데 평생을 헌신했다. 그녀의 비전과 열정
은 과묵한 성격도 극복했다.

간디Mohandas Gandhi는 공직에 임명되거나 리더로 선출되지는 않았
지만, 인도를 독립 국가로 세우는 데 기여했다. 그에게는 공식적 지위
가 없었다. 하지만 간디의 도덕적 권위는 강력한 사회문화적 규범을
만들어 결국 정치적 의사의 형성을 이끌어냈다. 그는 모든 사람, 국제
사회, 영국인들이 갖고 있는 보편적 양심에 눈을 뜸으로써 자신의 삶
을 지배했다.

마거릿 대처Margaret Thatcher는 주요 선진국 최초의 여성 지도자였다.
그녀는 3회 연속 영국 수상을 지내 20세기 최장수 수상으로 기록되었
다. 비판도 적지 않았지만 그녀는 국민들이 스스로 책임감을 갖고 자
립케 하는 데 열정을 바쳤으며, 자유기업 체제강화에 힘을 쏟았다. 그
리고 결국 영국을 불황에서 탈출시키는 데 성공했다.

> 강하다는 것은 여성인 것과 같다. 사람들에게 자신이 강하다고 말해야
> 한다면, 사실은 강한 것이 아니다.
>
> —마거릿 대처

남아프리카공화국의 전 대통령 넬슨 만델라Nelson Mandela는 거의 27
년의 세월을 인종 차별주의와 싸우며 감옥에서 보냈다. 만델라는 과
거의 기억이 아닌 상상 속에서 힘을 얻었다. 그는 투옥, 부정, 인종 분
쟁, 분열의 기억과 경험을 극복하고 새로운 세상을 그려 볼 수 있었다.
그의 영혼 깊은 곳에는 모든 남아프리카공화국 시민의 가치에 대한 믿
음이 자리 잡고 있었다.

테레사 수녀는 빈자들을 위한 진실되고 무한한, 그리고 무조건적인 봉사에 전 생애를 바쳤다. 그녀는 엄격한 규율을 통해 청빈, 순결, 조직에 대한 복종 서약을 실천하는 새로운 전통을 만들었고, 그 전통은 그녀의 사후에 더욱 확산되고 발전되었다.

> 침묵은 기도를 낳고, 기도는 믿음을 낳고, 믿음은 사랑을 낳고, 사랑은 봉사를 낳고, 봉사는 평화를 낳습니다.[4]
>
> —테레사 수녀

좋든 나쁘든 진실로 세상을 변화시켰던 사람은 비전, 규율, 열정이라는 3가지 공통적인 특징을 갖고 있다. 이제 부정적으로 세계를 놀라게 한 리더를 살펴보자. 아돌프 히틀러 Adolf Hitler는 제3제국과 우수한 아리안족의 천년지배라는 비전을 열렬하게 전파했다. 그는 세계에서 가장 규율 있는 군산 military-industrial 복합 체제를 만들었다. 그리고 열정적인 연설을 통해 뛰어난 감성적 지능을 유감없이 발휘했다. 그의 연설은 대중들의 광적인 헌신과 경외감을 불러일으켰고, 그것은 증오와 파괴로 이어졌다. 그러나 효과만 있는 리더십과 지속성을 가진 리더십에는 큰 차이가 있다. 히틀러를 제외한 모든 리더들은 기초를 쌓은 다음, 그 기초 위에서 지속적으로 기여했다.

> 내가 정권을 잡으면 최우선 과제는 유태인들의 씨를 말리는 일이 될 것이다.[5]
>
> —아돌프 히틀러

108

양심이 비전과 규율과 열정을 지배할 때, 리더십은 지속성을 갖고 세계를 좋은 방향으로 변화시킨다. 다시 말해서, 도덕적 권위는 공식적 권위를 유효하게 만든다. 양심이 비전과 규율과 열정을 지배하지 못할 때, 리더십은 지속되지 못할뿐더러 그 리더십에 의해 만들어진 제도도 무너진다. 즉 공식적 권위는 도덕적 권위가 없으면 실패한다.

히틀러는 비전과 규율과 열정을 가졌지만, 그것들은 모두 에고의 지배를 받았다. 양심의 결여는 그의 몰락을 가져왔다. 간디의 비전과 규율과 열정은 양심의 지배를 받았고, 그는 대의와 국민들의 종복이 되었다. 그는 공식적 권위 없이 도덕적 권위만 가졌지만, 세계에서 두 번째로 큰 국가를 건립한 국부로 추앙받았다.

비전과 규율과 열정이 양심이나 도덕적 권위가 결여된 공식적 권위에 의해 지배를 받는다면 나쁜 방향으로 세상을 변화시킨다. 그리고 세상을 발전시키는 대신에 파괴하므로 지속되지 못하고 소멸된다.

이제 4가지 특징을 하나씩 자세하게 살펴보도록 하자.

비전

비전은 지성의 눈으로 미래를 보는 것이다. 비전은 상상력의 결과이다. 모든 것은 두 번 창조된다. 먼저 마음속으로 창조되고, 다음에 실제로 창조된다. 첫 번째 창조인 비전은 자기 자신이나 조직의 2회 창조 프로세스의 시작 단계이다. 그것은 욕구, 꿈, 희망, 목표, 계획이다. 그러나 이와 같은 꿈이나 비전은 단순한 환상이 아니라, 건물의 청사진이나 연주를 기다리는 악보처럼 실현되지 않은 현실이다.

우리는 대부분 자신의 가능성을 그려 보지도 않고 실현하지도 않는다. 윌리엄 제임스는 이렇게 말했다. "대부분의 사람들은 자신의 능력을 지극히 제한하며 살고 있다. 우리 모두는 에너지와 천재성의 보고를 가졌지만, 아무도 거기에 접근할 꿈을 꾸지 않는다."

우리는 누구나 삶을 변화시킬 수 있는 무한한 힘과 능력을 갖고 있다. 다음 이야기를 통해 슬픔에 사로잡힌 한 여성이 어떻게 새 삶의 비전을 가질 수 있었는지 보도록 하자.

내가 46세 때 남편 고든이 암 진단을 받았다. 나는 그를 돌보기 위해 한창 일할 나이였음에도 불구하고 주저 없이 회사에 사표를 제출했다. 남편이 살아 있는 18개월 동안 나는 슬픔의 나날을 보냈다. 나는 우리의 꿈을 함께 이루지 못한 것이 슬펐다. 그를 보내고 나서, 48세의 나는 살아야 할 이유가 없어졌다.

나는 슬픔 가운데 신에게 왜 고든만 데려가고 나는 데려가지 않느냐고 물었다. 나보다는 고든이 세상에서 할 일이 더 많을 것 같았다. 하지만 나는 몸과 마음이 지친 상태에서 새로운 삶의 의미를 찾아야겠다는 생각이 들었다.

나는 모든 것은 두 번 창조된다는 생각에 매달렸다. 먼저 마음속으로 창조되고 그 다음에 실제로 창조된다. 나는 내 스스로에게 어떤 재능이 있는지 물었다. 적성 검사를 통해 나의 강점을 알아냈다. 삶의 균형을 위해 인간 특성의 4가지 차원에 초점을 맞췄다. 지적 차원에서 내가 가르치기를 좋아한다는 사실을 깨달았다. 영적·사회적으로는 서로 다른 인종의 결혼을 통해 이룰 수 있는 인종 간 조화를 지원하는 활동을 하고 싶었다. 감성적으로는 사랑을 베풀어야 한다는 것을 알았다. 어머니는 살아생전에 병원에서 중병에 걸린 아이들을 돌봐 주시곤 했다. 나도 어머니와 같은 편안함을 주고 싶었다. 그녀의 무조건적인 사랑의 유산을 물려받고 싶었다.

실패가 두려웠지만, 모자를 써 보듯 새로운 일들을 시도해 보면 괜찮을 거라고 나 자신을 격려했다. 나는 교수가 되기 위해 대학원에 입학했다. 대학원은 힘들다. 특히 48세의 나이에는 더욱 힘들다. 나는 직장에서 문서 입력 작업은 비서에게만 맡겼기 때문에 보고서 만드는 법을 익히는 데만도 꼬박 한 학기가 걸렸다. TV를 끄고 케이블 방송을 안 보는 것도 보통 의지로는 할 수 없는 일이었다.

대학원을 마친 나는 아칸소 주 리틀록에 위치한 대학에서 강의를 시작했다. 그 대학은 역사적으로 흑인 대학의 전통을 갖고 있었다. 그리고 나는 주지사로부터 인종 관계 개선에 힘쓰고 있는 킹목사위원회 위원으로 임명받았다. 나는 아무리 짧은 시간이라도 인공 호흡기를 달고 있는 병든 아이들과 에이즈에 감염된 어린이들을 돌봐 준다. 나는 그들에게 편안함을 주고, 그들의 미소는 내게 평화를 안겨 준다.

지금 나의 삶은 행복하다. 나를 보고 미소 짓고 있는 고든이 느껴진다. 그는 죽기 전에 내가 웃음과 행복한 기억과 좋은 일들로 가득한 삶을 살기를 원한다고 거듭 말했었다. 그런데 어떻게 양심을 저버리고 나의 삶을 허비할 수 있겠는가?

나는 그럴 수 없다. 내가 이승에 있든 저승에 있든, 가장 사랑하는 사람들을 위해 최선을 다해 살 의무가 있다.

아인슈타인은 '지식보다 더 중요한 것이 상상력' 이라고 말했다. 기억은 과거이다. 기억과 과거는 유한하다. 비전은 미래이다. 비전과 미래는 무한하다. 비전은 역사보다 크고, 선입견보다 크고, 과거 감정의 상처보다 크다.

누군가 아인슈타인에게 신과 대화할 수 있다면 무슨 질문을 하고 싶으냐고 묻자, 그는 이렇게 대답했다. "'우주는 어떻게 시작되었는가?'라고 물을 것이다. 그 이후의 모든 것은 수학이니까." 그리고 잠시 생각하더니 다시 말했다. "아니, 그게 아니고 '왜 우주를 창조했는가?'라고 물을 것이다. 그래야 내 삶의 의미를 알 수 있을 테니까."

가장 중요한 비전은 자기 자신, 자신의 운명, 자신의 특별한 사명과 역할, 목적과 의미에 대한 의식을 갖는 것이다. 당신이 어떠한 비전을 가졌는지 먼저 자신에게 질문하라.

이 비전은 나의 내면의 소리, 나의 에너지, 나의 특별한 재능을 발휘하게 해주는가? 이 비전은 내게 소명 의식을 주는가, 내가 몸을 던질 만한 가치가 있는가? 삶의 의미를 알기 위해서는 자기성찰과 깊이 있는 질문, 상상력이 필요하다.

영화 제작자이며 세계적으로 유명한 스토리텔러인 로렌스 반데르 포스트 경Sir Laurens van der Post은 이렇게 말했다. "비전이 없으면, 자료의 빈곤에서 벗어나기 어렵다. 삶을 근시안적으로 보게 된다. 자신의 안경이나 자신의 세계를 통해 보는 것이다. 비전은 경험과 과거를 뛰어넘을 수 있게 해준다. 비전은 특히 대인관계에서 유익하다. 다른 사람들을 향해 너그러운 마음을 갖게 하기 때문이다."

비전을 이야기할 때는 바깥 세계에서 성취 가능한 것에 대한 비전은 물론이려니와 다른 사람들의 보이지 않는 가능성에 대한 비전도 고려해야 한다. 비전은 일을 완수하거나 무언가를 성취하고 얻는 데 그치는 것이 아니라 다른 사람들에 대한 인식을 확대하고 그들을 긍정하고 믿으며, 그들이 자기 내부에 있는 가능성을 발견하고 실현하게 하는 것이다. 즉 자기 내면의 소리를 찾게 하는 것이다.

인도에서는 인사를 할 때 합장한 채 머리를 숙이고 "당신을 존경합니다"라고 말한다. 내가 아는 어떤 사람은 처음 만나는 사람에게 "사랑합니다. 이름이 무엇입니까?"라고 말한다. 현재의 행동이나 약점이 아닌 가능성과 최선의 행동을 통해 다른 사람을 볼 때, 긍정적 에너지가 생기고 포용할 수 있게 된다. 이러한 긍정적 행동은 단절된 관계를 복원하는 한 방법이기도 하며, 또한 자녀 양육에 성공하는 길이기도 하다.

> 당신이 나를 끌어올리고 내가 당신을 끌어올리면, 우리는 함께 올라갈 수 있다.
>
> —퀘이커교 격언

다른 사람들을 판단할 때 현재의 행동을 고려하지 않으면 좋은 점이 많다. 그들의 기본적이고 절대적인 가치를 긍정할 수 있게 된다. 그들의 가능성을 인식하고 인정하는 것은 그들의 최고 상태를 비춰 주는 거울을 들고 있는 것과 마찬가지다. 이와 같은 긍정적 비전은 그들이 최고의 능력을 발휘하게 하고, 기대에 못 미치는 행동을 방지한다. 자신의 능력에 훨씬 못 미쳐서 행동하는 사람들에게 우리는 긍정적인 태도와 말을 통해 "당신답지 않다"는 메시지를 전달한다.

나는 오래 전에 해외 여행지에서 18세 정도 된 젊은이를 소개받은 적이 있다. 그는 이미 마약과 알코올 문제로 어려움을 겪은 경험이 있었다. 우리가 만났을 때는 새로운 삶을 살고 있었지만, 나는 그가 삶의 방향을 못 찾고 자신에 대해 회의하고 있다는 것을 알았다. 또한 그가 위대함과 진짜 가능성으로 가득한 특별한 젊은이라는 것을 느꼈다. 그의 얼굴과 정신에서 읽을 수 있었다.

우리가 헤어지기 전에 나는 그의 눈을 바라보면서 "너는 비범한 재능과 능력을 가졌단다. 이 세상에서 누구보다 큰 영향력을 지닌 사람이 될 거야"라고 말해 주었다.

그로부터 약 20년 후, 그는 유능한 성인이 되어 아름다운 가정을 꾸리고, 성공한 전문인으로 살고 있었다. 나의 친구가 최근 그를 방문했는데, 대화 중에 과거 나와의 만남을 회상하며 이렇게 말했다고 한다. "그 한 시간이 내 인생에 어떤 영향을 미쳤는지 모를 겁니다. 나는 내가 상상할 수 있는 것보다 훨씬 더 큰 가능성을 갖고 있다는 말을 들었습니다. 그 생각이 나의 내면에 자리 잡았고, 그것으로 나의 삶은 완전히 바뀌었습니다."

사람들을 긍정하고, 그들에 대한 믿음을 진실된 마음으로 전달해 주는 습관은 대단히 중요하다. 제2의 자기정체성 위기를 겪고 있는 10대들에게 특히 중요하다. 그것은 믿을 수 없을 만큼 좋은 결과를 가져다 주는 비교적 쉬운 투자이다. 스스로를 믿지 못할 때 다른 사람이 자신에 대한 믿음을 말해 주면, 그것은 사고에 지대한 영향을 미치는 법이다.

규율

규율은 순서로는 두 번째이지만, 그 중요성은 비전 못지않다. 규율은 제2의 창조이다. 그것은 실행이고, 비전을 실현하는 데 수반되는 희생이다. 규율은 구체화된 의지력이다. 피터 드러커는 관리자의 첫째 임무는 현실을 정의하는 것이라고 말했다. 규율은 현실을 정의하고 현실을 받아들인다. 현실을 부정하지 않고 기꺼이 현실에 몰입하는 것이다. 강고하고 냉혹한 현실을 있는 그대로 인정하는 것이다.

> 아침의 신선함이 한낮의 피로로 바뀔 때, 다리의 근육이 긴장으로 떨릴 때, 오르막의 끝이 안 보일 때, 그리고 갑자기 되는 일이 하나도 없을 때, 그 때는 주저하지 말고 결단을 내려야 한다.[6]
>
> —다그 함마르셸드(Dag Hammarskjold)

비전과 희망 없이 현실을 받아들이면 우울하거나 실망스러울 수 있다. 행복은 때때로 궁극적으로 원하는 것을 얻기 위해 지금 원하는 것을 포기할 수 있는 능력으로 정의된다. 이러한 개인적 희생, 즉 더 크고 더 오래 가는 즐거움을 위해 현재의 즐거움을 포기하는 과정이 바로 규율이다.

> 리더십은 비전을 실현할 수 있는 능력이다.
>
> —워런 베니스

대부분의 사람들은 규율을 자유의 포기와 동일시한다. 그들은 말한다. "'해야 할 일'은 자발성을 죽인다." "'해야 할 일'에는 자유가 없다." "나는 원하는 것을 하고 싶다. 그것은 의무가 아니라 자유이다."

하지만 진실은 그 반대다. 오직 규율 있는 사람만이 진정으로 자유롭다. 규율이 없는 사람은 기분, 취향, 열정의 노예가 된다.

피아노를 칠 줄 아는가? 나는 못 친다. 나는 피아노를 칠 자유가 없다. 나는 피아노 연습을 한 적이 없다. 나는 부모님과 피아노 선생님이 원하는 대로 연습하는 것보다는 친구들과 노는 것을 좋아했다. 나는 피아노 연주가로서의 나의 모습을 상상한 적이 없다. 나는 그것이 의미하는 바를 알지 못했다. 평생 살아가면서 나와 다른 사람들에게 가치를 지닌 훌륭한 예술을 창조할 자유를 몰랐던 것이다.

용서하고, 용서를 구할 자유는 어떤가? 무조건 사랑하고 판단하는 사람이 아닌 길을 안내해 주는 사람이 될 자유, 비판자가 아닌 모범이 될 자유는 어떤가? 그 관계 속에서 규율을 생각해 보라. 규율은 대의 혹은 다른 사람의 '제자가 되는' 것에서 나온다.

위대한 교육자 호레이스 만Horace Mann은 말했다. "원칙을 지키기 위해 충동을 억제하지 못하는 사람이 행복을 이야기해 봐야 헛된 일이다. 미래를 위해 현재를 희생하지 못하는 사람이나 전체의 선을 위해 개인의 선을 희생하지 못하는 사람은 행복을 말할 수 없다. 그것은 눈먼 사람이 색깔을 말하는 것과 같다."

나는 50살이라는 나이에 사업을 위해 대학 교수라는 안전지대를 떠나기로 했을 때 갈등이 많았다. 더 큰 선에 대한 비전이 없었다면, 희생을 각오하고 새로운 회사를 세우는 자기부정 과정을 시작할 수 없었을 것이고, 2차 담보까지 제공하는 엄청난 빚을 감당할 수 없었을 것이다. 우리는 오랫동안 적은 수입에도 만족하며 열심히 일했다. 심지어 '행복은 플러스 현금 흐름'이라는 농담 섞인 모토도 갖게 되었다. 만일 가능성에 대한 비전과 그것을 지탱할 수 있는 규율이 없었다면, 이 어려운 시기를 견뎌 내지 못했을 것이다.

규율은 성공하는 모든 사람들의 공통된 특징이다. 평생을 성공의 공통분모를 찾는 데 쏟은 보험사 임원 앨버트 그레이Albert Gray의 노고에 찬사를 보낸다. 그가 마침내 깊이 깨달은 단순한 사실은 노력과 행운과 빈틈없는 인간관계가 모두 중요하지만, 성공하는 사람은 '실패가 좋아하지 않는 일을 하는 습관'을 가졌다는 점이다.[7] 그들이 항상 일을 좋아한 것은 아니지만 싫어하는 일은 목적의 힘으로 극복했다.

116

규율이 결여되고 포기하거나 희생할 수 없는 사람들은 근무 시간에 논다. 어떤 의미에서 직장의 하루는 긴 가면 무도회가 된다. 그들은 연신 담배를 피워 대고, 자신의 업무를 설명하는 이메일을 보내고, 프로젝트 상황을 전화로 보고하고, 일을 어떻게 할지 오랜 시간 토의하면서 하루를 보낸다. 일반적으로 변명하는 데 시간을 보내는 사람들은 초점과 규율이 결여되어 있다. 그들에게 좌절은 불가피하며, 불행은 선택이다. 항상 핑계만 댔지, 용서를 구하지 않는다.

열정

열정은 가슴에서 나오고 낙관, 흥분, 감정적 연결, 결단력으로 표현된다. 열정은 무한질주에 불을 붙인다. 열정은 상황이 아닌 선택의 힘에서 비롯된다. 열정적인 사람들은 미래를 창조하는 것이 미래를 예측하는 가장 좋은 방법이라고 생각한다. 실제로 열정은 도덕 규범이 되어 사람 자체가 해결방안이 되게 만든다. 반면에 자포자기는 사람 자체를 문제로 만든다.

아리스토텔레스는 "재능과 세상의 필요가 만나는 곳에 소명이 있다"고 말했다. 우리는 "재능과 세상의 필요가 만나는 곳에 열정과 내면의 소리가 있다"고 말할 수 있다. 열정은 삶에 에너지와 추진력을 불어넣는다. 그것은 비전과 규율의 중심에 있는 연료이다. 모든 상황이 '그만두라'고 권할 때 포기하지 않게 하는 힘이다. 한 남자가 의사로부터 일주일에 몇 시간을 일하느냐는 질문을 받자, "모릅니다. 당신은 일주일에 몇 번 숨을 쉬나요?"라고 반문했다. 삶, 일, 놀이, 사랑이 모이는 곳에 열정이 생긴다!

열정을 가지려면 자신의 재능, 세상 속에서 자신의 특별한 역할과 목적을 찾아야 한다. 무엇을 할지 결정하기 전에 자기 자신부터 알아야 한다.▪ 그런 점에서 "너 자신을 알라, 너 자신을 지배하라, 너 자신을 던지라"고 하는 그리스의 철학은 절묘하고 현명한 표현이다. 자신의 재능, 인생에서 자신의 사명이나 역할은 대개 발명되기보다는 발견되는 것이다. 로렌스 반데르 포스트 경은 이렇게 썼다.

우리는 자신의 내면, 우리의 영혼을 담고 있는 이 그릇을 들여다보고 거기에 귀를 기울여야 한다. 자신이 꿈꾸고 있는 것에 귀를 기울이기 전까지는, 다시 말해서 어둠 속에서 들려오는 노크 소리에 대답하기 전까지는 우리가 갇혀 있는 이 순간에서 벗어나 위대한 창조 행위가 계속되는 세계로 돌아갈 수 없을 것이다.

두려움을 무릅쓰고 노크 소리에 대답하는 사람은 보통 사람들과 다른 삶을 살게 될 것이다. 열정의 본질은 용기이다. 해럴드 리Harold Lee가 말했듯이, 용기는 "가장 필요한 순간에 요구되는, 모든 자질 가운데 으뜸이 되는 자질이다."[8]

사람들은 일반적으로 기술을 재능으로 오해한다. 그러나 기술은 재능이 아니다. 한편 재능은 기술을 필요로 한다. 사람들은 재능이 없는 분야에서도 기술과 지식을 가질 수 있다. 만일 재능이 아닌 기술만 필요한 업무를 갖고 있다면, 조직은 결코 그들의 열정이나 내면의 소리를 얻을 수 없을 것이다. 그들은 일하는 시늉만 할 뿐이고, 그것은 외

■ '원하는 직장을 얻는 방법'을 비롯한 중요한 career-building 원칙에 대한 무료 안내서와 mp3자료를 보려면 www.8thHabit.com/offers를 이용하라.

부의 감독과 동기 부여가 필요한 것처럼 보이게 만들 것이다.

맡은 업무에 열정을 쏟을 수 있는 사람을 채용한다면, 그들에게는 감독이 전혀 필요하지 않을 것이다. 그들은 다른 누구보다도 자신을 잘 관리하기 때문이다. 그들의 열정은 외부가 아닌 내면에서 우러나온다. 그들의 동기 부여는 외부적인 것이 아니라 내부적인 것이다. 너무 열정을 쏟아서 다른 일은 생각도 할 수 없는 프로젝트를 수행했던 때를 상기해 보라. 관리나 감독이 필요했었는가? 물론 아닐 것이다. 도리어 언제 어떻게 하라고 지시받는 일을 모욕적이라고 느꼈을 것이다.

필요가 인식되고, 재능에 맞으며, 열정을 느끼는 일에 자기 자신을 던질 때, 잠재되어 있던 힘이 발휘된다.

양심

> 천상의 작은 불꽃, 양심이 살아 숨쉬도록 노력하라.[9]
>
> —조지 워싱턴

양심의 중요성은 이 책의 서두에서부터 여러 번 강조했다. 도덕 감각, 내면의 빛인 양심이 보편적 현상임을 보여 주는 증거들은 많다. 인간의 정신이나 도덕은 종교나 종교의 접근방법, 문화, 지리, 국가, 민족과는 관계가 없다. 기본 원칙이나 가치의 측면에서 보면 세계의 모든 주요 종교는 동일하다.

칸트Kant는 이렇게 말했다. "두 가지가 나를 경외감으로 충만케 한다. 하나는 별이 총총히 빛나는 밤하늘이고, 다른 하나는 내 마음속의 도덕률이다." 양심은 내면의 도덕률이다. 도덕률과 행동을 연결시키는 것이다. 나를 비롯해 많은 사람들은 그것을 인간을 향한 신의 목소리라고 믿는다. 이 믿음에 동의하지 않는 사람들도 공정함과 정의에 대한 내면의 감각, 옳고 그름, 친절한 것과 불친절한 것, 이익을 주는 것과 해를 입히는 것, 아름답게 하는 것과 파괴하는 것, 진실과 거짓에 대한 내면의 감각이 있다는 것은 인정할 것이다. 문화는 이 기본적 도덕 감각을 다양한 형태의 관습과 언어로 전환시키지만, 전환이 옳고 그름에 대한 내면의 감각을 부정하는 것은 아니다.

나는 다양한 종교와 문화 속에서 일하면서, 이 보편적 양심이 자주 나타나는 것을 보았다.

실제로 공정, 정직, 존중, 공헌에 대한 감각은 문화를 초월하여 존재한다. 그것은 영원하고, 시대를 초월하며, 자명하다. 신뢰를 받기 위해서는 신뢰성이 필요한 것처럼 명백하다.

양심과 에고

양심은 내면의 작은 목소리이다. 양심은 조용하고 평화롭다. 에고는 전제적이고 독재적이다.

에고는 자신의 생존이나 즐거움, 다른 사람들을 배제한 자기향상에 초점을 맞추며, 이기적인 야심을 갖는다. 에고는 좋은 사람과 싫은 사람으로 나누는 아이들처럼, 사람들과의 관계를 위협이 되는지 아닌지의 측면에서 판단한다. 반면에 양심은 독재적인 에고를 민주화하여 집단, 전체, 공동체, 더 큰 선에 대한 의식으로 끌어올린다. 양심은 삶을 봉사와 공헌, 다른 사람들의 안전과 성취의 측면에서 본다.

에고는 위기가 닥쳤을 때는 효과가 있지만, 위기나 위협이 얼마나 심각한지에 대한 판단은 하지 못한다. 분별력으로 충만한 양심은 위협의 수준을 인식한다. 양심은 다양한 반응 능력을 갖고 있다. 인내와 언제 무엇을 해야 하는지 판단할 수 있는 지혜를 갖는다. 양심은 삶을 연속체로 본다. 또한 복잡한 상황에 적응할 수도 있다.

에고는 잠들지 못한다. 에고는 모든 행동을 관리한다. 사람을 무력하게 만들고 능력을 감소시킨다. 또한 감독하는 것을 좋아한다. 양심은 사람들을 존중하고, 그들이 스스로 상황을 통제할 수 있다고 본다. 양심은 힘을 준다. 모든 사람들의 가치를 반영하고, 그들의 선택할 힘과 자유를 긍정한다. 그러면 자연스럽게 자기조절이 이루어져 상부나 외부로부터의 통제를 받지 않는다.

에고는 부정적 피드백에 위협을 느끼고, 그런 메시지 전달 요소를 처벌한다. 에고는 모든 자료를 자기보존의 측면에서 해석한다. 항상 정보를 검열한다. 현실의 상당 부분을 부정한다. 양심은 피드백을 소중하게 여기고, 그 안에 담긴 진실을 알아내려고 노력한다. 양심은 정보를 두려워하지 않으므로 상황을 정확하게 해석할 수 있다. 정보를 검열할 필요가 없으며, 모든 방향의 현실 인식에 문을 열어 놓는다.

에고는 근시안적이고 모든 삶을 자신의 의제를 통해 해석한다. 양심은 전체 시스템과 환경을 지각하고, 그 소리에 귀를 기울이는 사회 생태학자이다. 양심은 신체를 빛으로 채워 주며, 에고를 민주화하여 전체 세계를 보다 정확하게 반영할 수 있게 해준다.

양심 탐구

양심은 희생이다. 더 큰 목적, 대의, 원칙을 위해 자신의 에고를 버리는 것이다. 희생은 실제로 더 좋은 것을 위해 좋은 것을 포기함을 의미한다. 그러나 희생하는 사람의 마음속에는 희생한다는 생각이 없다. 오직 관찰자에게만 희생으로 보일 뿐이다.

희생은 삶의 4가지 차원에서 여러 가지 형태로 나타날 수 있다. 신체적 · 경제적 희생을 하고(신체), 탐구심을 키우고 편견을 없애고(지성), 다른 사람들에 대한 사랑과 존경심을 보여 주고(감정), 더 큰 선을 위해 현재의 의지를 보다 숭고한 의지에 종속시킨다(영성).

> 새로운 철학과 새로운 삶의 방식은 거저 주어지지 않는다. 그것을 얻기 위해서는 비싼 대가를 치러야 한다. 숱한 인내와 노력을 통해서만 얻어지는 것이다.
>
> — 도스토예프스키

양심은 목적과 수단이 분리되지 않는다고 가르친다. 목적은 이미 수단 속에 존재하는 것이다. 칸트는 목적을 위해 사용되는 수단은 목적만큼 중요하다고 말했다. 마키아벨리Machiavelli는 반대로 목적이 수단을 정당화한다고 주장했다.

간디는 7가지 관행이 우리를 파멸시킬 것이라고 말했다. 그 7가지 악을 주의 깊게 검토해 보면, 무원칙하거나 무가치한 수단을 통해 어떻게 목적이 달성되는지 알 수 있을 것이다.

- 노동하지 않고 얻는 부
- 양심을 무시하고 느끼는 즐거움
- 성품에 기초하지 않은 지식
- 도덕성 없이 이루어지는 상거래
- 인간을 생각하지 않는 과학

- 희생 없는 종교
- 원칙 없는 정치

훌륭한 목적들이 이렇게 부정한 수단으로 달성될 수 있다는 것이 흥미롭지 않은가? 그러나 부정한 수단을 통해 훌륭한 목적을 달성한다면, 손에 잡힌 듯한 그 목적은 결국 달아나고 말 것이다.

상거래를 해보면, 정직하고 약속을 잘 지키는 사람이 누구고, 이중성을 보이고 속임수를 쓰며 부정직한 사람이 누군지 알 수 있다. 정직하지 못한 사람들과 합법적으로 계약을 했다고 해서, 그들이 약속을 지킬 것이라고 생각하는가?

사람들은 비합리적이고, 비논리적이고, 자기중심적일 때가 많습니다. 그렇더라도 그들을 용서하십시오. 당신은 친절한데 사람들은 당신이 이기적인 다른 동기를 가지고 있을지 모른다고 비난할 수 있습니다. 그렇더라도 친절을 베푸십시오. 당신은 거짓 친구들과 진실된 친구들을 이겨서 성공할지 모릅니다. 그렇더라도 성공하십시오. 당신은 정직하고 솔직한데 사람들이 당신을 속일 수 있습니다. 그렇더라도 정직하고 솔직해지십시오. 당신이 몇 년간 쌓아올린 것을 누군가 하룻밤에 무너뜨릴 수 있습니다. 그렇더라도 쌓아올리십시오. 당신이 평온함과 행복을 찾는데 사람들이 시기할 수도 있습니다. 그렇더라도 행복해지십시오. 당신이 오늘 하는 선행을 사람들이 내일 잊어버릴 수 있습니다. 그렇더라도 선행을 베푸십시오. 세상에 당신이 갖고 있는 가장 좋은 것을 주십시오. 당신은 결국 그것이 당신과 그들 사이의 문제가 아니라 당신과 하느님 사이의 문제라는 사실을 알게 될 것입니다.

—테레사 수녀

항상 목적과 수단이 분리될 수 없음을 말해 주는 것은 양심이다. 그러나 에고는 가치 있는 목적은 가치 없는 수단을 통해서는 달성할 수 없다는 사실을 모른 채, 목적이 수단을 정당화한다고 말한다. 목적은 그럴듯해 보일 수 있지만, 처음에는 보이지 않던 의도하지 않은 결과가 나타나 결국 목적을 파괴하고 말 것이다. 예를 들면, 아이들을 야단쳐서 자기 방을 치우게 할 수는 있다. 그러면 방을 치우게 한다는 목적을 일시적으로 달성한 것이다. 그러나 그 수단은 아이들과의 관계에 부정적인 영향을 미치고, 출장에서 돌아오면 방은 다시 어질러져 있을 것이다.

> 지혜는 최선의 수단으로 최선의 목적을 추구하는 것이다.[10]
>
> —프랜시스 허치슨(Francis Hutcheson)

양심은 우리를 대인관계의 세계로 안내함으로써, 비전과 규율과 열정을 근본적으로 바꿔 놓는다. 우리를 독립 상태에서 상호의존 상태로 바꿔 놓는다. 이렇게 되면 모든 것이 변한다. 구조와 시스템의 제도화된 규율을 기꺼이 받아들이게 하려면 비전과 가치를 공유해야 한다. 비전을 공유하면 요구하지 않아도 규율과 질서가 생긴다. 양심은 이유를 제공하고, 비전은 달성하려는 목표를 확인하고, 규율은 그 목표를 달성하는 방법이고, 열정은 그 이유와 목표와 방법을 떠받치는 감정의 힘이다.

양심은 열정을 동정으로 바꿔 놓는다. 양심은 다른 사람들에 대한 진정한 배려와 공감과 동감을 불러일으킨다. 동정은 상호의존적 열정이다. 『가이드포스트Guideposts』의 고정 기고자 조안 존스JoAnn Jones는 양심의 안내를 받아 살며 배우라고 가르쳤던 한 수업 시간을 기억한다.

간호 대학에 입학하고 두 달이 되었을 무렵, 교수는 우리에게 쪽지 시험을 냈다. 나는 평소에 성실하게 공부했기 때문에 별다른 어려움 없이 문제를 잘 풀어갈 수 있었다. 마지막 문제는 "학교를 청소하는 여성의 이름은 무엇인가?"였다.

익살 섞인 질문이었다. 나는 청소하는 아줌마를 여러 번 본 적이 있다. 그녀는 키가 큰 검은 머리의 50대 여성이었지만 이름은 몰랐다. 나는 마지막 문제만 풀지 못하고 답안지를 제출했다.

시험을 마치고 한 학생이 마지막 문제가 시험 문제로서 가치가 있는지 물었다. 교수는 말했다. "물론입니다. 여러분은 직장 생활을 하면서 많은 사람들을 만나게 될 것입니다. 그들은 모두 중요합니다. 비록 그들에게 미소 짓고 인사하는 정도가 고작이더라도, 그들 모두에게 관심을 갖고 보살펴 줘야 합니다."

나는 그 수업을 잊지 못한다. 그리고 그녀의 이름이 도로시였다는 것을 기억한다.[11]

양심에 따라 살려고 노력하는 사람은 내면의 성실성과 마음의 평화를 경험한다. 독일 출신의 장로 교회 목사이자 동기 유발과 관련된 연설가 및 저술가인 윌리엄 보이체커William Boetcker는 20세기 초에 이렇게 말했다. "자신의 가치를 유지하기 위해서는, 잘못된 줄 알면서 실행하여 사람들을 일시적으로 즐겁게 하기보다는, 옳은 것으로 알고 있는 일을 실행하여 사람들을 불쾌하게 하는 것이 낫다." 자기가치 의식과 성실성은 다른 사람들에게 친절하고 용기를 낼 수 있게 해준다.

그들은 다른 사람들과 그들의 견해, 감정, 경험, 신념을 존중한다는 점에서 친절하다. 그들은 또한 거리낌 없이 자신의 신념을 용기 있게 표현한다. 서로 다른 의견의 상호작용은 처음에 제안된 안들보다 더 좋은 제3의 대안을 낳을 수 있다. 이것이 부분의 합이 전체보다 더 큰 진정한 시너지이다.

양심을 무시하는 사람들은 내면의 성실성과 마음의 평화를 경험하지 못한다. 그들의 에고는 사람들과의 관계를 조종하려고 할 것이다. 그들이 가끔 친절하고 공감하는 척해도, 교묘한 조작 습관을 버리지 못하고 친절하지만 전제적인 행동으로 빠지는 경우도 있다.

성실성에 역점을 둔 개인의 승리는 공동의 비전과 규율과 열정을 가져오는 대인관계 승리의 기초가 된다. 리더십은 강하고 독립적이며 에고의 지배를 받는 리더와 순응적이고 의존적인 추종자들 간의 일방적 작용이 아닌 상호의존적 작용이다.

영화 〈스톤〉

이 영화는 양심이 우리의 비전과 규율과 열정을 지혜롭게 안내했을 때 얼마나 큰 힘을 발휘하는지 훌륭하게 보여 주는 한 우간다인에 대한 이야기이다. 그의 이름은 '스톤'으로 뛰어난 축구 선수이다. 우간다에서 모든 아이들의 꿈은 일류 프로 축구 선수가 되어 유럽의 명문 클럽에서 뛰는 것이다. 스톤은 유럽의 명문 클럽들로부터 주목을 받았지만, 경기 도중 상대 선수가 고의로 무릎을 걷어차는 바람에 그의 축구 인생은 끝이 났다.

스톤은 원한을 품고 복수를 다짐할 수 있었다. 평생 자기연민에 빠저 과거의 명성이나 되새기며 살 수도 있었다. 하지만 그는 자신의 반응을 선택했다. 그는 상상력(비전)과 양심을 발휘하여 내세울 만한 기술도 꿈도 희망도 없는 우간다 청소년들을 감화시키기로 결심했다.

스톤의 인간 승리를 다룬 이 영화에 당신을 초대하겠다. 그의 정신과 감정, 비전을 느껴 보기 바란다. 짧지만 감동적인 이 영화는 세계적인 영화제 수상작이다. 아마 즐거운 경험이 될 것이다.

스톤이 그 탄생의 선물을 열어 봄으로써, 복수를 향한 문화적 외피를 어떻게 극복하는지 눈여겨보라. 그가 개인적으로 규율을 지키기 위해 어떤 대가를 치렀는지 보라. 또한 어떻게 솟아오르는 열정으로 젊은이들에게 다가섬으로써, 그들이 양심에 따라 사는 법을 배우고, 최초의 훌륭한 프로 축구 선수가 되고, 경제적으로 자립하고, 책임 있는 성인과 아버지와 공헌하는 시민이 되는 비전을 가질 수 있었는지 보라. 그들이 어떻게 스톤에게서 독립하여 스스로 자기지배, 훈련, 공헌의 원칙(양심)의 지배를 받게 되었는지 보라. 그리고 스톤이 어떻게 젊은이들의 가치와 잠재능력에 접근하여 자신의 내면을 들여다볼 수 있도록 감화시켰는지 보라.

나의 오랜 친구가 이 영화가 만들어지고 몇 년 후 스톤을 찾아갔다. 그는 이렇게 스톤의 근황을 전해줬다. "스톤이 신체적, 지적, 감정적, 영적 삶을 균형 있게 사는 모습에 깊은 인상을 받았다. 그는 신체적으로 바쁘게 움직이며 아이들에게 열심히 축구를 가르치고 있다(하루에 6팀을 가르친다!). 그는 지적으로도 왕성한 활동을 보였다. 젊은이들을 항상 새로운 세계로 안내하는 것을 자신의 사명이라고 생각했다. 그는 기독교인이지만 이슬람교도들과 한 마을에서 살고 있다. 그의 일상생활은 이웃들에게 평화와 조화로움을 가져다 주었다. 사회적으로는 누구를 만나든 상대를 배려하는 자세를 보였다. 그의 성품과 내면의 성실성은 나를 감동시켰다. 그는 영화에서 묘사된 것보다 훨씬 더 훌륭한 성품과 성실성을 지닌 인물이었다."

요약과 마지막 도전

이제 제1부를 마치기 전에 우리의 목적을 다시 한 번 생각해 보자.

우리가 가진 위대한 가능성과 실제로 공헌하는 위대한 삶 사이에는 고통스러운 간격이 있다. 직장에서 직면하는 문제와 도전과, 그 문제를 해결할 수 있는 내적인 힘과 도덕적 권위 사이에는 큰 강이 놓여 있다.

삶에 대한 간단한 접근방법을 다시 한 번 설명하도록 하겠다. 전인적 인간(신체, 지성, 감정, 영성)은 4가지 보편적 욕구(살고, 배우고, 사랑하고, 유산을 남기는 것)와 4가지 지능·능력(신체적, 지적, 감정적, 영적), 그리고 그 최고의 표현 형태(규율, 비전, 열정, 양심)와 4가지 차원의 내면의 소리(재능, 필요, 열정, 양심)를 갖는다.

전인적 인간	4가지 욕구	4가지 지능·능력	4가지 특징	내면의 소리
신체	사는 것	신체 지능(PQ)	규율	재능(규율 있는 집중)
지성	배우는 것	지적 지능(IQ)	비전	필요(필요충족을 '본다')
감정	사랑하는 것	감성 지능(EQ)	열정	열정(일을 사랑한다)
영성	유산을 남기는 것	영적 지능(SQ)	양심	양심(옳은 일을 한다)

표 1

지능과 그 최고의 표현 형태를 중시하고, 개발하고, 통합하고, 균형

128

을 취할 때, 서로의 시너지가 내면의 열정에 불을 붙이고, 우리는 내면의 소리를 찾는다. 나는 메릴Merrill 부부와 함께 저술한『소중한 것을 먼저 하라First Things First』에서 '내면의 열정'이란 말을 처음 사용했다. 그로부터 오랜 시간이 지난 후 2002년 솔트레이크시티 동계 올림픽 조직위원회는 내게 2002년 게임의 주제를 '내면의 열정에 불을 붙여라'로 정하려 한다며 승낙을 요청해 왔다. 나는 주저 없이 "물론이죠, 영광입니다"라고 대답했다. 나는 인간 정신의 무한한 가능성을 표현하는 데 '내면의 열정에 불을 붙여라'란 주제를 사용하여 어떤 결과를 얻었는지 궁금했다. 동계 올림픽이 끝나고 몇 주 후에 조직위원장 미트 롬니Mitt Romney가 소식을 전해 왔다. 동계 올림픽 역사상 처음으로 조직위원회에서 제대로 된 주제를 선정하여, 선수와 자원 봉사자는

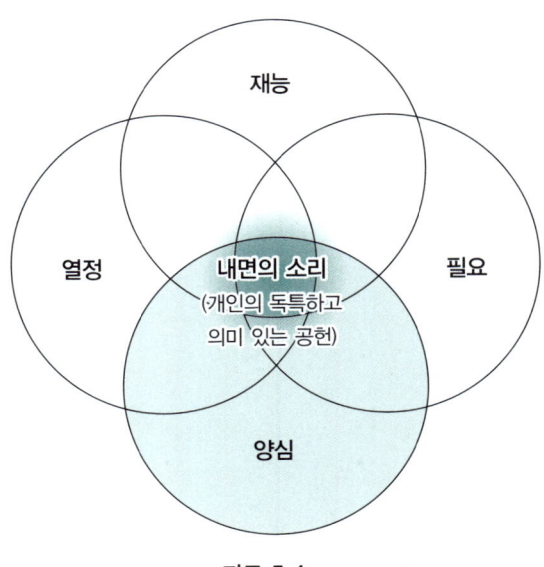

자료 5.4

물론 전 세계 시청자들의 가슴속에 영원히 남는 대회로 만들 수 있었다고 했다. 흐뭇하고 감동적인 소식이었다.

1장에서는 내면의 소리(자료 5.4)가 재능(타고난 능력과 강점), 열정(활력을 불어넣고, 신바람을 불러일으키며 동기를 부여하고, 영감을 주는 것들), 필요(자기를 포함해 세상이 필요로 하는 것), 양심(옳은 것을 확인시켜주고 그것의 실행을 재촉하는 내면의 조용하고 작은 목소리)이 결합되는 가운데 지점에 위치한다고 말했다. 또한 재능을 개발하고 열정을 불러일으키며 양심의 명령에 따라 세상에 필요한 존재라는 의식을 갖고 일할 때, 내면의 소리, 소명, 영혼 속에 숨겨진 암호가 나온다고 말했다.

내면의 소리의 4개 차원과 자기 리더십의 4가지 특징인 비전, 규율, 열정, 양심 사이에는 유사점이 있다(자료 5.5). 열정과 양심은 내면의 소리 4개 차원과 리더십의 4가지 특징 양쪽에서 모두 같다. 나머지 2개 차원인 재능과 필요는 규율 및 비전과 비교된다.

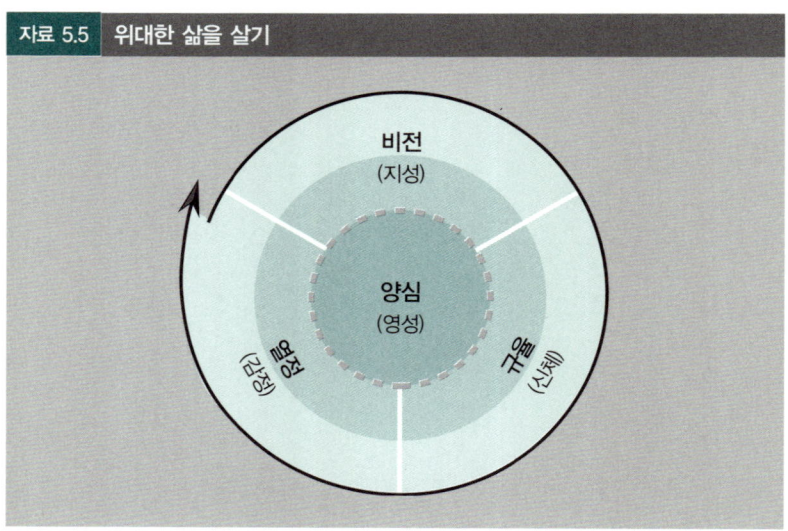

자료 5.5 위대한 삶을 살기

비전
(지성)

양심
(영성)

열정
(감성)

규율
(신체)

그 상응관계를 무하마드 유누스의 이야기를 통해 살펴보도록 하자. 그는 어떻게 자기 내면의 소리를 찾았는가? 먼저 그는 필요를 느꼈다. 양심의 소리는 그에게 행동을 재촉했다. 그의 재능이 필요와 일치하자, 그는 해결책을 마련하기 위해 재능을 규율화했다. 해결책을 찾는 이 과정은 그의 재능에 의존했을 뿐 아니라 그의 열정에도 불을 지폈다. 비전은 필요에서 나온다. 비전은 사람과 조직의 필요충족 능력을 배가시킴으로써 그들의 내면의 소리를 찾게 해준다.

제1부 '내면의 소리를 찾아라'를 마치면서, 나는 한 가지를 약속하고 그와 관련된 과제를 내주려고 한다. 만일 4개 차원, 즉 재능(규율), 필요(비전), 열정, 양심을 삶의 모든 부분에 적용한다면, 그 역할 속에서 내면의 소리를 찾을 수 있을 것이라고 약속한다. 이제 과제를 주겠다. 자신의 삶 속에서 기본적인 역할 두세 개를 선택하여, 각 역할에 대해 자신에게 다음과 같은 4가지 질문을 던져 보라.

1. 나는 가족, 지역사회, 일하고 있는 조직에서 어떤 필요를 느꼈는가?
2. 나는 규율을 통해 그 필요를 충족시킬 수 있는 진정한 재능을 갖고 있는가?
3. 그 필요를 충족시킬 기회는 나의 열정에 불을 붙여 주는가?
4. 나의 양심은 행동을 취하고 참여하기를 재촉하는가?

이상의 질문에 모두 긍정적으로 대답할 수 있다면, 그리고 행동 계획을 세우고 그것을 실행하는 습관을 갖는다면, 틀림없이 진정한 자기 내면의 소리를 찾아서 의미 있고, 만족스럽고, 위대한 삶을 살 수 있을 것이다.

질문과 대답

자기 리더십에 대한 이 접근방법은 체중 감량과 체격 관리라는 평생의 문제를 해결하는 데 도움이 되겠는가?

보통 사람들은 운동을 하기로 결심하고, 대개 체중을 약간 줄이는 데 성공한다. 대부분 체격 관리는 지방살을 근육으로 바꾼다고 알고 있다. 하지만 체중을 증가시킬 수도 있다. 근육의 무게는 지방의 약 2배 정도 되기 때문이다. 그럼에도 불구하고, 우리의 기본 과제는 건강한 체격을 만들고 강하고 알맞은 몸 상태를 유지하는 것이다. 따라서 그것이 비전이 된다.

그렇다면 규율은 무엇인가? 규율에는 대개 엄격한 운동 요법, 적당한 영양 섭취, 휴식, 스트레스 관리가 포함된다. 열정은 감정적 몰입과 추진력을 의미한다. 양심은 더 건강해져야 할 이유를 제공한다. 물론 건강해지면 더 오래 살고, 가족들을 제대로 부양하며, 손자들 양육에 도움을 주고, 보다 즐겁게 생활할 수 있을 것이다. 만일 동기가 외부에서만 주어진다면, 예를 들어 더 멋있어 보이려 하거나 허영심으로, 또는 계절이 바뀌거나 새해를 맞아 결심을 한다면, 그러한 동기는 지속되기 어려울 것이다. 헌신할 만큼 가치 있는 이유가 되지 못하기 때문이다. 건강에 나쁜 음식을 선택할 때는 자신에게 이렇게 말하는 훈련을 해 보라.

"유혹은 감정에 의한 것이다. 이 유혹을 견디면 원하는 대로 몸무게를 줄일 수 있고, 성품도 강화될 것이다. 가뿐한 느낌보다 더 맛있는 것은 없다."

주변에서 체중을 줄이겠다는 목표를 정하고 운동을 하다가, 며칠 만에 그만두기를 반복하는 모습을 흔히 볼 수 있다. 많은 사람들은

"나는 규율을 못 지켜"라고 불평한다. 나의 경험으로 볼 때, 가장 큰 문제는 규율이 아니라 비전을 가진 데 따른 대가를 아직 치르지 않은 것이다. 내면 깊은 곳의 가치 및 동기(양심)와 연결되지 않았기 때문이다. 나의 친구는 이렇게 자신의 경험을 이야기했다.

나는 아주 열심히 일해서 45살을 넘어설 무렵에는 꽤 성공한 직장인이 되었다. 나는 스트레스를 받으면 충동적으로 먹어 대서 정상 체중보다 약 27kg이나 더 나갔고, 일 때문에 규칙적으로 운동할 시간이 거의 없었다. 아들은 5살 생일 때 내게 건강과 관련된 책을 한 권 주었다. 책 속에는 엄마의 도움을 받아 이렇게 적어 놓았다.

"아빠, 올해 제 생일을 맞아 건강하세요. 저하고도 놀아 주세요." 어이쿠, 한 대 맞았다.

아들의 호소는 나의 생활 습관을 완전히 바꾸어 놓았다. 나는 많이 먹고 운동하지 않는 습관을 버렸다. 갑자기 내가 아이들에게 아주 건강하지 못한 유산을 남겨 주고 있다는 생각이 들었다. 나는 아이들에게 신체는 중요하지 않고, 자기 절제도 별것 아니며, 열심히 일하는 것의 유일한 가치는 돈과 체면이라는 것을 행동으로 보여 주고 있었던 것이다. 나는 아버지의 역할이 단순히 그들의 신체적, 경제적, 감정적 욕구를 충족시켜 주는 것만은 아니라는 사실을 깨달았다. 그것은 또한 아이들이 본받을 수 있는 건강한 역할 모델이 되는 것이기도 하다. 나는 지금까지 그 점을 소홀히 했다.

그래서 아이들을 위해 건강해져야겠다고 다짐했다. 몸무게를 줄이는 데 그치지 않고 건강해져야 한다. 나의 다짐이 가치를 지니려면 실제 결과를 낳아야 한다. 나는 과거에 다이어트와 운동을 여러 번 시도했었다. 그러다가 힘이 들면 중단했다. 몸무게를 줄이는 것만으로는 충분한 동기가 되지 않았다. 하지만 내게는 너무나 소중한 아이들이 있었기에 결정을 선택할 수 있었다. 건강해지는 것을 목표로 정했다. 나는 활기찬 생활을 하고, 퇴근 후에는 아이들과 놀아 주고, 회사에서 소프트볼을 할 때 1루까지 단숨에 달려갈 수 있기를 원했다. 이 목표를 달성하기 위해 다이어트와 운동을 시작했다. 목표는 다이어트와 운동이 아니라 건강해지는 것이었다. 나는 건강해지기를 원하는 다른 사람과 이 목표를 함께 해야겠다고 생각했다. 이제 우리는 규칙적으로 운동하는 시간을 정해 같이 운동하고 있다. 나는 언제 일을 중단하고 신체의 요구에 신경 써야 하는지 알게 되었다.

나의 사고방식이 변한 지 2년이 되었다. 나는 더 이상 아침에 일어나는 것이 고통스럽지 않다. 운동은 거의 제2의 천성이 되었다. 나는 과거처럼 운동을 중단하지 않았다. 물론 운동을 제대로 못 하는 날도 있고, 피곤하고 오금이 당기고 머리가 아파서 달리기를 그만둘까 생각한 적도 많았다. 그러나 과거와는 달리 쉽게 제자리로 돌아온다. 나는 더 큰 목표, 나보다 더 사랑하는 사람을 위한 목표를 갖고 있기 때문에 정상으로 돌아올 수 있다.

취직을 하는 데는 어떻게 도움이 되는가?

건강해지는 것은 혼자만의 노력으로 가능하다. 그러나 원하는 직장을 찾는 것은 상호의존적 특징을 가지므로 다른 사람들에 대한 영향력을 효과적으로 증대시키는 데 역점을 둬야 한다.

이제 원하는 직장을 찾는 데에도 자기 리더십의 4가지 특징을 적용해 보자. 중요한 것은 균형이다. 4가지 가운데 하나만 소홀히 해도 원하는 직장을 구하기 힘들 것이다. 그리고 직장을 얻더라도 자신이 전넘하려고 하는 일과 직장이 요구하는 바를 지속적으로 충족시킬 수 없을 것이다.

노동시장이 아주 불안정해서 대부분의 업체에서 사람들을 내보내기만 하고 잘 뽑지 않는다고 해보자. 특히 당신이 살고 있는 도시와 일하고 싶은 산업 분야가 그렇다고 가정해 보자. 당신은 어떻게 원하는 직장을 얻겠는가?

먼저 비전을 갖기 위해 업무에 대해 알아야 한다. 규율 있는 실행을 통해 실제로 어떤 일을 하는지 판단한다. 그 조직의 업무를 이해하고, 조직이 원하고 그 직무에 요구되는 것을 파악하며, 해당 분야 시장을 조사해야 한다. 그리하여 경쟁, 고객의 욕구와 필요, 해당 분야의 특징과 경향 등 그 직장에 작용할 수 있는 제반 요소들을 알아야 한다. 다시 말해서, 자신이 입사하고 싶은 조직이 직면한 도전과 문제들을 파악하기 위해 대가를 치러야 한다.

다음에는 열정을 가질 수 있는 직장인지 확인해야 한다. 이 직장은 재능, 능력, 관심, 기술을 발휘할 수 있는 곳인가? 양심은 당신이 전념할 만한 가치가 있는 직장이라고 말해 주는가? 이러한 방식으로 일하는 당신의 모습을 그려 볼 수 있는가?

이상의 기본 조사를 마쳤다면, 면접 준비는 끝났다. 면접자에게 당신 자신이 또 다른 문젯거리가 아닌 조직의 문제점을 해결해 줄 수 있는 인재라는 인상을 주려고 노력하라.

다른 지원자들보다 조직의 중요한 문제점들을 더 많이 알고 있다는 것을 보여 줘라. 어느 누구보다 조직의 요구를 더 잘 충족시킬 수 있는 열정과 책임감을 갖고 있다는 것을 보여 줘라. 필요하다면, 선의의 뜻으로 시험 근무를 할 수 있는 방안을 제안하라. 인턴 기간을 통해 리더의 모습을 보여 줌으로써, 다른 어느 누구보다 훌륭하게 문제점을 해결할 수 있는 직원이라는 확신이 들게 만들어라. 솔선하여 업무를 수행하라. 지시를 들을 때까지 기다리지 말라. 항상 모든 감각을 열어 놓고, 공감적 태도와 예의 바른 모습을 보여라.

당신은 원칙에 기초하여 직장을 찾고 있다. 과장, 속임수, 조작, 거짓말, 이중성, 다른 사람들을 깎아내리기 등은 하지 않는다. 조직의 필요, 관심, 이슈, 문제점과 고객들의 욕구, 관심, 이슈, 문제에 초점을 맞춘다. 당신은 그들의 언어를 사용한다.

의사 결정자에게 그러한 접근방법을 사용하는 사람은 주목을 받는다. 그리고 남다른 대비와 규율, 기꺼이 대가와 희생을 치르고자 하는 자세가 의사 결정자를 감동시킬 것이다.

나는 오랫동안 수많은 사람들에게 이러한 내용의 상담을 해주었다. 내 조언을 받아들인 사람은 소수였지만, 그들은 대부분 원하는 직장에 들어가는 데 성공했다. 나는 이 문제에 대해 창조적 구직 방법을 담은 리처드 볼레스Richard Bolles의 『당신의 파라슈트는 어떤 색깔입니까?What Color Is Your Parachute』 최신판을 읽어 볼 것을 권한다.

삶의 균형을 얻는 데는 어떻게 도움이 되는가?

수많은 조사에서 대부분의 사람들이 직면하고 있는 가장 큰 도전은 삶의 균형이라는 것이 나타났다. 사람들은 직장 생활이나 다른 긴급한 일에만 집중한 나머지 정말로 소중하게 생각하는 활동과 대인관계는 소홀히 한다. 결국 긴급성에 중독되고 마는 것이다.

긴급성의 소용돌이에 빠진 한 남자의 이야기를 통해, 해결책을 찾아 가는 방법을 살펴보도록 하자. 그는 자신에게 정말로 중요한 것(양심, 비전, 열정)에 대해 생각하는 시간을 가졌고, 그러한 요소들을 사용하여 우선순위에 따라 조화로운 삶을 계획하고 원하는 삶의 균형을 얻었다.

그는 또한 아내와의 시너지를 통해 해결책을 찾았다. 다음은 그가 직접 쓴 글이다.

나는 항상 어머니와 특별한 정을 쌓아 왔다. 우리는 일생의 여러 중대한 사건들을 함께 겪으면서 돈독한 관계를 구축했다. 비록 어머니를 사랑하고 그녀와 함께 지내는 시간이 즐거웠지만, 한동안 직장과 지역사회와 함께 사는 내 가족에만 전념할 수밖에 없었다.

나는 너무 바빠서 몇 주 있다가 방문하겠다는 짧은 전화를 하곤 했다. 간신히 시간을 내서 어머니를 찾아갔을 때도, 잠시 앉아서 이야기를 나누다 보면 어느새 일어나야 할 시간이 되었다. 다른 미팅에 참가하거나, 마감 시간에 맞춰야 할 일이 있었기 때문이다. 어머니와의 만남은 이처럼 대부분 무계획적으로 이루어졌다.

비록 어머니가 더 자주 찾아와 달라는 뜻을 밝히지는 않았지만, 나는 이러한 상황이 불만스러웠다. 어머니와 지속적인 시간을 함께할 수 없다는 것은 나의 삶이 내 뜻대로 되지 않는다는 것을 의미했다. 그래서 아내와 나는 머리를 맞대고 해결책을 찾았다.

아내는 매주 가족과 어머니를 위한 시간을 가질 것을 제안했다. 나는 아내가 성가대 연습을 하러 가는 매주 수요일 저녁 시간을 어머니와 함께 보내기로 했다.

이제 어머니는 내가 1주일이나 2주일에 한 번씩 정해진 요일과 정해진 시간에 방문한다는 것을 알고 있다. 앞으로는 10분 만에 일어서거나 방해받는 일도 없을 것이다.

운동이 필요한 어머니를 위해 함께 산책을 나갔다. 어머니는 나를 위해 요리를 했다. 때로는 거리가 멀어서 어머니 혼자서는 가지 못하는 쇼핑몰을 함께 돌아다니기도 했다. 우리는 주로 가족, 최근의 사건, 과거에 함께

했던 일들에 대해 이야기를 나눴다.

어머니와 함께 보내는 저녁은 나의 바쁜 삶에서 평화로운 오아시스가 되었다. 나는 아내에게 훌륭한 제안을 해줘서 고맙다고 말해 주었다.

이 아름다운 이야기는 정말로 소중한 것에 초점을 맞추고 우선하는 삶을 살 때, 무엇을 얻을 수 있는지 보여 준다. 나는 아버지가 돌아가셨을 때, 아버지의 빈 자리를 메워 주기 위해 어머니와 아주 특별한 관계를 만들고 그 관계를 강화시켜야겠다고 결심했다. 여행 일정이 아무리 바빠도, 어디에 있더라도, 매일 어머니에게 안부 전화를 드리겠다고 다짐했다. 비록 어머니 집과는 80km나 떨어져 있었지만, 적어도 2주에 한 번은 어머니를 찾아뵈려고 노력했다.

어머니는 아버지가 돌아가신 후 10년을 더 사셨다. 나는 그렇게 오래 살아 주신 어머니가 정말 고맙다. 함께 보낼 수 있었던 소중한 시간이 더없이 감사하다.

규칙적으로 소통할 때 서로에 대한 이해가 조금씩 깊어진다. 나는 매일 하는 전화가 2주일에 한 번씩 방문하는 것과 같은 효과가 있음을 발견했다. 함께 있을 때처럼 서로에게 가깝고, 솔직하고, 진실한 느낌을 가질 수 있었다. 계속 대화가 이어지는 것 같은 느낌이었다. 과거에는 그 무엇도 직접 대면을 대신할 수 없다고 생각했었는데, 어머니에 대한 안부 전화를 계기로 전화로 통화하든 직접 만나서 이야기하든 별 차이가 없다는 것을 깨달았다.

나는 또 다른 의미에서 그것이 옳다고 확신한다. 매번 대화를 나누면 별로 할 이야기도 없어진다. 대신 우리는 경험이 아닌 서로의 통찰과 감정을 나눌 수 있다. 서로의 마음을 드러내고 나누는 대화는 나의 내면을 들여다보는 기회가 된다.

예로 든 그 신사처럼 나 역시 항상 든든한 힘이 되고 이해해 주는 아
내로부터 많은 도움을 받았다. 풍요의 심리를 갖고 있는 아내 샌드라
는 삶을 크기가 고정된 피자로 보지 않는다. 그래서 어머니와 함께하
는 시간으로 자신의 시간이 빼앗긴다고 여기지 않고 오히려 우리 부부
사이를 더 강화해 준다고 생각했다.

어머니가 돌아가셨을 때, 우리는 셰익스피어의 소네트 29절을 묘
비에 새겨 넣었다. 이 소네트를 음미해 가면서 천천히 읽어 보기 바란
다. 상상력을 발휘하면 각 행의 의미와 화려한 표현을 느낄 수 있을
것이다.

> 운명에게도 사람들에게도 버림받았을 때,
> 나는 홀로 버려진 나의 처지를 한탄하며,
> 대답 없는 하늘을 향해 헛되이 외쳐 보고,
> 내 신세를 보며 운명을 저주하고,
> 희망으로 가득 찬 삶을 원하며,
> 잘생긴 사람과 친구 많은 사람을 부러워하고,
> 이 사람의 재간과 저 사람의 능력을 탐내며,
> 내 자신이 지닌 것에 불만을 품는다.
> 하지만 그러한 자신을 경멸하다가도,
> 문득 그대를 생각하면 나의 마음은,
> 새벽에 어두운 대지를 차고 하늘을 날아오르는
> 종달새처럼, 천국의 문턱에서 노래를 부른다.
> 그대의 달콤한 사랑으로 내 마음은 부자가 되노니,
> 나는 내 신세를 왕과도 바꾸지 않으련다.

삶의 균형은 가족에서 시작된다. 가장 중요하고도 필요한 자기 성장은 가정에서 이루어져, 사회에 대한 기여로 이어진다.

한 지혜로운 리더가 말했듯이 우리가 세상에서 하는 가장 중요한 일은 가정의 울타리 안에서 이루어진다. 유명한 종교 지도자 데이비드 매케이David O. McKay는 "그 어떤 성공도 가정에서의 실패를 보상하지 못한다."라고 말했다.[12] 가족의 중요성에 대한 나의 믿음은 너무도 깊고 강해서 몇 년 전에는 『성공하는 가족들의 7가지 습관The 7 Habits of Highly Effective Families』을 펴내기도 했다.

인생에서 부모의 역할은 리더로서 가장 중요한 책임이며, 그 무엇으로도 얻을 수 없는 행복과 즐거움을 가져다 준다. 진정한 리더십, 즉 비전, 규율, 열정, 양심이 부모의 역할에서 나타나지 않으면, 가정은 가장 큰 슬픔과 실망의 근원이 될 것이다.

비전, 규율, 열정, 양심에 따라 가정 생활을 조금만 바꾸어도 엄청난 결과를 가져올 수 있다.

지금 내가 하는 말을 귀담아듣지 않으면, 미래의 어느 날 그 작은 변화가 어떻게 그렇게 큰 결과를 가져올 수 있었는지 깨닫고 후회하게 될 것이다.

양심의 명령에 따라 아이들에게 비전과 가능성에 대한 의식을 불어넣고, 그 비전을 실현하기 위해 희생하며 규율 있는 생활을 하고, 어려운 시기를 열정과 추진력과 책임감으로 견뎌 낼 때 부모로서의 리더십이 확립될 것이다. 만일 후대로 이어질 이러한 가족문화를 갖는 것이 비전이라면, 그 외의 다른 것을 성취하지 않아도 그 자체만으로 우리의 삶은 만족스럽고 즐거워질 것이다. 그러나 이러한 가족문화를 갖는 데 실패한다면, 다른 어떤 성공도 가족의 실패를 메워 주지는 못할 것이다.

나는 종종 존 그린리프 휘티어John Greenleaf Whittier의 통렬한 지적을 떠올리곤 한다. "말이나 글로 표현할 수 있는 슬픔 가운데 가장 슬픈 표현은 '…할 수 있었는데!' 라는 것이다."[13]

반면에 또 누군가는 이렇게 조언했다. "후회하지 말라, 늦었다고 생각할 때가 가장 빠른 때이다."

리더십은 사람들이 자신의 가치와 잠재능력을 볼 수 있도록 분명하게 알려 주는 것이다. 리더십이 발휘되면 각자의 강점이 생산성으로 연결되고 각자의 약점이 다른 이들의 강점으로 보완된다.

내면의 소리를 찾도록 고무하라 2

Inspire Others To Find Their Voice

THE 8TH HABIT From Effectiveness to Greatness

6

다른 사람도 내면의 소리를 찾도록 고무하라

| 리더십 도전 |

누구나 어느 순간 내면의 열정이 밖으로 솟아 나온다. 그것은 다른 사람과의 만남에 의해 불이 지펴진다. 우리 모두는 내면의 정신에 불을 붙여 준 그들에게 고마워해야 한다.

알베르트 슈바이처

나는 젊었을 때 내 삶에 지대한 영향을 미친 한 리더를 만났다. 그는 내가 폭넓은 자원 봉사 활동을 위해 학업을 잠시 중단하고 있을 때 내게 영국으로 오라고 권유한 봉사 조직의 회장이었다. 영국에 도착한 지 꼭 4개월 반 만에 그가 내게 와서 말했다. "당신에게 새로운 과제를 주겠습니다. 전국을 돌아다니면서 지역 리더들의 훈련을 맡아 주십시오." 나는 놀랐다. 내가 어떻게 나보다 두세 배나 나이가 많은 리더들을 교육시킬 수 있단 말인가? 내가 회의적인 반응을 보이자, 그는 내 눈을 바라보며 말했다. "나는 당신을 믿습니다. 당신은 할 수 있습니다. 교육을 준비하고 모범 사례의 공유를 촉진하는 데 필요한 자료를 드리겠습니다."

그가 가진 나에 대한 믿음과 내가 미처 모르는 나를 볼 수 있는 능력, 그리고 자발적으로 내게 책임을 맡길 수 있는 용기는 나의 내면의 그 무엇을 자극했다. 나는 그 임무를 받아들이고 최선을 다했다. 그것

145

은 나의 신체적, 지적, 감정적, 영적 가능성을 열어 주었고 나는 성장했다. 나는 다른 사람들이 성장하는 모습을 보았고, 기본적인 리더십 원칙의 패턴들을 배웠다. 귀국할 무렵, 내 평생의 일을 찾기 시작했다. 그것은 인간의 잠재능력을 끄집어내는 일이었다. 나는 '내면의 소리'를 찾아냈다. 내가 그것을 찾을 수 있도록 고무한 사람은 나의 리더였다.

나는 얼마 안 돼 그가 이런 식으로 대우한 사람은 나뿐만이 아니었음을 알았다. 그가 다른 사람들을 긍정하고 동기를 부여하여 고무적인 비전(일에 대한 비전)에 동참케 할 수 있는 능력, 또한 자원을 제공하고 책임 있는 진정한 리더로 일어설 수 있도록 권한을 부여하는 임파워 방식은 우리 조직의 규범이 되었다. 우리는 그와 같은 방식으로 사람들을 이끌고 도움을 줌으로써 똑같은 결과를 얻었다.

그 이후 나는 이 리더십 원칙이 공식적인 지위에 상관없이 모든 조직의 위대한 리더들의 공통된 특징임을 깨달았다. 그리고 기업, 대학, 자원 봉사 단체와 교회 조직, 가족들에게 가르치고 컨설팅하고 리더십을 발휘하는 과정을 통해 리더십은 원칙의 지배를 받는다는 사실을 배웠다. 원칙대로 살 때 영향력이 커지고, 공식적인 권위보다 더 큰 도덕적 권위를 갖게 된다. 『성경』에 나오는 달란트의 비유■는 주어진 재능을 많이 사용하고 확대할수록 더 많은 재능이 주어진다는 것을 보여준다. 그러나 주어진 재능, 즉 태어나면서 받은 선물을 무시하거나 묻어 버리고 사용하지 않은 채 미개발 상태로 두면, 그 재능은 소실되고 다른 사람에게 넘어갈 것이다. 결국 자신의 재능을 잃고, 더불어 영향력과 기회도 모두 잃어버릴 것이다.

■ 주인이 먼 길을 떠나며 종들에게 각각의 재능대로 달란트를 나눠주고 돌아와 계산을 하는데, 주어진 일에 최선을 다한 종에게 더 큰 일을 맡긴다는 내용(「마태복음」 25장 참조).

리더십의 정의

간단히 말해서, 리더십은 사람들이 자신의 가치와 잠재능력을 볼 수 있도록 분명하게 알려 주는 것이다. 이와 같은 정의는 가장 기본적이고 실제적이라고 할 수 있다. 이것이야말로 영향력과 지속성을 갖는 리더십의 본질이다. 자신의 가치와 잠재능력을 볼 수 있도록 분명하고 효과적이고 일관되게 알려 주었을 때, 보고 행동하고 성취하는 프로세스는 시작된다.

> 리더십은 사람들이 자신의 가치와 잠재능력을 볼 수 있도록 분명하게 알려 주는 것이다.

누구도 대신할 수 없는 할아버지의 역할을 생각해 보면 쉽게 이해할 수 있을 것이다. 할아버지의 가장 중요한 역할은 가능한 한 여러 면으로 손자들이 스스로의 가치와 잠재능력을 믿고 그 믿음에 따라 행동할 수 있도록 분명하게 알려 주는 것이다. 사회와 문화 전체에 이러한 정신이 퍼진다면, 세계 문명은 실로 엄청난 영향을 받게 될 것이다.

사람들의 가치와 잠재능력을 일깨우는 가장 일반적이고 지속적인 수단인 조직에 대해 구체적으로 살펴보도록 하자.

조직의 정의

제2부 '사람들이 내면의 소리를 찾도록 고무하라' 는 본격적인 리더십의 영역이다. 그러나 이 리더십은 공식적 지위로서가 아니라 선택으로서의 리더십이다. 리더십은 사람들이 스스로 자신의 가치와 잠재

147

능력을 인식하도록 하기 위해 선택하는 것이다. 나는 조직에서의 리더십과 관련하여 다음과 같은 점들을 강조하고 싶다.

1. 기본적으로 조직은 한 가지 목적(조직의 내면의 소리)과의 관계로서, 그 이상도 이하도 아니다. 이 목적은 한 사람 이상의 개인 혹은 이해당사자의 필요 충족을 목표로 한다. 가장 단순한 조직은 두 사람의 동업 관계 혹은 결혼과 같이 두 사람이 한 가지 목적을 공유한 경우다.
2. 거의 모든 사람들은 조직에 속해 있다.
3. 세상일은 대부분 조직 속에서 조직을 통해 이루어진다.
4. 가족을 포함하여 조직 내부의 가장 큰 도전은 조직을 만들고 조직의 목적과 최우선 목표를 원칙 중심적으로 달성하기 위해, 각자가 자신의 독특한 재능과 열정으로 기여할 수 있게 하는 것이다. 즉 각자 자기 내면의 소리를 낼 수 있도록 조직을 운영하는 것이다. 나는 이것을 리더십 도전이라고 부른다.

간단히 말해서 조직은 인간관계와 공동의 목적을 갖는 사람들로 구성된다. 그 다음에 인간관계와 공동의 목적이 각 개인에게 적용된다.

관리와 리더십

지난 몇 년간 리더십에 관한 수백 권의 책들이 쏟아져 나왔다. 이 사실은 리더십이 얼마나 중요한 주제인지를 말해 준다. 리더십은 할 수 있도록 해주는 기술이다. 학교의 목적은 아이들 교육이지만, 서투른 리더십을 갖고 있다면 서투른 교육을 할 수밖에 없다. 의학의 목적은 사람들이 건강하도록 도와주는 것이지만, 역시 서투른 리더십을 갖고 있다면 서투른 의술을 펼치게 된다. 리더십이 최고의 기술이라는 사실은 예를 통해 얼마든지 보여 줄 수 있다. 왜냐하면 리더십은 다른 모든 기술과 직업이 효과성을 발휘하게 하는 기술이기 때문이다. 특히 가정에서의 리더십이 그렇다. 나는 리더십과 관리에 대해 연구하고, 강연하고, 저술 활동을 하면서 평생을 보냈다. 나는 이 책을 준비하는 과정에서 20세기 리더십 이론에 대한 문헌고찰을 시작했다. 그 결과는 부록 2 '리더십 이론의 문헌고찰'에 정리해 놓았다.

리더십	관리
리더는 옳은 일을 하는 사람이다. *워런 베니스*	관리자는 일을 옳게 하는 사람이다.
리더십은 변화에 대처하는 방법에 대한 것이다. *존 코터*	관리는 문제에 대처하는 방법에 대한 것이다.
리더는 혁신한다. 리더는 창조한다. 리더는 개발한다. *카터-스코트*	관리자는 관리한다. 관리자는 모방한다. 관리자는 유지한다.
리더십은 운동 감각에 대한 것이다. *쿠제스와 포스너*	관리는 일의 처리, 질서의 유지, 조직과 컨트롤에 대한 것이다.
리더는 어떤 것이 사람들에게 의미가 있는지에 관심이 있다. *에이브러햄 잘레즈닉*	관리자는 일을 어떻게 완수하는가에 관심이 있다.
리더는 건축가이다. *존 마리오티*	관리자는 건설자이다.
리더십은 공동의 비전을 만드는 데 초점을 맞춘다. *조지 웨더스비*	관리는 작업의 설계로서, 통제에 대한 것이다.

표 2

우리 연구원들은 리더십 이론에 대한 문헌고찰을 하면서 리더십과 관리의 차이점을 설명한 주요 연구자들의 글들을 수집했다. 그 가운데 몇 가지를 추려서 표로 만들어 보았다(표 2). 수집된 전체 글의 내용은 부록 3 '리더십과 관리에 대한 글 모음'에 수록했다.

나는 문헌고찰을 통해 관리와 리더십 모두 중요하며 어느 한쪽이 없으면 불완전하다는 것을 다시 한 번 확인할 수 있었다. 나는 한때 리더십에 경도되어 관리의 중요성을 무시한 적이 있다. 가족을 비롯해 대부분의 조직이 과잉 관리되는 반면, 리더십은 거의 발휘되지 않고 있다고 확신했기 때문이다. 이 차이가 나의 직업 활동의 주요 동기가 되었으며, 리더십 원칙에 집중하게 만들었다. 하지만 나의 개인적 경험을 통해 관리의 중요한 역할을 깊이 깨닫게 되었다.

우리 회사의 관리를 나의 약점을 보완하는 강점을 지닌 사람들에게 넘겨주고 나서 회사가 수익을 냈을 때, 일은 '이끌 수lead' 없다는 것을 절실하게 깨달았다. 우리는 재고와 현금 흐름, 비용은 이끌 수 없다. 그것은 관리의 문제다. 일은 선택할 힘과 자유를 갖고 있지 않기 때문이다. 오직 사람만이 그러한 힘과 자유를 갖고 있다. 사람들은 이끌어주고(임파워해준다), 일은 관리하고 컨트롤하는 것이다. 관리가 필요한 일들은 다음과 같다(자료 6.1).

자료 6.1	관리(컨트롤)가 필요한 일들

■ 선택할 자유가 없는 일들

돈	구조	비용	시스템	시설	정보
공정	도구	시간	재고	물리적 자원	

■ 때때로…

'사람들'은 자신의 리더십 하에 관리되는 것을 선택한다(많은 전문직종 종사자들과 다른 생산업자들).

나는 문헌고찰을 통해 내가 오랫동안 위대한 정신을 소유한 수많은 사람들의 영향을 받았다는 것을 확인할 수 있었다. 그들에게 고마움을 전한다. 또한 경험과 교육 활동을 통해 조직 행동을 이해하는 열쇠는 조직 행동의 연구에 있지 않다는 결론에 도달했다. 조직 행동 이해의 열쇠는 인간에 대한 연구와 이해에 있다. 인간 특성의 기본 요소들을 이해했으면, 사람과 조직이 가진 가능성의 문을 열 수 있는 열쇠를 가진 셈이다. 이것은 신체, 지성, 감정, 영성으로 상징되는 전인적 인간 모델이 개인은 물론 조직을 이해하는 지름길인 이유를 말해 준다. 사실 조직의 행동 같은 것은 없다. 조직에는 집단화된 개인의 행동만 있을 뿐이다.

"그래서 어쨌다는 거죠?"라고 반문할 수도 있다. 이 모든 이론이 내가 직면한 도전과 무슨 관계가 있는가? 이 이론은 엉망으로 망가진 조직에 어떻게 적용되는가?

앞서도 말했듯이, 모든 조직은 아무리 훌륭한 조직이라도 온갖 문제들로 가득 차 있다. 나는 수많은 조직들과 함께 일했다. 내가 칭찬하는 조직들조차 어느 정도 그러한 문제들과 씨름하고 있다. 재미있는 점은 대부분의 문제가 거의 비슷하다는 것이다. 각 문제는 독특한 성격과 환경을 갖고 있지만, 핵심으로 들어가 보면 공통된 뿌리에서 나온 것이다. 피터 드러커는 이렇게 말했다.

조직마다 관리 방법에는 차이가 있다. 사명이 전략을 규정하고, 전략은 구조를 규정하기 때문이다. 그러나 소매체인점 관리와 로마 가톨릭 교구 관리의 차이점은 소매 체인점 담당 임원이나 교황의 생각만큼 크지 않다. 차이점은 원칙보다는 주로 원칙의 적용에서 발견된다. 모든 조직의 임원들은 사람들 문제에 똑같은 양의 시간을 사용한다. 그리고 그 문제는 항

151

상 거의 비슷하다.

소프트웨어 회사, 병원, 은행, 보이스카우트 등 어느 조직을 관리하든, 그 차이점은 10%에 불과하다. 조직의 특정한 사명, 특정한 문화, 특정한 역사, 특정한 언어에 의해 10%가 결정되고, 나머지는 서로 교환될 수 있는 부분들이다.[1]

제2부 '(사람들이) 내면의 소리를 찾도록 고무하라'의 목표는 당신이 자신의 문제를 인식하고 해결할 수 있는 능력을 개발하고, 그 영향력과 자신의 팀, 부서, 사업부, 전체 조직, 가족 등 몸담고 있는 조직의 영향력을 확대하도록 도와주는 것이다.

먼저 우리가 안고 있는 문제의 2가지 성격에 대해 살펴보자. 복잡한 조직의 도전을 받아들이기 위해서는 준비를 단단히 해야 할 것이다. 두 사람을 인용해 보겠다. 먼저, 아인슈타인은 이렇게 말했다. "우리가 당면하고 있는 심각한 문제들은 그것이 처음 발생했을 때의 사고방식으로는 해결되지 않는다." 우리에게는 신체, 지성, 감정, 영성을 가진 전인적 인간이라는 새로운 패러다임이 주어졌다. 우리는 그것이 산업 시대의 '사람=물건'이나 컨트롤의 패러다임과 대비된다는 것을 알았다. 조직이 안고 있는 문제를 이해하고 해결하기 위해서는 '전인적 인간'관이 필요하다.

다음으로, 올리버 웬델 홈스Oliver Wendell Holmes는 이렇게 말했다. "나는 복잡한 문제가 코앞에 있을 때는 단순한 해법에 전혀 마음을 두지 않았다. 그러나 복잡한 문제가 멀리 있을 때는 당연히 단순한 해법에 손을 뻗쳤다." 이 말은 중요한 문제들은 임시방편적인 월간 계획이나 사기를 올려 주는 구호와 단기 처방으로는 해결되지 않는다는 것을 의미한다. 우리는 조직이 당면한 문제의 성격과 뿌리를 이해하고, 새로운 사고방식과 새로운 기술로 무장하여 해결책을 지배하는 원칙을 배워야 한다. 이것은 상당한 노력을 필요로 한다. 그러나 참고 견딘다면, 습관의 3대 요소인 <u>인식</u>, <u>태도</u>, <u>기술</u>을 한꺼번에 얻어 새로운 세계의 새로운 도전에 맞설 수 있을 것이다. 인간의 잠재능력을 끄집어내는 8번째 습관을 갖게 될 것이다.

지각변동하는 세계

조직의 도전을 이해하기에 앞서 새로운 지식노동자 시대의 특징인 다음 7가지 지각변동을 생각해 볼 필요가 있다. 기업 환경을 이해하는 데 도움이 될 것이다.

- **시장과 기술의 세계화** ┃ 신기술은 대부분의 지역 시장과 국가 시장을 국경 없는 세계시장으로 변화시키고 있다.
- **인터넷의 등장** ┃ 에번스Evans와 워스터Wurster는 『대폭발Blown to Bits』에서 이렇게 말한다. "사람이나 기업을 묶어 주는 좁은 유선 전용 통신로는 하룻밤 새 구시대의 유물이 되었다. 이와 함께 통신로를 제작하거나 이용하던 비즈니스 구조 역시 쓸모없게 되었다. 전통적으로 우리의 모든 경제 활동을 이어 주던 끈이 인터넷의 열기 앞에 급속도로 녹아내리고 있다. 그리고 인터넷은 인류 역사상 최초로 정보의 흐름을 업무의 흐름에서 분리시킬 것이다."[2]
- **정보·기대의 민주화** ┃ 아무도 인터넷을 관리하지 않는다. 그것은 국경의 해체이다. 역사상 처음으로 인간 영혼의 순수한 목소리가 국경의 제약을 받지 않고 편집되지 않은 수백만의 대화를 통해 울려 퍼지고 있다.
- **경쟁의 격화** ┃ 인터넷과 인공위성 기술은 연결된 사람은 누구든 잠재적 경

쟁자로 만든다. 조직은 항상 더 낮은 노동비용, 더 낮은 자재 비용, 더 빠른 혁신, 더 큰 효율성, 더 높은 품질과 맞설 수 있는 더 좋은 경쟁 방법을 개발해야 한다. 자유기업과 자유무역의 힘은 고객의 욕구를 충족시키기 위해 품질을 향상시키고, 비용을 끌어내리며, 속도와 유연성을 강요하고 있다. 경쟁자를 벤치마킹하는 조직은 없다. 우리는 '세계 수준'을 벤치마킹해야 한다.

- **금융 자본에서 지적, 사회적 자본으로 이동하는 부의 창출원** ｜ 부의 창출원이 돈에서 사람으로 이동했다. 금융 자본에서 모든 차원을 포괄하는 인적 자본(지적, 사회적)으로 이동한 것이다. 오늘날 제품에 부가되는 가치의 3분의 2는 지식노동에서 나온다. 20년 전에는 3분의 1에도 못 미쳤다.

- **자유 계약의 등장** ｜ 사람들은 과거 어느 때보다 더 많은 정보를 접하고 의식하므로, 선택 방법과 대안들을 알고 있다. 고용시장은 자유 계약자 시장으로 변화하고 있으며, 자유 계약에 대한 사람들의 의식이 높아져 간다. 그들은 고용되는 것을 거부하고, 자신을 브랜드화하는 쪽을 선택하고 있다.

- **영원한 변화** ｜ 우리는 끊임없이 변화하는 환경 속에서 살고 있다. 소용돌이치는 변화의 격랑 가운데 선 모든 사람은 결정을 내리는 데 지침이 되는 무언가를 내면에 갖고 있어야 한다. 팀이나 조직의 목적과 지배 원칙을 이해해야 한다. 만일 눈앞에 닥친 문제의 현장성과 긴급성에 빠진 그들을 관리하려고 한다면, 우리의 지시가 잘 통하지도 않을 것이다.

영화 〈급류〉

우리는 현대 세계의 변화하는 환경과 복잡성을 묘사한 짧은 영화를 만들었다. 영화는 과거와 현재를 비교하고, 도전에 직면했을 때 의존할 수 있는 3가지 영구불변의 지침을 제시한다. 이제 영화를 보도록 하자.

만성적 문제와 급성적 문제

신체와 조직의 문제에는 2가지 종류가 있다. 바로 만성적 문제와 급성적 문제이다. 만성은 근원, 이유, 지속을 의미하고, 급성은 고통, 증상, 쇠약을 의미한다. 조직도 사람과 마찬가지로 급성 증상이 드러나지 않는 만성적 문제가 있을 수 있다. 급성적 문제의 해결은 숨어 있는 만성적 문제를 어물쩍 넘겨 버릴 수도 있다.

여러 해 전에 나는 이 문제와 관련하여 좋은 경험을 했다. 나는 디트로이트의 한 병원에 외과 과장으로 있는 친구의 허락으로 외과 의사들이 수술하는 모습을 하루 동안 관찰할 수 있었다. 그것은 정말 놀라운 경험이었다. 심혈관학을 전공한 그는 직접 집도한 수술에서 세 개의 혈관을 인공 혈관으로 대체했다. 수술이 끝난 후 내가 물었다.

"왜 혈관을 대체했지? 혈관을 뚫어 줄 수는 없었나?"

"초기 단계에서는 그럴 수 있지. 하지만 시간이 지나면 혈소판이 쌓여서 혈관벽이 두꺼워진다네."

"세 군데를 치료했던데, 환자는 이제 깨끗한가?"

"스티븐, 이건 만성 질환일세. 계속 진행되는 병이지."

그는 내게 직접 그 혈관을 만져 보게 했다. 부서진 콜레스테롤 물질을 느낄 수 있었다. "하지만 이 환자는 운동하는 사람이야. 근육에 산소를 공급하는 혈액 양이 보통 사람들보다 조금 더 많은 편이지. 그런데 막힌 이 혈관 때문에 공급이 제대로 되지 못한 거야. 혈액 응고가 생기면, 언제든 심장마비나 뇌졸중을 일으킬 수 있어. 광범위한 만성 심장 질환을 갖고 있거든."

모든 만성 질환이 급성 증상을 갖는 것은 아니다. 암과 같은 질환은 급성 증상이 시작되기 전에 이미 손을 쓰지 못할 정도로 퍼져 있는 경우가 많다.■ 외관상으로 증상이 나타나지 않는다고 해서 문제가 없는 것은 아니다. 어떤 사람들은 폭설이 내려서 눈을 치울 때처럼 신체에 무리가 가면 심장마비를 일으킬 수 있다. 그들은 스트레스로 급성 증상이 나타나기 전까지는 심장 질환이 있다는 것을 알지 못한다.

조직도 마찬가지다. 조직도 급성 증상이 나타나지 않는 심각한 만성적인 문제를 가질 수 있다. 일부 조직은 힘든 세계시장에서 경쟁하지 않고, 지역 시장이나 보호받는 시장에서 경쟁하기 때문이다. 그들은 재정적으로 성공할 수 있고, 때로는 아주 큰 성공을 이룰지도 모른다. 그러나 성공은 상대적인 것이다. 경쟁은 더욱 치열해질 수 있다.

4가지 만성적 문제와 급성 증상을 예측하는 방법

정확한 패러다임의 힘은 문제점을 찾고 예측한다는 데 있다. 전인적 인간 패러다임이 정확하다면, 우리에게 개인적 삶과 조직의 문제점을 찾고 예측하고 진단할 수 있는 특별한 능력을 갖게 해야 한다. 또한 문제의 드러난 급성 증상을 인식하는 데 도움을 줄 뿐 아니라, 드러나지 않은 문제의 근본 원인을 파악하는 데에도 도움이 되어야 한다.

■ 예방적 건강 관리 원칙에 대한 간단한 무료 mp3 자료를 얻고 싶으면 www.8thHabit.com/offers를 이용하라.

그래야만 전인적 인간 패러다임을 사용할 때, 자신의 문제를 해결하고 높은 성과를 이루며 신뢰에 찬 조직이나 팀을 만들 수 있고, 조직은 항상 최우선 과제에 초점을 맞춰 실행할 수 있을 것이다.

이 책 전체를 통해 같은 그림을 보여 주는 까닭이 여기에 있다(자료 6.2). 신체, 지성, 감정, 영성의 4개 영역에 계속해서 새로운 개념을 적용하여 새로운 단어와 표현을 추가해 가는 것이다. 전인적 인간 패러다임은 조직이 신체, 지성, 감정, 영성을 소홀히 할 때 생기는 만성적·급성적 문제를 파악하는 능력을 줄 것이다.

그것을 조직에 적용해 보자. 같은 개념이 팀, 가족, 지역사회나 다른 인간관계에도 적용될 것이다. 각 경우의 문제를 구체적으로 확인해 보자.

먼저 그림의 중앙에 있는 영성에서 시작해 보자. 영성 혹은 양심이 조직에서 계속 무시된다면, 어떤 문제가 생기는가? 생각해 보라. 양심

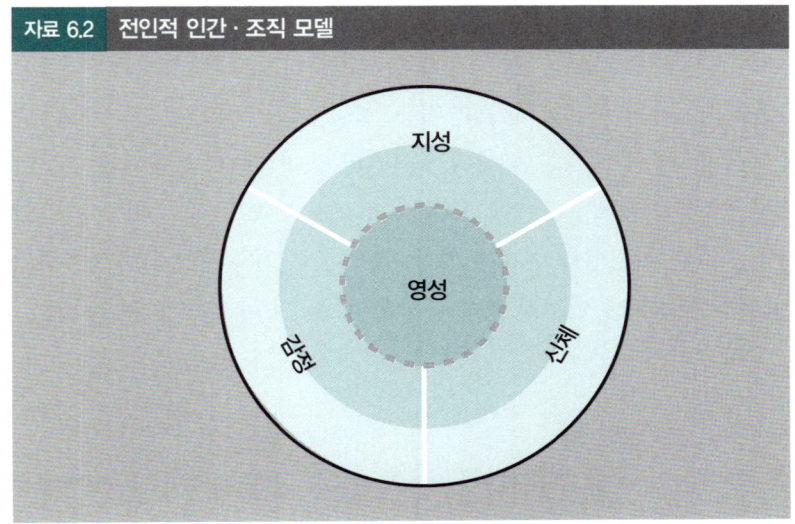

자료 6.2 전인적 인간 · 조직 모델

에 반한 행동을 하거나 그런 대우를 받을 때 사람들과의 관계는 어떻게 되겠는가? 당연히 신뢰가 상실될 것이다. 신뢰의 약화는 모든 조직에서 부딪치는 첫 번째 만성적 문제이다. 이 문제는 어떤 급성 증상으로 나타날까? 경쟁이 치열한 시장에서 신뢰가 약한 조직은 헐뜯기, 내부 경쟁, 피해 의식, 방어적 태도, 정보 독점, 방어적·보신적 커뮤니케이션과 같은 고통스러운 급성 증상들을 도처에서 겪는다.■

둘째, 조직에서 지성 혹은 비전을 무시할 때 생기는 만성적 문제는 무엇인가? 공유된 비전이나 공동의 가치체계를 갖지 못할 것이다. 이럴 경우에는 어떤 급성 증상이 나타나는가? 사람들은 의제를 숨긴 채 행동하고, 정치 게임을 하며, 의사를 결정할 때 서로 다른 기준을 사용할 것이다. 그리고 결국 모호하고 혼란스러운 문화가 형성된다.

셋째, 신체 혹은 규율(구조, 시스템, 프로세스)을 무시할 때 조직에는 어떤 문제가 생기는가? 다시 말해서, 조직의 우선 과제를 지탱해 주는 시스템이 없거나 실행이 뒷받침되지 않을 때 나타나는 증상은 무엇인가? 조직의 구조, 시스템, 프로세스, 문화에 규율이 안 서거나 행동이 일치되지 않을 것이다. 인간에 대한 부정확하고 불완전한 패러다임을 가진 관리자는 커뮤니케이션, 채용, 선발, 배치, 책임, 보수·보상, 승진, 교육, 정보 등 모든 분야에서 인간의 잠재능력을 끄집어내지 못하는 시스템을 설계한다. 개인도 팀도 부서도 전체 조직도 핵심사명, 가치, 전략과 한방향을 이루지 못할 것이다. 이로써 시장, 고객, 협력업체와도 한방향을 이루지 못하는 상황이 초래된다.

■ 조직에서 낮은 신뢰가 얼마나 큰 재정적 손실을 가져오는지 측정하는 방법은 '부록 4 : 낮은 신뢰의 높은 비용'을 참고하라.

모든 조직은 완전하게 한방향으로 정렬되어야 지속적인 성과를 얻을 수 있다.

—아서 존스(Arthur Jones)

한방향정렬 불량은 수많은 증상으로 나타나 신뢰를 떨어트리고, 정치적 행동과 부서 간 경쟁을 부추길 것이다. 상황 통제가 어려울 때 관리자는 통제를 강화할 필요성을 느끼므로, 규칙이 개인의 판단력을 대신할 것이다. 관료주의, 위계질서, 규칙, 규제가 약한 신뢰를 떠받쳐 준다. 인간 개발과 리더십 개발 주장은 실익이 없고 '개인적이고' 비현실적이고 낭비적이고 비용이 많이 드는 것으로 간주될 것이다. 사람들은 물건처럼 투자가 아닌 비용이 될 것이다. 관리를 강화하고 통제할 필요성이 커져서 '지시받을 때까지 기다리는' 공동의존 관계를 만들 것이다. 그리고 공동의존 관계는 리더가 당근과 채찍을 사용하고 외부적 동기를 부여하며 감독하는 등의 강압적 수단을 사용하지 않으면 사람을 움직일 수 없다는 것을 '공식적' 리더에게 보여 주는 훌륭한 증거가 될 것이다. 수동적 태도는 외부의 동기 부여를 합리화하고, 감독은 수동적 태도를 더욱 합리화한다. 그것은 일종의 자기실현 예언이라고 할 수 있다. 관리하고 감독하는 것은 사람들이 위업을 이루고 진정한 자기 내면의 소리 혹은 열정을 갖게 하는 데 도움이 되지 않는다. 그것은 자발성을 강요하는 것이다.

넷째, 감정을 무시하면 어떻게 되는가? 열정이 없고, 목표나 일에 감정적으로 연결되지 않으며, 조직 내부에 열의나 헌신이 없다면, 일할 수 있는 힘을 잃게 된다. 문화는 전체적으로 움츠러든다. 예상되는 급성 증상으로는 부업, 헛된 공상, 권태, 도피, 분노, 공포, 무관심, 반감을 가진 복종 등을 들 수 있다.

전인적 인간 패러다임은 조직의 문제를 예측하고 설명해 준다. 신체, 지성, 감정, 영성을 무시하면, 조직은 신뢰의 약화, 공동의 비전과 가치 상실, 한방향정렬 불량, 무력화disempowerment라는 4가지 만성적

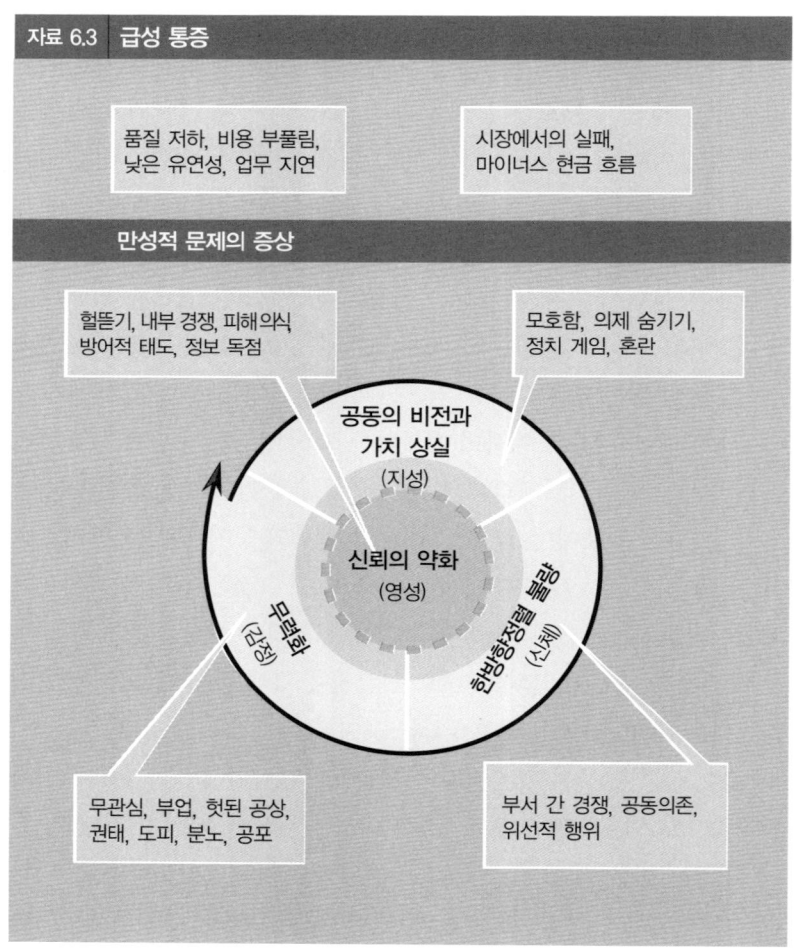

자료 6.3 | 급성 통증

품질 저하, 비용 부풀림, 낮은 유연성, 업무 지연

시장에서의 실패, 마이너스 현금 흐름

만성적 문제의 증상

헐뜯기, 내부 경쟁, 피해의식, 방어적 태도, 정보 독점

모호함, 의제 숨기기, 정치 게임, 혼란

공동의 비전과 가치 상실 (지성)

신뢰의 약화 (영성)

한방향정렬 불량 (신체)

무력화 (감정)

무관심, 부업, 헛된 공상, 권태, 도피, 분노, 공포

부서 간 경쟁, 공동의존, 위선적 행위

문제와 그에 따른 급성 증상이 나타날 것이다(자료 6.3).

이러한 만성적 문제와 그 증상의 결과로는 시장에서의 실패, 마이너스 현금 흐름, 품질 저하, 비용 부풀림, 낮은 유연성, 업무 지연, 손가락질(책임의 문화가 아닌 비난의 문화) 등이 나타난다.

영화 〈맥스와 맥스〉를 다시 생각해 보면, 이 4가지 만성적 문제들을 확인할 수 있을 것이다.

패러다임의 실제

이제 패러다임의 문제 설명 기능을 살펴보도록 하자.

나는 어느 대기업의 중역들을 처음 만난 자리에서 그들의 사명서에 대해 물은 적이 있다. 그들은 머뭇거리다 말했다. "우리의 목표는 소유자의 자산을 늘리는 것입니다." 나는 직원과 고객들의 의식을 고취하기 위해 그 목표를 벽에 걸어 놓는 것이 어떤지 물었다. 그들은 웃으면서 말했다. "아니오, 벽에 걸어 놓는 사명서는 따로 있습니다. 이것은 우리의 진짜 목적입니다."

나는 그들의 업계 사정과 회사에 대해 받은 첫인상을 이렇게 말했다. "당신들의 기업 문화에 대해 애기해 보겠습니다. 당신들은 분열되어 있습니다. 노조가 있다면 노사 분규에 휩싸여 있을 것입니다. 윗사람들은 감시하고, 점검하고, 당근과 채찍을 사용하여 직원들에게 일을 시키고 있습니다. 직원 간 갈등, 부서 간 경쟁, 의제 숨기기, 정치 게임에 쓸데없이 에너지를 낭비하고 있을 것입니다."

그들은 나의 설명을 듣고 놀라운 듯 물었다. "어떻게 그렇게 잘 알죠? 어쩌면 그렇게 정확하게 설명할 수 있습니까?"

"당신들 회사와 업계 사정에 대해 많이 알 필요는 없었습니다. 내가 알고 있는 것은 사람들뿐입니다. 당신들의 진짜 목적은 인간 특성의 4가지 요소 가운데 하나인 신체(경제)에만 초점이 맞춰져 있습니다. 한쪽 이해당사자인 소유자에게만 초점을 맞추고 있는 것이죠. 나머지 세 부분인 지성, 감정, 영성과 다른 이해당사자들은 완전히 무시하면서 말입니다. 따라서 지금과 같은 결과는 당연한 것입니다. 아마 이번 미팅이 끝나고 나면 당신들 가운데 절반은 나머지 절반을 탓할 것입니다. 이곳에는 신뢰가 없습니다. 이중적인 모습을 보입니다."

그들은 나의 정확한 관찰에 깜짝 놀랐다. 내가 문제들을 잘 정리했다고 생각한 것이다. 사실 기업은 시장에서 성공해야 비로소 이해당사자들이 성공할 수 있고, 조직 내부적으로 성공해야 시장에서 성공할 수 있다.

"그러면 어떻게 바꿔야 하죠?"

"4가지 요소 모두에 힘을 쏟아야 합니다. 모두가 같은 악보를 보고 노래를 부를 수 있도록 참여시키십시오. 그리고 그들이 악보에 대한 신뢰를 가질 수 있게 공정한 승부, 정직, 성실성, 진실의 보편적 원칙에 따라 행동하십시오. 모든 전략, 구조, 운영과 관련된 결정을 내릴 때 비전과 가치가 담긴 기준을 사용하십시오. 직원들을 진정으로 임파워시키고 잠재능력을 발휘하게 하기 위해서는 개인과 조직이 신뢰할 수 있는 환경을 조성해야 합니다."

나는 먼저 경영진의 사명서 만들기를 제안했다.

그들은 그렇게 하는 데 어느 정도의 시간이 걸리는지 물었다.

"여러분들은 지금 어느 정도의 고통을 느끼고 있습니까?"

"별로 크게 못 느끼고 있습니다."

"그렇다면 아마 성공할 수 없을 것입니다. 성공하기 위해서는 아픔을 크게 느끼고, 환경의 영향을 제대로 인식하고, 겸손해야 합니다."

나는 이 모든 변화의 노력을 포기하라고 말했다.

"하지만 다른 기업들이 당신의 컨설팅을 받아 좋은 결과를 얻었다고 들었습니다. 우리는 시장이 급변하고, 경쟁이 심화되고 있기 때문에 진짜 싸움이 임박했다는 것도 알고 있습니다. 우리는 당신의 도움이 필요합니다. 변화를 원합니다."

나는 그들이 정말로 진지해지고 협력하여 노력한다면 변화를 이룰수 있겠지만, 2~3년의 시간이 걸릴 것이라고 대답했다.

한 이사가 말했다. "당신은 우리가 얼마나 빠르고 효율적인지 모를 겁니다." 그는 사명서 수정과 관련하여 "이번 주말까지 만들어 낼 수 있습니다"라고 자신했다. 그는 비전 개발을 위한 워크숍을 열어 사람들의 관심을 끌 만한 화려한 문구를 넣어 사명서를 만들 수 있다고 생각하고 있었다.

경영진은 단기적인 사고와 지름길에 의존하는 방식으로는 그들이 원하는 장기적인 결과를 얻을 수 없다는 것을 점차 알게 되었다. 그들은 보이지 않는 곳에서 진행되고 있는 만성적인 문제들을 이해하고, 스스로 솔선을 보이며, 인간 특성의 4가지 요소를 모두 존중해야 한다는 것을 깨달았다. 결국 리더십이 모든 사람의 일이며, 모든 사람이 내부에서 시작하여 외부로 향하는 접근방법을 취해야 한다는 것도 깨닫게 되었다.

그 후 이 조직은 뿌리부터 강화했다. 개혁을 완수하는 데 3~4년이 걸렸다. 결국 그들은 무한 경쟁 시장에서 지속적으로 성공할 수 있는 힘과, 임파워 수준 및 신뢰 수준을 갖게 되었다. 경영진의 많은 이사들이 다른 기업의 CEO로 영전되어 갔지만, 조직의 문화와 힘은 계속 커지고 지금까지도 지속적인 수익을 내며 성장하고 있다.

산업 시대의 반응

이제 4가지 만성적인 문제에 대한 산업 시대의 반응은 어떤 것들이 있는지 살펴보자.

신뢰가 낮고 도덕적 권위가 없다면, 모든 것의 중심은 사장이 된다. 리더가 가장 잘 알고, 리더 혼자서 모든 결정을 내린다. 그는 말한다. "그것은 나의 방법이고, 가장 좋은 방법이다."

공유된 비전과 가치가 없으므로 규칙이 비전과 사명을 대신할 것이다. 리더는 말한다. "당신 맡은 일에만 신경 쓰라고. 지시받은 대로만

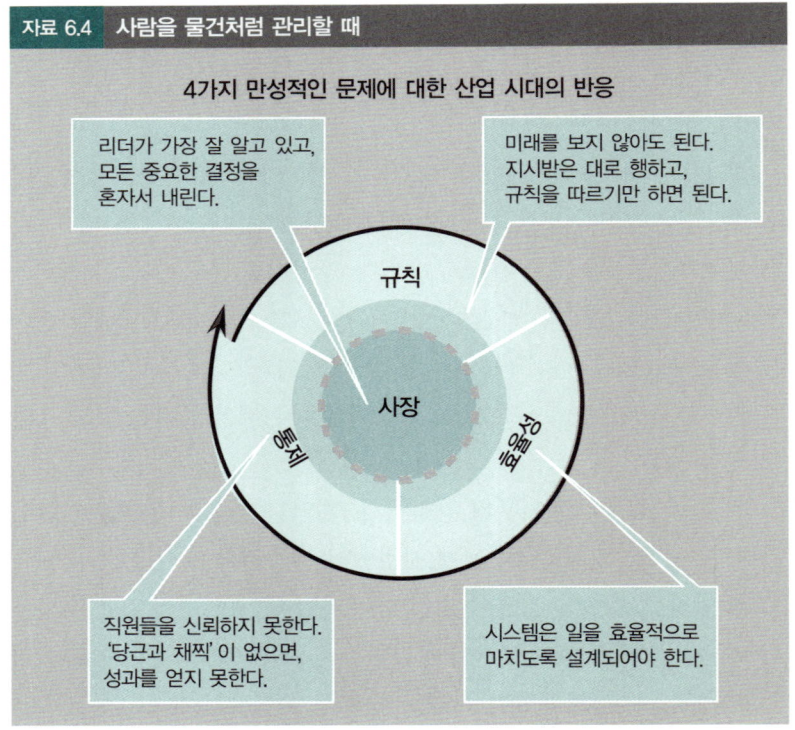

| 자료 6.4 | 사람을 물건처럼 관리할 때 |

4가지 만성적인 문제에 대한 산업 시대의 반응

리더가 가장 잘 알고 있고, 모든 중요한 결정을 혼자서 내린다.

미래를 보지 않아도 된다. 지시받은 대로 행하고, 규칙을 따르기만 하면 된다.

규칙

사장

통제

동기유발

직원들을 신뢰하지 못한다. '당근과 채찍'이 없으면, 성과를 얻지 못한다.

시스템은 일을 효율적으로 마치도록 설계되어야 한다.

하고, 규칙을 따르고, 생각하는 것은 내게 맡겨."

실제로 한방향으로 정렬되는지는 생각하지 않고 기계, 정책, 사람 등 모든 것을 효율적으로 만든다. 오직 효율성만이 강조된다.

사람들이 무력화되는 것은 아랑곳하지 않고 계속해서 통제한다. 사람들을 신뢰하지 못한다. 사람들에게서 많은 것을 얻어 낼 수 있는 유일한 방법은 당근과 채찍 정책이다. 앞에서는 당근(보수)으로 성과를 유도하고, 성과를 내지 못하면 채찍(징계나 해고)으로 위협한다.

조직에서 리더십을 통한 해결책

다른 사람들이 내면의 소리를 찾도록 고무하려면, 산업 시대의 통제 모델에서 파생된 조직의 4가지 만성적인 문제를 해결해야 한다.

내면의 소리를 찾은 사람은 조직에서 산업 시대의 '사장, 규칙, 효율성, 통제'의 소프트웨어를 개정할 힘을 얻는다. 그 과정은 조직의 4가지 만성적 문제의 해결책이 되는 4가지 역할을 수반한다(자료 6.6). 4가지 만성적 문제가 신체, 감정, 지성, 영성의 부정적 표현인 반면, 4가지 역할은 긍정적 표현이다. 4가지 만성적 문제는 어떻게 해결해야 하는가? 신뢰가 낮을 때는, 신뢰를 얻기 위해 신뢰성의 본보기를 보이는 데 초점을 맞춘다. 공동의 비전과 가치가 없을 때는, 공동의 비전과 가치를 찾기 위해 방향설정에 초점을 맞춘다. 한방향으로 정렬되어 있지 않을 때는, 사람과 문화의 임파워 수준을 높이기 위해 목표, 구조, 시스템, 프로세스를 비전과 가치의 방향에 맞게 정렬한다. 무력화되었을 때는 각 팀과 팀원들의 임파워에 초점을 맞춘다.

나는 이 4가지를 '리더의 4가지 역할'이라고 부른다. 다시 한 번 강

자료 6.5 급성 통증

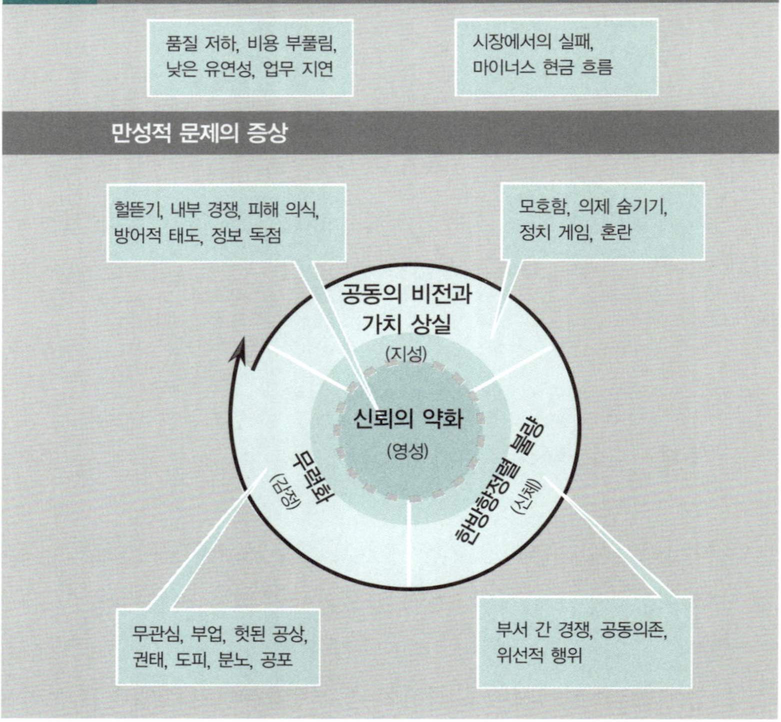

품질 저하, 비용 부풀림, 낮은 유연성, 업무 지연
시장에서의 실패, 마이너스 현금 흐름
만성적 문제의 증상
헐뜯기, 내부 경쟁, 피해 의식, 방어적 태도, 정보 독점
모호함, 의제 숨기기, 정치 게임, 혼란
공동의 비전과 가치 상실
(지성)
신뢰의 약화
(영성)
무력화
(감정)
한방향정렬 불량
(신체)
무관심, 부업, 헛된 공상, 권태, 도피, 분노, 공포
부서 간 경쟁, 공동의존, 위선적 행위

자료 6.6 리더의 4가지 역할

급성 통증을 가진 4가지 만성적 문제의 해법
방향설정
(지성)
신뢰
모범보이기
(영성)
신뢰
신뢰
임파워해주기
(감정)
한방향정렬
(신체)

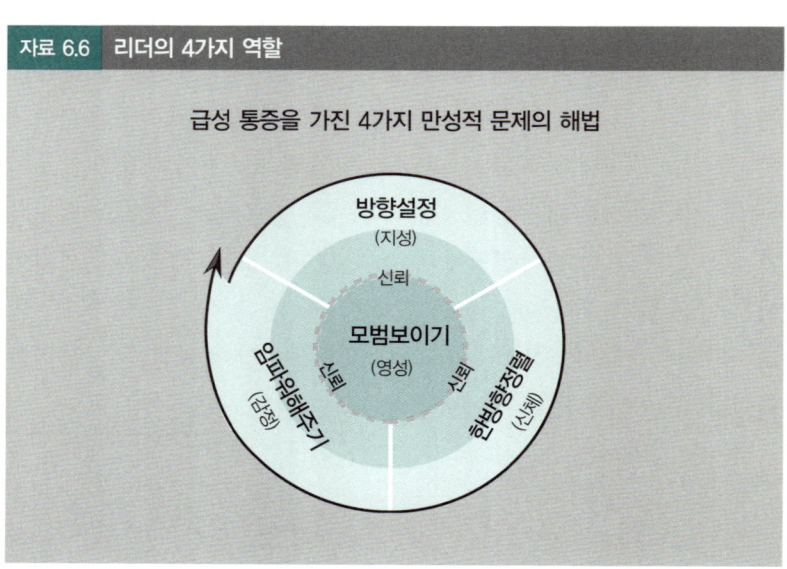

조하지만 리더십은 지위가 아니라 선택이다. 리더십은 주변 사람들의 가치와 잠재능력을 긍정하고, 조직과 대의의 영향력을 증대시키기 위해 그들을 상호보완적 팀으로 만드는 것이다. 상호보완적 팀에서 개인의 강점(내면의 소리)은 생산성을 갖게 되고, 약점은 다른 사람들의 강점에 의해 보완되기 때문에 문제가 안 된다.

리더의 4가지 역할은 자기 리더십의 4가지 특징인 비전, 규율, 열정, 양심과 일치한다(자료 6.7).

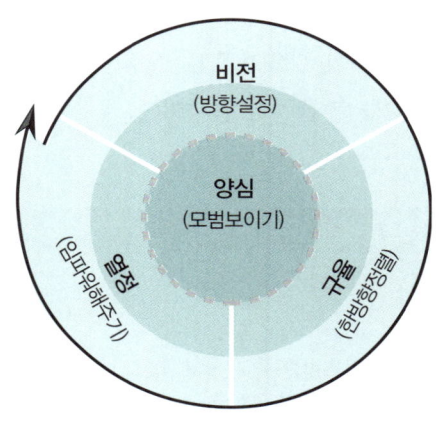

자료 6.7

- 모범보이기(양심) : 좋은 본보기가 된다.
- 방향설정(비전) : 함께 방향을 정한다.
- 한방향정렬(규율) : 방향을 유지할 시스템을 만들어서 관리한다.
- 임파워해주기(열정) : 방법이 아닌 결과에 초점을 맞춰 장애 요소들을 제거하고, 요청하면 도움을 준다.

    조직의 공식적 지위에 있는 사람들은 이 4가지 역할을 자신의 책무를 완수하는 자연스러운 방법이 아닌 도전으로 받아들일 수 있다. 그러나 이 4가지를 오직 경영진의 역할로만 본다면, "사장 혼자서 중요한 모든 생각을 하고 결정을 내린다."라고 하는 공동의존적 사고방식이 영속화될 것이다. 4가지 역할은 지위에 관계없이 모든 사람에게 해당되는 것으로, 개인뿐 아니라 팀과 조직의 영향력을 증대시키는 길이다.

    나는 1995년부터 프랭클린코비의 동료들과 함께 '성공하는 리더의 4가지 역할' 모델을 가르치고 있기는 하지만, 다른 많은 리더십 분야의 전문가들이 같은 원칙에 기초한 모델을 독자적으로 개발했다. 예를 들면 미시건 대학의 데이브 울리치Dave Ulrich, 잭 젱어Jack Zenger, 놈 스몰우드Norm Smallwood는 통찰력이 번득이는 책『성과기반의 리더십

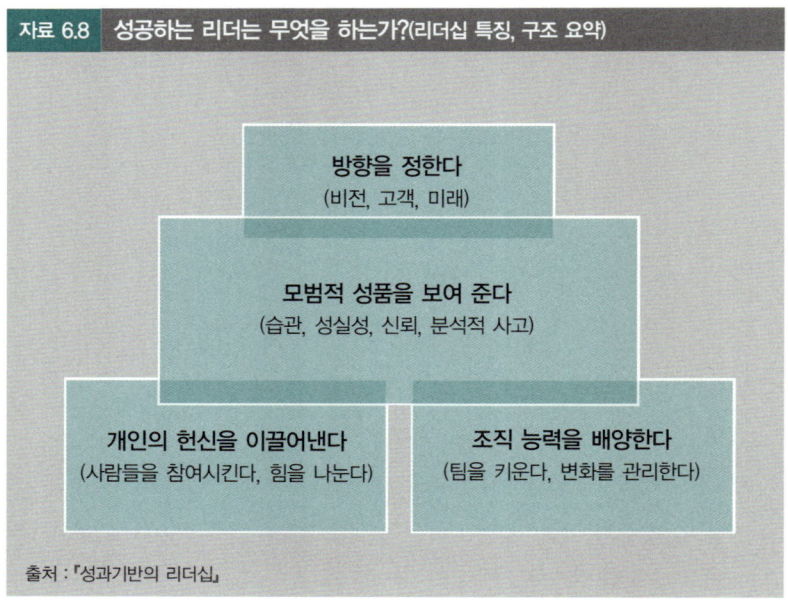

자료 6.8 **성공하는 리더는 무엇을 하는가?**(리더십 특징, 구조 요약)

방향을 정한다
(비전, 고객, 미래)

모범적 성품을 보여 준다
(습관, 성실성, 신뢰, 분석적 사고)

개인의 헌신을 이끌어낸다
(사람들을 참여시킨다, 힘을 나눈다)

조직 능력을 배양한다
(팀을 키운다, 변화를 관리한다)

출처 :『성과기반의 리더십』

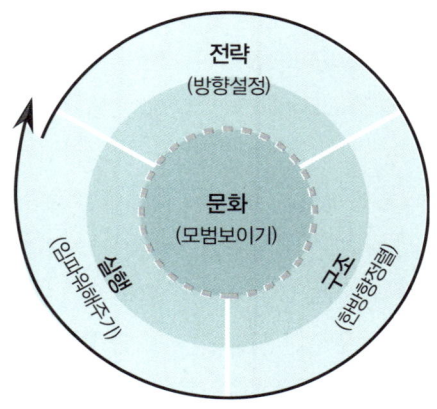

자료 6.9

Results-Based Leadership』(1999)에서 오랜 연구와 관찰, 컨설팅을 통해 리더의 4가지 역할과 거의 같은 4가지 특성의 리더십 모델을 개발했다.[3] 사용된 용어만 다를 뿐 그 의미는 본질적으로 같다.

이 리더십 모델의 타당성은 니틴 노리아Nitin Nohria, 윌리엄 조이스 William Joice, 브루스 로버트슨Bruce Robertson이 실시한 5년간의 연구에서 확인되었다(『하버드 비즈니스 리뷰Havard Business Review』「정말 효과 있는 관리법」 2003년 7월). 그들은 에버그린 프로젝트라고 명명된 이 연구에서 "160개 기업에서 10년간 사용한 200개 이상의 정립된 관리 방법을 조사했다." 그리고 이 조사를 통해 어떤 관리 방법이 우수한 성과를 가져왔는지 알 수 있었다. 그들이 얻은 설득력 있는 결론은 다른 경쟁 기업들보다 우수한 성과를 거두는 기업들은 예외 없이 4가지 기본 관리 실무 분야에서도 우수한 성과를 보인다는 것이다.

1. 전략—초점과 내용이 분명한 전략을 세우고 유지한다.
2. 실행—무결점 업무 실행 시스템을 개발하고 유지한다.
3. 문화—성과 지향적 문화를 조성하고 유지한다.
4. 구조—신속하고, 유연하고, 수평적인 조직을 만들고 유지한다.

에버그린 프로젝트에 따르면 이러한 기업들은 재능, 혁신, 리더십, M&A라는 4가지 제2의 관리 실무 분야 가운데 2가지를 채택했다고 한다. 하지만 여기서는 처음의 4가지 기본 관리 실무 분야만 생각하도록 하라. 경쟁 기업들보다 우수한 성과를 거두게 하는 이 관리 방법은 성공하는 리더의 4가지 역할의 또 다른 표현이 아닐까? 다시 한 번 말하지만, 용어만 다르지 그 안에 담긴 원칙은 같다.

순서의 중요성

이와 같은 4가지 역할은 상호의존성이 높다. 어떤 의미에서 그 역할들은 순차적이고, 또 다른 의미에서는 동시적이다. 모두 맞는 말이다. 각 역할이 다른 역할로 넘어가기 위해서는 신뢰성을 바탕으로 신뢰를 얻어야 하기 때문에 순차적이다. 또 이 리더십에 기초한 문화가 형성되었을 때, 4개의 프로세스와 역할 모두에 끊임없는 관심을 기울여야 한다는 점에서 동시적이다.

4가지 역할을 비즈니스 세계처럼 경쟁이 치열한 스포츠와 비교함으로써 그 순서의 중요성을 설명하도록 하겠다. 선수가 훈련 캠프에 가서 몸을 만들지 않으면, 근력과 심폐 기능이 떨어져 의도하는 기술을 개발할 수 없다. 그리고 기술을 개발할 수 없다면, 팀에 기여하고 팀을 승리로 이끄는 선수가 될 수 없다.

다시 말해 근육을 기르는 것이 기술 개발에 선행하고, 기술 개발은 팀과 시스템 개발에 선행한다. 신체는 자연계로서 자연법칙의 지배를 받는다. 우리가 능력을 키우고 내면의 소리를 찾는 과정도 스포츠와 마찬가지다. 자기 개발이 신뢰 구축에 선행하고, 신뢰 구축은 팀워크, 협력, 지역사회에 대한 기여에 의해 특징 지워지는 조직의 개발에 선행한다.

한 사람이 자신과의 약속도 못 지킨다고 해보자. 그래서 삶에 일관성이 없고 기분에 따라 좌우된다면, 그가 다른 사람들과 신뢰하는 건강한 관계를 가질 수 있겠는가? 당연히 그럴 수 없다. 그리고 다른 사람들과의 관계에서 신뢰가 떨어진다면, 성공하는 가족과 성공하는 팀 조직이 될 수 있겠는가? 역시 될 수 없다.

아이가 걷기 전에 뛸 수 없고 기기 전에 걸을 수 없는 것처럼, 순서를 따라야 하는 일들이 있다. 이 순서의 중요성을 이해하면, 높은 신뢰 관계를 구축하는 기술과 창조적 문제 해결 기술을 개발하기 전에 내면의 소리를 찾는 대가를 치르는 것이 왜 중요한지 알 수 있을 것이다. 높은 신뢰 관계의 시너지 효과는, 같은 목적과 가치를 갖고 자신의 역할을 자발적으로 수행하는 협력적인 사람들의 팀이나 조직 건설의 기초가 된다. 궁극적으로 개인, 팀, 조직은 맡은 일을 충실히 수행함으로써 자신의 영향력을 확대할 수 있다. 자기보다 다른 사람을 우선하면 다른 3개 차원, 즉 개인과 팀과 조직 모두에 의미를 주고 다섯 번째 문명 시대인 지혜의 시대로 들어가게 될 것이다.

내가 강연할 때 자주 사용하는 교육 방법을 통해 순서의 중요성과 위력을 설명해 보겠다. 나는 강연 중에 아주 튼튼하고 건강해 보이는 한 남성을 앞으로 나와 달라고 부탁해서, 허리를 편 상태로 팔굽혀펴기를 쉬지 않고 20번을 해줄 것을 요청한다. 만일 정말로 튼튼하고 운동 습관이 몸에 밴 사람이라면 쉽게 해낼 수도 있겠지만, 그렇게 할 수 있는 사람은 거의 없다. 아무리 튼튼하고 건강해 보이는 사람이라도 대여섯 번을 넘기는 경우가 드물다.

개인적 차원에서, 감정적 팔굽혀펴기를 20번 할 수 있을 때까지는 사람들과의 관계에서 도전과 요구에 응하는 데 필요한 30번의 팔굽혀펴기를 할 수 있는 힘과 자유를 갖지 못할 것이다. 그리고 개인적, 대인관계적 차원에서는 감정적 팔굽혀펴기를 50번 할 수 있을 때까지는 팀을 키우고 높은 신뢰와 높은 성과의 조직문화를 만들어 낼 수 없을 것이다.

이 순서를 염두에 두고, 자기 내면의 소리를 찾는 데 필요한 성품 개발에서 다른 사람들이 조직에서 내면의 소리를 찾게 하는 데 필요한 기술 개발과 팀 시스템 개발로 나아가 보자.

초점과 실행—전개될 내용의 개략적 설명

다음의 확대된 그림에서 보는 바와 같이, 4가지 역할은 '다른 사람들도 내면의 소리를 찾도록 하는' 윗길이고, 조직의 위대함을 달성하는 길을 나타낸다. 그리고 조직의 4가지 만성적 문제는 다른 사람들이 내면의 소리를 찾지 못하게 하고, 인간의 잠재능력을 발휘하지 못하게 하는 평범함으로 가는 아랫길을 나타낸다.

다른 사람들도 내면의 소리를 찾게 도와주는 과정은 '초점'과 '실행'의 두 단어로 요약할 수 있다. 초점은 모범보이기와 방향설정 역할을 구체화하고, 실행은 한방향정렬과 임파워해주기 역할을 구체화한다. 초점 원칙의 태도, 기술, 인식을 개발함으로써, 다른 사람들도 내면의 소리를 찾도록 고무하기를 습관으로 만들어라.

초점 : 모범보이기와 방향설정

1. 영향력의 소리 - 모범보이기는 먼저 자기 내면의 소리를 찾아내고(제1부), 그 다음으로 솔선적 태도를 선택하고(트림탭trim-tab), 기회 있을 때마다 자신의 영향력을 주도적으로 확대하는 것이다(7장).

2. 신뢰의 소리 - 성품과 역량의 모범을 보일 때, 모든 대인관계와 조직에서 신뢰의 기초가 쌓인다. 신뢰성이 없으면 신뢰를 얻을 수 없다. 이 원칙과 더불어 방향설정, 한방향정렬, 임파워해주기 역할을 떠받쳐 주는 원칙을 인식했을 때, 영향력을 얻는 길이 열릴 것이다(8장).

3. 신뢰의 속도 - 모범보이기는 또한 신뢰를 쌓는 강력한 대인관계 기술을 개발하고(9장), 내면의 소리를 섞는 것이다. 즉 자신의 도전과 다른 사람들과의 차이점에 대한 제3의 해결방법을 찾는 것이다(10장).

4. 한 가지 소리 - 방향설정은 다른 사람들과 함께 자신의 최우선 과제에 대한 공동의 비전과 가치를 만드는 것이다(11장).

실행 : 한방향정렬과 임파워해주기

5. 실행의 소리 - 성과에 맞춰 목표와 시스템을 정렬하는 것이다(12장).

6. 임파워해주는 소리 - 열정과 재능을 쏟게 하는 것이다. 즉 사람들 앞에 놓인 장애 요소들을 치우고 길을 비켜 주는 것이다(13장). 임파워해주기는 진짜 능력이 발휘되는 과정이며, 리더십의 4가지 역할의 결실을 얻는 것이다.

14장 '8번째 습관과 타격점Sweet spot'은 지금까지 설명한 접근방법이 위대함의 3개 차원(개인, 리더십, 조직)을 어떻게 키우는지 보여 줄

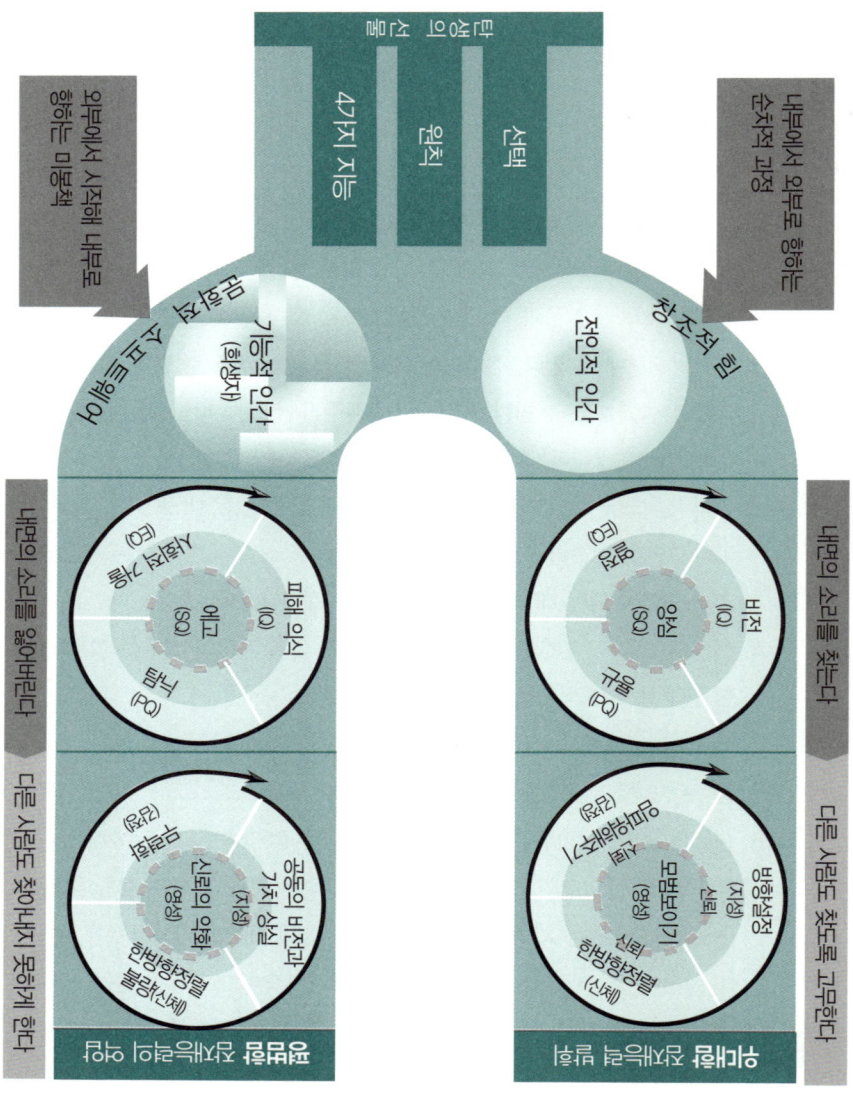

자료 6.10

것이다. 각 차원이 어떻게 결합되고, 지식노동자 시대에 조직이 비약적인 성과를 얻게 해주는 4가지 실행능력으로 어떻게 전환될 수 있는지 배울 수 있다.

15장 '자기 내면의 소리를 지혜롭게 사용하기'에서는 8번째 습관이 우리를 어떻게 지혜의 시대로 인도하는지 보여 주며 결론을 내린다. 이 책의 끝부분에는 가장 자주 묻는 질문에 대한 대답을 실었다.

질문과 대답

리더십은 어떻게 정의되는가?

리더십은 사람들이 자신의 가치와 잠재능력을 스스로 볼 수 있도록, 그 가치와 잠재능력을 아주 분명하게 인식하게 하는 것이다. 가치와 잠재능력이란 말에 주목하라. 사람들은 자기가치 의식, 즉 자신의 내재적 가치를 느끼고, 행동이나 성과에 관계없이 무조건적인 사랑을 받을 가치가 있음을 깨달아야 한다.

그 다음에 그들의 잠재능력을 개발하고 사용할 기회를 만들어 줄 때, 굳건한 기초를 갖게 된다. 잠재능력을 알려 주고, 외부적 가치에 대한 의식을 주입하면, 기초는 불완전해지고 잠재능력은 제대로 발휘되지 않을 것이다.

리더십에 대한 다른 책들도 아주 많은데, 이 책이 갖는 특별한 가치가 있는가?

5가지가 있다. 첫째는 순차적 전개 과정이다. 자기개발과 자기 완전성을 이룬 후에야 비로소 대인관계에서 신뢰를 쌓을 수 있고, 자기개발과 대인관계에서 신뢰를 구축한 후에야 비로소 효과적이고 지속 가능한 조직을 만들 수 있다는 점을 강조한 책은 없다.

둘째는 전인적 인간 접근방법을 취한 점이다. 시중에 나와 있는 책들 가운데 영적 지능 혹은 양심을 지배적 지능으로 강조하면서 4가지 지능을 다룬 책은 없다.

셋째는 전적으로 영원하고 보편적이고 자명한 원칙에 기초하고 있다는 점이다. 이 원칙은 모든 사람들과 조직이 갖고 있지만, 원칙에 기초하지 않을 수도 있는 가치와는 분명하게 구분된다. 알다시피 가치는 우리의 행동을 조율하지만, 원칙은 행동의 결과를 조율한다. 막대기의 한쪽 끝을 들면, 다른 쪽 끝도 자연 들리는 것처럼 말이다.

넷째는 원칙 중심의 발전적 과정을 거치는 리더십은 지위(공식적 권위)가 아닌 선택(도덕적 권위)이 될 수 있으며, 새로운 지식노동자 시대의 열쇠는 통제가 아닌 잠재능력 발휘의 측면과, 거래가 아닌 변환의 측면에서 찾아야 한다는 점을 강조한다. 다시 말해서 일은 관리하고, 사람은 이끈다는 뜻이다.

다섯째는 전인적 인간 접근방법을 모범보이기, 방향설정, 한방향정렬, 임파워해주기라고 하는 리더의 4가지 역할의 측면에서 조직에 초점을 맞췄다는 점이다. 이것은 대부분의 문제와 도전을 진단하고, 문제 해결에서 핵심이 되는 행동을 확인하는 데 사용할 수 있는 강력한 패러다임이다.

리더십은 가르칠 수 있는가?

가르칠 수 없다. 하지만 배울 수는 있다. 중요한 점은 가르침에 해당되는 자극과 배움에 해당되는 반응 사이에 있는 공간을 사용하는 것이다. 사람들이 선택할 자유를 행사하여 리더십과 관련된 지식, 기술, 성품적 특징들을 배운다면, 다른 사람들이 즐겁게 따르는 리더가 될 수 있을 것이다.

어떤 의미에서 보면, 리더도 따르는 사람들도 모두 원칙의 추종자들이다. 궁극적으로 리더십이 발휘되면 사람들의 강점이 생산성으로 연결되고, 그들의 약점이 다른 사람들의 강점에 의해 문제가 되지 않는 상호보완적 팀이 된다.

관리는 사람들이 해야 할 일을 하게 만드는 것이다.
리더십은 사람들이 해야 할 일을 하고 싶도록 만드는 것이다.
관리자는 밀고 리더는 당긴다. 관리자는 명령하고, 리더는 소통한다.

모범보이기와 방향설정

Modeling and Pathfinding

THE 8TH HABIT From Effectiveness to Greatness

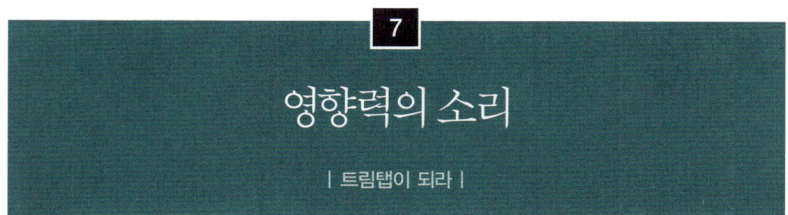

영향력의 소리

| 트림탭이 되라 |

우리 자신이 우리가 세상에서 찾고 있는 변화가 되어야 한다.

간디

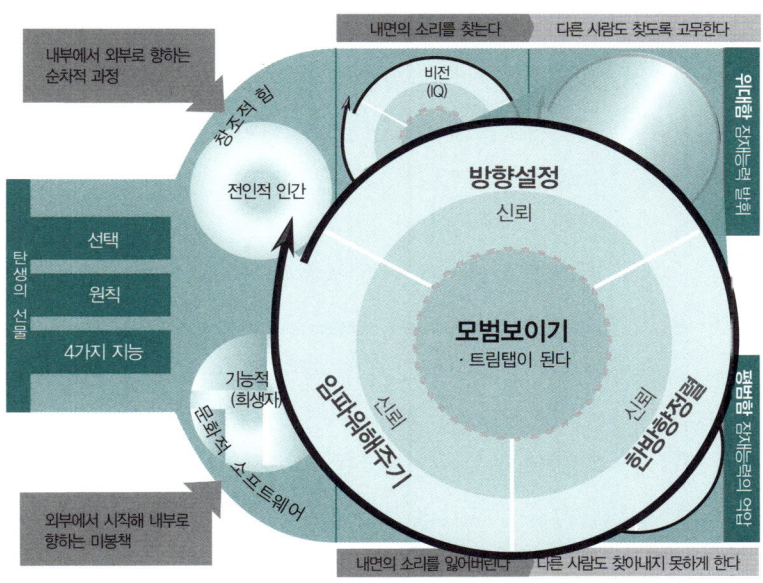

자료 7.1

모범보이기는 리더십의 정신이고 중심이다. 그것은 내면의 소리를 찾아내는 것, 즉 4가지 지능을 개발하고 비전, 규율, 열정, 양심을 통해 자기 내면의 소리를 내는 것으로 시작된다. 자기 리더십의 이러한 특징들을 본보기로 보여 줄 때, 나머지 3가지 역할은 근본부터 변화한다.

모범보이기 역할은 기본적으로 다른 3가지의 역할이 수행되는 가운데 행해진다. 또한 다른 3가지 역할에 앞서 수행되며, 리더에 대한 신뢰감을 불러일으킨다. 그러나 리더십은 양심의 지배를 받는 사람이 방향설정, 한방향정렬, 임파워해주기의 모범을 어떻게 보여 주는지 스스로 경험할 때만 발휘된다. 그러면 사람들은 자신이 얼마나 존중받고, 평가받고, 소중하게 여겨지는지 알게 된다. 왜냐하면 리더가 그들의 의견을 구하기 때문이다. 그들의 의견은 존중을 받고, 그들의 독특한 경험은 소중하게 여겨진다. 그들은 진정으로 방향설정 과정에 참여한다. 그들은 참가자들이다. 그들은 사명서와 전략계획에 대한 설명을 들을 필요가 없다. 그들이 직접 그 개발에 참여한다. 그들은 사명서와 전략계획을 갖는다. 사명서와 전략계획이 미리 개발되어 있다면, 그 상황은 스스로 선택한 것이다. 또한 모범이 되는 리더를 존경하기 때문에 그것을 자기사명서와 전략계획으로 인식한다.

때로는 지적, 감정적 동일시가 직접 참여하는 것보다 더 강력한 힘을 발휘한다. 주로 간디, 마틴 루터 킹Martin Luther King 목사, 넬슨 만델라Nelson Mandela를 따르는 사람들에게서 발견되는 현상이다. 누군가를 존경한다면, 비전을 만드는 데 참여하지 않아도 그의 비전을 적극적으로 받아들일 수 있다. 이것이 바로 동일시이다. 동일시는 실제 참여했을 때보다 더 강력한 심리적 동기를 제공하기도 한다. 그리고 가치보다는 비전과 전략계획을 만드는 데 보다 잘 적용된다. 비전을 잘 만드는 사람과 뛰어난 전략가들이 종종 특별한 영향력을 갖고, 동일시가 인정되는 문화가 형성되는 것은 이 때문이다. 물론 동일시의 경우에도 신뢰와 개인적 신뢰성은 기본 전제가 된다. 그러나 궁극적으로 동일시는 직접적이든 간접적이든 참여에 기초한다.

모범보이기는 개인의 역할이자 팀의 역할이다. 구성원의 강점에 의존하므로 개인의 약점은 문제가 되지 않는 팀을 갖고 있을 때, 조직은 진정한 힘을 갖는다. 따라서 모범보이기를 생각할 때는 항상 개인 그리고 상호보완적 팀을 생각하라. 상호보완적 팀의 정신은 각자가 다른 사람의 약점을 보완해 주는 특별한 역할을 맡는다고 생각하는 것이다. 팀원들은 다른 팀원들의 약점을 발견하여 집중적으로 거론하거나 등 뒤에서 욕하는 것이 아니라, 서로가 서로의 약점을 보완해 준다. 강점만 있는 사람은 없으며, 모든 역할을 훌륭하게 수행하는 사람도 없다. 상호존중은 도덕적 지상명령이 된다.

태도의 선택

삶을 변화시키고, 소중한 사람이 되고, 우리가 가장 중요하게 생각하는 대의와 사람들에 대한 영향력을 확대하고자 하는 내적 욕구에 상응하는 습관은 사고방식 혹은 <u>태도</u>와 영향력의 소리를 내겠다는 선택에서 시작된다.

나는 원칙에 대해 강연할 때, 개인적으로 질문을 많이 하고 또 많이 받는다. 사람들은 손을 들고 이런 질문을 한다. "코비 박사님, 그건 모두 훌륭한 원칙입니다. 나는 그 원칙을 믿습니다. 내가 얼마나 실천하고 싶었던 원칙인데요! 그런데 우리 조직에서 그 원칙이 효과가 있으려면 어떻게 해야 하는지 당신은 모를 겁니다. 당신이 우리 사장 같은 사람 밑에서 일한다면, 결코 당신 말처럼 될 수 없다는 것을 알게 될 것입니다. 나는 어떻게 해야 합니까?" 나는 그들의 사고방식을 잘 알고 있다. 그들은 단 2가지 방법만 생각한다. "사장은 멍청이야. 변화하려 하지 않아. 회사를 그만두든지(정작 실천하지는 못한다), 아니면 참고 견디면서 최선을 다할 수밖에."

내가 이 원칙들을 결혼과 가정 생활에 적용하는 방법을 설명하면서 물어보면, 여성들은 남편에 대해 똑같은 말을 하고, 남성들도 역시 아내에 대해 똑같이 이야기한다. 그들은 말한다. "내 남편이 어떤 사람인지 안다면, 내 말뜻을 이해할 겁니다. 이건 전혀 효과가 없을 거예요." 마찬가지로 헤어지든지 참고 견디든지 양자택일할 수밖에 없다는 사고방식이다.

"나는 희생자야. 전부 다 해봤어. 더 이상 내가 할 수 있는 일은 없어." 그들은 좌절한 나머지 다른 방법은 보지 못한다.

> 피해 의식은 미래를 포기하는 것이다.

이 질문에 대한 나의 대답은 대개 그들을 놀라게 했다. 기분이 상한 듯 눈을 동그랗게 뜨는 사람도 있다. 나는 항상 이렇게 말한다.

"문제가 저 밖에 있다고 생각하는 것이 문제입니다."

그러면 일부는 이렇게 묻는다. "내가 문제라는 뜻입니까?"

"상대방의 약점에 눌려 사는 감정적 삶은, 감정의 자유를 그에게 넘겨주고 그로 하여금 당신의 삶을 망치도록 허락해 주는 것이나 진배없다는 말을 하고 싶은 겁니다." 다시 과거가 미래의 발목을 잡는 셈이다.

이것은 분명 대인관계의 문제지만, 사람들은 내면의 소리를 찾기 전까지는 불완전한 존재로 남아 있을 것이다. 멍청한 사장에게 원칙 중심의 해결방안을 적용할 성품의 힘이나 내적 안정을 기대할 수는 없다. 설사 내적인 힘을 가졌다 하더라도, 인내와 지속적인 실천에서 나오는 기술은 개발하지 못했을 것이다.

계속되는 우리의 상호작용은 대개 그들을 크게 각성시켰다. 그리고 결국 그들은 자신이 희생자가 아니며, 다른 사람의 행동에 대한 자신의 반응을 스스로 선택할 수 있다는 사실을 깨닫게 되었다. 사회는 피해 의식과 비난의 태도를 양산하고 강화시킨다. 그러나 우리는 자신의 삶을 창조할 힘이 있고, 조직에서 영향력을 증대시키는 접근방법을 선택하기 위해 타고난 재능을 사용할 힘이 있다. 우리는 사장의 리더가 될 수 있다.

그리스의 영향력 철학

에토스, 파토스, 로고스라고 하는 그리스의 영향력 철학은 영향력을 증대시키는 과정을 간략하게 잘 보여 준다(자료 7.2).

에토스는 기본적으로 윤리성과 개인적 신뢰성, 즉 다른 사람이 자신의 성실성과 역량에 대해 갖는 신뢰의 크기를 의미한다. 원칙에 입각하여 자신이 한 약속을 이행하고 다른 사람이 거는 기대를 충족시켰을 때, 에토스를 얻는다. SQ.

파토스는 공감이다. 그것은 감정의 측면이다. 다른 사람이 어떻게 느끼고, 어떤 욕구를 갖고 있고, 세상을 어떻게 보고, 어떻게 소통하려

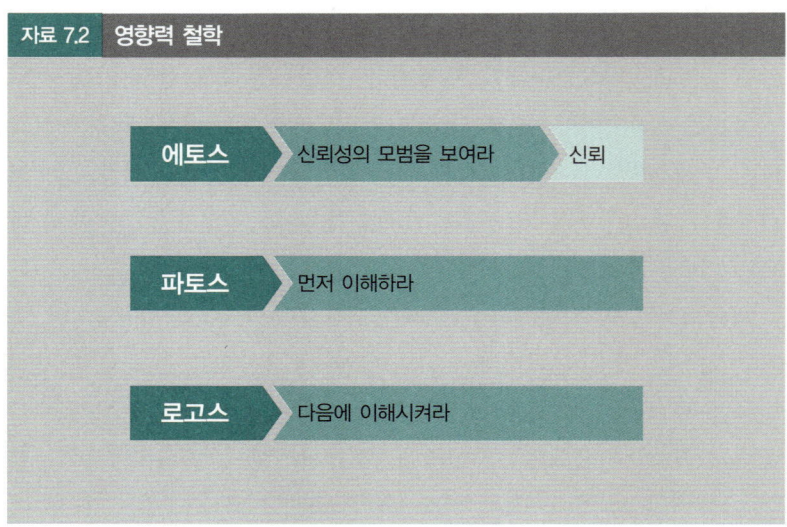

자료 7.2　영향력 철학

에토스　신뢰성의 모범을 보여라　신뢰

파토스　먼저 이해하라

로고스　다음에 이해시켜라

고 노력하는지 이해하는 것이다. EQ.

로고스는 기본적으로 논리를 의미한다. 우리의 말, 사고의 영향력, 설득력과 관계가 있다. IQ.

물론 이 경우에도 순서는 대단히 중요하다. 사람들이 이해되었다고 느끼기 전에 로고스로 옮겨가 봐야 소용없으며, 우리의 성품에 대한 신뢰가 없는데 이해시키려고 노력하는 것은 쓸데없는 일이다.

나는 20인 그룹(매 분기 아이디어 교환을 위해 모이는 20명의 보험 대리점장들의 학습 포럼)에서 강연한 적이 있다. 그 강연은 2년 동안 계속되었다. 1월 어느 날, 그들은 회사의 한심한 교육 개발 프로그램에 대해 성토했다. 크리스마스 직전에 하와이에서 개최된 대규모 국제 시상식에서 불만이 폭발했다고 한다. 그 행사장에서도 교육이 실시되었는데, 아이디어 교환이나 학습이 전혀 이루어지지 않았다는 것이다. 기껏해야 비싸고 화려한 레이저 쇼에 불과했다. 그들은 교육이 늘 이런 식이었고, 효과도 거의 없다고 불평했다.

나는 그들에게 왜 교육을 바꾸지 못하느냐고 질문했다. "그건 우리가 할 일이 아니죠. 우리는 교육에 책임이 없습니다." 나는 그들의 방관적 자세를 지적하며, 마음만 먹으면 교육 프로그램을 바꿀 수 있다고 말했다. 그들은 회사에서 톱클래스에 속하는 총대리점장들이었고 높은 신뢰성, 즉 에토스를 갖고 있었다. 그들은 원한다면 회사 내의 누구라도 만날 수 있었다. 나는 그들에게 의사 결정자를 만나서 기존의 교육 프로그램과 잘 조화된 연례 축하 행사에 대한 회사 측의 견해를 인정해 주고(파토스), 개선안을 전해 주라고 권했다. 교육에 대한 관심을 경영진에게 전달하여 총대리점장들이 현재의 교육에 대해 잘 알고 있다고 충분히 느끼게 함으로써, 그들의 건의 사항의 로고스 혹은 논리에 귀를 열게 하는 것이 목표였다.

그들은 사장과 CEO, 그리고 교육 개발 책임자와의 면담을 위해 2명의 대표를 보냈다. 그들은 회사의 교육 목적 및 그 방법에 대해 말하고, 회사에서 개선을 위해 경제적, 정치적, 문화적으로 애쓰는 모습을 설명하는 데 많은 시간을 할애했다. 그들이 현재의 교육에 대해 잘 알고 있다는 것을 의사 결정자들이 충분히 느낄 때까지 설명을 계속했다. 의사 결정자들은 자기들의 입장이 충분하게 이해되었다고 느꼈을 때 상대의 의견에 귀를 열었다. 상대가 귀를 열게 하는 가장 좋은 방법은 항상 귀를 열고 먼저 이해하려고 노력하는 것이다. 의사 결정자들은 이제 2명의 총대리점장에게 건의안을 달라고 요청했다. 총대리점장들은 건의안과 함께 그들이 이미 설명했던 모든 경제적, 정치적, 문화적 현실 개선을 위한 실행 계획을 제출했다.

의사 결정자들은 완전히 설득되었다. 그들의 건의안은 처음에는 시범사업으로 실시되다가, 곧 전체 조직으로 확대되었다.

그들은 다음 분기 모임에서 그와 같은 결과를 내게 알려 줬다. 나는 질문했다. "이제 여러분은 또 무엇을 하고 싶습니까? 어떤 불합리한 제도를 고치고 싶습니까?" 20인 그룹은 어떻게 자기들이 그러한 힘을 가질 수 있었는지 정말로 놀랍다고 말했다. 그들의 주도적 태도와 용기, 공감은 결실을 얻었다. 그들은 더 이상 투덜거리거나 불평하지 않았다. 오히려 적극적으로 더 많은 책임을 떠안기 시작했다. 자신의 작은 땅을 갈면서, 더 큰 땅을 조사하고 더 넓은 시각으로 현실을 바라보았다. 그들은 의사 결정자들을 자기들처럼 회사를 위해 애쓰는 사람으로 보았다. 의사 결정자들에게는 비판자보다는 모범이 되는 사람이, 판단하는 사람보다는 길을 안내해 줄 사람이 필요했다.

이 이야기는 내부에서 시작하여 외부로 향하는 접근방법과 그 위력을 분명하게 보여 준다. 문제가 저 밖에 있다고 생각할 때, 바로 그런 생각이 문제라는 것을 잊지 말라.

주도적이고 공감적인 태도를 취하고, 에토스를 키우며, 자신의 영향력의 원 안에 있는 일에 초점을 맞추고 행동함으로써 어느 상황에서나 변화의 촉매제가 될 수 있다. 상사의 리더가 되기도 하는 것이다. 상사는 공식적 권위를 갖지만, 당신은 도덕적 권위와 영향력을 미칠 수 있는 힘을 갖고 있다.

트림탭trim-tab

놀라운 패러다임의 전환을 한 버크민스터 풀러Buckminster Fuller는 묘비에 "그저 트림탭에 불과한 한 사람 여기 잠들다."란 말을 새겨 넣게

했다. 배나 비행기에서 트림탭은 방향을 잡는 큰 방향타를 돌리는 작은 방향타이다(자료 7.3). 20인 그룹은 작은 방향타였고, 간디도 작은 방향타였다.

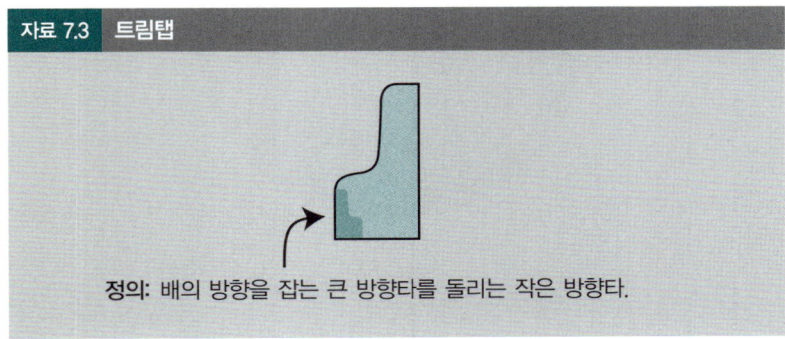

자료 7.3 **트림탭**

정의: 배의 방향을 잡는 큰 방향타를 돌리는 작은 방향타.

기업, 정부, 학교, 가족, 비영리 단체 등 모든 조직에는 어떤 위치에 있건 자신의 영향력을 확대하는 트림탭이 있다. 그들은 자신과 팀이나 부서를 변화시켜 전체 조직에 긍정적인 영향을 미친다. 트림탭 리더는 자신의 영향력의 원 안에서 주도성을 발휘한다(자료 7.4).

2개의 원으로 구성된 이 그림에서 큰 원은 우리의 관심과 흥미를 끄는 것들을 나타내는 관심의 원이고, 작은 원은 우리가 조율하거나 영향력을 미칠 수 있는 영향력의 원이다. 그림은 우리의 일이 대체로 영향력의 원 밖에 있다는 것을 보여 준다.

1장에서는 해리스인터랙티브에서 xQ(실행지수)를 이용하여 실시한 조사의 놀라운 결과를 인용했다. 나는 이 통찰이 가득한 연구 자료를 앞으로도 계속 인용할 것이다. 영향력과 관련된 질문에서, 설문 응답자 가운데 31%만이 자신이 영향을 미칠 수 없는 것에 초점을 맞추고 있다고 밝혔다. 트림탭 리더는 공식적 지위에 관계없이 영향력의 원

관심의 원

영향력의 원

우리의 일

자료 7.4

바깥쪽 경계에까지 비전, 규율, 열정, 양심을 적용한다. 그럼으로써 영향력의 원을 확대해 간다. 그들은 중요한 지위나 공식적인 의사 결정 권한이 없는 경우가 대부분이다.

주도하는 것은 일종의 자기임파워해주기이다. 어떤 공식적 리더도 우리를 임파워해주지 않았다. 조직 구조 역시 우리를 임파워해주지 않았다. 직무 내용도 우리를 임파워해주지 않았다. 우리는 현재 직면하고 있는 문제와 도전에 기초하여 스스로를 임파워한다. 우리는 상황에 맞게 적절한 주도력이나 자기임파워먼트를 발휘한다.

> 중요한 점은 항상 "이 상황에서 내가 할 수 있는 최선의 일은 무엇인가?"라고 묻는 것이다.

주도성·자기임파워먼트 수준의 7단계

〈자료 7.5〉는 주도성의 7단계를 보여 준다. 가장 낮은 단계는 '지시받을 때까지 기다린다' 이며, '질문한다' '건의한다' '…하려고 한다' '실행하고 즉시 보고한다' '실행하고 정기적으로 보고한다'로 계속 올라가고, 가장 높은 단계는 자신이 중심이 되어 관리하고 영향을 미치는 '실행한다' 이다.

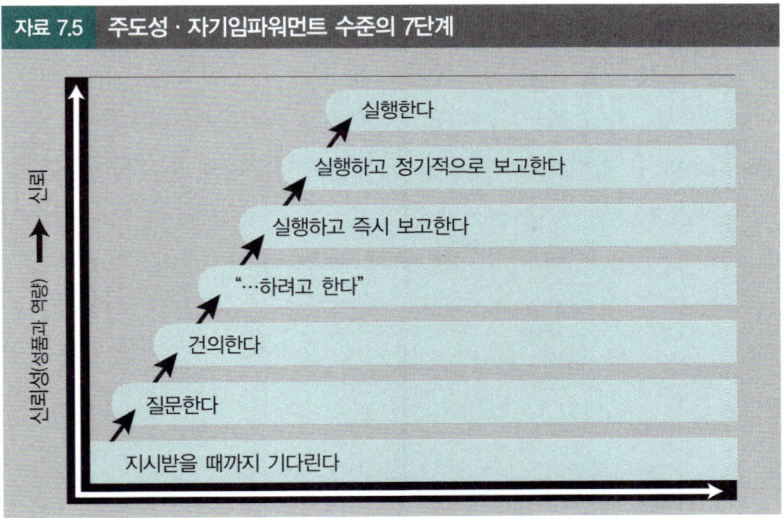

자료 7.5 **주도성·자기임파워먼트 수준의 7단계**

우리는 영향력의 원 안이나 밖에서 업무가 어느 정도 지점에 있는 가에 따라 주도성의 수준을 선택할 수 있다. 선택에는 상황에 대한 감각과 판단력이 요구되지만, 선택할 때마다 영향력의 원은 조금씩 넓어질 것이다.

주도성의 수준을 선택하는 것은 어느 상황에서나 자기 내면의 소리를 찾아낼 수 있도록 그 소리의 한계 범위를 넓혀 가는 것이다. 전혀 달갑지 않은 일을 맡게 되는 경우도 있다. 이때는 자신의 주도성의 수준을 선택하여, 그 일의 성격을 변화시키거나, 영향력의 원 안에 있는 사람들에게 영향을 미칠 수 있다.

우리는 직장에서 우수성을 추구할 수 있다. 국내 기준이 아닌 세계 수준을 벤치마킹할 수 있다. 변호사는 중재자가 되는 데 초점을 맞출 수 있다. 교육자는 자상한 스승, 코치, 멘토가 되는 데 초점을 맞출 수 있다. 의사는 기술이나 약제의 사용보다는 전인적으로 치료하고 예방하고 교육하는 데 초점을 맞출 수 있다. 부모는 아이와의 관계에서 80%를 긍정적 활동에, 20%를 훈육과 교정에 분배하려고 노력할 수 있다. 판매원은 고객의 욕구에 더욱 귀를 기울이고 보다 성실한 모습을 보여 줄 수 있다. 마케팅 담당자는 광고와 판촉의 정직성을 보장할 수 있다. 경영자는 약속은 적게 하고, 기대 이상을 제공하는 데 집중할 수 있다. 간단히 말해서, 우리는 언제 어디서나 원칙을 적용할 수 있는 것이다.

이제 각 주도성의 단계를 연구해 보도록 하자.

1. 지시받을 때까지 기다린다

이 단계는 영향력의 원 밖에 있고, 우리의 업무소관도 아닌 일에 해당된다. 이러한 일이 주어지면 그저 기다린다. 다른 사람의 일을 하고 싶은 마음이 없다. 영향력의 원 밖에 있는 일에 대해 건의하고 싶은 마음도 없다. 사람들은 여러 가지 이유 때문에 자신의 건의 사항에 대해 자신감을 갖지 못한다. 그들은 자신의 건의 사항이 적절하지 못하다고 생각하고, 업무라인에서 완전히 벗어나 있다고 본다. 영향력의 원에서 멀리 떨어진 분야에 신경을 쓰면 영향력의 원은 축소될 것이다.

그러면 어떻게 하는가? 그냥 웃는다. 평온을 비는 어느 주정뱅이의
기도처럼 말이다.

신이여,
할 수 없는 것을 받아들이는 평온함을 주소서,
할 수 있는 것을 변화시키는 용기를 주소서,
그 차이를 알게 하는 지혜를 주소서.

우리는 자신이 아무것도 할 수 없는 일에는 힘을 낭비하지 않는다.
그러나 우리가 무언가 할 수 있는 사람에게 영향을 미칠 수 있을 때에
는 문제가 달라진다. 그때는 주도성·자기임파워먼트의 수준을 높일
수 있다.

그러나 마냥 미소만 짓고 당분간 아무 일도 않는 것은 쉬운 일이 아
니다. 많은 사람들이 변화시킬 수 없는 일에 집착한다. 그들은 동료들
과 전쟁 이야기를 주고받고, 자기들이 아무것도 할 수 없는 일에 대해
논쟁을 벌인다. 그러나 이것은 그들이 무언가 할 수 있는 문제에 대해
행동을 취할 수 있는 능력마저 약화시킨다. 이 경우에도 역시 과거가
미래의 발목을 잡는다.

그들은 공동의존의 함정에 빠진다. 그 함정에는 비난, 불평, 비교,
경쟁, 논쟁이라는 5가지 전이성 감정의 암이 도사리고 있다. 내면의
행위가 조화를 이루지 못하는 사람은 외부로부터 자신의 안정을 구한
다. 환경과 공동의존 관계에 있는 그들은 파괴적이고 암적인 행동을
하게 된다.

5가지 감정의 암은 암세포를 다른 사람들에게, 때로는 전체 문화로

- 비난하기
- 불평하기
- 비교하기
- 경쟁하기
- 논쟁하기

전이시킨다. 그러면 조직은 양극화되고 분열되어 고객들에게 고품질 서비스를 지속적으로 제공할 수 없게 된다.

이들 가운데 경쟁에 대해서는 추가적인 설명이 필요하다. 대인관계, 가족, 팀, 문화 속에서 자신의 가치를 인정받기 위한 경쟁은 해롭지만, 운동 경기와 시장에서의 경쟁은 아주 유익할 수 있다. 경쟁은 사람과 조직으로 하여금 최고의 능력을 발휘하게 한다. 시장에서 우리는 경쟁자들을 벤치마킹의 대상으로 볼 수 있다. 경쟁자들을 물리치려고 하면서도, 다른 한편으로는 고객들의 마음을 잡기 위한 경쟁을 하고, 우리보다 더 낫고 더 빠른 경쟁자들에게서 배우려고 노력한다. 시장 내에서의 경쟁과 직장 내에서의 협력, 그것이 자유기업 체제의 위력이다. 우리는 이러한 두 가지 목적을 갖고 경쟁에 임해야 한다. "망치를 잘 다루는 사람은 모든 것을 못으로 생각하는 경향이 있다." 라고 말한 심리학자 에이브러햄 매슬로Abraham Maslow의 지적처럼 한 가지 목적에만 매달리는 위험을 피해야 한다.

2. 질문한다

자신의 업무소관에 포함되지만 영향력의 원 밖에 있는 일에 대해서

는 질문하는 것이 당연하다. 영향력의 원 밖에 있으므로 할 수 있는 일
이 많지 않다. 그러나 자신의 업무에 영향을 미치기 때문에 대부분의
사람들은 최소한 질문을 하는 것이 타당하다고 생각한다. 그 질문이
철저한 분석과 숙고의 결과로서 타당하다면, 영향력을 발휘하고 영향
력의 원을 확대할 수 있을 것이다.

3. 건의한다

어느 경우에 건의하는가? 영향력의 원 바깥쪽 경계에 있을 때이다.
그것은 자신의 업무소관이 아니다. 다시 말해서, 자신의 업무소관이
아니면서 영향력의 원 바깥쪽 경계에 있는 일에 대해서는 건의한다.

주도성·자기임파워먼트 수준의 세 번째 단계인 '건의한다'에 걸맞
은 예로는 군대의 '참모 건의안 작성 지침'을 들 수 있다.

그 기본 5단계는 다음과 같다.

1. 문제를 분석한다.
2. 해결방안을 마련한다.
3. 실행 단계를 정한다.
4. 현실을 설명한다(정치적, 사회적, 경제적 역량 등).
5. 한 번의 사인으로 승인받을 수 있는 건의안을 만든다.

참모 건의안 작성 지침을 지키기 위해서는 경영자가 최고의 건의안
이 나올 때까지 기다려야 한다. 우선 그는 직원들에게 문제를 철저하
게 검토할 것을 요청한다. 직원들은 충분히 생각하고 최종 건의안을
마련한다. 그는 최종 건의안을 고치지 않고 읽어 보기만 한다.

참모 건의안 작성 지침을 사용할 때, 경영자는 직원들이 쉽고 빠른

답을 요청해도 허락하지 않는다. 또 경영자가 최종 건의안을 마칠 때까지 기다리지 않는다면, 그는 직원들을 속여서 그들의 성장을 막는 셈이다. 사람들은 방법이 주어지지 않는다면 결과에 대해 책임지지 않을 것이다.

> 나는 시칠리아에서 공격하기 싫어하는 한 장군에게 내가 그를 절대적으로 신임한다고 말했다. 그것을 보여 주기 위해 나는 집으로 들어갔다.
> 사람들에게 무엇을 해야 하는지 지시하지 말라. 그러면 그들은 놀라운 재능을 보여 줄 것이다.[1]
>
> ─조지 패튼(George Patton) 장군

참모 건의안 작성 지침은 경영자의 시간과 노력을 많이 절약해 주지만, 직원에게는 상당한 주도성을 요구한다. 나는 이러한 계획을 아주 많은 상황에서 보았다. 이 방법 역시 영향력의 원을 넓혀 준다.▪

4. "…하려고 한다"
'…하려고 한다'는 '건의한다'보다는 높은 주도성의 단계지만, 건의하는 것의 연장선상에 있다. 나는 이 원칙을 모의전쟁 게임에 참가한 수십억 달러 규모의 핵잠수함 USS 산타페를 타고 하와이 섬들을 항해하면서 깨달았다. 나는 잠수함이 라하이나Lahaina 항을 떠날 때 함장인 데이비드 마르케트David Marquett와 함께 함교 위에 서서, 앞쪽으로 약 90m, 뒤쪽으로 약 30m의 거대한 잠수함의 몸체(거의 미식 축구장 크

▪ 참모 건의안 작성 지침을 받고 싶으면 www.The8thHabit.com/offers를 이용하라.

기)가 물살을 가르고 가는 광경을 지켜보았다. 그 모습은 정말 장관이었다.

내가 함장과 대화를 나누고 있을 때 한 장교가 다가와서 말했다. "함장님, 120m 밑으로 잠수하려고 합니다." "해저 깊이는 얼마인가?" "약 240m 입니다." "수중 탐지기에는 뭐가 나왔나?" "아무것도 잡힌 것이 없습니다. 물고기뿐입니다." "20분 있다가 자네 뜻대로 하게." 그날 하루 종일 장교와 수병들이 함장에게 와서 "이것을 하려고 합니다", "저것을 하려고 합니다"라고 말했다. 함장은 몇몇 질문을 하고는 "아주 좋아"라고 대답했다. 때로는 질문도 없이 "아주 좋아"라고 대답만 했다. 함장은 빙산의 일각만 확인하고 승낙했다. 빙산의 수면 아랫 부분, 즉 결정의 95%는 함장이 관여하거나 확인하지 않은 채 내려졌다.

나는 함장에게 그의 리더십 스타일에 대해 질문했다. 그는 부하들에게 가능한 한 결정권을 주고 싶다고 했다. 문제 분석뿐 아니라 그 해결방안까지 부하들에게 맡기면, 그들 스스로 지휘라인에서 대단히 중요한 역할을 한다고 생각할 것이라고 말했다. 그는 장교와 수병이 자신의 계획을 함장으로부터 확인받는 문화를 만들었다.

'…하려고 한다'는 '건의한다'와는 차원이 다르다. 사람들은 철저한 분석을 마치고, 실행할 준비를 완전하게 갖추고 있다. 확인만 받으면 되는 것이다. 그들은 문제뿐 아니라 해결방안도 자기 것으로 만들고 그 실행 준비를 마친다.

수병들은 자신이 가치를 더해 준다는 의식을 갖고 있었다. 이것은 단순히 '지시를 기다리는 것'과는 다르다. 그러므로 '… 하려고 한다'라고 하는 또 다른 트림탭이 영향력의 원과 업무의 바깥쪽 경계에 위치하는 것이다. 의미 있는 임파워먼트는 이직률을 크게 낮추고, 관리자들이 보수가 더 많은 직장으로 옮겨 가는 것을 막아 준다.

그로부터 몇 달 후, 나는 마르케트 함장으로부터 USS 산타페호가 태평양에서 가장 훌륭한 함선으로 선정되었다는 편지를 받았다. 그것은 트림탭 임파워먼트의 결과였다!

5. 실행하고 즉시 보고한다

이 단계는 소관업무에 속하면서 영향력의 원 바깥쪽 경계에 위치하는 일에 해당될 것이다. 다른 사람들이 알아야 하기 때문에 즉시 보고한다. 그럼으로써 모든 것이 제대로 실행되었는지 확인하고, 필요하면 제때에 시정할 수 있다. 또한 다른 사람들이 결정을 내리고, 후속 조치를 취할 수 있도록 필요한 정보를 제공한다.

6. 실행하고 정기적으로 보고한다

이 단계는 성과평가를 하거나 공식 보고를 할 때 정상적인 자기평가의 한 부분이 될 수 있는 행동과 관련이 있다. 이 정보는 다른 사람들에게 전달되어 사용이 가능하다. 정기적으로 보고할 때 자신의 업무 영역과 영향력의 원 안에서 업무를 수행할 수 있다.

7. 실행한다

영향력의 원 중심에 있고 자신의 핵심적인 업무에 속하는 일에 대해서는 무조건 실행한다. 허락보다는 용서를 받는 편이 훨씬 나은 조직문화가 있다. 이런 문화적 환경 속에서는 자신이 옳다고 확신하고 그 행동이 자신의 영향력의 원 밖에 멀리 떨어져 있지 않다면 실행하는 것이 좋을 수 있다.

책임을 지고 무조건 실행하는 것은 장점이 많다. 가장 높은 주도성

단계를 제대로 보여 주는 예는 '가르시아에게 보내는 편지' 이야기에
서 찾을 수 있다.

20세기 초 미국이 스페인으로부터 쿠바를 독립시키기 위해 전쟁을 치
를 당시, 미국의 매킨리 대통령은 가르시아라고 하는 쿠바 혁명 지도자에
게 메시지를 전달해야 했다. 편지나 전보가 닿지 않는 쿠바 섬 어딘가에
숨어 있는 가르시아와 연락할 수 있는 방법에 대해 아는 사람은 아무도
없었다. 그러나 한 장교가 그 일을 할 수 있는 인물로 로완이란 장교를 추
천했다.

매킨리가 워싱턴에서 가르시아에게 전해 줄 편지를 로완에게 주었을
때, 로완은 "가르시아는 어디 있습니까? 어떻게 갈 수 있나요? 거기 가서
무엇을 하면 좋겠습니까? 어떻게 돌아옵니까?"라고 묻지 않았다. 그는
그저 편지를 받고 가르시아에게 어떻게 갈 수 있을지에 대해서만 생각했
다. 먼저 기차를 타고 뉴욕으로 가서 자메이카로 가는 배를 탔다. 그리고
쿠바에 가기 위해 스페인의 봉쇄를 뚫었다. 쿠바에서는 말을 타고 정글을
누비고 다녔다. 9일 후 마침내 로완은 아침 9시에 가르시아에게 메시지를
전달했고, 같은 날 오후 5시에 미국 귀환 길에 올랐다.

엘버트 허버드Elbert Hubbard는 『가르시아 장군에게 보내는 편지』를
통해 다음과 같은 깊은 통찰을 보여 줬다.

나는 사장이 집에 있거나 출장 중일 때도 자신의 일을 수행하는 사람,
… 가르시아에게 전달할 편지를 받았을 때 어떤 어리석은 질문도 하지 않
고, 편지를 하수구에 던져 버리거나 전달하지 않겠다는 뜻을 추호도 품지
않고 묵묵히 그 사명을 받아들인 사람에게 애정을 느낀다. 인류 문명은

그러한 개인을 찾아가는 길고도 초조한 여정이다. 그들은 어떤 요청이든 받아들일 것이다. 그들은 너무도 귀해서 어느 사용자라도 붙잡으려고 할 것이다. 모든 도시와 마을, 모든 상점과 공장에서 찾는 사람은 바로 그들이다. 세상은 그러한 사람을 찾는다. '가르시아에게 보내는 편지를 전달할' 그런 사람이 절실하게 필요하다.■

트림탭 정신

문제나 관심사가 무엇이든 주도적으로 나섬으로써 자신을 임파워할 수 있다. 항상 감각을 열어 놓고, 지혜롭게 행동하고, 타이밍을 잘 맞추고, 상황에 대해 무언가를 하라. 불평이나 비난, 부정을 삼가고, 책임을 회피하거나 실패했을 때 다른 사람들을 탓하지 말라. 우리는 '네 탓이오' 문화 속에 살고 있다. xQ 응답자의 70%가 조직에서 일하는 사람들은 일이 잘못되었을 때 남을 탓하는 경향이 있다고 말한다. 그래서 책임지는 것은 흐름에 역행하는 것을 의미하게 되었다.

주도적으로 나서기 위해서는 비전과 기준과 목표가 있어야 한다. 행동할 때는 규율이 필요하다. 그리고 가치 있는 목표를 향해 열정을 쏟으면서 양심적이고 원칙적으로 행동해야 한다.

영향력 있는 경영 컨설턴트 톰 피터스Tom Peters는 트림탭 태도와 정신을 이렇게 설명한다.

■ '가르시아에게 보내는 편지'의 전체 스토리를 받고 싶으면 www.The8thHabit.com/offers를 이용하라.

믿을 수 없겠지만, 승자들은 중요하지 않은 일들을 좋아한다. 왜냐면 그런 종류의 일들은 활동의 공간이 넓기 때문이다. 아무도 관심을 갖지 않고, 지켜보지 않는다. 자기 혼자 행동한다. 자신이 왕이다. 손을 더럽힐 수도 있고, 실수할 수도 있고, 모험을 할 수도 있고, 기적을 만들 수도 있다. 임파워되지 않은 사람들의 가장 큰 불평은 흥미 있는 무엇을 할 공간이 없다는 것이다. 그러한 불평에 대해 나는 항상 이렇게 대답한다. "바보 같은 소리 하지 마시오."

아무도 원하지 않는 사소한 업무나 허드렛일을 해보라. 그런 일을 찾아 라. 서류 양식을 바꾸는 일이든 주말 고객 수련 계획을 세우는 일이든 자기임파워먼트의 맛을 느껴 보도록 하라. 그 다음에는 더 크고 중요한 일로 전환시킬 수 있을 것이다.[2]

나는 한 대학에서 총장의 행정 보좌관으로 일한 적이 있다. 여러모로 볼 때 총장은 통제하기 좋아하는 독재자였으며, 자신이 가장 잘 안다고 믿고 모든 중요한 결정을 혼자서 내리는 리더였다. 하지만 그는 비전이 풍부하고, 명석하고, 재능 있는 사람이었다. 그는 모든 사람에게 "이거 해 오세요, 저거 해 오세요." 하며 심부름꾼처럼 대했다. 학력이 높고 의욕이 넘치는 사람들은 점차 환멸과 무력감을 느꼈다. 그들은 복도에 모여 총장에 대한 불평을 늘어놓았다.

"총장이 …했다는 게 믿어지지 않아."

"글쎄 최근에는…."

"그 정도는 약과야. 총장이 우리 부서에 와서 하는 행동을 봤어야 돼."

"정말이지 그런 말은 여기서 처음 들었어."

"이렇게 바보 같은 규칙과 행정 절차로 사람을 꼼짝 못하게 하는 직장은 여기가 처음이야."

그들은 이런 이야기를 하면서 몇 시간씩 보내곤 했다.

그때 벤Ben이 나타났다. 그는 완전히 다른 방법으로 접근했다. 그 역시 심부름꾼처럼 대우받았지만 주도성·자기임파워먼트의 세 번째 단계인 건의하는 방법을 사용하기 시작했다.

그는 최고의 심부름꾼이 되기로 마음먹었다. 일차적으로 신뢰, 즉 에토스를 얻는 데 성공했다. 그 다음에는 총장의 심부름 요구 뒤에 숨은 필요성과 이유를 예상해 보았다. "가만있자, 총장이 왜 이 정보를 원하는 거지? 우리 대학의 경비 방법이 비판을 받으니까 이사회에 대비해서 전국적으로 경비들이 권총을 휴대하고 있는 대학이 얼마나 되는지 자료를 뽑고 있군. 내가 도와줄 수 있을 것 같은데."

> 상사를 비난하지 말고 보완하라.

벤은 예비 미팅에서 지시받은 자료를 제출하고, 분석 자료와 건의 사항도 함께 건네줬다. 총장은 말없이 나를 바라보았다. 그러더니 벤에게 말했다. "이사회에 들어와서 건의하세요. 분석을 아주 잘해 났군요. 필요한 것을 정확하게 예상했어요."

다른 직원들은 '지시받을 때까지 기다리고' 있었지만 벤은 달랐다. 그는 총장의 생각에 공감하고, 그가 정말로 원하고 필요로 하는 것이 무엇인지 생각하며 리더십을 발휘했다. 벤은 비교적 낮은 지위에서 시작했지만, 단시간에 이사회에 정기적으로 보고하는 위치까지 올라갔다.

내가 4년간의 행정 보좌관 업무를 그만둘 무렵, 벤은 비록 교수는

아니었지만 대학에서 두 번째로 영향력 있는 인물이 되었다. 총장은
주요 조치는 모두 벤의 동의를 얻어 실시했다. 그는 정년 퇴임할 때 신
뢰성, 대학에 대한 충성, 어떤 희생도 기꺼이 받아들이는 자발성의 본
보기가 된 것을 인정받아 특별 공로상을 받았다.

> 우리가 리더십이 선택이라고 말할 때, 그것은 기본적으로 "내가 이 상황에
> 서 할 수 있는 최선의 행동은 무엇인가?"란 질문에 대한 답으로서, 자신이 발
> 휘하려고 하는 주도성의 단계를 선택할 수 있다는 것을 의미한다.

　벤은 무언가 달라지기를 바라기만 해서는 소용이 없다는 것을 알았
던 것 같다. 이 이야기에서 리더십이 어떻게 선택이 되는지 분명하게
알았는가? 벤처럼 사장의 리더가 되는 방법을 알겠는가?
　주도성 수준 7단계는 항상 판단을 요구한다. 어느 수준의 주도성을
발휘해야 하는지 알기 위해서는 언제, 무엇을, 어떻게, 왜 해야 하는지
에 대한 판단력과 지혜가 필요하다. 4가지 지능을 사용해야 하는 것이
다. '왜'를 묻는 질문은 가치체계와 동기의 근원에 닿아 있는 영적 지
능과 관련이 있다. '무엇을'을 묻는 질문은 분석적, 전략적, 개념적으
로 생각하는 지적 지능과 관련이 있다. '언제' '어떻게'를 묻는 질문
은 상황을 읽고, 문화적·정치적 규범을 지각하고, 자신의 강점과 약
점을 인식하는 감성적 지능과 관련이 있다. 자신의 의도를 행동에 옮
기고 '어떻게'를 실행할 때 역시 지능이 발휘된다.
　주도성 수준 7단계를 이용하여 주도성을 지혜롭게 사용할 때, 영향
력의 원은 계속 확대되어 전체 업무가 영향력의 원 안에 들어올 것이
다. 영향력의 원이 확대되면 관심의 원 역시 확대된다.

트림탭 리더는 등대처럼 변함이 없다. 온갖 사회적 바람에도 흔들리거나 방향이 바뀌지 않고, 항상 의존할 수 있는 빛과 같은 존재이다.

> 세상에 당신이 갖고 있는 가장 좋은 것을 주십시오. 그러면 아마 상처를 입을 수도 있을 것입니다. 그럴더라도 당신의 가장 좋은 것을 내놓으십시오.
>
> —테레사 수녀

우리가 내부에서 시작하여 외부로 향해 주도력을 발휘하는 이 접근방법을 사용할 때, 우리의 성품과 역량에 대한 공식적 리더들의 믿음은 커질 것이다. 신뢰가 높아질 것이다. 업무적 측면에서 주도성·자기임파워먼트의 수준도 점점 높아질 것이다. 결국 우리는 상사의 리더가 되고, 상사는 자연스럽게 봉사형 리더로서 상호보완적 팀의 일원이 될 것이다.

영화 〈모리셔스〉

이제 볼 영화는 〈모리셔스Mauritius〉이다. 조직이나 개인만이 트림탭이 되는 것은 아니다. 이 영화는 어떻게 전체 국가 혹은 사회가 민족, 인종, 문화의 차이를 성공적으로 극복하고 훌륭한 문화를 일구어 낼 수 있는지 보여 줄 것이다. 사실은 그러한 차이를 '극복' 했다기보다는 그 차이 덕분에 성공했다고 보는 편이 타당할 것이다. 그 차이를 통해 놀라운 문화적 힘을 만들어 낼 수 있었기 때문이다.

영화는 제작 당시의 상황에 대한 설명으로부터 시작한다. 그 후 모리셔스의 상황은 일부 변했다. 예를 들면 분쟁 집단이 늘어났다. 그러나 이 영화는 모리셔스가 완벽한 사회임을 보여 주려는 것이 아니다. 영화의 메시지는 우리가 개인이든, 가족이든, 조직이든, 국가든 상관없이 어떤 도전에 직면하건 영향력의 원 안에서 활동하며 창조적인 '트림탭' 정신으로 그 도전을 극복할 수 있다는 것이다.

질문과 대답

다 좋은 얘기다. 하지만 당신은 나의 상사를 모른다. 그는 통제하길 좋아하고, 주변에 유능한 사람들이 있으면 위협을 느낀다. 나는 특수한 상황에 놓여 있다.

모든 상황이 특별하고, 서로 다르다. 그러나 본질적으로 부딪치는 도전과 문제는 아주 비슷하다. 중요한 것은 상황이 아닌 자극과 반응 사이의 공간이다. 모든 것은 환경과 그 환경에 반응하는 방식에 달려 있다. 그 공간 속에서 선택할 자유가 나온다. 만일 이 자유를 지혜롭게 사용하고 원칙에 기초하여 선택을 한다면, 그 공간이 커지고 내적 안정이 생겨서 다른 사람들의 약점에 영향을 받지 않을 것이다. 스스로 자신의 삶을 무력화시키고, 다른 사람들의 약점이 우리의 삶을 계속 엉망으로 만들게 내버려 두지 않을 것이다.

또한 비용 편익 분석을 하고 다른 길을 선택할 수도 있을 것이다. 혹은 실용을 추구하는 시장의 성격에 의존하여 영향력의 원을 확대함으로써 상사에게 필수 불가결한 사람이 되고, 궁극적으로 상사의 리더가 될 수도 있을 것이다. 창조력을 발휘하고 자극을 받으려면 4가지 지능을 모두 사용해야 한다. 아울러 자신의 영향력의 원 안에 있되 업무 범위 밖에 있는 일에도 힘을 쏟아야 한다. 충족되지 않은 욕구와 해결되지 않은 문제를 파악하기 위해서는 주도성과 자발성을 발휘해야 한다. 다른 사람들의 신뢰를 얻고 다른 분야를 조사할 수 있도록, 우선 자신의 직무를 훌륭하게 수행해야 한다. 먼저 에토스(신뢰)를 얻고, 그 다음에 파토스(공감)를 얻고, 마지막으로 로고스(논리)를 얻는다는 점을 명심하라.

현실적으로 어떻게 상사의 리더가 될 수 있는가?

판단하는 사람이 되지 말고 길을 안내하는 사람이 되려고 노력하라. 비판자가 되지 말고 모범을 보여라. 도덕적 권위가 생기고, 그 권위가 확대되며, 신뢰성을 얻을 수 있도록 영향력의 원 안의 활동에 충실하라. 좋은 일을 하는 데 용기 있게 앞장서라. 상사의 세계, 관심, 목적, 사고방식에 공감하라. 문화, 시장에 공감하고 난 다음에 주도적으로 나서라. 결코 험담하지 말라. 참고 견디면 영향력이 커질 것이다. 실제 결과가 냉소주의자인 상사의 마음을 돌려 놓을 것이다. 이것이 리더십이다. 지위가 아닌 선택으로서의 리더십인 것이다.

허락보다 용서받는 편이 쉽다고 했는데, 그런 생각에 따라 주도적으로 나선다면, 징계를 당하거나 해고되지 않겠는가?

자기개발과 직업적성 개발, 문제에 대한 해결방안을 만들어 낼 수 있는 역량을 키우는 데 지속적으로 투자하면, 경제적 안정의 기반을 확보할 수 있을 것이다. 안정은 직업이나 다른 사람들의 보호에서 오는 것이 아니라, 욕구를 충족시키고 문제를 해결할 수 있는 능력에서 나온다. 그러한 능력에 계속 투자하면, 무한한 기회를 갖게 될 것이다. 싸움을 선택할 때는 아주 신중을 기하라. 영향력의 원 밖에 있는 일에는 주도성을 발휘하지 말라. 자신의 업무 밖에 있지만 영향력의 원 안에 있는 일에 충실하라. 충분하게 검토, 분석한 후 건의하는 형식으로 주도성을 발휘하면, 영향력의 원은 계속 확대될 것이다.

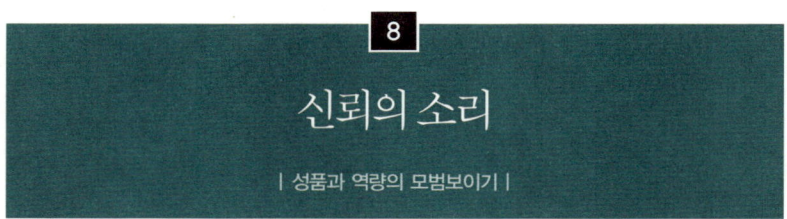

신뢰의 소리

| 성품과 역량의 모범보이기 |

리더의 최고 자질은 말할 것도 없이 성실성이다. 성실성이 없으면, 축구장에서도 군대에서도 사무실에서도 그 어디에서도 진정한 성공을 이룰 수 없다.

아이젠하워

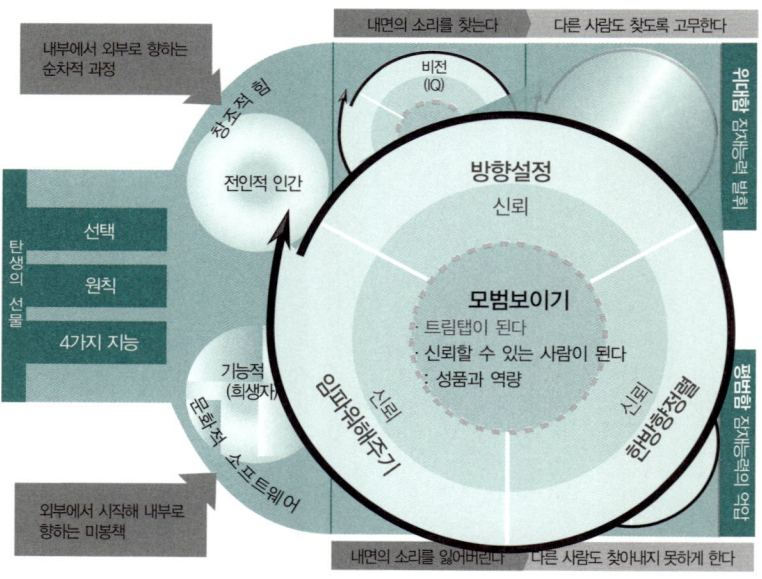

내부에서 외부로 향하는
순차적 과정

내면의 소리를 찾는다   다른 사람도 찾도록 고무한다

창조적 힘

전인적 인간

비전
(IQ)

위대함 잠재능력 발휘

방향설정

신뢰

탄생의 선물

선택

원칙

4가지 지능

모범보이기
· 트림탭이 된다
· 신뢰할 수 있는 사람이 된다
· 성품과 역량

기능적
(희생자)

역기능적 소프트웨어

임파워해주기

신뢰

신뢰

열정적 참여

평범함 잠재능력 억압

외부에서 시작해 내부로
향하는 미봉책

내면의 소리를 잃어버린다   다른 사람도 찾아내지 못하게 한다

자료 8.1

나는 직원들의 사기에 문제가 있는 한 은행으로부터 컨설팅을 해 달라는 부탁을 받았다. "뭐가 잘못되었는지 모르겠어요." 젊은 은행장 이 괴로운 듯 말했다. 명석하고 카리스마 넘치는 그 행장은 최고의 자 리에 올랐지만, 조직이 비틀거리는 상황에 직면했다. 생산성과 수익 이 떨어졌다. 그는 직원들을 탓했다. "어떤 인센티브를 줘도, 이 어두 운 현실을 떨쳐 버리려 하지 않습니다."

그의 말대로 회사 분위기는 의심과 불신으로 가득 차 있었다. 2개월 간 워크숍을 실시했지만, 전혀 도움이 되지 않았다. 나는 난처해졌다.

"회사에서 하는 일을 누가 믿겠습니까?" 직원들은 항상 그런 식으 로 말했다. 그러나 불신의 원인에 대해 말하는 사람은 아무도 없었다.

마침내 우연한 대화에서 진실이 드러났다. 기혼인 은행장이 한 여 직원과 부적절한 관계를 가졌고, 그 사실을 직원들 모두가 알고 있었 던 것이다.

회사의 가라앉은 분위기가 행장의 행위에서 비롯되었다는 것이 분 명해졌다. 그러나 가장 큰 피해는 행장 자신이 입었다. 그는 자신의 행 동이 가져올 장기적인 결과는 생각하지 않고, 오직 자신의 욕구를 충 족시키는 데만 열중했다. 아내에 대한 신성한 의무를 저버렸다.

한마디로 그의 실패는 성품의 실패였다.

> 실패하는 리더십의 90%는 성품의 결핍에서 비롯된다.

신뢰는 모든 관계의 열쇠이며, 조직을 이어 주는 끈이자 벽돌을 고 정시키는 시멘트이다. 신뢰는 사람과 조직의 믿음의 결과이다. 신뢰 에는 개인적 신뢰, 조직의 신뢰, 의식적으로 다른 사람에게 주려는 신뢰 등 3가지가 있다. 의식적으로 다른 사람에게 주려는 신뢰란, 내가 가치를 더해 줄 수 있다는 당신의 믿음을 나에게 느끼게 해주는 행위를 말한다. 상대방이 내게 신뢰를 보내면, 나는 그것을 되돌려준다. 신뢰는 동사이고 <u>또한</u> 명사이다. 그것은 사람들끼리 나누고 주고받는 것이다. 그렇게 주고받는 신뢰는 상사의 리더가 되는 요체가 된다. 우리는 신뢰를 줌으로써 신뢰를 받는다. 동사로서의 신뢰는 신뢰를 받는 사람의 잠재적 신뢰성과 신뢰를 보내는 사람의 분명한 신뢰성에서 나온다. 리더의 네 번째 역할 임파워해주기는 신뢰를 동사로 만드는 것이다.

우리는 5만 4,000여 명을 대상으로 설문조사를 실시했다. 그들은 리더의 가장 기본적인 특징으로 단연 성실성을 꼽았다(자료 8.2).

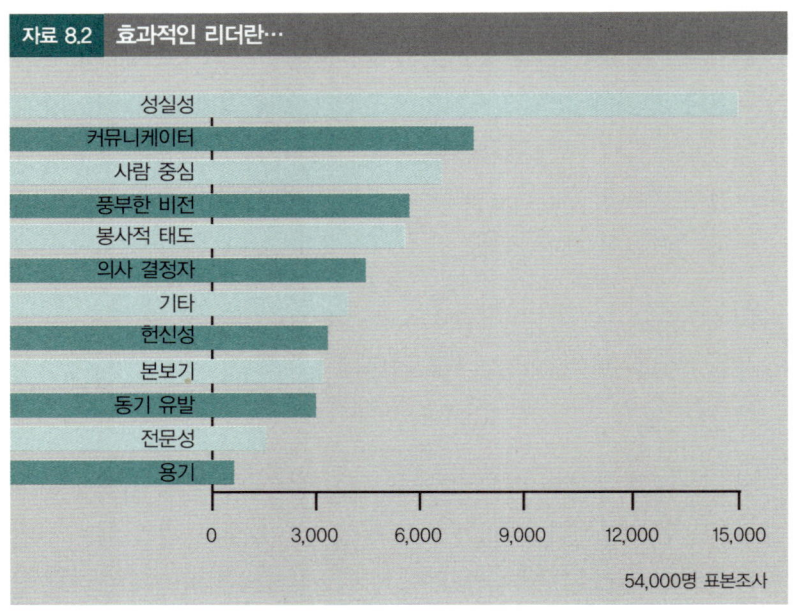

자료 8.2   효과적인 리더란…

성실성
커뮤니케이터
사람 중심
풍부한 비전
봉사적 태도
의사 결정자
기타
헌신성
본보기
동기 유발
전문성
용기

0   3,000   6,000   9,000   12,000   15,000

54,000명 표본조사

오늘날 조직들은 더 이상 성품에 대해 말하지 않는다. 성품은 학구적인 연구나 종교에서나 다루는 것으로 인식되고 있다. 심지어 내면의 가치가 중요한지에 대해 의심하는 사람들도 있다. 그래서 그 은행장이 불륜에도 불구하고 모든 면에서 성공한 것이 아니겠는가?

이것이 현대인의 딜레마이다. 많은 사람들은 성공에 필요한 것을 재능, 에너지, 개성이라고 생각한다. 그러나 장기적으로 보면 성품은 외적으로 드러난 자질보다 중요하다. 그것은 역사가 말해 준다.

나는『성공하는 사람들의 7가지 습관』을 준비를 하기 위해 미국 건국 초로 거슬러 올라가 리더십과 성공에 대한 문헌을 고찰했다. 그 과정에서 처음 150년 동안은 초점이 거의 성품과 원칙의 중요성에 맞춰져 있다는 것을 발견했다. 그러던 것이 산업 시대로 넘어오고 제1차 세계대전을 거치면서 개성, 테크닉, 기술로 이동하기 시작했다('개성윤리'라고 할 수 있다).

이 같은 경향은 지금까지 계속되고 있다. 그런데 최근 들어 가치 없는 조직문화의 여러 현상들을 경험하면서 그 반대 경향이 나타나고 있다. 신뢰의 문화를 조성하는 데 신뢰성과 성품의 필요성을 인식하는 조직이 점차 늘어나고 있다. 자신의 영혼을 들여다보면서, 문제를 어떻게 해결하고 어떻게 사람들의 욕구를 충족시키는 데 기여할지 생각하는 사람들도 늘어나고 있다.

> 장기적으로 성품은 개인과 국가 모두의 삶을 결정하는 요소이다.[1]
>
> —시어도어 루스벨트(Theodore Roosevelt) 대통령

여직원과 부적절한 관계를 맺었던 은행장은 어떻게 되었는가? 나

는 그에게 직원들에게서 들은 이야기와 그것이 어떤 영향을 미쳤는지 말해 줬다. 그는 머리를 긁적이며 말했다. "어디서부터 시작해야 할지 모르겠군요."

"관계는 정리했나요?"

"예, 완전히!" 그는 나의 눈을 바라보면서 말했다.

"그러면 부인에게 고백하십시오."

그는 아내에게 사실을 이야기하고 용서를 받았다. 그리고 직원 회의를 소집하고 사기 문제를 지적했다. "문제의 원인을 찾았습니다. 그건 바로 나였습니다. 내게 한 번 더 기회를 주십시오."

시간이 걸렸지만 결국 직원들의 사기는 올라갔다. 솔직하고 낙관적이며 신뢰하는 분위기가 만들어졌다. 그러나 가장 큰 이익을 본 사람은 은행장 자신이었다. 그는 리더로서 어떤 성품을 가져야 하는지 분명하게 깨달았다.

개인의 신뢰성

지속적으로 신뢰를 떠받쳐 주는 것은 신뢰성이다. 항상 그렇다. 그것은 원칙이다. 신뢰가 신뢰성에서 나오듯이, 신뢰성은 성품과 역량에서 나온다. 성품과 역량을 개발할 때, 모든 위대하고 지속적인 성공과 신뢰의 기초가 되는 지혜와 판단력이 생긴다. 다음 그림(자료 8.3)은 신뢰를 가져다 주는 핵심요소를 확인하는 데 도움이 될 것이다.

개인의 성품을 성실성, 성숙성, 풍요의 심리의 3가지 측면에서 살펴보도록 하자.

성실성은 궁극적으로 우리가 행동의 결과를 지배하는 원칙과 자연

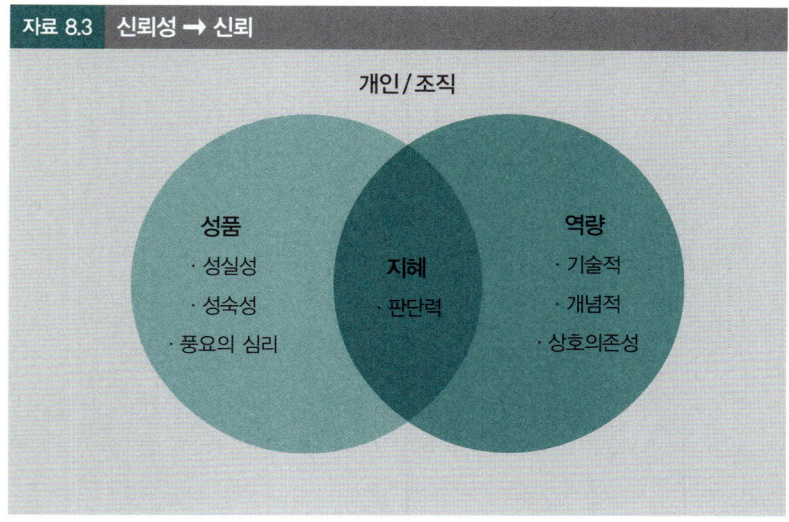

법칙에 기초하여 행동한다는 것을 의미한다. 정직성은 진실을 말하는 것이고, 성실성은 자신과 다른 사람들에게 한 약속을 지키는 것이다.

성숙성은 성실성과 개인의 승리를 얻기 위해 대가를 치렀기 때문에 용기 있고 동시에 친절할 수 있다는 것을 의미한다. 성숙한 사람은 어려운 문제를 다른 사람들과 함께 해결할 수 있다. 용기와 친절은 성실성의 근원이자 결과물이다.

풍요의 심리는 삶을 한 사람의 승자만 있는 경쟁이 아닌 기회, 자원, 부가 넘치는 공간으로 보는 것이다. 자신을 다른 사람들과 비교하지

> 한쪽에서 부정한 일을 하면서 다른 쪽에서 옳은 일을 할 수는 없다. 삶은 분리되지 않는 하나의 전일체이다.[2]
>
> —마하트마 간디

않고, 다른 사람들의 성공에 진심으로 기뻐한다. 부족의 심리를 가진 사람들은 비교를 통해 자기정체성을 찾고, 다른 사람들의 성공에 위협을 느낀다. 비록 안 그런 척해도, 자신의 마음을 태우고 있다는 것을 잘 알고 있다. 풍요의 심리를 가진 사람들은 경쟁자를 가장 가치 있고 중요한 스승으로 생각한다. 이러한 3가지 특징을 갖췄을 때 상호보완적 팀이 완성된다.

이제 개인의 신뢰성을 역량의 측면에서 살펴보자.

기술적 역량은 특정 과제를 완수하는 데 필요한 지식과 기술이다.

개념적 지식은 각 부분이 서로 어떻게 관련되었는지 볼 수 있는 큰 그림으로, 전략적이고 체계적으로 생각할 수 있게 한다.

상호의존성은 모든 삶이 고객, 직원, 협력업체, 사장의 충성을 얻고 유지하려고 노력하는 조직이나 팀과 연결되어 있는 현실을 인식하는 것이다. 상호의존적 현실에서 독립적으로 사고하는 것은 골프채로 테니스를 치거나, 디지털 시대에 아날로그 방식으로 생각하는 것과 마찬가지다.

나의 사위 매트Matt는 의과 대학 면접 때 무능하지만 정직한 외과 의사와 정직하지는 않지만 유능한 외과 의사 중 어느 쪽을 선택하겠느냐는 질문을 받았다. 매트는 잠시 생각하다가 현명한 답을 내놨다. "상황에 따라 다릅니다. 수술이 필요한 상황이라면 유능한 외과 의사를 선택하겠습니다. 반면 수술 여부를 결정해야 하는 상황이라면 정직한 외과 의사에게 가겠습니다."

물론 성품과 역량이 모두 필요하지만, 개인적으로 그렇게 완벽한 사람은 드물다. 걸프전 당시 미국 사령관이었던 노먼 슈워츠코프Norman Schwarzkopf 장군은 이렇게 말했다.

나는 군에서 유능한 지도자들을 많이 만났지만, 대개 좋은 성품이 아니었다. 지휘 능력은 뛰어났지만, 공을 세울 때마다 진급, 표창, 훈장, 특진 등의 보상을 원했다. 그들은 유능했지만 성품은 그렇지 못했다. 나는 또한 성품이 좋은 리더를 많이 만났지만, 그들은 유능하지 못했다. 그들은 자발적으로 리더십의 대가를 치르거나 주어진 임무 이상을 수행하려고 하지 않았다. 21세기를 이끌어 가기 위해서는 성품과 역량을 모두 갖춘 리더가 필요할 것이다.[3]

이제 자신의 삶이 정돈되어 있지 않거나 기본적으로 신뢰성이 부족할 때, 다른 사람들과의 관계를 발전시킬 수 없는 이유를 분명하게 알았을 것이다. 결국 다른 사람들과의 관계를 증진시키기 위해서는 자기 자신에서 시작하고, 자신을 먼저 개선시켜야 하는 것이다.

모범보이기, 7가지 습관의 실천

성공하는 사람들의 7가지 습관은 완전하고 균형 잡힌 효과적인 사람이 되게 하고, 상호존중에 기초한 상호보완적 팀을 만든다. 그것은 개인 성품의 원칙들이다. 7가지 습관에 대해서는 이 책에서 충분하게 다루기 어려우므로 간단하게 요약하는 것으로 마치도록 하겠다.

성공하는 사람들의 7가지 습관
습관 1 자신의 삶을 주도하라
주도적이라는 것은 단순히 앞장선다는 의미가 아니다. 자신의 선택에 책임이 있고, 분위기나 상황이 아닌 원칙과 가치에 기초하여 선택할 자유가 있다는 것을 인식하는 것이다. 주도적인 사람들은 변화의 주체로서, 희생자가 되거나 반사적이거나 다른 사람들을 탓하는 습관을 선택하지 않는다.

습관 2 끝을 생각하며 시작하라

개인, 가족, 팀, 조직은 다른 사람들과 함께하는 프로젝트를 수행할 때, 먼저 그 결과를 마음속으로 그려 보고 자신의 미래를 만들어 간다. 그들은 마음속에 분명한 목적을 가지고 살아간다. 그들은 자신에게 가장 소중한 원칙, 관계, 목적을 찾고 거기에 헌신한다.

습관 3 소중한 것을 먼저 하라

소중한 것을 먼저 한다는 것은 가장 중요한 것을 중심으로 계획하고 실행함을 의미한다. 어떠한 상황에서든, 긴급한 일이나 주변 상황이 아닌 자신이 가장 중요시하는 원칙에 따라 살아가는 것이다.

습관 4 승-승을 생각하라

승-승을 생각한다는 것은 모든 관계에서 상호이익과 상호존중을 모색하는 태도를 갖는 것이다. 부족과 적대적 경쟁이 아닌 풍요와 기회의 측면에서 생각하는 것이다. 이기적으로(승-패로) 생각하거나 순교자처럼(패-승으로) 생각하는 것이 아니다. '나'가 아닌 '우리'의 측면에서 생각하는 것이다.

습관 5 먼저 이해하고 다음에 이해시켜라

대답할 생각이 아니라 이해하겠다는 자세로 들을 때, 진정한 커뮤니케이션과 관계가 시작된다. 그렇게 했을 때 솔직하게 말하고 이해시킬 기회가 보다 자연스럽게 찾아온다. 이해하기 위해서는 배려가 필요하고, 이해시키기 위해서는 용기가 필요하다. 효과성은 배려와 용기 사이에 균형을 취하는 데서 나온다.

습관 6 시너지를 내라

시너지는 나의 방법도 너의 방법도 아닌 더 좋은 제3의 대안이다. 서로의 차이점을 존중하고, 중요하게 여기고, 축하했을 때 얻어지는 결과이다. 문제를 해결하고, 기회를 잡고, 차이점을 활용하는 것이다. 1 더하기 1이 3이 되고, 11이 되고, 111이 되는 창조적 협력이다. 또한 효과적인 팀과 관계의 열쇠이다. 시너지적 팀은 서로의 강점이 서로의 약점을 보완해 주는 상호보완적 팀이다. 시너지를 통해 강점은 극대화되고 약점은 문제가 되지 않는다.

습관 7 끊임없이 쇄신하라

끊임없이 쇄신하는 것은 삶의 4가지 기본 영역, 즉 신체적·경제적, 사회적·감정적, 지적, 영적 삶의 영역에서 자신을 지속적으로 쇄신하는 것이다. 그것은 다른 모든 효과성의 원칙들을 실천할 수 있는 능력을 키워 준다.

7가지 습관 가운데 처음 3가지 습관은 약속을 하고 지키는 것으로 요약할 수 있다. 습관 1은 주도성을 약속하는 것이고, 습관 2는 약속의 내용이고, 습관 3은 약속을 지키는 것이다.

그 다음 3가지 습관(상호보완적 팀의 습관)은 다른 사람들을 문제 해결 과정에 참여시키고, 함께 그 해결방안을 만드는 것으로 요약할 수 있다. 습관 4는 상호존중, 습관 5는 상호이해, 습관 6은 창조적 협력의

> 조사된 근로자들 가운데 57%만이 조직이 발표한 것을 지속적으로 실행
> 한다고 응답했다.

습관이다. 습관 7은 인간 특성의 4가지 영역인 신체, 지성, 감정, 영성
의 역량을 키우는 것이다. 그것은 개인적 성실성과 안정감을 쇄신하
고(습관 1, 2, 3), 상호보완적 팀의 정신과 문화를 쇄신하는 것이다.

7가지 습관의 각 원칙과 패러다임을 요약하면 다음 표와 같다(표 3).

표 3	7가지 습관에 담긴 원칙과 패러다임	
습관	**원칙**	**패러다임**
1. 자신의 삶을 주도하라	책임감, 주도성	자기결정
2. 끝을 생각하며 시작하라	비전, 가치	두 번의 창조, 집중하기
3. 소중한 것을 먼저 하라	성실성, 실행	우선순위, 행동
4. 승-승을 생각하라	상호존중, 상호이익	풍요
5. 먼저 이해하고 다음에 이해시켜라	상호이해	배려, 용기
6. 시너지를 내라	창조적 협력	차이점을 소중히 여기기
7. 끊임없이 쇄신하라	쇄신	전인적 인간

7가지 습관에 담긴 원칙

각 원칙들을 주의 깊게 살펴보라. 전에도 말했지만, 이 원칙들은 3
가지 기본적 특징이 있다. 첫째로 보편적이다. 문화를 초월하여 세계
의 모든 주요 종교에 담겨 있는 정신이다. 둘째로 영원하다. 결코 변하

지 않는다. 셋째로 자명하다. 자명하다는 것을 어떻게 아는가? 논쟁이 필요치 않다. 7가지 습관에 담긴 책임감이나 주도성, 비전, 성실성, 상호존중, 상호이해, 창조적 협력, 지속적인 쇄신의 중요성에 대해서는 아무도 논박하지 못한다. 7가지 습관은 우리가 누구이고 무엇인지를 정해 주는 성품 원칙이다. 7가지 습관은 가족, 공동체, 사회 등 조직에서 영향력을 가질 수 있는 신뢰성, 도덕적 권위, 기술적 기초를 제공한다. 그것은 리더의 4가지 역할 가운데 첫 번째인 모범보이기의 핵심을 이룬다. 성공하는 리더의 4가지 역할은 다른 사람들도 내면의 소리를 찾게 하기 위해 리더로서 해야 하는 일이다(자료 8.4).

많은 조직들은 직원들에게 7가지 습관을 교육했다. 사람들은 조직의 구조와 시스템이 그 습관들을 지원할 때 7가지 습관은 직장에서 대단히 유익하다는 것을 발견했다. 그러나 대부분은 낮은 신뢰의 문화와 방향이 맞지 않는 구조 및 시스템으로 인해 7가지 습관을 지원하지

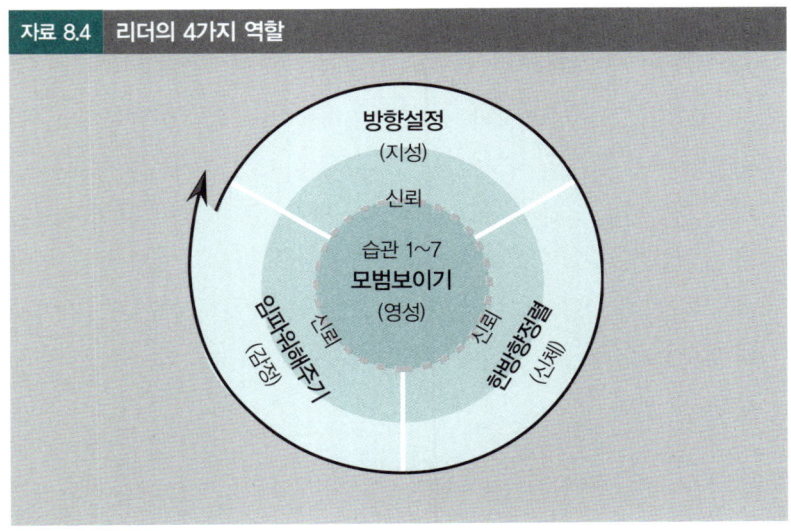

자료 8.4 리더의 4가지 역할

못하기 때문에, 많은 사람들이 7가지 습관이 직장에서 실질적으로 효과가 없다는 결론을 내렸다. 4가지 역할 모델은 7가지 습관이 직장과 가정에서 실천될 수 있도록 환경을 만들어 준다. 우리는 지적 활동이 아닌 경험적 활동으로 7가지 습관을 배운다는 것을 발견했다. 사람들은 7가지 습관을 정말로 이해했을 때 실천한다. 4가지 역할은 7가지 습관을 적용할 수 있는 새로운 삶을 창조하며, 그저 멋진 교육 프로그램이 아닌 조직에 전략적으로 중요한 것으로 인식시킨다. 4가지 역할은 7가지 습관이 삶의 중심에 오게 해준다.

나는 이집트에서 여러 공공 및 민간 부문 경영자들에게 강연한 적이 있다. 그들은 내가 7가지 습관을 팔러 왔다고 생각했다. 나는 강연을 시작하면서 이렇게 말했다. "여러분은 내가 이곳에 7가지 습관을 팔러 왔다고 생각할 것입니다. 나는 여러분에게 7가지 습관을 사지 말 것을 권합니다. 그렇게 한다면 여러분은 7가지 습관을 부하 직원들의 교육 프로그램 정도로 생각할 것이고 결국 자신의 리더십 스타일을 바꾸지 않고, 7가지 습관을 강화시켜 주는 구조, 시스템, 프로세스도 개혁하지 않을 것입니다. 그러한 변화는 새로운 리더십 패러다임을 필요로 합니다. 오늘 강연에서는 바로 이 점을 강조하고 싶습니다. 만일 여러분이 아랍 세계의 지도자가 되고 새로운 세계 경제시장 속에 들어가기를 원한다면, 7가지 습관을 지원해 줄 더 큰 배경이 필요합니다. 아마 그러한 배경을 갖추면 여러분은 정말로 놀라운 결과를 얻을 것입니다." 이 말이 그들을 자극했던 것 같았다. 휴식 시간에 여기저기서 전화를 걸더니 후반부 강연에는 청중 수가 2배로 늘었다.

7가지 습관의 패러다임

7가지 습관은 원칙과 함께 패러다임도 갖고 있다(표 3).

습관 1, 2, 3이 '약속을 하고 지키는 것'으로 요약된다는 점을 조금 더 깊이 생각해 보면, 각 습관의 패러다임을 이해할 수 있을 것이다. 습관 1 '자신의 삶을 주도하라'는 유전적, 사회적, 심리적, 환경적 결정론이 아닌 자기 결정의 패러다임이다. 즉 나는 약속을 할 수 있고, 약속을 한다. 그것은 선택할 자유를 준다. 습관 2 '끝을 생각하며 시작하라'는 모든 것은 마음속으로 한 번 그 다음에 실제로 또 한 번, 이렇게 두 번 창조된다는 패러다임이다. 그것은 약속의 내용이다. 즉 나는 원하는 약속의 내용과 그 약속으로 얻고자 하는 것을 정할 수 있다. 그것은 초점을 준다. 습관 3 '소중한 것을 먼저 하라'는 우선순위, 행동, 실행의 패러다임이다. 즉 나는 약속을 지킬 능력과 책임이 있다.

습관 4 '승-승을 생각하라', 습관 5 '먼저 이해하고 다음에 이해시켜라', 습관 6 '시너지를 내라'는 풍요의 패러다임이다. 다른 사람들과의 관계에서 상호존중하고 상호이해하고(배려와 용기의 균형) 차이점을 소중하게 여기는 것이다. 그것은 상호보완적 팀의 핵심이다.

습관 7 '끊임없이 쇄신하라'는 전인적 인간의 지속적인 개선 패러다임이다. 일본인들이 카이젠kaisen, 改善이라고 부르는 교육, 학습, 재다짐을 말한다. 이 책의 그림에서 사용되는 원이 완전한 원이 아니라 상승하는 나선형 화살표로 되어 있는 것은 선택한 4개 분야가 모두 지속적으로 개선된다는 것을 의미한다.

모범보이기 도구, 개인 플래닝 시스템

모범보이기는 항상 가장 우선되는 역할이고 다른 3가지 역할 속에서 나타나기 때문에, 가장 먼저 해야 할 일은 삶의 <u>초점</u>을 갖는 것이다. 자신에게 소중한 것을 결정해야 한다. 당신의 가장 중요한 가치는 무엇인가? 삶에 대해 어떤 비전을 갖고 있는가? 가정에서 아버지, 어머니, 할아버지, 할머니, 숙부, 숙모, 형제, 자매, 사촌, 아들, 딸로서 어떤 일을 하겠는가? 지역사회, 교회, 이웃, 어려운 사람들에게 어떤 봉사를 하고 싶은? 당신의 건강은 얼마나 중요한가? 어떻게 당신의 건강을 유지하고 향상시키겠는가? 건강은 재산이고, 건강을 잃으면 다른 무엇도 소용없다고들 한다. 당신의 지성, 지적 성장과 발전은 어떤가? 그것은 당신에게 얼마나 중요한가? 당신의 직장은 어떤가? 당신의 진짜 재능은 무엇인가? 당신은 어디에 열정을 갖고 있는가? 조직과 시장에서 어느 부분에 가장 도움이 필요한가? 당신의 양심은 어떤 프로젝트와 계획에 행동을 취할 것을 재촉하는가? 당신의 직장을 어떻게 변화시키겠는가? 어떤 유산을 남기겠는가?

첫 번째 역할의 초점을 맞추는 도구는 개인 플래닝 시스템이다. 우리는 먼저 소중한 것을 종이나 전자 플래너에 적어야 한다. 그 다음에 구조, 규율의 필요와 자발성의 필요 사이에 균형을 취할 수 있도록, 플래닝 시스템에 그것을 반영해야 한다. 즉 초점을 정하고 실행해야 하는 것이다.

글로 쓰는 것은 마음속으로 그려 보는 것보다 훨씬 더 효과적이다. 그것은 의식과 잠재의식을 연결해 준다. 글로 쓰는 것은 정신과 근신경의 복합적 활동으로서 뇌 속에 정보를 새겨 넣는 효과가 있다. 이 같은 효과를 실험하려면, 잠자리에 들기 전에 아침에 하고 싶은 일 혹은 생각하고 싶은 것 3가지를 적고 어떻게 되는지 보라. 대부분은 다음날 아침에 일어났을 때 그 3가지 모두를 기억할 수 있을 것이다.

> xQ 응답자의 3분의 1만이 개인 플래닝 시스템을 갖고 있었다.

개인 플래닝 시스템을 개발하고 사용하는 방법은 여러 가지가 있다. 중요한 것은 그 방법이 자신의 소중한 것에 초점을 맞추게 해주느냐 하는 점이다. 그러한 플래닝 구조는 자유를 준다. 물론 자유를 억압하는 것으로 생각하는 사람들도 있을 것이다. 강력한 계획 및 정리 도구는 삶 또는 생활 습관과의 통합성, 이동성, 맞춤성이라는 3가지 기준을 갖고 있다. 즉 플래닝 시스템은 삶 또는 생활 습관의 일부가 되어야 하고, 항상 이용 가능하도록 이동성이 있어야 하고, 자신의 필요에 맞도록 맞춤화될 수 있어야 한다.■

초점을 맞추고 있는 것과 가장 소중한 것이 한방향을 이루고 있는지 평가하는 방법이 있다. 바로 다음과 같은 생산성 피라미드를 사용하는 것이다(자료 8.5).

우리는 먼저 사명과 지배가치를 확인해야 한다. 엘비스 프레슬리 Elvis Presley는 "가치는 지문과 같다. 누구도 같은 사람은 없으며, 무엇을 하든 흔적을 남긴다"고 말했다. 나는 삶이 변하지 않는 중심과 내적인 안정, 지침, 지혜, 힘의 원천을 가지려면 가치는 원칙에 기초해야 한다고 말한 바 있다. 여기서 중요한 것은 비전과 가치를 비롯하여 자신에

■ 생산성 소프트웨어인 마이크로소프트 아웃룩용 플랜플러스나 윈도즈용 플랜플러스 60일 시험 사용 번전은 www.The8thHabit.com/offers에서 다운로드받을 수 있다.

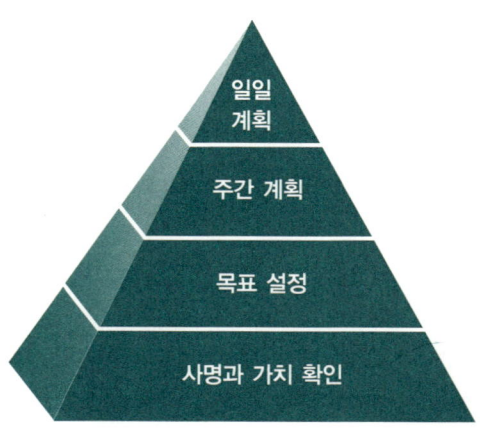

자료 8.5

게 가장 소중한 것을 적은 개인사명서를 만드는 것이다. 이 사명서가 있으면 삶의 우선순위를 정할 수 있다. 한 여성이 내게 찾아와서 말했다. "아버지의 임종을 지켜봤습니다. 나는 아버지와 매우 각별한 사이였으므로 눈물을 멈출 수 없었습니다. 그때 습관 2 '끝을 생각하며 시작하라'는 당신의 말이 생각났습니다. 습관 2를 실천하는 가장 좋은 방법은 자신의 장례식 때 듣고 싶은 4가지 추도사, 그러니까 사랑하는 가족, 친구, 직장 동료, 교회나 지역사회 지인의 추도사를 쓰는 것이라고 당신은 말했었죠. 아버지의 임종을 지켜보고 장례식을 준비하면서 내게 가장 소중한 것을 담은 개인사명서의 작성을 진지하게 생각해 보았습니다."

개인사명서를 작성하는 데 도움을 받고 싶으면, 단계적으로 설명해 놓은 개인사명서 작성법을 이용하기 바란다.■

두 번째로는 자신의 가장 중요한 역할(예를 들면 가족, 교회·지역사회

자원 봉사자, 친구, 어머니·아버지, 팀장)을 확인하고, 자신의 가치 및 역할과 한방향으로 주간 목표를 설정해야 한다. 개인 플래닝 도구는 달성 가능하고, 책임질 수 있고, 작은 과제로 나눌 수 있는 목표의 설정을 도와줄 것이다. 목표가 가치에 얼마나 잘 연결되어 있느냐에 따라 목표에 대한 열정이 달라진다. 자신의 역할과 목표를 분명하게 인식하면, 균형된 삶을 살 수 있을 것이다.

피라미드의 다음 단계는 주간 계획이다. 주간 계획을 수립할 때는 자신의 역할을 생각하고 '큰 돌(중요한 일)'의 일정을 먼저 정한다. 이렇게 했을 때 현실적인 업무 리스트와, 우선순위가 정해진 업무와 약속 일정을 가진 일일 계획을 수립할 수 있다.

나는 메릴 부부와 함께 쓴 『소중한 것을 먼저 하라』에서 개인사명서와 플래닝 시스템을 깊이 있게 다루었다. 관심 있는 사람들은 참고하기 바란다.

만일 삶의 각 영역에서의 가치와 역할에 대한 목표와 주간 계획을 무시하고 일일 계획을 세우면, 하루 종일 긴급한 일만 처리하게 된다. 긴급성이 중요성을 규정하고, 긴급성 중독증에 빠지게 될 것이다. 중요하지 않은 일들에 파묻혀 삶의 스트레스만 커질 것이다.

영화 〈큰 돌〉

『소중한 것을 먼저 하라』에서는 비유를 통해 삶의 균형을 얻고 가장 중요한 것을 성취하는 방법을 설명했다. 우리는 세미나 중에 이 비유

■ 개인사명서 작성 도구는 www.8thHabit.com/offers에서 받을 수 있다.

를 보여 주는 장면을 생생하게 담았다. 제목은 '큰 돌' 이다. 삶을 적극적으로 변화시키기 위해 선택의 자유와 원칙과 4가지 지능이라는 3가지 탄생의 선물을 어떻게 사용하는지 보여 줄 것이다.

이 비디오가 주는 여러 가지 교훈 가운데 가장 중요한 것은 중요한 일의 일정을 먼저 잡으라는 것이다. 만일 용기에 작은 돌부터 채우면, 나중에 큰 돌이 들어갈 자리는 없을 것이다. 즉 중요하지 않은 것들로 계획을 세우면, 아이들에게 문제가 일어나고, 경제 상황이 나빠지고, 건강에 이상이 생기며, 창조적 기회를 얻지 못할 것이다. 항상 중요한 일들을 먼저 생각하라. 자신의 삶에서 무엇이 가장 중요한지 확인하고, 거기에 기초하여 결정을 내려라. 소중한 것을 먼저 하는 것이 중요하다. 3가지 탄생의 선물은 우리에게 그러한 선택을 하고 삶을 창조할 수 있는 힘을 준다. 중요한 일들에 씩씩하게 '예' 라고 말할 수 있을 때, 긴급하지만 중요하지 않은 일들에 부담 없이 '아니오' 라고 말할 수 있을 것이다.

질문과 대답

신뢰를 얻기 위해 조직에 신뢰성 있는 사람이 있어야 한다는 말은 이해가 간다. 그런데 고객이 신뢰성 있는 직원들을 혹사시키거나 함부로 대하면 어떻게 하는가?

그 고객을 해고하라! 내가 알고 있는 어느 유명한 조직은 고객이 직원들을 계속해서 혹사시키면 그에게 거래 중지를 요구하는 편지를 보낸다. 그러나 더 좋은 방법은 대화를 통해 제3의 대안을 찾는 것이다. 물론 이때도 먼저 고객의 말에 귀를 기울여야 한다.

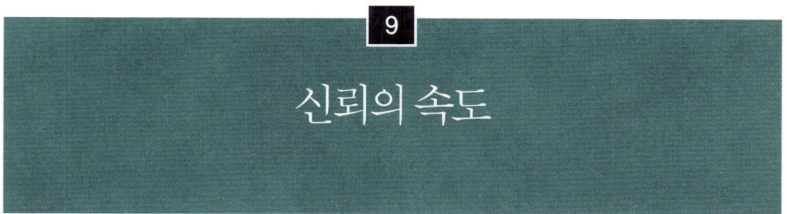

9

신뢰의 속도

사랑받는 것보다 신뢰받는 것이 더 영광스럽다.

조지 맥도널드(George Macdonald)

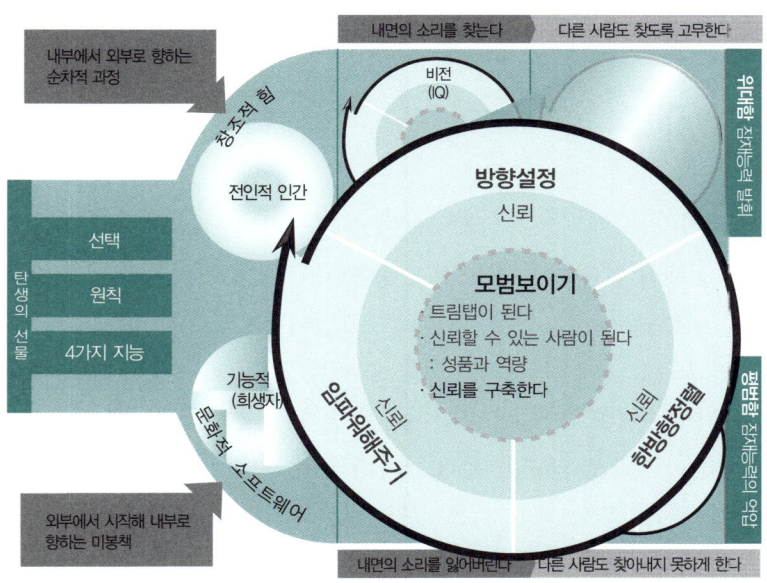

자료 9.1

227

영향력을 확대하고 다른 사람들도 내면의 소리를 찾도록 고무할 때, 대인관계의 세계로 들어간다. 강력한 관계를 구축하기 위해서는 성품의 기초가 되는 내적 안정, 풍요의 심리, 도덕적 권위를 갖춰야 한다. 더불어, 다른 사람들을 대할 때 부딪치는 문제들을 해결하는 데 필요한 대인관계 기술을 개발해야 한다.

세상일은 거의 대부분 인간관계와 조직을 통해 이루어진다. 그런데 신뢰가 없다면 커뮤니케이션은 불가능하다. 그것은 흡사 지뢰밭을 지나가는 것과 같다. 만일 의사는 분명하고 정확하게 전달되는데 신뢰가 없으면 어떻게 되겠는가? 항상 숨겨진 의미와 의제를 찾아야 할 것이다. 신뢰가 부족하면, 관계가 발전할 수 없다. 나의 아들 스티븐은 "낮은 신뢰는 부담 큰 간접세와 같다"고 말했다. 사실 이 특별한 간접세는 모든 세금과 이자를 합친 것보다도 더 많다!

신뢰의 속도

신뢰가 높을 때는 커뮤니케이션이 쉽고 즉각적으로 일어난다. 신뢰가 높을 때의 실수는 문제가 되지 않는다. 사람들은 말한다. "걱정 마세요, 이해합니다." "잊어버리세요. 당신이 무슨 말을 하는지 압니다." 기교로는 그러한 신뢰를 얻을 수 없다. 어떤 의미에서 보면 가슴이 머리보다 중요하다. 뇌사 상태에서 심장은 박동을 계속할 수 있지만, 심장이 멎으면 생명은 끝이 난다.

신뢰의 속도만큼 빠른 것은 없다. 신뢰의 속도는 인터넷보다도 빠르다. 신뢰는 삶의 접착제이다. 조직, 문화, 관계를 이어 주는 접착제이다. 모순되게도 신뢰는 느림에서 나온다. 사람들과의 관계에서는 빠른 것이 느린 것이고, 느린 것이 빠른 것이다.

여러 해 전에 나는 큰 프로젝트를 마친 지 얼마 안 된 한 친구와 만났다. 나는 그의 사정을 아주 잘 알고 있었으므로 그 프로젝트를 통해 수많은 사람들의 삶에 긍정적인 영향을 미친 것을 축하해 주었다. 나는 그에게 감회가 어떤지 물었다. "스티븐, 2년간의 이 프로젝트는 내 인생에서 대단히 중요한 업적이 될 것 같아." 그리고 잠시 뜸을 들이고는 슬픈 미소를 지으며 말을 이었다. "하지만 아내와의 관계가 온전하지 못하면 그게 다 의미가 없다는 것을 뼈저리게 느꼈다네."

"정말 그렇지……." 내가 대답했다. 나의 관심을 눈치 챈 그는 다음과 같은 경험을 이야기해 주었다.

처음 이 프로젝트를 맡아 달라는 요청을 받았을 때, 나는 뛸 듯이 기뻤다. 그리고 아내와 아이들의 적극적인 지원으로 프로젝트에 전념할 수 있었다. 무거운 책임감을 느꼈고, 목적 의식에 힘이 솟았다. 프로젝트가 2년째 되는 해에는 정말이지 밤낮으로 일했다. 프로젝트의 중요성이 나를 그렇게 만들었다. 그런 가운데서도 아이들과 공놀이를 하고 춤을 추며 잘 놀아 주었다. 대개 매일 저녁 때는 가족들과 함께 식사를 했다. 나의 삶을 잘 관리하고 있다고 생각했다. 하지만 마지막 6개월은 업무 강도가 높아지면서 아내가 사소한 일로(적어도 나는 그렇게 느꼈다) 자주 내게 실망하는 것이 느껴졌다. 나는 그렇게 중요한 시기에 내 일을 이해하고 지원하지 못하는 아내한테 짜증이 났다. 우리의 관계는 점점 소원해지고, 사소한 문제로 충돌하는 일이 많아졌다. 아내는 프로젝트 마무리를 기념하는 축하 파티에도 나오려고 하지 않았다. 결국 그녀는 참석했지만, 전혀 즐기는 모습이 아니었다. 나는 대화의 필요성을 느꼈다. 아내는 대화를 시작하자마자, 불만을 쏟아내기 시작했다.

아내는 항상 혼자 있는 것 같았다고 털어놓았다. 내가 집에 있을 때도 딴 데 있는 것처럼 느껴졌다고 했다. 우리의 주말 데이트는 뜸해졌고, 그녀가 잠든 후에도 나는 한참 동안 일을 하는 날이 많았다. 그래서 우리의 상태에 대해, 아내의 심해지는 외로움, 단절감, 인정받지 못하고 있다는 느낌에 대해 이야기할 시간을 가질 수 없었다. 나는 집에 오면 말수가 적어졌다. 나의 생각과 감정은 온통 일에만 쏠려 있었기 때문이다. 심지어 아내의 생일을 그날 오후가 되어서야 알기도 했다. 생일을 잊었다는 사실 자체보다 나의 생활 모습을 상징적으로 보여 주었다는 데 심각성이 있었다.

아내에게 왜 진작 이야기하지 않았느냐고 묻자, 나를 곤란하게 하거나 프로젝트에 방해가 되고 싶지 않았다고 말했다. 나는 그녀의 눈동자에서 깊은 외로움과 고통을 보았다. 괴로웠다. 내가 아내를 그렇게 몰랐다는 사실이 놀랍고도 당혹스러웠다. 그제야 나는 얼마나 오랫동안 공허하게 살았는지 깨달을 수 있었다. 우리는 서로 효과적이지 못한 삶을 살았다. 나는 사과를 하고, 세상에 아내보다 더 소중한 존재는 없다는 점을 다시금 말해 주었다. 하지만 이 문제가 말만으로 해결될 수 있는 것은 아니었다. 우리 사이에는 이미 너무도 높은 커뮤니케이션의 벽이 생겨 있었다. 사과와 다짐은 도움이 되었지만, 관계가 금세 좋아지지는 않았다. 오랜 기간 행동으로 보여 줘야 했다. 다시 신뢰를 회복하고 과거의 감정 상태를 찾기까지 대화하고, 나누고, 약속을 지켰다. 근무 시간이 끝나면 일을 제쳐 놓고 가족들과 함께하고, 불가피한 일이 있을 때는 사과하고 다시 약속을 잡았다. 그렇게 해서 결국 과거보다 더 나은 관계를 가질 수 있었다.

그 후로도 이 친구는 그보다 더 중요하고 복잡한 프로젝트를 2개나 완수했다. 하지만 아내하고는 더욱 가까워졌다. 첫 프로젝트의 고통스러운 경험과 아내에 대한 이해와 헌신이 그를 완전히 다른 사람으로 바꾸어 놓았다. 그는 지난 경험을 되돌아보며 깨달은 점을 말해주었다.

내가 결혼 생활에 충실하고, 아내를 사랑하고, 서로에 대해 성실한 삶을 살고, 아이들의 양육을 도와줘도 관계와 신뢰는 악화될 수 있다는 점을 진심으로 배웠다. 불친절한 말이나 무례한 행동이 아니더라도 마음은 상할 수 있다. 아주 가까운 사람이라면, 그의 감정, 지성, 영성을 무시하는 것만으로도 기분을 상하게 할 수 있다. 관계와 신뢰는 고정불변한 것이 아니다. 관계와 신뢰는 일상적인 친절, 배려, 인정, 봉사의 행위를 통해 적극적으로 키워 나가야만 유지되고 깊어진다. 결혼의 질과 나의 행복은 아내가 내게 하는 행동과는 거의 관계가 없으며, 모든 것은 그녀의 행복을 키우고, 짐을 덜어 주고, 매사에 파트너가 되기 위한 일상적인 나의 노력과 관계가 있다는 것을 배웠다. 나는 아내와의 완전한 관계가 가족 관계와 지역사회, 직장을 비롯한 삶의 모든 분야에서 가장 큰 힘이 된다는 사실을 깨달았다. 그것은 내가 최고의 능력과 창의성을 발휘하고 기여하는 삶을 살게 하는 힘, 평화, 즐거움, 소속감, 에너지의 근원이 되었다.

마지막으로 나는 강력한 관계를 위해서는 진실된 노력과 희생이 필요하다는 것을 배웠다. 강력한 관계는 나보다는 다른 사람들의 만족, 행복, 성장을 우선할 것을 요구한다. 얼마나 가치 있는 일인가! 그렇게 노력할 때 행복의 문은 열린다. 그러한 관계가 없으면, 어떻게 현실의 도전을 극복하고 가능성의 문을 열 수 있겠는가?

도덕적 권위와 신뢰의 속도

　앞서 예로 든 친구의 경험은 사람들과의 관계가 자연법칙의 지배를 받는다는 사실을 잘 보여 준다. 대인관계에서 지속적인 신뢰는 가식적으로 만들어 낼 수 없으며, 한 번의 극적인 노력으로 얻어지는 것도 아니다. 그것은 양심과 감정이 뒷받침된 지속적인 행동의 결과이다. 나는『성공하는 사람들의 7가지 습관』에서 신뢰를 감정은행계좌에 비유한 바 있다. 신뢰는 예입과 인출을 한다는 점에서 은행계좌와 같다. 단지 사람들과의 관계에서 감정을 예입하고 인출한다는 점이 다를 뿐이다. 감정은행계좌는 다른 비유와 마찬가지로 더 구체적으로 들어가면 한계가 있지만 관계의 질을 설명하는 방법으로는 아주 간편하고 효과적이다.

　대인관계에서 일으킬 수 있는 표4의 10가지 예입과 인출은 신뢰의 수준에 심대한 영향을 미친다. 표에는 필요한 희생과 각 예입에 담긴 원칙도 함께 밝혔다.

　10가지 예입이 신뢰를 구축하는 이유는 인간관계의 중심이 되는 원칙을 담고 있기 때문이다. 이러한 10가지 예입 행동의 공통점은 무엇인가? 모두 의지력과 자기 결단력을 통해 스스로 할 수 있는 일이란 점이다. 모두 자기 권한 내에 있는 일들이다. 그것은 원칙에 기초하므로 도덕적 권위나 신뢰를 만들어 낸다. 개인적 차원에서 '20번의 팔굽혀펴기'를 할 수 있는 능력이 없다면 이러한 예입을 할 수도, 용기를 낼 수도, 주도성과 결단력을 발휘할 수도 없을 것이다.

　예입 행동의 두 번째 공통된 특징은 이기적이지 않고 겸손하다는 것이다. 자발적으로 다른 사람, 원칙, 더 높은 뜻에 머리를 굽힌다. 삶은 나와 나의 것만이 아니라, 철학자 마틴 부버Martin Buber가 말했듯이

'나와 너'에 대한 것이다. 모든 사람의 가치와 잠재능력을 존중해 주는 것이다.

항상 함께하는 사람들에 대한 도덕적 권위, 신뢰, 유대는 지속적인 예입이 이루어지지 않으면 시간의 흐름에 따라 사라질 수 있다. 그들의 기대는 대단히 높다는 사실을 알아야 한다. 오랫동안 못 본 사람의

표 4	도덕적 권위와 신뢰의 속도		
예입	인출	필요한 희생	내면화된 원칙
먼저 이해하기	먼저 이해시키기	참을성, 에고, 자신의 의제	상호이해
약속 지키기	약속 안 지키기	기분, 감정, 정서, 시간	성실성·실행
정직성, 솔직성	교묘한 조작	에고, 오만, 통제	비전·가치, 성실성·실행 상호이해
친절, 예의	불친절, 무례	자아, 시간, 인식, 고정관념, 편견	비전·가치, 성실성·실행
승−승 아니면 무거래의 사고	승−패 혹은 패−승적 사고	'이기는 수단', 경쟁	상호존중·상호이익
기대하는 것을 분명히 하기	기대를 저버리기	듣기 좋은 말	상호존중·상호이익, 상호이해, 창조적 협력 쇄신
없는 사람에 대해 험담하지 않기	배신, 이중성	일부 공동의 화제, 위안거리	비전·가치, 성실성·실행
사과하기	교만, 속임수, 오만	에고, 오만, 자존심, 시간	비전·가치, 성실성·실행
피드백을 받고 'I' 메시지 주기	피드백을 받지 않고 'You' 메시지 주기	에고, 오만, 자존심 반사적 커뮤니케이션	상호이해
용서하기	원망하기	자존심, 자기중심주의	비전·가치, 성실성·실행

경우에는 과거의 관계를 쉽게 회복할 수 있다. 지속적인 예입에 대한
기대가 없기 때문에 신뢰, 유대, 사랑이 금세 회복되는 것이다.

> 도덕적 권위는 원칙에 기초한 선택의 자유를 누릴 때 얻을 수 있으며, 거의
> 언제나 희생을 수반한다.

세 번째 공통된 특징은 다른 가치 있는 일들이 모두 그렇듯이 희생
을 필요로 한다(희생이란 더 좋은 것을 위해 좋은 것을 포기하는 것이란 점
을 잊지 말라).

감정은행계좌에 대해 이미 잘 알고 있다면, 내면의 소리를 찾고 다
른 사람들도 내면의 소리를 찾도록 고무해 줄 수 있게 하는 새로운 통
찰력에 눈을 떠라. 각 예입 행동은 비효과적인 개인 습관을 버리고, 다
른 사람들과의 관계에서 도덕적 권위를 세우는 새로운 습관을 형성하
는 것이다. 그것은 3가지 탄생의 선물 가운데 하나인 선택권을 행사하
는 것이다.

> 어떤 시스템도 확실한 규율, 특히 자기규율을 기대할 수 없는 사람들에
> 게서는 충성심을 이끌어낼 수 없다. 편안함의 대가는 크고, 희생은 실제적
> 일 수 있다. 그러나 이처럼 희생과 대가를 요구하는 현실이 성품과 강점과
> 고결함의 본질이다. 무엇이든 받아주어서는 위대함을 만들어 내지 못한
> 다. 성실성, 충성심, 강점은 진리의 요구에 따라 자기규율을 실천할 때 내
> 면에서 일어나는 투쟁을 통해 얻어지는 것이다.[1]
>
> —고든 힝클리(Gordon B. Hinckley)

먼저 이해하기

예입의 첫째 항목이 '먼저 이해하기'인 것은 단 한 가지 이유 때문이다. 다른 사람이 자신의 인식의 틀 안에서 예입으로 보았을 때만 예입이라는 점을 알아야 한다. 당신에게는 큰 예입이 어떤 사람에게는 작은 예입이 되거나, 심지어 인출이 될 수도 있다. 당신에게 중요한 약속이 다른 사람에게는 별로 중요하지 않을 수도 있다. 아무리 자신의 정직성, 솔직성, 친절, 용기를 표현하려고 노력해도 다른 사람들이 독특한 문화적·개인적 필터를 통해 보면 완전히 다르게 인식될 수 있다. 각 예입에 담긴 원칙이 모든 상황에서 적용된다고 할지라도, 다른 사람들이 구체적으로 어떻게 실행할 것인지 알기 위해서는 그들의 인식의 틀 안에서 이해해야 한다.

감정은행계좌를 배우고 그대로 실행해 본 한 여성은 그 결과를 이렇게 말해 주었다.

나는 남편과의 관계를 호전시키기 위해 특별한 일을 해야겠다고 마음먹었다. 남편이 집에 돌아왔을 때 깨끗한 옷을 입은 아이들과 빨랫감을 쌓아 두지 않은 집안 모습에 기뻐할 것이라고 생각했다.

세탁하는 슈퍼우먼이 된 지 2주가 지나도록 남편은 전혀 반응을 보이지 않았다. 나는 은근히 화가 났다. "이 인간은 잘해 줄 필요가 없다니까." 어느 날 밤, 그가 침대보를 갈지 않은 상태에서 무심코 잠자리에 드는 모습을 보고 불현듯 머릿속을 스치고 지나가는 것이 있었다.

"오 저런, 그는 아이들의 깨끗한 얼굴이나 깨끗한 바지에는 전혀 관심이 없는 거야. 그건 나의 관심사일 뿐이었어. 어쩌면 그는 등을 긁어 주거나 금요일 밤에 데이트하는 것을 더 원할지 몰라." 진작 알았어야 하는 건데, 세탁하느라고 쓸데없이 고생만 했던 것이다. 그에게는 아무런 의미도 없는 예입을 하면서 말이다.

예입은 상대방에게 의미 있는 것이 되어야 한다는 간단한 진실을 아주 힘들게 깨달은 셈이다.

나는 상대방을 이해하는 것의 놀라운 위력을 수없이 체험했다. 한 번은 신설 대학의 총장 임명과 관련하여 명망 있는 고위 경영자로부터 자문을 요청받았다. 그것은 평생 잊지 못할 커뮤니케이션 경험이었다. 총장은 내가 기다리고 있는 사무실로 와서 나를 맞은 후, 정중하게 자신의 집무실로 안내했다. 그는 나를 자신의 바로 옆에 앉게 했다. 우리는 어떠한 물리적 장애물도 없이 서로의 눈을 마주 보고 이야기할 수 있었다. "스티븐, 이렇게 와 주셔서 정말 고맙습니다. 우리가 무엇을 알아야 하는지 듣고 싶습니다."

나는 이 방문을 위해 꽤 오랫동안 준비했고, 제출할 자료도 만들었다. 나는 의견서를 건네고 천천히 한 가지씩 설명했다. 그는 내용을 분명하게 파악하기 위해 몇 번 질문한 것을 제외하고는 나의 말을 끊지 않았다. 그는 아주 진지하게 경청했다. 약 30분이 걸린 설명이 끝났을 때, 나는 그가 완전하게 이해했다고 생각했다. 그는 가타부타 말이 없이 자리에서 일어나 나의 눈을 바라보았다. 악수를 하면서 내가 얼마나 고맙고 존경스러운지 모르겠다고 말했다. 나는 그의 솔직함, 겸손함, 친절함, 진지한 경청 자세에 깊은 감명을 받았다. 나는 그를 충분하게 이해시켰고, 나의 의견은 경청되고 존중되었으므로 어떤 결정이 내려지든 지원할 마음의 준비가 되어 있었다.

과거에도 이 신사를 여러 번 본 적이 있었지만, 그때는 그를 잘 알지 못했다. 나는 단 한 차례의 진실된 대화를 나누었음에도 불구하고 그의 도덕적 권위를 인정하지 않을 수 없었다. 지금 이 순간에도 당시의 그 소중한 대화의 감동이 되살아나는 듯하다.

약속하기와 약속 지키기

약속을 하고 지키지 않는 것보다 신뢰를 급속하게 떨어트리는 것은 없다. 반대로 약속을 지키는 것보다 확실하게 신뢰를 강화시키는 것도 없다.

약속은 쉽게 할 수 있다. 약속은 상대방을 금세 만족시킨다. 특히 당신으로 인해 스트레스를 받고 있거나 걱정스러운 일이 있을 때 더욱 그러하다. 당신의 약속에 만족할 때 상대방은 당신을 좋아하게 된다. 우리는 누구나 사랑받기를 원한다.

사람은 자신이 가장 원하는 바를 가장 쉽게 믿는다. 절실하게 원하는 것이 있는 사람은 누구나 설명이나 이야기 혹은 그것을 주겠다는 약속을 쉽게 믿어 버린다. 그래서 현실성 없는 거래와 계약에 속아 넘어가는 것이다. 그들은 부정적 정보에 눈을 감고 믿음을 선택한다.

그러나 약속을 지키기는 어렵다. 약속을 지키는 데에는 대개 고통스러운 희생 과정이 뒤따른다. 특히 약속을 한 즐거운 기분이 사라질 때, 또는 힘든 현실이 계속되거나 상황이 변할 때 고통은 커진다.

나는 약속을 지키는 데 따른 대가를 치를 마음자세가 되어 있지 않다면 결코 '약속한다'는 말을 하지 않는다. 특히 아이들에게는 약속을 남발하지 않는다. 그들은 종종 내게 약속을 애원한다. 내가 약속을 하면 지킨다는 것을 알기 때문에 졸라 대는 것이다. 그래서 아이들을 빨리 만족시키고 순간을 모면하기 위해 '약속할게'라고 말하고 싶은 유혹을 느끼는 경우도 많다. 아이들은 '해볼게'라거나 '그게 나의 목표야'라거나 '그렇게 되기를 바란다'라는 말로는 만족하지 못한다. 오직 '약속할게'라는 말을 원할 뿐이다.

피치 못할 사정으로 약속을 지키지 못할 때는 아이들에게 이해를 구한다. 대부분은 이해하고 나를 용서해 준다. 그러나 어린아이들은 이해하지 못한다. 이해한다고 말하고 나를 약속에서 해방시켜 주더라도, 감정적으로는 그렇게 못 한다. 그래서 약속을 지키는 것이 현명하지 않은 경우를 제외하고는 약속을 지킨다. 약속을 지키지 못할 때는 신뢰의 추락을 감수하고, 다른 부분에서 서서히 회복해 나가야 한다.

정직성과 성실성

농구 감독의 전설 릭 피티노Rick Pitino는 정직성의 원칙을 간명하게 표현했다. "거짓말은 문제를 미래로 만들지만, 진실은 문제를 과거로 만든다."[2]

나는 자신이 부딪치는 문제에 믿을 수 없을 만큼 솔직한 한 건설업자와 함께 일한 적이 있다. 그는 우리와의 프로젝트에서 자신이 저지른 실수에 대해서도 솔직하게 털어놓았고, 그 실수에 대해 모든 책임을 졌다. 그는 우리가 공사의 각 단계에서 취할 수 있는 모든 방법들에 대해 재정적으로 뒷받침을 해주었다. 그래서 우리는 그를 절대적으로 믿고 그의 말을 신뢰할 수 있었다. 그는 자신보다 우리의 이익을 우선했다. 그는 자존심과 실수를 은폐하여 곤란함을 모면하고 싶은 유혹을 물리치고 성실성과 인간관계를 우선함으로써 우리 사이에는 특별한 유대관계가 형성되었다. 그러한 신뢰 덕분에 그는 많은 계약을 따낼 수 있었다. 나는 이와 반대되는 경험도 여러 번 했다.

> 오랫동안 세상 사람들에게는 이 모습을, 자기 자신에게는 저 모습을 보여 주는 사람은 결국 어느 쪽이 진짜 자기 모습인지 헷갈리게 될 것이다.[3]
>
> —너새니얼 호손(Nathaniel Hawthorne)

내가 대학에 있을 때의 일이다. 나는 미국 심리학회장을 지낸 바 있는 저명한 심리학자를 초대할 기회가 있었다. 그는 '성실성 요법'의 아버지로 인정받고 있었다. 성실성 요법이란 양심에 따라 성실하게 살아갈 때 마음의 평화, 진실한 행복, 삶의 균형을 얻을 수 있다는 논리에 기초한 심리 치료법이다. 그는 생명력을 지닌 모든 문화, 종교, 사회가 공통적으로 갖고 있는 보편적인 옳고 그름의 의식을 열어 주는 것은 양심이라고 생각했다.

강의가 없는 어느 날 오후, 나는 그의 놀라운 이야기를 듣기 위해 차를 몰고 산길을 달렸다. 나는 그에게 어떻게 성실성 요법을 개발하게 되었는지 물었다.

"지극히 개인적인 이유에서 출발했습니다. 조울증 때문인지 나의 삶은 기복이 아주 심한 편이었습니다. 사람들을 상담해 주면서 스트레스를 느끼고 쉽게 상처받곤 했습니다. 우울증에 빠져서 거의 자살하고 싶은 지경에 이르기까지 했습니다. 직업적으로 심리를 가르치고 연구하는 덕분에 나의 상태를 잘 알았고, 위험하다는 것도 느꼈습니다. 그래서 자살을 방지하기 위해 스스로 병원에 입원해서, 한두 달 있다가 퇴원하고 정상적인 활동을 했습니다. 그러다가 1년가량 지나면, 다시 우울증에 빠져서 입원과 퇴원을 반복했습니다.

239

심리학회 회장을 맡고 있을 때, 한번은 너무 아프고 우울해서 도저히 회의에 참가하여 의사봉을 잡을 수가 없었습니다. 나는 자신에게 질문했습니다. '이 잘못된 삶에서 벗어나는 것이 가능할까?' 나는 오랫동안 거짓말을 해왔습니다. 실토하지 못했던 삶의 어두운 부분이 있었습니다."

함께 차를 타고 가면서 그가 이야기를 할 때, 나는 겸손하고 차분하게 들었다. 그가 무슨 말을 할지 약간 두렵기도 했다. 그는 말을 이어갔다.

"나는 당분간 쉬기로 결심했습니다. 애인을 포기하고 집사람에게 모든 것을 다 털어놓았습니다. 그리고 실로 오랜만에 평화를 얻었습니다. 과거 우울증에서 벗어나 저술 활동에 복귀할 때 느꼈던 평화와는 질적으로 다른 것이었습니다. 그것은 마음의 평화였고, 자기 정직성이었고, 자기 일체성이었고, 성실성이었습니다.

나는 그때 과거 내가 가졌던 많은 문제들이 양심을 무시하고, 부정하고, 위반하고, 성실성을 잃어버린 결과가 아닐까 생각하게 되었습니다. 성실성 요법은 그렇게 시작되었습니다. 나는 연구했습니다. 이 패러다임을 환자들에게 적용하려고 하는 다른 임상의들도 연구에 참가시켰습니다. 연구 결과 나의 가정이 맞다고 확신하게 되었습니다. 성실성 요법은 그렇게 해서 만들어진 것입니다."

그의 솔직성과 확고한 신념은 내게 감명을 주었다. 다음날 그는 특별 강연을 듣기 위해 모인 수백 명의 학생들 앞에서 놀랍게도 똑같은 이야기를 했다. 그의 치료법의 핵심은 모범보이기와 솔직성이었다. 개인적 성실성이 모든 관계의 핵심일 뿐 아니라 정신 건강과 자신이 선택한 삶을 효과적으로 추구하는 데에도 중요하다고 확신하고 있는 것 또한 인상적이었다.

친절과 예의

사람들과의 관계에서 작은 것은 큰 것이다. 한번은 어떤 학생이 학기가 끝나고 나를 찾아와 내 강의에 대해 치켜세워 주고 나서 말했다. "코비 박사님, 박사님은 인간관계에 전문가신데 제 이름은 모르시더라고요."

그의 말이 맞았다. 화가 나고 당황스러웠지만 감정을 억제했다. 나는 항상 지적 개념화, 업무 지향성, 효율성에 빠지는 나의 경향을 경계해야 한다. 불안정하고 '대하기 고약한' 사람들에게 효율성만 추구해서는 효과가 없다. 먼저 관계를 강화하고 목적을 함께할 수 있어야 한다. 하지만 업무는 그렇지 않다. 일은 감정이 없다. 사람들만 그렇다. 소위 VIP라는 사람들도 그렇다. 작은 친절과 예의는 큰 친절과 예의를 낳는다. 이것은 EQ의 영역이다.

반면에 사람들은 피상적인 '친절' 수법은 금세 알아채고 언제 조작당하고 있는지도 안다. 진정한 친절, 예의, 존경심은 SQ의 깊은 성품의 샘에서 나오며, 사교적이거나 형식적 예절의 필요성을 없애 준다.

나는 집이나 학교에서 아이들과 대화할 때, 다음과 같은 4가지 표현을 배워 진지하고 일관되게 사용하면 대부분 원하는 것을 얻을 수 있다고 말해 준다.

첫째, "…해주세요."

둘째, "고맙습니다."

셋째, "당신을 사랑합니다."

넷째, "어떻게 도와드릴까요?"

어른들은 큰 아이들이다.

승-승 아니면 무거래의 사고

승-패적 사고는 거의 대부분의 협상과 문제를 해결할 때 기본 전제가 되는 사고이다. 그것은 '상대방이 많이 가질수록 내게 돌아오는 몫은 적다'는 부족의 심리에서 나온다. 목표는 당신이 원하는 것을 얻는 것이다. 대개는 가능한 한 많은 양보를 얻어 내기 위해 어떻게 조작할지 혹은 어떻게 상대방보다 유리한 고지에 설지 궁리하는 것이다. 많은 사람들은 이와 같은 식으로 다른 사람들, 심지어 가족들과의 차이점을 이용하려고 노력한다. 양자는 한쪽이 양보하거나 서로 타협할 때까지 싸운다.

나는 어느 강연에서 이렇게 말한 바 있다. 승-패적 사고에서 벗어나는 길은 감정적, 정신적으로 자신의 '승'과 함께 상대방의 '승'을 받아들이는 것이다. 서로에게 이익이 되지 않는 것을 받아들이기 위해서는 용기, 풍요의 심리, 창조성이 필요하다. 무거래, 즉 협상을 포기하는 일도 선택할 수 있다는 자세로 시작하는 것이 중요하다. 협상 포기도 가능한 선택이 될 수 있다고 생각하기 전까지는, 즉 협상 중단 합의를 마음속으로 준비하기 전까지는 상대방이 자신의 승을 받아들이도록 조종하고 압박하고 위협하게 될 것이다. 그러나 협상 포기가 진실로 선택 가능한 방법이 될 때, 정직하게 상대방에게 "이 협상이 정말로 당신에게 이익이 된다고 느껴지지 않는다면, 그리고 이 협상이 정말로 내게 이익이 된다고 느껴지지 않는다면, 협상을 포기하기로 지금 합의합시다"라고 말할 수 있을 것이다. 그 과정은 양측에 자유를 주며, 힘과 용기와 함께 겸손과 친절도 요구한다. 그러므로 진정으로 공을 들여 합의에 도달하면, 양측은 변화하게 된다. 서로 유대가 생겨 상대방이 없을 때도 신의를 지키게 되는 것이다.

강연이 끝나자 제일 앞줄에 앉아 있던 디즈니 엡콧Disney-Epcot사의 한 직원은 내게 시기적으로 아주 적절한 아이디어를 내주어서 고맙다고 말했다. 그는 바로 그 다음날부터 특정 국가의 엡콧 센터 전시장 협상에서 이 사고를 실행에 옮기겠다고 말했다. 그에 따르면 디즈니가 충분한 관심을 쏟지 못하고 있는 국가의 전시에 상당한 자금을 투자하려는 사람들이 있다는 것이다. 담당자들은 자금 지원을 받고 제때에 사업을 진행하기 위해 타협하라는 압력을 받고 있었다. 그러나 그는 이제 새로운 방법을 보았다.

나중에 그는 자금 지원을 제안한 측에 정중한 태도로 이렇게 말했다고 알려 줬다. "우리는 진심으로 승-승합의와 승-승적 관계를 원합니다. 우리는 귀사에서 제안한 자금이 필요합니다. 그러나 쌍방의 기본적인 차이점을 고려하여, 만일 우리의 합의와 공동 프로젝트가 서로에게 큰 이익이 되지 않는다면, 거래를 포기하는 것이 좋겠다는 결론을 얻었습니다." 자금 지원을 제안한 측은 상대방의 진실성, 정직성, 솔직성을 인정하고, 조작과 압력을 중단했다. 그들은 새로운 자금 지원안을 내놓고 진정한 대화를 시작하여 시너지적 승-승합의를 이루어 냈다.

승-승 아니면 무거래의 사고는 자발적으로 희생하겠다는 자세에서 나온다. 다시 말해서 함께 상호이익이 되는 새로운 창조적 해결방안을 찾을 수 있도록, 상대방이 가장 원하는 것과 그 이유를 이해할 수 있을 때까지 자신의 이익을 유보해 두겠다는 자세에서 나오는 것이다.

기대하는 것을 분명히 하기

기대하는 것에 대한 소통은 상호이해와 상호존중을 필요로 하기 때문에, 그것을 분명하게 하기 위해서는 이미 언급한 모든 예입 행동을 동원해야 한다. 특히 역할과 목표에 대한 기대를 분명히 해야 한다. 대부분의 커뮤니케이션 실패나 병든 문화의 원인은 역할과 목표에 관련된 애매한 기대나 기대 미충족에 있다. 다시 말해서 누가 어떤 역할을 하고, 역할의 가장 중요한 목표는 무엇인가에 대해 명확하게 정하지 않은 데서 비롯된 것이다.

나는 요식업협회 이사들의 팀 강화 방안에 대해 자문을 해준 적이 있다. 이 협회는 우선순위나 목표에서 서로 상충되는 것들이 있었다. 그래서 그대로 방치해 두었다가는 전체 조직에 악영향을 미칠 수 있다고 판단하고 내게 도움을 요청한 것이다. 나는 2개의 플립차트를 준비하여 각각 '당신이 보는 나의 역할과 목표'와 '내가 보는 나의 역할과 목표'라고 제목을 적고, 이사들이 나와서 적게 했다. 나는 두 차트가 모두에게 만족스럽게 채워지기 전까지는 어떠한 판단이나, 찬성과 반대의 의사도 표현하지 않았다. 모든 사람들이 자신의 눈으로 이 융화될 수 없을 것처럼 보이는 차이가 역할, 목표, 겸손, 존경에 대한 서로 다른 기대에서 비롯된 것이라는 사실을 직접 확인하였을 때, 그들은 기대하는 바를 분명하게 하기 위한 진실된 대화를 시작할 수 있었다.

없는 사람에 대해 험담하지 않기

자리에 없는 사람에 대해 험담하지 않는 것은 대단히 어려운 예입 행동이다. 그것은 성품과 유대의 깊이를 시험하는 행동이다. 특히 모든 사람이 당사자가 없다고 험담하고 비난하고 있을 때 중요하다. 우

리는 사심 없이 그리고 솔직하게 "나는 달리 본다", "내가 경험한 것과
는 다르다", "당신 말도 일리가 있다. 그 점에 대해 그 사람과 이야기
해 보자"라고 말할 수 있다. 사람이 있을 때나 없을 때나 항상 같은 태
도를 취함으로써 다른 사람들에게 일관되게 신의를 지킨다는 것을 보
여 줄 수 있다. 그렇게 했을 때 사람들은 우리의 견해를 인정하고 안
하고를 떠나 우리를 칭찬하고 존경할 것이다. 그들은 자기들이 없을
때도 우리가 자신을 욕하지 않을 것이라고 믿을 것이다. 반면 신의를
저버리고 험담하는 데 가담할 때, 함께 있는 사람들은 당신이 압력을
받거나 눈치가 보이면 자기들에 대해서도 같은 태도를 취할 것이라고
생각할 것이다.

　나는 큰 조직에서 공식 리더들이 여러 가지 인사 문제를 토의하는
회의를 주재한 적이 있다. 이사들은 하나같이 특정 개인의 약점에 대
해 이야기했다. 그 당사자 앞에서는 도저히 할 수 없을 농담과 비난하
는 말도 있었다. 그날 회의가 끝나고, 한 이사가 나를 찾아왔다. 그는
처음으로 내가 자기에 대한 평가와 애정을 표현한 것에 대해 신뢰를
나타냈다. 내가 이유를 묻자 이렇게 대답했다. "우리가 오전 회의에서
그 사람을 험담할 때, 당신만이 분위기에 편승하지 않고 그에 대한 진
정한 걱정, 배려, 관심을 보여 줬기 때문입니다." 나는 그것이 왜 감동
적이었는지 물었다. "나도 비슷한 약점을 가졌고, 그들은 더 안 좋은
약점을 갖고 있기 때문입니다. 그들에 대해서는 아무도 모릅니다. 당
신도 마찬가지일 것입니다. 지금까지는 당신이 나에 대해 평가해 주
고 관심을 보일 때마다 속으로 말했습니다. '그렇지만 당신은 날 이해
하지 못해.' 하지만 오늘 나는 알았습니다. 당신은 내가 없을 때도 내
게 충실하고 나를 두둔해 줄 것을 말입니다. 나는 당신과 당신의 친절
한 표현을 믿을 수 있습니다."

중요한 것은 일관된 태도이다. 사람이 있을 때나 없을 때나 일관되게 그 사람에 대해 관심을 갖고 이야기할 수 있어야 한다.

사과하기

제대로 사과를 하려면 "내가 잘못했습니다, 미안합니다", "내 생각만 하고, 지나치게 반응하고, 당신을 무시하고, 일시적으로 성실성보다는 회사 입장만 내세운 것 같습니다"라고 말하고, 그 말을 실천해야 한다. 나는 오랫동안 소원했던 관계가 진심 어린 한 번의 사과로 비교적 짧은 시간 내에 회복되는 경우를 보았다. 일순간의 감정에 못 이겨 마음에 없는 말을 했을 때는, 자존심 때문에 그랬지만 본마음은 그렇지 않다는 것을 설명하면서 사과하라. 만일 본심이긴 하지만 너무 감정적으로 대했다면, 이렇게 이야기할 수 있다. "미안합니다. 나의 말과 행동이 잘못되었습니다. 고치도록 노력하겠습니다."

나는 한 사건 때문에 어떤 사람과의 관계가 불편해진 적이 있었다. 그 사건 이후로 우리 커뮤니케이션의 진정성에 문제가 생겼음을 느꼈지만, 겉으로는 정중하고 즐거운 것처럼 대했다. 그러던 어느 날, 그는 우리의 관계가 서먹해진 것이 안타깝다며 다시 과거의 상태로 회복되기를 원한다고 했다. 그리고 반성을 하고 어디가 잘못되었는지 확인하는 것은 정말로 어려운 일이었다고 말했다. 그는 진정으로 사과했다. 그의 사과는 어떠한 자기합리화도 없이 너무도 겸손하고 진지해서, 오히려 내가 반성하고 책임을 느끼게 만들었다. 우리 관계는 다시 회복되었다.

전에 함께 일했던 한 직장 동료는 경영진과 함께했던 일주일간의 수련회 경험을 들려주었다. 어느 날 아침 회의 시간, 사장은 자신의 경험을 이야기해 주면서 주장을 펼치기에 앞서 다른 사람들의 말을 경청하고 이해하려는 자세를 갖고 토의에 임해 줄 것을 당부했다.

그런데 그날 오후, 그녀는 다음과 같은 경험을 했다(이름은 모두 가명이다).

토의가 한창 진행될 때, 미운털이 박힌 부사장 데이비드가 자신이 시도하고 있는 비즈니스 방식에 대해 발언하기 시작했다. 다른 이사들이 도두 그를 공격했다. 솔직히 말해서 나도 이사였으면 그를 공격했을 것이다. 그때 사장인 잭이 그 이사를 바라보고 큰 소리로 웃었다. 사장은 이사들 앞에서 그를 놀리고 있었다. 그러자 다른 이사들도 분위기에 편승했다.

나는 당황스러웠다. 잭 사장은 불과 몇 시간 전에 토의할 때는 차례를 기다리고 상대방을 이해해야 한다는 내용의 감동적인 경험을 이야기했었다. 그러나 지금 그는 정반대되는 행동을 보이고 있다. 나는 이사들 앞에서 사장을 질책할 수 없었다. 그래서 그를 노려보기만 했다. 그는 '보기에 좋지 않습니다. 당장 상황을 수습하지 않으면 나는 퇴장하겠습니다'라는 나의 메시지를 분명하게 읽은 것 같았다. 실제로 나는 화가 나서 회의장에서 나가려고 했었다. 이사들은 과거의 공격적 행동을 버리지 못하고 치명적인 집단 따돌림을 하고 있었다.

사장이 나를 바라보았다. 나는 허리를 꼿꼿하게 세우고 그를 노려보면서 '가만히 계십시오, 사장님'이라는 메시지를 전달했다. 그는 움찔했다. 나는 계속 그를 노려보았다. 그런 상태로 약 5분이 흘렀다. 이사들은 여전히 불쌍한 데이비드를 비난하고 있었다. 그때 갑자기 사장이 토의를 막았다. "그만 하세요. 내가 잘못했습니다. 데이비드, 용서하십시오."

"뭘요?" 데이비드는 약간 당황한 듯했다. 그가 알고 있는 한 그 상황은 정상이었다.

"당신에게 무례한 행동을 했습니다. 내가 웃지 말았어야 하는 건데. 우리는 당신의 말을 전혀 듣지도 않고 즉시 당신을 공격한 것입니다. 용서해 주겠습니까?"

나는 데이비드가 "괜찮습니다. 신경 쓰지 마세요"라고 말할 줄 알았다. 하지만 그는 놀랍게도 "잭, 용서하지요. 고맙습니다"라고 말하는 것이 아닌가! 잊는 것보다 적극적으로 용서하는 것이 얼마나 더 많은 용기가 필요한지 아는가?

나는 그 자리에 있었다. 나는 잭의 행동에 감동했다. 그는 사과도 하지 않고, 이사들 앞에서 용서도 구하지 않을 수 있었다. 그는 8만 명을 이끌고 있는 리더이다. 그는 원하지 않는 것은 하지 않아도 된다. 회의를 마친 후 그에게 다가가서 감동이 가시지 않은 목소리로 말했다. "고맙습니다." "내가 할 일을 한 것뿐입니다. 깨우쳐 줘서 고맙습니다" 우리는 그 일에 대해 다시 이야기하지 않았다. 그러나 우리가 그날 최선을 다했다는 것은 서로 공감하고 있었다.

피드백 주고받기

대학 강단에 있을 때 나는 가깝게 지내던 학생들에게 적극적인 피드백을 주었었다. "그게 낫겠군. 나는 책임을 면하게 해줄 생각이 없네. 변명의 여지가 없으니 대가를 치르도록 하게." 많은 학생들이 행동에 전적으로 책임지게 한 나 때문에 그 당시에는 힘들었지만, 인생을 바꿔 놓는 순간이 되었다고 말했다.

부정적 피드백을 주기는 어렵다. 하지만 부정적 피드백은 반드시 필요하다. 사람들은 대부분 맹점을 가지고 있다. 다른 사람이 지적하지 않으면, 자신의 맹점을 결코 알 수 없을 것이다. 대개는 상사에게 '덤벼들어' 관계가 위험에 빠지거나 개인적 미래가 불확실해지는 것을 두려워한다.

앞서 예로 든 잭의 이야기를 다시 적용해 보자. 한 사람을 집중적으로 공격하는 상황에서는 모두가 위선적인 모습을 보이므로 위선이 맹점이 아닌 에고의 문제로 변질된다. 피드백을 주었던 그 여성의 용기와 정직성은 지위나 위치를 이용하여 할 수 있는 것보다 더 큰 힘을 발휘했고, 그녀의 행동은 효과를 보았다. 때로는 용기와 정직성이 효과나 힘을 발휘하지 못하고, 개인적으로 접근하여 화해하는 편이 더 좋을 수도 있다. 개인적으로 피드백을 주는 가장 좋은 방법은 상대방이 아닌 자기 자신에 대해 이야기하는 것이다. 상대방을 비난하고 판단하고 낙인찍는 대신에, 자신의 감정과 우려와 시각을 말해 줘라. 이 방법은 상대방이 개인적으로 부담을 느끼지 않고 자신의 맹점에 대한 피드백을 수용할 수 있는 자세를 갖게 해줄 것이다.

공식적 권위를 가진 사람은 푸시백push back을 하고 피드백 주는 것을 당연시해야 한다. 피드백을 받을 때는, 아무리 마음이 상했더라도, 받았다는 것을 분명하게 말하고 고마움을 표시해야 한다. 그렇게 하지 않는다면, 부정적 피드백과 푸시백이 불충과 불복종으로 인식될 수 있다. 하지만 푸시백을 당연한 것으로 받아들이면 공식적 권위를 가진 사람은 자유로워지고, 감정을 상하게 하고 관계를 위험하게 하거나 '마지막 경고'로 받아들여지는 것을 걱정하지 않고 푸시백을 할 수 있을 것이다.

사람은 누구나 개인적 성장을 위해 맹점 부분, 우리가 지키려고 하는 아픈 약점 부분에 대한 피드백이 필요하다. 사람의 가치는 본질적

249

인 것이며, 특정한 약점에 의해 좌우되지 않는다.

나는 한 이웃과 관계가 안 좋았던 적이 있다. 그 집에는 식구들이 많았고, 시끄럽고 무례했다. 개가 짖어 대고, 이른 아침부터 밤늦게까지 불을 대낮같이 밝혀 놓았다. 나는 그 집에 가서 서로에게 좋은 이웃이 되고 싶으니 관계를 개선할 수 있는 의견이 있으면 말해 달라고 했다. 그가 머뭇거리기에 내가 먼저 이웃 간에 예절을 지키기 위해 어떻게 하고 있는지 설명했다. 그러자 그는 자기들 부부가 느꼈던 감정, 불만, 걱정을 쏟아 냈다. 내가 계속 경청하면서 그의 의견을 들어주고, 존중하고, 개선시키겠다는 자세를 보여 주자 압도되는 듯한 눈치였다. 그는 마침내 여러 가지 부분에서 과잉 반응을 보였고, 모든 것을 지나치게 확대 해석했으며, 많은 가족들이 들락거리면서 시끄럽고 혼잡스러웠다고 인정했다. 헤어질 때, 그는 내게 찾아 줘서 고맙고, 덕분에 마음이 편안해졌다고 말했다.

용서하기

> 화는 산(acid)과 같아서, 퍼붓는 대상보다는 그것이 담긴 그릇에 더 큰 피해를 줄 수 있다.
>
> —마하트마 간디

진정한 용서는 잊고, 봐주고, 넘어가는 것이다. 나는 직속상관으로부터 비판을 받아 사직을 원하는 한 관리자로부터 출장 중에 전화를 받았다. 나는 그에게 우리가 만날 때까지 성급한 결정을 내리지 말아

줄 것을 요청했다. 그는 "상의하려고 전화한 것이 아닙니다. 당신에게
알려 드리려는 거예요. 그만두겠습니다"라고 말했다. 나는 그 순간 내
가 그의 말을 경청하지 않았다는 것을 깨달았다. 내가 경청하는 자세
를 보이자 그는 마치 판도라의 상자를 열어 놓은 듯, 심지어 아니 까지
들먹이며 온갖 경험, 불평, 감정을 쏟아 냈다. 내가 끝까지 들어주자,
부정적 감정은 사라졌다. 우리는 내가 출장을 마치고 돌아가는 즉시
만나기로 약속했다.

　얼마 후, 그는 아내와 함께 내 사무실을 찾아왔다. 그들은 겉으로는
즐거워 보였다. 그러나 실제 문제로 들어가자마자, 다시 쌓인 분노가
폭발했다. 나는 그들이 나를 이해시켰다고 느끼고 마음을 열 때까지
계속 들어주었다. 그 다음에 자극과 반응 사이의 공간에 대해 이야기
해 주고, 누군가 나에게 하는 행동이 아니라 누군가 한 행동에 대한 나
의 반응이 가장 큰 문제라고 말했다. 처음에 그들은 내가 그를 남게 하
기 위해 회유하고 있다고 생각했다. 그래서 직장 내에서의 이러한 문
제가 결혼과 가정 생활에 미칠 영향을 비롯하여 다른 문제들을 제기했
고, 나는 그들이 나를 이해시켰다고 느낄 때까지 계속 들어주었다. 그
리고 마치 양파 껍질을 벗기는 것 같은 과정을 거쳐 결국은 부드러운
내부의 핵에 도달했다.

　그들은 마음을 열고 나의 말을 받아들였다. 나는 다시 선택의 힘을
강조하고, 그가 화를 낸 것에 대해 상사에게 용서를 구할 생각이 없냐
고 물었다. 그는 대답했다. "무슨 뜻이죠? 거꾸로 말하시네요. 용서를
구해야 할 사람은 우리가 아니라 바로 그 사람입니다."

　처음에는 부정적 반응을 보였다. 하지만 결국 아무도 우리의 동의
없이는 해를 끼칠 수 없고, 우리가 선택한 반응이 삶을 결정하며, 우리
는 상황의 산물이 아니라 스스로 선택한 결과라는 생각을 받아들였

다. 그들은 매우 겸손한 마음으로 나의 제안에 동의했다. 그는 나중에 전화를 걸어 우리가 토의했던 원칙에서 지혜를 얻어 상사에게 용서를 구하자 상사는 감동하여 오히려 용서를 구했고, 결국 두 사람의 관계는 회복되었다고 알려 줬다. 그 후로 그들 부부가 자극과 반응 사이의 공간과 선택의 힘을 받아들였고, 그는 회사에 남아서 성공을 위해 최선을 다하기로 했다는 소식을 전해들었다.

> 용서는 인과의 고리를 끊는다. 사랑하는 마음으로 용서하는 사람이 그 일에 대한 결과를 떠맡기 때문이다. 그러므로 용서에는 항상 희생이 뒤따른다.[4]
>
> —다그 함마르셸드

독사에게 물렸을 때, 정말로 위험한 것은 사람을 문 독사가 아니다. 그보다는 독이 심장에 이르는 것은 생각하지 않고 독사를 쫓아가는 어리석음이 더 위험하다. 실수하는 것이 사람인지라 우리는 항상 용서하고 용서받아야 한다. 남의 실수에 초점을 맞추고 남이 먼저 용서 빌기를 기다리거나 마지못해 용서해 주기보다는, 자신의 실수에 초점을 맞추고 먼저 용서를 구하는 것이 좋다. "오 주여, 나와 다른 방식으로 죄를 짓는 사람들을 용서할 수 있도록 도와주소서"라고 기도하는 자세를 가져야 한다. C.S. 루이스는 말한다.

저녁 예배를 드리러 가면서 무엇을 잘못했는지 생각해 보면, 십중팔구 자선에 눈감은 죄가 가장 먼저 떠오른다. 나는 자선이 필요한 사람들에게 눈을 실쭉하며 쏘아붙이고 코웃음 치고 윽박지르고 호통을 쳤다. 하지만

마음 한편으로는 불시에 마주친 예상치 못한 도발 때문이었다고 변명한
다. 나는 경계를 하지 않은 상태였고, 미처 정신을 가다듬을 시간이 없었
다. … 사람이 경계를 풀고 하는 행동을 보면 그가 어떤 사람인지 확실하
게 알 수 있다. 가면을 쓸 시간적 여유 없이 돌발적인 상황에서 진짜 도습
이 나타나는 법이다. 만일 지하실에 쥐가 있다면, 갑작스럽게 들이닥쳐야
쥐란 녀석의 본래 모습을 볼 수 있다. 급작스러운 침입이 쥐를 만들어 주
는 것은 아니다. 단지 녀석들이 숨지 못하게 할 뿐이다. 마찬가지로 갑작
스러운 도발이 나를 성마른 사람으로 만드는 것은 아니다. 단지 내가 얼
마나 성마른 사람인지 보여 줄 뿐이다. … 지하실은 나의 의지가 미칠 수
없는 곳이므로 … 도덕적으로 살려는 직접적인 노력이 나 자신에게 서로
운 동기를 줄 수는 없다. 처음 몇 발을 뗀 후 … 우리의 영혼 속에서 정말
로 해야 할 모든 것은 오직 신만이 할 수 있다는 것을 깨닫는다.[5]

신뢰하라, 그리고 사랑하라

신뢰 구축에 대한 이 장에서, 우리는 신뢰관계를 구축하기 위해 할
수 있는 일에 초점을 맞췄다. 이 같은 신뢰 만들기에서 신뢰는 명사
이다.

그러나 신뢰는 또한 동사이다. 행동인 것이다. 나는 제2부를 시작하
면서 내 젊은 시절의 리더를 소개한 바 있다. 그는 내게서 나 자신이
알고 있는 것보다 훨씬 큰 가능성을 보았다. 눈에 보이는 것을 넘어,
현상의 이면을 꿰뚫어보았던 것이다. 그는 나의 마음과 눈과 정신을
들여다보았고, 내면에 숨겨진 가공되거나 개발되지 않은 위대함의 씨
앗을 보았다.

그는 내게 나의 경험과 내가 알고 있는 능력으로는 도저히 감당할 수 없는 일을 맡겼다. 그는 아무 증거도 없이 나를 신뢰했다. 그저 내가 도전을 극복할 수 있을 것이라고 믿고, 기대하고, 그렇게 대했다. 그것은 믿음의 행위였다. 나의 가치와 잠재능력에 대한 확신으로 가득 찬 그 믿음의 행위는 내 스스로 그것을 볼 수 있게 만들었다. 그의 믿음은 나 자신에 대한 믿음과 비전을 키워 주었다. 나는 가장 높고 가장 고상한 이상을 품었고, 완전하진 않았지만 이렇게 성장했다. 그 믿음은 내 삶의 철학이 되었다. 사람들을 긍정하라. 아이들을 긍정하라. 그들을 믿어라. 보이는 것이 아닌 보이지 않는 가능성을 믿어라.

"현재의 상태대로 대하면, 사람은 변하지 않는다. 그러나 가능성과 당위성으로 대하면, 그는 가능성과 당위성을 현실로 만들 것이다"라는 시인 괴테의 말에서 진실과 깊이가 느껴진다.

> 다른 사람들이 자신의 가치와 잠재능력을 스스로 볼 수 있도록 깨우쳐 줄 때 신뢰는 동사가 된다.

신뢰는 신뢰성의 결과이며, 동기의 근원이다. 그것은 가장 큰 동기이다. 사랑도 역시 동사이다. 그것은 행동이다. 우리는 다른 사람들을 사랑하거나 도와준다. 우리는 다른 사람들을 신뢰한다. 그들의 가치와 잠재능력을 보고, 기회를 주고 키워 주고 격려한다. 그들이 신뢰에 충실한 삶을 살지 않는다면, 그들의 신뢰는 떨어지고 자신의 가치와 잠재능력을 깨닫지 못하며 다른 사람들의 가치와 잠재능력도 보지 못하게 될 것이다. 그들에게는 신뢰가 동사가 아니다. 사실 신뢰성이 없는 사람이 남을 신뢰하거나 지속적으로 믿는 것은 대단히 어렵다.

사랑이 신뢰와 마찬가지로 동사가 될 수 있다는 것을 다음 예를 통해 알아보자. 한 세미나에서 어떤 사람이 내게 와서 말했다. "스티븐, 당신의 강연은 잘 들었습니다. 하지만 누구나 상황은 다릅니다. 내 결혼 생활 이야기인데요, 정말 걱정이 많습니다. 아내와 나는 서로에 대해 과거와 같은 느낌이 없습니다. 나는 이제 그녀를 사랑하지 않습니다. 아내도 마찬가지입니다. 나는 어떻게 해야 하죠?"

"사랑의 감정이 더 이상 없습니까?"

"없습니다. 우리는 아이가 셋이나 된답니다. 어떻게 하면 좋겠습니까?"

"아내를 사랑하나요?"

"더 이상 사랑의 감정은 없다고 말했는데요."

"아내를 사랑하나요?"

"이해를 못 하시는군요. 이제는 사랑의 감정이 없다고요."

"그러면 아내를 사랑하십시오. 사랑의 감정이 없다는 것은 곧 그녀를 사랑해야 하는 이유가 됩니다."

"하지만 사랑하지 않는데 어떻게 사랑하죠?"

"들어 보세요. 사랑은 동사입니다. 행동인 것입니다. 감정으로서의 사랑은 동사 사랑의 결과입니다. 그러니 아내를 사랑하십시오. 희생하십시오. 아내의 말에 귀를 기울이십시오. 공감하십시오. 아내를 평가하고 긍정해 주십시오. 할 수 있겠습니까?"

사랑은 동사이다. 반사적인 사람들은 그것을 감정으로 만든다. 그들은 감정에 지배된다. 할리우드는 우리로 하여금 사랑에 책임이 없고 사랑은 감정이라고 믿게 만들었다. 그러나 영화는 현실이 아니다. 감정이 행동을 지배한다면, 그것은 스스로 책임을 포기하고 감정에 몸을 맡겼기 때문이다.

주도적인 사람들은 사랑을 동사로 만든다. 사랑은 행동하는 것이다. 어머니가 아이를 키우듯이 자신을 버리고 희생하는 것이다. 남들을 위해 희생하는 사람들, 심지어 자신을 공격하거나 일방적으로 받기만 좋아하는 사람들을 위해 희생하는 사람들을 연구해 보면 사랑이 무엇인지 알 수 있을 것이다. 만일 부모라면, 아이들을 위해 얼마나 희생하며 사랑하는지 생각해 보라. 사랑은 사랑하는 행동을 통해 실현되는 가치이다. 주도적인 사람들은 감정을 가치에 종속시킨다. 감정으로서의 사랑은 다시 가질 수 있다.

신뢰하기에 가장 좋은 곳, 가치와 잠재능력을 일깨우기에 가장 좋은 곳은 어디인가? 두말할 것 없이 가정이다. 그 다음으로 좋은 곳은 학교이다. 교사는 신뢰의 과정을 다시 시작하는 대리 부모와 같다.

우리는 다른 사람들을 신뢰할 수 있는 힘을 갖고 있다. 때론 실망할 수도 있고, 이 힘을 사용하는 데 지혜도 필요할 것이다. 그러나 이 힘을 발휘했을 때 우리는 다른 사람들에게 고귀한 기회와 선물을 선사한다. 가장 큰 위험은 위험이 없는 삶이 갖고 있는 위험이다.

영화 〈교사 앤 설리번〉

헬렌 켈러와 그녀의 교사인 앤 설리번의 이야기를 담은 영화를 보도록 하자. 헬렌 켈러는 눈도 안 보이고 귀도 멀었다. 앤 설리번 자신도 거의 앞을 보지 못하고 학대받고 버려진 어린 시절을 지냈지만, 헬렌 켈러에 대한 봉사에서 의미를 찾음으로써 모든 것을 극복했다.

헬렌 켈러의 삶과 업적은 위대하고 놀랍고 감동적이다. 수많은 사람들이 직·간접적으로 그녀의 영향을 받았다. 그러나 헬렌 켈러를 감

화시킨 인물은 그녀의 교사인 앤 설리번이었다. 영화를 보면서 위대
함으로 가는 길과 평범함으로 가는 길을 생각해 보라. 앤 설리번이 선
택한 길을 생각해 보고 그녀의 비전, 규율, 열정이 어떻게 희생과 역경
극복을 통해 얻은 도덕적 권위와 양심의 지배를 받게 되었는지 연구하
라. 암흑에 갇혔던 헬렌 켈러가 어떻게 균형되고, 완전하고, 영향력 있
는 사람이 되었는지 연구하라. 끊임없는 예입, 신속한 커뮤니케이션
(참을성, 끈기, 이해)과 유대를 통해 어떻게 앤과 헬렌 사이에 신뢰관계
가 구축되었는지 연구하라.

　이 영화는 자기 내면의 소리를 찾아내고, 전 세계의 수많은 사람들
이 내면의 소리를 찾을 수 있도록 일생을 바친 위대한 두 여인의 아름
다운 이야기이다.

질문과 대답

태도는 어떻게 개선하는가? 부정적 태도는 조직에 암적인 존재이다. 이 문제는 어떻게 해결하는가?

3가지 차원에서 대답하겠다.

　첫째로, 개인 차원에서는 긍정적 태도의 본보기를 보여야 한다. 모
범이 되는 행동을 통해 불평, 비난, 비교, 경쟁, 논쟁이라는 전이성 암
을 예방하는 것이다. 판단이 아니라 길을 안내하는 사람이 되고, 비판
자가 아닌 모범이 되는 것보다 더 효과적인 방법은 없다.

　둘째로, 못마땅해 하거나 부정적 태도를 가진 사람과 관계를 구축
하기 위해 개인적으로 만나는 시간을 가져야 한다. 부정적 태도는 속
으로 진행되고 있는 병의 증상이다. 사람들은 자신이 이해받고 있다

고 느껴야 한다. 상대방을 이해하는 것은 치료, 치유, 긍정의 효과가 높아서 문제의 가지가 아닌 뿌리를 잘라 낼 수 있을 것이다.

셋째로, 우리의 본보기나 관계보다 더 강하게 작용하는 힘이 있을 수 있다. 때로는 변화에 집착하기보다는 지켜보며 미소 지어야 할 때가 있다. 이러한 방법은 암의 전이를 막아 준다. 부정적 태도를 비롯한 다른 사람들의 약점에 집중하며 감정적인 삶을 살아간다면 스스로 힘을 잃는다. 또한 그들의 부정적 태도가 조직 전체로 그 암세포를 전이시킬 것이다. 모든 것을 변화시킬 수는 없다. 모든 사람을 변화시킬 수는 없다. 오직 자기 자신만 변화시킬 수 있을 뿐이다. 그러나 자신이 갖고 있는 기본 재능과 일치하는 기술이나 역량을 개발할 수 있다면, 자기 자신과 남을 대하는 태도뿐 아니라 삶에 대한 태도도 좋아질 것이다.

테니스를 가르친다고 해보자. 사기가 떨어져 좌절해 있고 부정적일 때, 그들의 태도에 대해 이야기하는 것이 좋겠는가? 그라운드 스트로크(지면에 한 번 닿은 공을 치는 타법)와 발리(공이 땅에 닿기 전에 치는 타법)에 대해 더 많은 정보를 주는 것이 좋겠는가? 아니면 기술적 측면에서 접근하여 코트에 나가서 스스로 더 많은 것을 알고 싶을 때까지 기술을 연습하는 것이 좋겠는가? 태도, 지식, 기술의 3가지 측면에서 접근할 수 있다. 대부분의 사람들은 태도와 지식의 측면에 초점을 맞춘다. 그러나 나는 가장 중요한 것은 기술이라고 생각한다. 사람들은 어떤 것을 잘할 수 있을 때 자기 자신과 삶에 대해 만족하게 된다. 테니스 게임을 즐길 수 있을 때 태도는 자연스럽게 긍정적으로 바뀌게 될 것이다.

동기 부여와 관련하여 어떤 조언을 해주고 싶은가?

우선 본보기가 되고 나서 말이 아닌 한방향으로 정렬된 시스템과 인센 티브를 통해 다른 사람들이 자신의 가치와 잠재능력을 스스로 볼 수 있도록, 그 가치와 잠재능력을 긍정하라. 우리는 내적, 외적 동기 부여 가 모두 중요하다는 것을 알아야 한다. 내면의 열정은 성냥과 같다. 처 음에는 마찰을 일으켜야 불이 붙는다. 그 다음에는 자연스럽게 다른 성냥으로 불이 옮겨 붙는다. 내가 열정을 믿는 것은 사실이지만, 심리 적으로 자극을 주는 말을 많이 하는 것은 별로 좋아하지 않는다. 나는 일을 옳게 하는 사람들을 붙잡아야 한다는 켄 블랜차드Ken Blanchard■ 의 방법론을 좋아한다. 사람들은 가치를 인정받고 평가받아야 하지만 동시에 그들이 일하고 있는 직장도 헌신하고 최선을 다할 만한 가치가 있다고 느껴야 한다.

직접 접촉이 불가능한 인터넷 세계에서, 직장을 비개인화하지 않고 신기술이 가져 다 주는 효율을 극대화하기 위해 신기술을 어떻게 활용하겠는가?

나는 궁극적으로 하이테크 조직은 하이터치로만 운영될 수 있다고 생 각한다. 우리는 관계를 형성했을 때 효율적으로 생각하고 효율적으로 운영할 수 있다. 기술은 효율성을 가져다 주지만 인간관계를 대신할 수는 없다. 사람들과의 관계에서는 빠른 것이 느린 것이고, 느린 것이 빠른 것이란 점을 명심하라. 기술은 신체와 같이 부리기에는 좋은 하 인이지만 섬기기에는 나쁜 주인이다.

■ 세계적인 경영 컨설턴트로 활발히 활동하고 있으며, 『칭찬은 고래도 춤추게 한다』의 작가이기 도 하다.

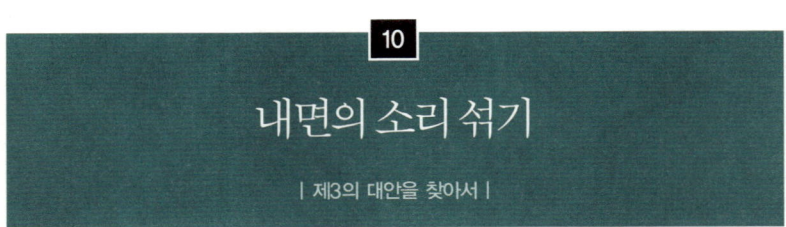

10

내면의 소리 섞기

| 제3의 대안을 찾아서 |

리더는 갈등을 피하거나 억누르거나 부정하지 않고, 그것을 기회로 본다.[1]

워런 베니스

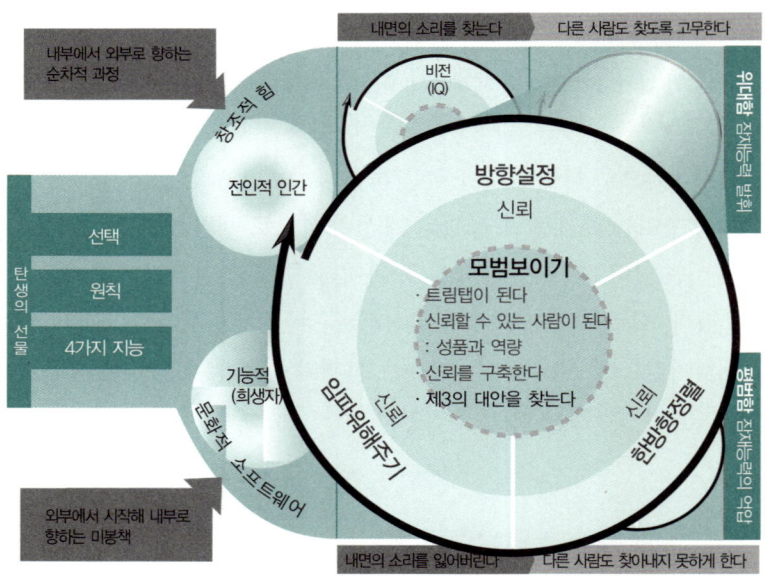

자료 10.1

가정이나 직장, 다른 그 어디에서든 가장 어렵고 도전적인 삶의 문제는 갈등, 즉 사람 간의 차이점을 어떻게 다루느냐 하는 것이다. 자신이 맞고 있는 도전을 생각해 보라. 제3의 대안을 찾아서 차이점을 시너지적으로 해결할 기술과 성품을 갖춘다면 한결 쉽지 않겠는가? 그러한 시너지적 해결방안, 즉 창조적 협력을 만들어 낼 수 있는 능력은 개인적 차원의 도덕적 권위와 대인관계 차원의 신뢰에 기초한다.

간디의 손자 아룬 간디Arun Gandhi는 할아버지에 버금가는 통찰력을 갖고 있었다. 그의 연설을 들은 사람들은 하나같이 감명을 받고 겸허해졌다.

아이러니한 일이지만 인종 차별과 편견이 없었다면, 우리는 간디를 갖지 못했을 것입니다. 그는 또 한 사람의 돈 많은 변호사가 될 수도 있었습니다. 하지만 간디는 남아프리카공화국의 인종 차별로 인해 그곳에 도착한 지 일주일 만에 굴욕을 당했습니다. 유색인이라는 이유로 열차에서 강제로 끌려 내린 간디는 밤새도록 플랫폼에 앉아서 어떻게 정의를 회복할 수 있을지 생각했습니다. 첫 번째 반응은 분노였습니다. 너무 화가 나서 복수를 하고 싶었습니다. 그에게 모욕을 준 사람들을 응징하고 싶었습니다. 하지만 단념하고 자신에게 말했습니다. "그건 옳지 않아." 그것은 간디에게 정의를 가져다 줄 수 없었습니다. 복수를 하면 일시적으로는 통쾌하겠지만, 결코 정의는 얻지 못할 것입니다.

두 번째 반응은 인도로 돌아가서 상류층으로 인간답게 살고 싶다는 것이었습니다. 그는 이 생각도 단념하고 자신에게 말했습니다. "문제를 회피할 수는 없다. 문제에 맞서 싸워야 한다." 그때 세 번째 반응이 떠오르기 시작했습니다. 바로 비폭력운동이었습니다. 그 후 간디는 남아프리카공화국의 정의를 위해 싸우면서, 비폭력의 철학을 정립하고 평생 동안 실천했습니다. 그는 22년간 그 나라에서 살다가 인도로 돌아와 비폭력운동을 이끌었습니다.[2]

제3의 대안은 나의 방법도 아니고 너의 방법도 아닌 우리의 방법이다. 나의 방법과 너의 방법을 얼버무린 어중간한 타협이 아니다. 그것은 타협이 아니라 더 좋은 방법이다. 불교에서 말하는 중용이 제3의 대안이다. 삼각형의 꼭지점과 같이 중간에 있지만 양측보다 더 높은 곳에 위치한 방법이다.

제3의 대안은 제안된 어떤 방법보다 훌륭하며, 창조적 노력의 산물이다. 그것은 두 사람 이상이 솔직하고 상대의 말을 경청하며 더 좋은 방법을 찾으려고 할 때 나타난다. 어떤 결과가 나타날지는 아무도 모른다. 알 수 있는 것은 오직 지금보다 더 나은 방법에 도달할 것이라는 점이다. 내용도 변할 수 있고, 정신도 변할 수 있고, 동기도 변할 수 있고, 이 모든 것이 변할 수도 있다.

간디처럼 제3의 대안은 대개 자신에게서 시작된다. 하지만 그 방법이 마음속에 나타나기 위해서는 반대자와 같은 상황적 요소가 필요할 경우도 많다. 아룬 간디의 연설에서 그의 내적 투쟁과 대인관계 사이의 상호작용이 느껴지는가? 간디는 대인관계에서 도전에 직면하기 전에 상당한 개인적 문제를 해결해야 했다.

필요한 것은 마음자세뿐이다

개인적 성공을 위해 각 삶의 영역에서 20번의 팔굽혀펴기를 해야 하듯이, 진정한 제3의 대안을 찾으려면 그러한 마음가짐과 기술이 필요하다. 나는 강연할 때 종종 키 크고 힘센 지원자를 앞으로 나오게 해서 나와 팔씨름을 하게 한다. 지원자가 앞으로 걸어 나올 때 그 사람에게 질 준비를 하라고 호언한다. 나의 경력, 기술, 힘에 대해 자랑한다. 그리고 지원자가 앞에 나오면 "나는 패자입니다"라고 말해 줄 것을 요청한다. 대부분의 사람들은 나의 요청에 응한다. 그러면 다시 팔씨름에서 중요한 것은 몸집이 아니라 기술이며, 나는 그 기술을 가졌으나 그에게는 없다고 말한다. 계속 빈정대고 약을 올린다. 의도한 대로 청중들은 나의 상대를 동정한다.

우리는 서로 오른발을 맞대고 팔씨름 자세를 취한다. 그때 나는 상대방을 응원하는 테이블 측에 상금을 걸고 싶지 않은지 묻는다. 즉 내가 상대의 팔을 완전히 넘기면 내가 1달러를 받고, 상대가 넘기면 상대가 1달러를 받는 것이다. 그들은 항상 내 제안에 동의한다. 나는 가까이 있는 사람에게 시간을 재 줄 것을 요청한다. 그는 우리에게 약 1분의 시간을 주고, 서로 몇 번을 이기는지 세야 한다. 그리고 청중들에게 상금을 걸게 한다. 상금을 거는 사람들은 돈을 충분하게 지원할 수 있을 정도로 주머니가 두둑해야 한다고 말한다.

시간을 재는 사람이 시작을 알린다. 나는 힘을 쓰지 않고 상대가 쉽게 이기게 만든다. 보통 사람들은 내가 힘을 쓰지 않는 데 놀란다. 어찌된 영문인지 의아스럽게 생각한다. 다음번에도 져 준다. 그러한 상황을 계속 반복한다. 그는 매번 나의 저항을 예상한다. 대개는 자기가 부당한 방법을 사용하기라도 한 듯 약간 미안한 느낌을 갖는다.

그때 나는 말한다. "당신은 가능한 한 우리 모두가 이기면 얼마나 기분이 좋을지 알 것입니다." 그는 솔깃해 하면서도 내가 너무 공격적으로 행동했기 때문에 여전히 나를 의심한다. 아마도 그는 이런 생각을 할 것이다. '상대의 실제 계획이 나를 어떤 식으로 교란하거나 조작하는 것이라면 어떻게 하지?' 그러나 계속 내가 힘을 쓰지 않고 쉽게 져 주면, 그의 양심은 대개 나를 두둔하게 되고, 모두가 이기도록 하자는 나의 제안을 수용한다. 보통은 망설이다가 마지못해 한 번은 내가 이기게 해준다.

다음번에는 내가 힘을 쓰지 않고 져 준다. 몇 초 지나면 그는 아무런 저항 없이 져 준다. 그래도 여전히 당황스러워하고 의아해 하는 사람들도 있다. 그들은 계속 힘을 쓰지만, 결국은 모두에게 이익이 되도록 한 번씩 번갈아 가면서 이기는 방법을 선택한다. 그러면 나는 말한다. "이렇게 쉬운 방법이 있는데 왜 안 하죠?" 우리는 팔목만 쓴다. 그것은 팔 전체를 움직이는 것보다 5배쯤 빠르다. 그리고 나머지 한쪽 손도 사용하여, 우리의 수입은 두 배로 늘어난다. 마침내 나는 말한다. "이제 당신의 테이블에 가 보십시오. 사람들이 우리에게 몇 달러를 줘야 하는지 알 수 있도록 그들 앞에서 이긴 횟수를 말하십시오." 그러면 사람들은 웃음을 터트리고 나의 메시지를 이해한다.

xQ 응답자의 3분의 1이 승-승 상황에서 일하고 있다고 말한다.

나는 청중들에게 승-승적 사고는 제3의 대안을 찾으려는 마음자세이며, 상호존중과 상호이익의 원칙 위에 서 있다고 설명한다. 비록 내가 팔씨름에서 상대방이 승-패의 사고를 갖도록 더 강한 척, 더 나은 척, 공격적인 척했지만, 실제로 나는 승-승의 태도와 사고를 가져왔다.

나는 저항하지 않고 즉시 상대의 이익과 승리를 모색하기 시작했다. 겸손해지고 미안한 마음을 갖게 된 상대방은 함께 협력하면 더 많은 것을 얻을 수 있다는 생각을 받아들이게 되었다.

우리는 빠르게 팔목을 움직임으로써, 그리고 다른 쪽 손도 사용함으로써 창조성을 발휘한다. 최종 목표는 시너지를 얻는 것이다. 힘을 모아 더 많은 상금을 받아 내는 것이다. 상금을 대야 하는 테이블 쪽 사람들도 많은 것을 배웠다. 물론 실제 돈이 오간 것은 아니지만, 제3의 대안을 찾고 만들어내는 방법을 실감나게 경험할 수 있었다.

내가 제3의 대안을 찾기 위해 개인적 차원에서 어떻게 내면의 힘과 안정을 이끌어 냈는지 아는가? 나는 상대방에게 승-패의 강렬한 경쟁 의식을 불러일으켜 '이 보잘것없는 대머리 영감이 한 판이라도 이기게 해서는 안 되겠다.' 고 하는 마음을 굳게 다짐하게 만들었기 때문에, 상대방은 거짓 허풍과 호언장담에 격렬하게 반응하는 것을 견뎌내야 했다.

많은 사람들은 양측 모두가 승-승을 생각해야 한다고 믿고 있지만 사실은 그렇지 않다. 한쪽만 생각해도 된다. 또한 대부분 상대방이 협력해야 한다고 생각하지만, 제3의 대안을 만들어 내는 창조적 협력은 시너지를 낸 후에야 비로소 나타나는 것이다. 처음에는 상대방이 신뢰할 때까지 공감하고, 경청하고, 상대방의 이익을 모색하고 지켜 주려고 노력해야 한다.

나는 〈오프라 윈프리 쇼〉에서도 이러한 상황을 보여 준 적이 있는데, 담당 연출자를 설득하느라 애를 먹었다. 자연스러운 분위기를 조성해야 하는데, 그럴 경우 오프라 자신을 비롯해 아무도 그 결과를 알 수 없다는 것이 문제였다. 연출자는 상황 연출이 불가능한 데 따른 시청률의 감소를 우려했다. 그러나 나는 결국 오프라를 설득하여 시도하기로 결정했다.

방송이 되고 있는 동안 나는 강연회 때와 마찬가지로 그녀를 공격하고 비난하고, 그녀의 약점과 나의 강점을 이야기하면서, 그녀가 질 것이라고 말했다. 내 말과 행동은 실제로 그녀로 하여금 최선을 다해 이 게임에 참여하게 만들었다. 그녀는 나를 계속 깎아내렸다. 나는 그녀에게 말했다. "오프라, 모두가 이기는 길을 택해 볼까요?" "절대로 안 됩니다." "왜 안 돼죠?" "나는 어린 시절을 길거리에서 보냈어요. 누구나 내게 그런 식으로 이야기하지만 결국 양보하지 않았어요." "오프라, 공평하게 당신이 다시 이기면 되지 않나요?" "안 됩니다." 그녀는 전혀 나를 신뢰하지 않았다. 나는 말했다. "우리는 더 좋은 상황을 만들려고 하는 것입니다. 이번에 당신이 이기면, 다시 한 번 1달러를 얻을 거예요. … 나는 당신에게 1달러가 얼마나 절실한지 알고 있습니다." 우리는 모두 그 게임을 즐겼고, 그녀를 비롯해 그 자리에 있던 거의 모든 사람들이 교훈을 얻었다.

동양 속담에 '백문이 불여일견'이라고 했다. 나는 한 번의 경험이 백 번 보는 것만큼 효과가 있다고 생각한다. 청중들이 팔씨름을 본 것은 백 번 듣는 것의 효과가 있으며, 지원자의 경험은 백 번 보는 것의 효과가 있다. 여러분은 마음속으로 그려 볼 수 있을 것이다. 만일 그 힘을 보고 싶다면, 아이들이나 배우자 또는 동료들에게 시도해 보라.

대부분은 제3의 대안을 얻기 위해 승-승적 사고와 먼저 이해하려는 노력을 해보지 않았을 것이다. 사실 그것은 개인의 승리를 필요로 한다. 개인적 차원에서 상당한 성공을 필요로 한다. 개인의 안정은 다른 사람들이 좋게 보거나 스스로 옳다고 해서 얻는 것이 아니라, 자기 자신에서 나오는 것이다. 원칙에 기초한 가치체계에 충실할 때 공격에 견디고 안정을 누릴 수 있다. 그러한 힘은 자신 있게 공격에 노출될 수 있는 능력에서 나온다. 우리는 자신 있게 다른 사람들의 영향을 받고 유연해질 수 있다. 결과가 어떻게 될지는 아무도 모른다. 다만 너의 방법이나 나의 방법보다 더 좋은 방법이 있을 것이란 사실만 알고, 제 3의 대안을 찾아갈 뿐이다.

제3의 대안을 찾는 기술

커뮤니케이션은 두말할 필요도 없이 가장 중요한 삶의 기술이다. 커뮤니케이션에는 기본적으로 읽기, 쓰기, 말하기, 듣기라는 4가지 방식이 있다. 대부분의 사람들은 깨어 있는 시간의 3분의 2 또는 4분의 3을 이러한 커뮤니케이션에 쓴다. 4가지 커뮤니케이션 방식 가운데 40~50%는 듣기에 해당되지만, 듣기는 가장 교육이 취약한 분야이다. 우리는 오랫동안 읽기, 쓰기, 말하기 교육만 주로 받아 왔다. 2주 이상의 정식 듣기 교육을 받은 사람들은 5%에 불과하다.

> 조사 대상 직원의 17%만이 조직이 진실로 열려 있고, 솔직하고, 존중해 주는 커뮤니케이션 구조를 갖고 있다고 생각한다.

대부분의 사람들은 항상 듣고 있기 때문에 듣는 법을 알고 있다고 생각한다. 그러나 실제로 그는 자신의 준거틀 안에서 듣는 것이다. 듣기의 5단계, 즉 무시하기, 듣는 척하기, 골라서 듣기, 주의해서 경청하기, 공감적으로 경청하기 가운데 최고의 단계는 공감적 경청이다. 공감적 경청만이 상대방의 준거틀 안에서 듣는다. 진정한 경청은 경험을 초월하여 자신의 준거틀, 가치체계, 기억과 판단 경향에서 벗어나

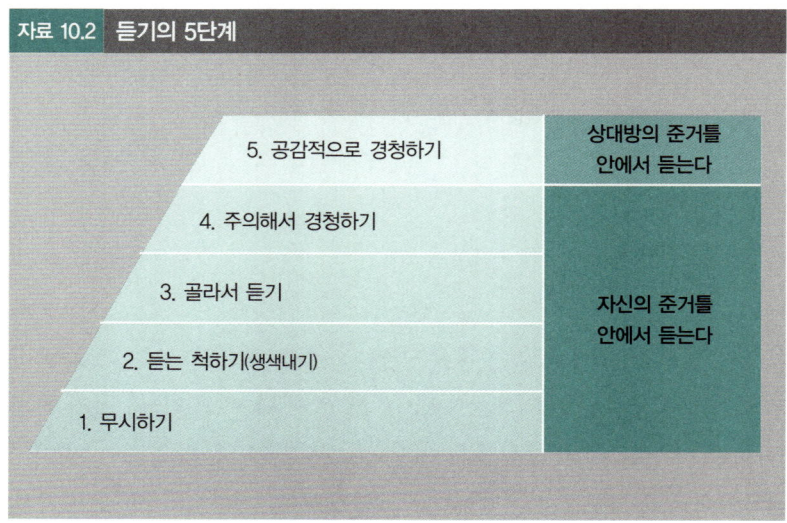

자료 10.2 | 듣기의 5단계

5. 공감적으로 경청하기	상대방의 준거틀 안에서 듣는다
4. 주의해서 경청하기	자신의 준거틀 안에서 듣는다
3. 골라서 듣기	
2. 듣는 척하기(생색내기)	
1. 무시하기	

고, 상대방의 준거틀과 관점 속으로 들어가서 듣는 것이다. 이것을 공감적 경청이라고 한다. 공감적 경청 기술을 사용하는 사람들은 매우 드물다. 사실 그것은 기술 이상의 기술이다.

커뮤니케이션 기술의 중요성을 강조하기 위해 한 가지 실험을 해보자. 지시하는 대로 그냥 읽고 자신의 경험을 분석하기 바란다. 특별한 감동이나 학습 효과가 있는 것은 아니니 부담 가질 필요는 없다. 나의 다른 저서에서 비슷한 경험을 한 경우도 있겠지만, 그림은 다를 것이다. 이 프로세스는 학습과 그 학습에 기초한 행동의 동기를 강화시켜준다.

이 실험에는 한 사람이 더 필요하다. 먼저 당신이 딱 1초 동안만 270쪽의 〈자료 10.3〉을 보라. 그 다음에 다른 사람이 272쪽의 〈자료 10.4〉를 보게 하라(당신은 보지 말아야 한다). 마지막으로 당신과 다른 사람이 함께 292쪽의 〈자료 10.8〉을 보도록 하라. 자, 이제 질문하겠다.

듣기에 대해(인용문)

내가 당신에게 들어줄 것을 요청하고 당신이 조언을 시작할 때, 당신은 내가 요청한 대로 들어주지 않았습니다. 당신에게 내 말을 들어줄 것을 요청하자, 당신은 왜 내가 나의 방식으로 느끼지 말아야 하는지 이야기하면서 나의 감정을 짓밟습니다. 이상하게 생각할지 모르지만, 내 말을 들어 달라는 요청에 당신이 문제를 해결해야겠다고 느낀 것은 나를 실망시켰습니다. 경청하십시오. 내가 원한 것은 경청이지 말이나 행동이 아닙니다. 그냥 내 말을 들으세요. 나 혼자 할 수 있습니다. 무력하지 않습니다. 실수에 낙담할 수는 있어도 무력하지는 않습니다. 내 스스로 해야 할 일을 당신이 해준다면 나의 두려움과 약점만 커질 뿐입니다. 내가 아무리 불합리해 보이더라도 내가 느낌을 갖고 있다는 사실을 당신이 받아들일 때, 나는 당신을 설득하기를 멈추고 내 스스로 그 불합리함 뒤에 무엇이 있는지 깨닫게 될 것입니다. 그리고 그것이 분명해질 때 해답은 자명해지고 당신의 조언은 더 이상 필요하지 않을 것입니다.³

—랄프 러프턴(Ralph Roughton)

두 사람은 마지막 그림에서 무엇을 보았는가?

젊은 여자인가, 색소폰 부는 사람인가?

어느 쪽이 옳은가?

서로 무엇을 보았는지 대화를 나눠 보라. 주의 깊게 이야기를 듣고 상대방이 본 것을 보라. 상대방의 관점을 이해했으면, 자신이 본 것을 그에게 설명하라. 당신이 본 것을 볼 수 있도록 도와줘라.

무엇 때문에 지각의 차이가 발생했는가? 따로 본 그림들을 살펴보라. 당신이 첫 번째로 본 그림을 상대방도 보았더라면 어떻게 되었겠는가? 그러면 당신이 마지막 그림을 색소폰 연주자로 본 이유를 상대방이 납득할 수 있겠는가? 물론 납득할 수 있을 것이다.

이 실험을 청중들에게 할 때, 절반은 1초 동안 젊은 여자의 조건형 성conditioning 그림을 보여 주고, 나머지 반은 색소폰 연주자의 조건형 성 그림을 보여 준다. 젊은 여자와 색소폰 연주자가 합쳐진 세 번째 그 림을 모든 사람들에게 보여 줄 때, 반은 젊은 여자로 보고 반은 색소폰 연주자로 본다. 거의 예외 없이 같은 그림을 보고 정반대의 해석을 하 고 있는 것이다.

아주 놀라운 학습 경험이 아닌가? 같은 대상을 보고 서로 다른 형상 을 지각한다. 나는 청중들에게 다르게 인식한 사람들의 관점을 이해 할 수 있도록 그들의 의견을 들어 보라고 말한다. 같은 그림을 다르게 볼 수 있다는 것을 알았을 때 그들은 "아하!"라고 외친다. 강연장은 온 통 '아하' 하는 소리로 가득 찬다. 어떤 사람들은 이해하는 데 약간 시 간이 걸린다. 그 그림이 실제로 어떤 그림인지 논쟁하는 사람들도 있

자료 10.3

270

다. 그들은 너무 혼란스러워서 아주 분명해 보이는 것도 보지 못한다. 그들은 그 그림에서 한 가지만 보았기 때문에 자기가 옳다고 우긴다. 반면에 정말로 서로에게 접근하는 사람들도 있다. 그들은 서로를 격려하고 다른 모습을 본 것을 정말로 기뻐한다.

> 창조적 사고는 사물을 다른 식으로 보기 위해 기존의 지각 패턴에서 벗어날 것을 요구한다.
>
> ―에드워드 드보노(Edward De Bono), 『수평적 사고(Lateral Thinking)』의 저자

이 지각 경험을 통해 커뮤니케이션에 대한 다음 4가지 중요한 사실을 알 수 있다.

1. 상대방이 무엇을 보고 왜 그렇게 보는지 이해하려면, 열린 마음으로 그의 말을 진지하게 경청해야 한다. 그것이 제3의 대안을 찾는 기초이다.

2. 새로운 정보가 제공되기 전에 한 경험은 그 정보를 보는 방식에 영향을 미친다. 1초간의 조건형성이 강연장의 청중들을 반으로 나눌 수 있을 정도라면, 평생의 조건형성은 어떤 영향을 미칠지 상상해 보라. 가족이라면 어떻겠는가? 당신은 사물을 어떻게 해석하는가? 같은 사실을 보더라도 과거 개인의 경험을 통해 그 의미를 각자 해석한다. 사람들은 의미를 만들고, 자신의 세계관에 따라 행동한다. 세계를 있는 그대로 보는 것이 아니라 각자의 방식대로 본다는 점을 기억하라. 인식은 시너지를 내려고 노력하기 훨씬 이전에 정해진다. 그러므로 가장 중요한 일은 상호이해에 도달하는 커뮤니케이션을 시도하는 것이다.

3. 사물을 해석하는 방법은 한 가지만 있는 것이 아니다. 문제는 원래의 비전

에 충실하면서 서로 다른 관점들을 정확하고 정직하게 고려한 공유된 비전을 만드는 데 있다. 문제가 사람들마다 제각기 해석될 때는 누가 옳은가? 당신과 배우자, 또는 당신과 아이들이 서로 의견이 맞지 않을 때는 누가 옳은가? 만일 당신이 지위와 권력을 가졌다면, 한 가지 정답만 인정할 것이다. 인식에 에고가 개입할 때 생각은 고정되고 반응은 경직된다.

4. 대부분의 커뮤니케이션 실패는 의미규정의 산물이다. 사람들은 말을 정의한다. 하지만 공감하는 순간 의미규정 문제는 사라진다. 왜냐하면 진정으로 이해하기 위해 경청할 때는 말을 의미의 상징으로 보기 때문이다. 중요한 것은 상징을 두고 싸우는 것이 아니라 의미를 이해하는 것이다.

다시 지각 경험으로 되돌아가서, 자신이 본 것이 옳고 다른 사람은 틀렸다고 확신한다면 어떻게 될지 생각해 보라. 그림의 의미를 말하려는 시도는 논쟁만 불러올 것이다. 두 사람의 인식은 감정에 치우치

자료 10.4

게 된다. 그처럼 왜곡되고 감정에 치우친 초점으로는 상대방의 인식에 성실하게 반응할 수 없다.

이러한 감정의 경도 문제가 지위나 권력과 결합되면 어떻게 되겠는가? 높은 자리의 리더가 조직이 직면하고 있는 도전에 어떻게 대처할 것인지 일방적으로 결정하고 선포한다면 어떻게 되겠는가? 최고 지위에 있는 사람들은 그 변화로 구조와 보상 제도가 어떻게 바뀌고 서로 조화를 이루게 되는지, 또한 변화의 본질은 무엇인지 발표한다. 침묵하는 직원들은 고압적인 태도에 분개하고 결정에 반대한다. '지시받을 때까지 기다리는' 공동의존적 문화가 형성되고, 반대 의견은 부정되고 묵살된다. 그저 혼란만 있을 뿐이다.

도덕적 권위 없이 지위에 의한 권력에 의존할 때, 대인관계의 약점은 커진다. 공동의존 관계가 만들어지는 것이다.

인디언 토킹스틱

나는 미국과 캐나다에서 인디언족을 이끌고 있는 족장들에게 강연한 적이 있는데, 그들은 내게 토킹스틱Talking Stick을 선사했다. '대머리 독수리'라는 이름이 새겨지고 정교하게 조각된 1.5m 크기의 아름다운 지팡이였다. 이 지팡이는 미국 원주민 사회에서 수백 년 동안 중요한 기능을 수행해 왔다. 벤저민 프랭클린Benjamin Franklin을 비롯하여 미국의 건국 선조들은 이로쿼이Iroquois 연방 인디언 족장의 토킹스틱 정신을 배우기도 했다. 그것은 가장 강력한 커뮤니케이션 도구 가운데 하나로서 시너지적 의미를 담고 있다. 토킹스틱은 서로 다른 사람들이 상호존중을 통해 어떻게 서로를 이해할 수 있는지를 보여 준다. 서로 다른 점과 문제점들을 시너지적으로, 아니면 최소한 양보를 통해 해결하는 것이다.

토킹스틱은 사람들이 모일 때마다 사용된다. 이 지팡이를 들고 있는 사람에게만 발언이 허용된다. 토킹스틱을 갖고 있는 동안에는 누구의 간섭도 받지 않고 다른 사람들을 충분하게 이해시킬 때까지 자신의 의견을 말할 수 있다. 이때 다른 사람들은 의견을 말하거나 주장할 수 없고, 찬성이나 반대 표시도 허용되지 않는다. 그들은 오직 발언하는 사람을 이해하려고 노력하고, 이해했다는 것을 알려 줄 수 있을 뿐이다. 그리고 발언자의 뜻을 좀 더 확실히 이해하기 위해 말한 내용을 확인할 수는 있다.

다른 사람들이 이해한 것 같으면 지팡이를 옆 사람에게 넘겨준다. 그 역시 자신의 뜻이 다른 사람들에게 정확하게 전달되게 한다. 이런 식으로 모든 사람들이 말하고 들으면서 완전한 커뮤니케이션의 책임을 진다. 모두가 자신의 말을 이해시켰다고 느끼는 순간, 놀라운 일이 일어난다. 부정적 감정과 논쟁이 사라지면서 상호존중의 분위기가 형성되고, 그들은 창조적으로 변한다. 새로운 아이디어가 생겨나고, 제3의 대안이 나온다.

이해하는 것은 동의와는 다르다는 점을 잊지 말라. 그것은 상대방의 눈, 가슴, 머리, 정신으로 볼 수 있다는 것을 의미한다. 인간 정신의 가장 큰 욕구 가운데 하나는 이해시키는 것이다. 그 욕구가 충족되면, 개인의 초점은 상호의존적 문제 해결로 이동할 수 있다. 그러나 그 욕구가 충족되지 못하면, 서로의 에고 사이에 싸움이 일어난다. 어려운 문제가 생기고 방어적이고 보호적인 커뮤니케이션이 일반화된다. 논쟁이 일어나고, 폭력이 발생하기도 한다.

이해시키려고 하는 인간의 욕구는 폐에 공기가 필요한 것과 같다.

방에서 갑자기 공기가 빠져나간다면 얼마나 공기가 절실하겠는가? 토의하거나 서로의 차이점을 해결하고 싶은 마음이 있겠는가? 당연히 그러고 싶지 않을 것이다. 원하는 것은 단 한 가지, 숨쉴 수 있는 공기뿐이다. 일단 공기를 얻으면, 다른 것들에도 관심을 가질 것이다. 이해시키는 것은 정신적 공기와 같다.

지팡이가 있으면 관심과 초점을 유지하는 데 유리하다. 우리가 토의하고 있는 이 프로세스는 토킹스틱 없이도 이용할 수 있다. 물론 토킹스틱이 있을 때처럼 용기 있게 말하고 공감하며 들을 수는 없겠지만, 반드시 토킹스틱일 필요는 없다. 말하는 사람에게 다른 사람들을 충분하게 이해시켰다고 느껴질 때 넘겨줄 수 있는 물건이라면 연필이든 분필이든 어떤 것이라도 토킹스틱 대신 사용할 수 있다.

숨겨진 의제가 작용한다고 느껴지는 미팅에 참가해 본 적이 있는가? 토킹스틱이 그러한 미팅에서 어떤 힘을 발휘할지 생각해 보라. 실제 스틱이나 연필을 사용하는 것이 적절하지 않은 것 같다면, 그 기본 정신을 말하고 미팅을 시작하도록 하라. 미팅을 시작할 때 사람들이 민감한 문제에 감정적으로 경도되기 전에 말하라. 만일 의장을 맡고 있지 않다면 이렇게 발언하라. "오늘 사람들의 관심이 집중되어 있는 중요한 안건들을 많이 토의해야 합니다. 원활한 커뮤니케이션을 위해 먼저 발언한 사람이 만족스럽게 자신의 의견을 발표했다는 것을 확인할 때까지 아무도 발언하지 않도록 하는 것이 어떻겠습니까?"(비록 토킹스틱을 설명한 것은 아니지만, 그 기본 정신은 설명한 셈이다.)

많은 사람들이 이 프로세스의 수용을 망설일 수 있다. 그냥 평범하고, 심지어 유치하고 비효율적인 것처럼 보이기 때문이다. 하지만 실제로는 그 반대이다. 그 정신의 실천은 자제력과 성숙된 자세를 필요로 한다. 처음에는 비효율적인 것처럼 보여도 사실은 대단히 효과적이다. 시너지적 결정, 시너지적 관계, 유대와 신뢰의 측면에서 원하는 성과를 가져다 준다.

당신이 인디언 토킹스틱의 기본 정신에 충실할 때 미팅이 어떻게 진행되는지 살펴보자.

실비아와 로저는 미팅에 참가하고 있다. 실비아가 한참 자신의 입장을 설명하고 있을 때 로저가 이렇게 말한다. "나는 실비아의 의견에 반대합니다. 우리가 해야 할 일은……."

당신이 로저의 말을 끊고 말한다. "미안합니다만, 로저, 토의 진행과 관련하여 합의한 사항을 지켜 주세요."

"그러죠, 그래서 실비아의 견해를 먼저 설명하고, 나의 의견을 말하려고 합니다."

"아닙니다. 로저. 당신은 실비아의 의견을 말하고 있는 것이 아니에요. 당신은 실비아가 만족할 수 있는 의견을 말해야 합니다. 그 다음에 당신의 의견을 말할 수 있습니다."

"예, 그러죠."

"실비아의 의견이 어떤 것이었죠, 로저?"

로저는 설명을 시도한다.

"그 의견이 맞습니까, 실비아?"

"아뇨, 전혀 안 맞는데요. 내가 말하고 싶은 것은……."

로저가 다시 말을 가로막는다.

"다시 묻겠습니다, 우리의 규칙이 뭐죠, 로저?"

"아 예, 실비아가 만족할 수 있는 의견을 말하려고 하던 참입니다."

그는 처음으로 경청하려고 노력하고 그녀의 말을 충실하게 옮긴다.

"어떻습니까, 실비아?" 당신이 묻는다.

"글쎄요, 내 말을 그대로 옮기기는 했는데, 나의 참뜻은 전혀 모르고 있네요."

"미안합니다, 로저, 다시 말해 주십시오."

"내 순서는 언제입니까? 나는 언제 발언할 수 있는 거죠? 나와 우리 직원들은 이 미팅을 준비하기 위해 이틀 밤이나 샜다고요."

"규칙을 지켜 주세요, 로저. 상대방이 발언하고 있을 때, 당신이 그의 발언 내용을 이해하기 전까지는 끼어들 수 없습니다."

로저는 에고의 요구, 숨겨진 의제, 말하고 싶은 욕구, 먼저 이해할 때까지는 발언할 수 없는 상황 사이에서 갈피를 못 잡고 있다. 그는 처음으로 공감적으로 경청한다.

실비아가 말한다. "고맙습니다, 로저. 잘 이해가 된 것 같습니다."

"자, 이제 로저 당신이 발언하십시오."

로저는 바라보다가 말한다. "실비아의 의견에 찬성합니다."

나의 경험에 비춰 볼 때, 정말로 서로를 이해하려고 노력한다면 대부분의 경우 합의에 도달한다. 커뮤니케이션 문제의 90% 이상은 의미규정이나 인식의 차이에 의해 발생하기 때문이다. 의미규정은 말이나 용어를 정의하는 방식을 의미한다. 인식은 데이터를 해석하는 방식을 의미한다. 진실로 공감하고 서로에게 귀를 기울이면서, 상대방의 준거틀 내에서 들을 때, 의미규정과 인식상의 문제는 해결된다. 색소폰 연주자와 젊은 여성 그림을 볼 때처럼 말이다. 상대방의 준거틀 속에서 듣기 때문에 가능한 일이다. 상대방이 말과 용어를 정의하는 방식, 그리고 상대방이 의미와 데이터를 해석하는 방식을 먼저 이해한다면, 양측은 같은 악보와 같은 언어를 사용하며 합의가 안 된 나머지

지 10%의 문제도 해결할 수 있다. 이 상호이해의 정신은 긍정, 치유, 유대를 강화해 준다. 그래서 동조적으로 토의에 임하고 대개는 시너지나 양보를 통해 이견을 해소한다.

인디언 토킹스틱 커뮤니케이션 방식에서 또 한 가지 중요한 요소는 침묵이다. 다른 사람들의 말에 공감하기 위해서는 조용히 듣고 있어야 한다. 침묵의 힘에 대해 세계적인 경영 컨설턴트였던 로버트 그린리프Robert Greenleaf는 이렇게 말했다. "우리는 잠시의 침묵을 두려워하지 말아야 한다. 어떤 사람들은 침묵을 어색해 하거나 답답한 것으로 생각한다. 그러나 침묵은 편안한 대화 방식이다. 침묵은 자신에게 던지는 통렬한 질문인 경우가 많으며, 때때로 그러한 질문을 하는 것이 중요하다. 마음속에 있는 말을 하는 것이 정말로 침묵에 도움이 될 수 있을까?"

인디언 토킹스틱 정신을 이해하거나 실천하지 않으면 어떻게 되는지 보여 주는 재미있는 이야기를 하나 소개하겠다.

한 농부가 이혼 소송을 위해 변호사 사무실을 찾아갔다. 변호사가 "어떻게 오셨나요?"라고 묻자 농부는 대답했다. "이혼dayvorce을 하고 싶어서 왔습니다." "이유ground : 이유 또는 땅가 있나요?" "40에이커쯤 됩니다." "잘못 알아들으셨군요. 사건case을 맡기실 겁니까?" "아뇨, 나는 케이스Case사 트랙터는 없고, 존 디레John Deere사 트랙터를 갖고 있습니다." "정말로 못 알아들으시는군요. 무슨 불만grudge이 있냐구요?" "예, 창고garage가 있습니다. 존 디레 트랙터를 넣어 두고 있죠." "아뇨, 소송suit : 소송 또는 양복 한 벌을 하려고 하느냐는 뜻입니다." "예, 양복이 한 벌 있습니다. 일요일에 교회 갈 때 입습니다." 답답하고 화가

난 변호사가 말했다. "부인이 당신을 때리고ₐₑₐₜ ᵤₚ 뭐 그럽니까?" "아뇨, 우리는 4시 30분경에 일어납니다get up." 변호사가 마지막으로 물었다. "그래요. 이렇게 질문 드리죠. 왜 이혼을 하려고 하죠?" 농부가 말했다. "아내와 의미 있는 대화를 못 하고 있거든요."

제3의 대안을 찾는 2단계 프로세스

제3의 대안을 찾는 데에는 기본적으로 2가지 단계가 있다(자료 10.5). 이 2단계 프로세스는 신뢰(도덕적 권위)를 얻어 제3의 대안을 찾는 데 도움이 될 것이다.

2가지 단계가 항상 순차적인 것은 아니라는 점을 명심해야 한다. 1단계에서 시작하기도 하지만, 어떤 때는 2단계에서 시작하기도 한다.

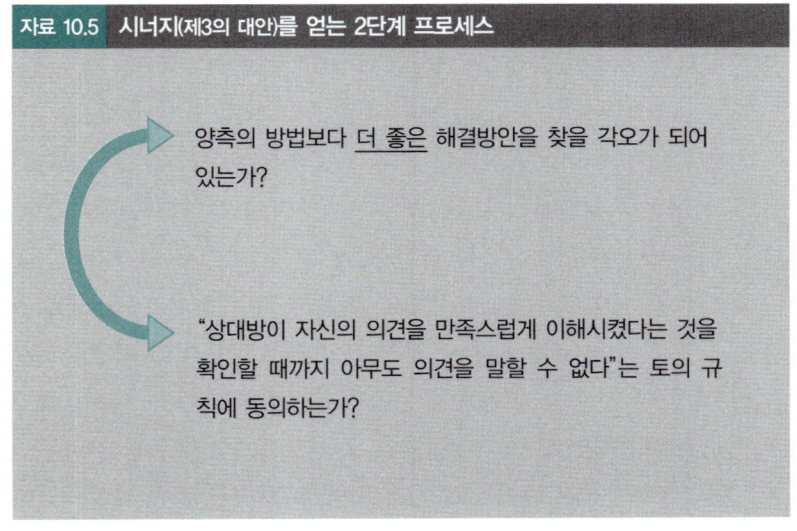

자료 10.5 시너지(제3의 대안)를 얻는 2단계 프로세스

양측의 방법보다 더 좋은 해결방안을 찾을 각오가 되어 있는가?

"상대방이 자신의 의견을 만족스럽게 이해시켰다는 것을 확인할 때까지 아무도 의견을 말할 수 없다"는 토의 규칙에 동의하는가?

자연스럽게 커뮤니케이션을 시작하고, 다른 견해와 해결방안을 갖고 있는 상대방의 말에 귀를 기울이기만 하면 된다. 그 다음에 상대방에게 당신의 말을 경청해 줄 것을 요청한다. 그러고 나서 상대방이 제3의 대안을 찾고 싶어하는지 확인할 수 있을 것이다. 커뮤니케이션 중에 이 2가지 단계는 자유롭게 오갈 수 있다. 같은 상황은 없다. 모든 관계는 특별하다. 중요한 점은 이 단계를 주도하려면 판단력, 의식, 자제력, 침착성이 필요하다는 것이다.

경험을 통해 본 제3의 대안 찾기

오랜 세월 전문 직업인으로서, 토론의 진행을 돕는 제3자적 퍼실리테이터facilitator로서, 서로 대립하며 감정에 치우쳐 있는 사람들이 시너지적 제3의 대안을 찾는 2단계 프로세스를 경험하도록 도와주는 것은 내게 어려우면서도 즐거운 일이었다. 여러 가지 커뮤니케이션 방식들은 다음과 같은 그림으로 나타낼 수 있다(자료 10.6).

우리 회사가 생산하는 상품의 시너지 효과를 알리기 위해 자연스러운 실제 경험을 영화로 만들면서, 나는 처음으로 시너지를 경험했다. 그래서 세미나 가운데 하나를 영화 소재로 사용하기로 했다. 나는 대단히 논쟁이 복잡한 주제인 환경을 선택하고, 두 사람을 연단 위에 올라오게 했다. 한 사람은 강하고 확신에 찬 열정적인 여성 환경주의자였고, 다른 한 사람은 경제적 목적으로 천연자원을 사용하는 강하고 확신에 찬 열정적인 남성 사업가였다. 환경주의자는 연단으로 나오면서 "우리의 하늘, 물, 아이들의 미래를 망친 건 당신 같은 사람들입니

자료 10.6	커뮤니케이션 방식	
시너지-제3의 대안(1+1=3, 10, 100)		변환
타협적 커뮤니케이션(1+1=1.5)		거래
방어적 커뮤니케이션(1+1=0.5)		논쟁
적대적 커뮤니케이션(1+1=-1, -10, -100)		

다"라고 말하며 사업가를 공격했다. 그러자 사업가는 그녀의 신발을 보며 받아쳤다. "좋은 신발이군요. 가죽입니까?" 그녀는 신발을 내려다보고 나서 그를 보며 대답했다. "신발이 무슨 상관이 있나요?" "어떤 동물을 죽였는지 모르겠군요." "나는 동물을 죽이지 않았어요!" "그럼 다른 사람들이 당신을 위해 동물을 죽였겠죠." 두 사람의 커뮤니케이션은 이렇게 시작되었다.

45분간 2단계 프로세스를 경험한 후 두 사람은 기업과 정부 차원의 지속 가능한 개발 정책에 대해 논의하고 있었다. 청중들은 놀랐다.

첫 번째 단계로, 양측의 방법보다 더 좋은 해결방안을 찾을 각오가 되어 있는지 물으면, 사람들은 "찾을 수 있을지 모르겠군요"라거나 "나는 이 문제를 오랫동안 생각해 보았습니다", "…라고 확신합니다"라고 말한다.

"맞습니다. 어떻게 될지는 아무도 모릅니다. 그것은 함께 만드는 것입니다. 그런 해결방법을 찾을 각오가 되어 있습니까?"

"타협하지 않겠습니다!"

"물론입니다. 시너지는 타협이 아닙니다. 그것은 더 좋은 방법이 되어야 합니다. 타협이 아니라는 것을 당신이 알고, 상대방이 알고, 또 두 사람 모두 알고 있다는 사실을 서로 알아야 합니다."

"어디서부터 시작해야 할지 모르겠습니다."

"2단계 프로세스로 시작합니다. 하지만 상대방이 자신의 의견을 만족스럽게 이해시켰다는 것을 확인할 때까지 아무도 의견을 말할 수 없습니다."

그것은 시험대이다. 끝없이 자신의 주장만 하던 사람에게는 상대방의 말을 진지하게 경청하는 것이 대단히 어려운 일이다. 하지만 발언에 참가하기 위해서는 상대방의 말을 경청하고 그가 만족할 정도로 그 내용을 확인해 줘야 한다.

나는 이 프로세스를 한 대학에서 열린 낙태를 주제로 한 토의에 이용한 적도 있다. 찬성론자와 반대론자를 각각 앞으로 나오게 했다. 두 사람 모두 도덕적으로 투철하게 무장되어 있었다. 나는 MBA 과정을 밟는 학생들과 많은 교수, 초청 인사들이 포함된 4백 명이 넘는 청중들 앞에서 두 사람이 2단계 프로세스를 경험하게 했다. 그리고 약 40분이 지난 후 두 사람은 낙태 예방, 입양 제도, 교육에 대해 이야기하기 시작했다. 토의의 성격이 완전히 바뀐 것이었다. 청중들은 놀랐다. 두 사람의 눈에는 눈물이 가득 고였다.

나는 그들에게 왜 눈물을 흘렸는지 물었다. 그 이유는 낙태라는 주제 때문이 아니라 이 문제에 대해 다른 생각을 갖고 있는 사람들을 낙인찍고 비난하고 저주했던 것이 부끄러웠기 때문이었다. 그들은 진실되게 경청하고 나서 깨닫게 되었다. "상대방은 좋은 사람이다. 나는 그가 좋다. 나는 그 사람을 존경한다. 그의 견해에 동의하지는 않지만 기꺼이 경청하겠다. 나는 마음을 열었다." 마음을 열고, 감정이 부드러워지고, 첨예한 대립이 더 높은 시너지적 제3의 대안으로 융화되는 것은 감동적인 경험이다.

2단계가 항상 효과가 있는 것은 아니다. 그것을 적용하지 않는 사람들이 있기 때문이다. 나는 워싱턴에서 젊은 CEO들의 모임과 함께 일하며 교육을 실시하고 있을 때, 전국교육협회NEA 회장과 캘리포니아 바우처 운동voucher movement■의 막후 인물을 초대하여 2단계 프로세스를 경험하게 했다. 그들은 마지못해 첫 번째 단계는 응했지만, 제3의 대안을 찾을 생각도, 타협할 생각도 없다고 말했다.

마침내 상대방이 만족하도록 내용을 다시 설명해야 하는 두 번째 단계에 이르렀을 때, 그들은 포기하고 말았다. 두 사람은 지나치게 방어적이고 적대적인 태도를 고수하면서, 서로의 부모를 거론하면서까지 욕을 해댔다. 청중들은 그들을 몰아냈다. 그들은 초청 인사였지만, 세미나의 목적에 기여하지 못해서 쫓겨나는 신세가 되고 말았다. 그러고 나서 청중들은 시너지를 냈다. 교육 개혁에 진정으로 관심을 갖고 강연에 참가한 학부모들은 그것이 일반화할 수 없고, 보다 깊은 이해가 필요한 대단히 복잡한 문제라는 것을 알고 있었다. 청중들은 교육에 시장 원리가 어느 정도 개입될 수 있는지, 교육 개혁이 어렵고 부작용도 심한 상황에서는 어떻게 해야 하는지를 비롯하여 교육 시스템을 강화하는 문제에 대해 더욱 더 창의력을 발휘했다.

나는 비즈니스 문제에 이 2단계를 수없이 사용했다. 나는 고객들에

■ 공적 기관이 사립학교에 수업료의 지불을 보증하는 증명서를 발행하여 학생들이 공립·사립 학교를 선택할 수 있게 하는 것.

게 묻는다. "어떤 문제가 당신네 조직문화를 토의가 불가능할 정도로 갈라놓습니까?" 그들은 대개는 망설이다가 결국 털어놓는다. 나는 다시 질문한다. "그러면, 우리는 그것을 시너지, 제3의 대안을 생산할 때 한 가지 예로 사용할 수 있겠습니까?" "그것은 우리에게 너무 힘들고 어려운 문제라서, 어떻게 할 수 있을지 모르겠습니다." 나는 2단계 프로세스를 설명하고, 성실성과 도덕적 권위가 있다면 문제 해결은 물론 문화 내부의 면역 시스템을 개발하는 데에도 중요한 경험이 될 것이라고 확신시켜 준다. 어떤 상황이 발생해도 정해진 방식으로 문제를 풀어 갈 수 있을 것이라고 장담한다.

나는 의사, 병원 이사, 관리자 등 보건의료 전문가들과 함께 일한 적이 있다. 토의 주제는 외부의 의사를 이용하는 문제로서, 몇 달째 논쟁이 계속되고 있었다. 의료인과 CEO의 의견이 서로 대립되었다. 나는 약 100명의 청중이 모인 가운데 2단계 프로세스를 적용했다. 그들은 양측이 전폭적으로 수용할 수 있는 제3의 방안을 만들었다. 그 안은 현재의 안이나 양측이 처음 내놓은 안보다 나았고, 그들의 관계를 치유하고 이어 주는 역할도 했다.

나는 멕시코 칸쿤에서 열린 대규모 국제보험회의에 참가한 적이 있다. 나는 원칙 중심의 리더십을 통한 문화 개혁에 대한 강연을 요청받았다. 나는 실질적으로 중요한 문제들에 대해서는 인위적인 커뮤니케이션이 이루어지고, 일선 사무소는 관리자별로 분극화되어 있으며, 관리자들은 보험설계사 출신이라는 그룹의 특성을 감안하여 처음에 준비했던 원고를 포기했다. 대신 이러한 문화적 병폐가 얼마나 심각하고, 회사와 고객들에게 얼마나 치명적인 영향을 미치는지 알려 주기로 했다.

먼저 "고객은 누구의 것인가?"라고 묻고, 본부 임원들, 관리자, 보험설계사의 각 그룹에서 두 사람씩 앞으로 나오게 했다. 그리고 차례로 왜 고객이 그들의 것인지 물었다. 보험설계사는 자기들이 고객을 발견하고, 관계를 형성하고, 설득한다고 주장했다. 관리자는 그러한 이유를 경멸하면서 말했다. "지속적으로 고객들에게 서비스를 제공해야 하는 사람은 우리다. 보험설계사들은 수시로 바뀌지만 우리는 아니다. 우리는 남아서 제품을 대변하고, 고객에 대한 약속을 지켜야 한다." 본부 임원들은 보험설계사와 관리자를 내려다보면서 말했다. "당신들은 전혀 모른다. 상품은 누가 개발했는가? 상품에 대한 요구는 누가 충족시키는가? 전체 시스템을 만들고 사업을 운영하는 것은 누구인가?" 이들의 문화가 얼마나 큰 병에 걸렸는지 분명해졌다. 어떤 그룹도 고객을 소유하지 못했으며, 고객을 소유한 사람은 고객 자신이었다. 만일 그들이 협력하지 않는다면, 고객을 확보하고 유지할 수 없을 것이다. 이 경험을 통해 그들은 겸손해졌고, 시너지적 제3의 대안을 찾는 2단계 프로세스에 적극적으로 참여하게 되었다.

한번은 어느 회사의 사장으로부터 막대한 시간과 비용이 예상되는 주요 고객사와의 소송 사건에 대해 도움을 달라는 전화를 받았다. 그 고객사는 합의된 기준에 미달하는 상품을 제공했다며 회사를 고소했다. 나는 이 사장을 아주 잘 알고 있었는데, 그는 우리의 교육을 받았지만 자신 있게 적용하지 못했다. 나는 그에게 내가 없어도 충분히 혼자서 해결할 수 있다고 말해 주었다. 그리고 전화로 교육 내용을 상기시키고, 전에 내가 주었던 교재를 다시 읽어 볼 것을 권했다. 그는 망설이면서 두려워했다. 그러나 내가 재차 확신을 심어 주자, 그제야 스스로 문제를 해결하겠다고 말했다.

그는 고소한 회사의 사장에게 전화를 걸어 점심 때 만날 것을 제안했다. 그 사장이 말했다. "그럴 필요 없습니다. 소송 결과를 지켜봅시다." 아마 그는 고소당한 사장이 협상하자고 조르거나 혹은 소프트볼이나 하자고 전화했다고 생각했을 것이다. 그는 강경 입장을 고수하고 점심 회동 제안을 거절했다.

그래서 나의 친구는 무엇을, 왜 하려 하는지 말했다. 2단계 프로세스에 대해 설명하고, 자기는 변호사를 대동하지 않겠지만, 변호사와 함께 나와서 그가 말하지 말라고 권하면 아무 말도 안 해도 된다고 말했다. 이렇게 그는 법정에 가는 것을 피하려고 했다. 그는 다시 말했다. "한두 시간이면 됩니다. 우리 두 회사는 이미 수십만 달러를 손해 봤습니다. 이제 새롭게 시작하고 싶습니다." 결국 그 사장은 변호사를 대동하고 만나자는 제안을 수락했다.

나의 친구는 두 개의 플립차트를 준비했다. "먼저 이 소송에서 내가 당신 측의 입장을 제대로 알고 있는지 확인해 보고 싶습니다"고 말하고 충분하게 고객사의 입장을 설명했다. 몇 분 후 그는 말했다. "내가 제대로 이해하고 있는 것입니까? 정확하고 공정합니까?" 고객사 사장이 말했다. "그렇습니다. 두 가지 점을 빼고는요." 그의 변호사가 말을 가로막고 더 이상은 말하지 말라고 권했다. 그러나 분위기가 진지하고 상대편이 성실하게 노력하고 있다는 것을 감지한 그는 변호사에게는 잠자코 있으라고 말하고 두 가지 사항을 알려 줬다. 나의 친구는 그것을 플립차트에 적었다. 그리고 다시 질문했다. "내가 제대로 이해한 것 같습니까? 내가 더 알아야 할 것이 있습니까? 빠진 것이 있나요?" "아니오. 잘 이해했네요." "이제 내 이야기를 해도 되겠습니까? 그래도 괜찮겠습니까?"

제3의 대안을 찾는 실마리는 서로를 이해하려는 시도를 통해 얻어졌다. 문제를 해결할 동기가 나타났다. 그들은 서로에게 만족스러운 제3의 방안을 찾았을 뿐 아니라 관계도 유지할 수 있었다. 남은 문제는 비즈니스 관계를 계속하겠다는 의사를, 서로 적대적 관계에 있는 양측 회사 사람들에게 어떻게 전달할지 생각하는 일이었다.

중요한 점은 당사자들이 스스로 해낼 수 있다는 사실이다. 제3자는 필요하지 않다. 그것은 참가자와 관찰자 혹은 제3자가 될 수 있는 능력을 필요로 한다. 많은 지적, 감정적 규율을 필요로 하지만, 원칙에 대한 믿음과 용기, 성실성만 있다면 할 수 있는 일이다.

때로는 제3의 대안이 양보로 보일 수도 있다. 하지만 반드시 그런 것은 아니다. 중요한 것은 문제가 아니라 관계의 질, 이해의 깊이, 가장 중요한 요소가 되었던 동기의 변화이다. 한 친구가 들려주는 그의 부모에 대한 이야기를 통해 무엇이 중요한지 생각해 보도록 하자.

30년 동안 훌륭한 치과 의사로 환자들을 진료해 온 아버지는 암과 비슷한 희귀 질환인 아밀로이드증amyloidosis 진단을 받았다. 의사는 6개월밖에 못 살 것이라고 말했다. 아버지는 어쩔 수 없이 진료를 포기해야 했다. 그래서 항상 활발하게 움직였던 아버지는 하루 종일 자신의 병에 대해서만 생각하며, 아무것도 하지 않고 집안에 머물러 있었다.

그는 마음을 다른 데로 돌릴 만한 일을 찾다가 뒤뜰에 온실을 만들어 좋아하는 식물들을 기르기로 했다. 그 온실은 빅토리아식 대저택에서나 봄직한 그런 멋진 유리 온실이 아니라, 천장은 주름진 비닐로 덮이고 옆면은 검은 비닐로 된 작은 비닐하우스였다. 어머니는 뒤뜰이 기괴해지는 것을 원치 않았다. 어머니는 만일 이웃들이 온실을 보면 죽어 버리겠다고 말했다. 온실 문제만 나오면 두 사람은 싸웠다. 병에 대한 모든 분노가 온실로 향하는 것 같았다.

어느 날 어머니는 아버지의 입장을 정말로 이해하고 싶다고 말했다. 두 사람이 행복해질 수 있도록 문제를 해결하기를 원했다. 어머니는 뒤뜰에 온실을 만드는 것을 원치 않았다. 온실보다는 화단을 꾸미며 나팔꽃을 심고 싶었다. 그렇지만 아버지의 행복하고 활기찬 모습도 보고 싶었다. 그래서 어머니 자신이 양보하고 아버지 뜻을 따르기로 결심했다. 아버지의 행복이 뒤뜰이나 이웃보다 더 중요하다고 생각했기 때문이다.

결국 온실은 아버지의 수명을 훨씬 더 연장시켜 주었다. 아버지는 2년 6개월을 더 살다 돌아가셨다. 화학 치료 때문에 잠을 못 이루는 밤에도 식물들이 어떻게 하고 있는지 궁금해서 온실로 나가 보았다. 아침에는 식물에 물을 주기 위해 일어난다고 할 정도였다. 온실은 육신이 허물어진 아버지에게 할 일과 집중할 무언가를 주었다. 온실을 만들겠다는 아버지의 결심을 지지해 준 일이 일생에서 가장 현명한 결정이었다고 한 어머니의 말씀이 떠오른다.

처음에 온실은 친구의 어머니에게는 '패'였다. 그러다가 아버지의 행복과 건강을 위해 자신의 고집을 꺾었다. 이것은 다른 사람들을 이해할 때, 승-승의 의미가 바뀐다는 것을 말해 준다. 하지만 그녀가 남편의 입장에서 중요한 것을 이해할 만큼 그를 존중해 주는 마음이 없었다면, 마음을 바꾸지 않았을 것이다.

시너지는 제3의 해결방안이 아니라 제3의 대안적 태도였다. 처음 태도는 온실에 반대하는 것이었고, 두 번째 태도는 마지못해 남편이 온실을 갖게 하는 것이었다. 세 번째 태도는 남편을 진실로 이해하고, 즐거운 마음으로 남편의 만족에서 자신의 행복을 발견한 것이었다. 시너지는 종종 이렇게 나타난다. 제3자의 입장에서는 양보라고 볼 수도 있겠지만, 그녀는 절대 아니라고 부인할 것이다. 그녀는 남편의 행복과 건강에서 자신의 행복을 발견했다. 그것은 성숙한 사랑의 표현이다.

거래는 대부분 타협, 아니면 승-패 또는 패-승으로 끝난다. 그러나 제3의 해결방법은 실질적인 것이든, 정신적인 것이든, 합의에 이르지 못하고 단순히 상호존중과 이해로 끝난 것이든 사람이 변환된다는 것을 의미한다. 즉 변화된 사람들은 마음을 열고, 배우고, 듣고, 새로운 방식으로 세상을 본다. 〈자료 10.7〉은 거래적 해결방안과 변환적 해결방안을 잘 보여 준다.

대부분의 다툼은 시너지적 제3의 커뮤니케이션을 통해 예방되고 해결될 수 있다고 생각한다. 소송은 최후의 수단으로 사용되어야 한다. 소송 문화는 사회에 해가 되고, 신뢰를 파괴하며, 바람직스럽지 못한 모델이 되고, 기껏해야 타협을 얻을 수 있을 뿐이다. 나는 앞으로 언젠

자료 10.7 해결방안의 종류

문제와 관계에서 시너지를 낸다	**변환**
문제에서 타협한다(관계에서 시너지를 낸다)	
승-패, 패-승(이해와 관심의 증가)	
상호이해(합의는 못 한다)	
타협한다	**거래**
패-승, 승-패	

가 이러한 정신을 실천하며 놀라운 결과를 내고 있는 기업 법무 담당 및 연방판사와 함께, 변호사와 변호사를 교육하고 채용하는 사람들, 그리고 변호사를 고용하지 않고 어려운 문제를 해결하려고 하는 사람들을 위한 책을 쓰려고 한다. 그 책의 제목은 '축복받은 중재인들'이고 부제는 '분쟁의 예방과 타결을 위한 시너지'가 될 것이다.

제3의 커뮤니케이션을 통해 상호보완적 팀 만들기

상호보완적 팀을 만들기 위해서는 솔직한 제3의 커뮤니케이션의 본보기를 보이는 것이 절대적으로 필요하다. 이러한 모범을 보여야 할 사람들은 경영진이다. 공식 리더는 공식적 권위를 갖고 있기 때문에 무엇보다도 이러한 커뮤니케이션에 내재된 도덕적 권위를 보여 줘야 한다. 경영진이 모범을 보여야 할 두 번째 이유는 그들이 완전하게 노출되어 있기 때문이다. 그들은 항상 부서 간에, 부서 내에서, 그리고 전체 조직에서 끊임없이 상호보완적 팀을 만든다.

상호보완적 팀을 만들어 내는 이러한 제3의 커뮤니케이션은 어느 지위에서도 가능하다. 하위직에서 만들어지는 실용적인 결과는 조직 상층부의 냉소주의자들을 바꿔 놓을 것이다. 이러한 사실은 리더십이 지위가 아니라 선택이라는 것을 보여 준다.

시작은 여기서부터다. 먼저 팀과 부서에 있는 사람들과, 상호의존적 팀과 부서 간에 솔직한 커뮤니케이션을 가져라. 제3의 커뮤니케이션 기술을 실천할 때, 서로를 알고 좋아하게 되고, 보다 솔직하고 진실한 태도를 갖게 될 것이다. 서로를 존중하며 남의 강점을 인정하려고 노력하고, 그 강점을 생산적으로 만들기 위해 적극적으로 약점을 보

> 서로의 약점을 통해 볼 때, 강점은 유효성을 잃고 약점은 더욱 부각된다.

완해 줄 것이다. 이것은 음악단이나 스포츠팀에서처럼 조화를 만들어
낸다.

영화 〈노점상〉

여러 해 전에 남아프리카공화국의 한 회사가 오래된 도시 지역에
최신 의류점을 세웠다. 가게 문을 여는 날 청과를 파는 노점상들이 중
심지로 몰려들었다. 그들은 상점이 들어서기 오래 전부터 그 지역을
점유하고 물건을 팔아 왔었다. 그들은 그곳을 자기 소유라고 생각했
기 때문에 상점 바로 앞에 와서 청과 판매대를 세웠다. 거리가 혼잡해
지고 상점에 들어가는 사람들이 다소 방해를 받았다.

노점상들이 상점 문을 여는 날 인도를 차지하고 일부 통로를 막는
다면, 당신은 어떻게 하겠는가?

방법은 두 가지다. 한 가지는 노점상들을 '물건' 처럼 취급하는 것이
다. 경찰을 불러 그들을 몰아내고, 합법적으로 자신의 위치를 찾을 수
있다. 다른 하나는 그들을 사람으로 대접하는 것이다. 시너지를 내서
양측 모두에게 더 좋은 해결방안을 마련할 수도 있다.

상점 책임자는 경찰을 부를 수도 있었지만 제3의 대안을 찾기로 했
다. 그는 먼저 그들의 목적과 욕구를 들어 본 다음에 자기가 원하는
점에 대해서도 이야기했다. 그리고 결국 전혀 어울릴 것 같지 않은 소
매점 책임자와 노점상 팀은 양측에 도움이 되는 시너지 계획을 만들

자료 10.8

었다.

우리는 이 사건을 〈노점상〉이라는 제목의 영화로 만들었다. 임파워된 사람들의 시너지적 해결방안을 볼 수 있을 것이다.

이 영화를 통해 창조적 해결방안의 핵심은 먼저 상호이해하는 것이라는 점을 확인할 수 있다. 또한 이러한 창조성에서 뜻밖의 이익을 얻게 되었다는 것을 볼 수 있다. 뜻밖의 발견은 '행복한 사진' 을 의미한다. 처음에는 아무도 기대하지 않았던 일이 신뢰와 관계 형성을 통해 일어났다. 노점상들은 상점의 경비가 되었다. 그들은 누가 도둑인지 알고, 도둑들도 이 사실을 안다. 남아프리카공화국에는 좀도둑이 많기 때문에 이 방법은 대단한 이익을 가져왔다. 양측에 신뢰가 구축되고, 대화가 열린 것이다. 소매점 책임자는 노점상들에게 신뢰를 보낸다. 그리고 노점상들은 그 신뢰를 지키고, 다시 소매점 책임자에게 신뢰를 보낸다. 이것은 항상 양측을 묶어 준다. 또한 미래에 나타날 수 있는 문제를 해결할 수 있는 면역 체계를 만들어 준다.

질문과 대답

조직의 라이프 사이클은 얼마나 중요한가? 조직의 쇠퇴와 소멸에 대한 제3의 대안이 있는가?

조직의 쇠퇴, 재난, 소멸을 가져오는 '버뮤다 삼각지대' 는 4가지가 있다. 첫 번째는 아이디어 단계에서 일어난다. 좋은 아이디어가 부정적 에너지와 자기부정, 두려움에 의해 묵살된다. 두 번째는 생산 단계에서 일어난다. 좋은 아이디어가 제대로 실행되지 않는다. 새로 만들어진 대부분의 조직들은 여기서 실패한다. 2년 이내에 90% 이상이 망한다. 입에 든 떡도 넘어가야 제 것이라고 했다. 좋은 아이디어와 실행 사이에는 수많은 복병이 숨어 있다. 세 번째는 관리 단계에서 일어난다. 레스토랑이 잘되면 다른 지역에 같은 레스토랑을 또 하나 내는 것처럼 사업을 확장하는 경우이다. 기존의 관리자가 확장된 조직을 그대로 계속 관리하거나, 아니면 새 사업장에 기존의 조직을 단순히 복제하는 것이다. 이럴 경우 업무, 특히 현금 흐름을 관리하기 위한 공식 시스템은 만들어지지 않는다. 네 번째는 변화의 단계에서 일어난다. 조직은 변화하는 시장 상황이나 새로운 기회에 적응하기 위해 개혁을 해야 하지만, 관료주의, 규칙, 규제에 가로막혀 고객들의 욕구를 충족시키기는커녕 예상하지도 못한다.

좋은 관리팀은 이와 같은 4단계에서 필요한 역량을 모두 갖춘 인재를 확보해야 한다. 무엇보다도 팀은 각자의 강점이 인정받고, 활용되고, 약점이 다른 사람들의 강점에 의해 의미가 없어지도록 상호존중의 정신을 갖추어야 한다. 우리는 창의적인 사람, 생산자, 관리자, 그리고 상호존중의 규범을 만드는 데 도움이 되고 개혁하고 새로운 라이프 사이클을 시작할 수 있는 힘으로 상호보완적 팀을 만들어 내는 팀강화 리더teambuilder-leader가 필요하다.

인수합병 작업에 참여하여 회사와 문화가 서로 다른 사람들을 하나로 묶으려고 할 때는 어떻게 하는가? 글로벌 기업에서 상호의존성을 얻기 위한 마법의 '제3의 대안'이 있는가?

대부분의 인수합병이 실패하는 이유는 직원들에게 프로세스를 강요하기 때문이다. 그것은 서로 다른 유전자를 합치는 것과 같다. 혼합가족을 본 적이 있는가? 인수합병에 성공하기란 대단히 어렵다. 성공을 위해서는 시간, 인내, 끈기, 그리고 제3의 해결방안을 위한 인디언 토킹스틱의 커뮤니케이션이 필요하다. 조직에는 논쟁, 비교, 경쟁, 비난, 불평이라고 하는 5개의 전이성 암이 나타난다. 사람과 문화에서는 빠른 것이 느린 것이고, 느린 것이 빠른 것이란 점을 기억하라. 반면 일은 그렇지 않다. 빠른 것은 빠른 것이다. 그러나 사람들에게 효율성이나 속도는 비효과적이다. 이와 같은 사실은 제3의 문화를 창조하기 위해서는 서로 다른 접근방법들의 가치를 상호이해와 존중의 기초 위에서 솔직하게 알려야 한다는 나의 생각을 크게 강화시켜 주었다. 이것은 종종 새로운 공식 리더십을 필요로 한다. 나는 대단히 성숙되고 임파워된 문화를 가진 캐나다의 대기업과 함께 일한 적이 있다. 여러 나라에 사업을 확장하고 있었기 때문에, 본부의 리더들은 중앙의 정책을 정하려고 했다. 그러나 이 정책은 캐나다 회사의 문화보다 훨씬 후진적인 문화를 가정해서 세워졌다. 캐나다의 경영진은 성숙되지 않

은 문화나 약한 고리에 맞춰진 역할과 정책에 영향을 받지 않고, 상대
적인 독립성과 임파워먼트를 유지하는 데 도움을 줄 수 있는지 물었
다. 나는 기꺼이 도와주었다. 미국의 경영진이 캐나다의 성숙한 문화
가 보다 생산적이며 기구가 간소하고, 높은 임파워먼트로 높은 수익
을 올리고, 관료주의가 덜하고, 절차가 복잡하지 않다는 것을 깨달았
을 때, 그들은 캐나다 회사를 문화가 후진적인 조직들이 목표로 할 수
있는 모델로 정했다.

　중요한 것은 인위적으로 상호의존성을 강요하지 말라는 것이다. 상
호의존성은 자연스럽게 사람들 사이로 퍼져서 그들이 알고 이해하고
신뢰할 수 있게 되어야 한다. 그랬을 때 상호의존성은 창조적일 수 있
다. 그렇게 되기 전까지 사람들은 상호의존성을 의존성으로 본다.

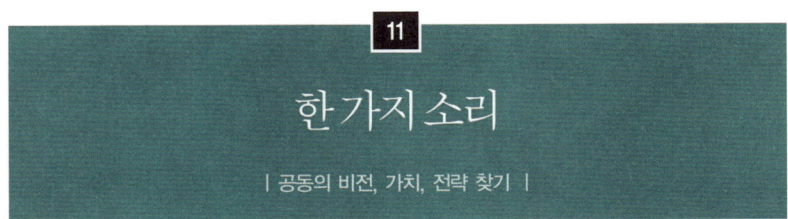

11

한 가지 소리

| 공동의 비전, 가치, 전략 찾기 |

어느 날 앨리스가 길이 갈라지는 곳에 이르렀다. 체셔 고양이 한 마리가 나무 위에서 보고 있었다. "어느 길로 가야 하지?" 앨리스가 물었다. "어디를 가고 싶은데?" 고양이가 되물었다. "몰라." "그렇다면, 어느 길로 가든 상관없어."

루이스 캐럴의 『이상한 나라의 앨리스』

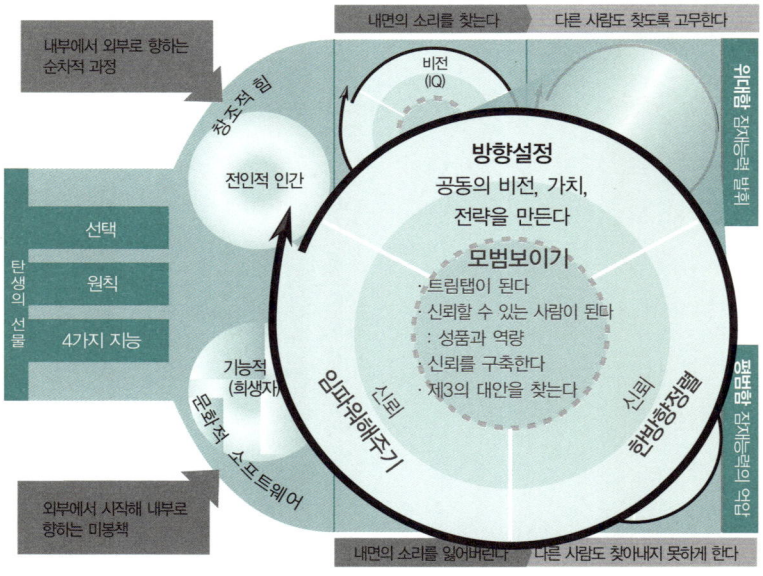

자료 11.1

8번째 습관을 만드는 것은 내부에서 시작하여 외부로 향하는 순차적 과정으로서 다른 습관들과 마찬가지로 <u>태도</u>, <u>기술</u>, <u>인식</u>을 필요로 한다. 트림탭의 주도적 <u>태도</u> 및 신뢰 구축과 제3의 대안을 모색하는 <u>기술</u>에 대해서는 이미 살펴보았다. 리더의 4가지 역할은 제3의 대안적 리더십과 영향력을 갖기 위한 것이다. 4가지 역할은 변환적 리더십 원칙을 <u>인식</u>하게 해줄 것이다.

이 영향력은 신뢰성의 모범을 보이는 데서 출발한다. 그러나 신뢰성만으로는 부족하다. 아무리 좋은 뜻을 품어도 판단력이 나쁘면 소용없다. 사람들에게는 어떻게 다른 방식으로 행동하고 이끌어 갈 수 있는지 보여 주는 본보기가 필요하다. 과거와 다르고, 기존의 조직문화와 다르고, 산업 시대의 통제적 거래 전통과는 다른 방식으로 본보기를 보여야 한다. 가장 중요한 모범보이기는 내면의 소리를 찾은 사람이 방향설정, 한방향정렬, 임파워해주기라는 리더의 나머지 3가지 역할을 어떻게 수행하는지 그 본보기를 보여 주는 것이다.

이 장에서는 리더의 나머지 3가지 역할의 본보기가 되는 것을 돕기 위해, 첫째 각 역할에 대한 잘못된 믿음과 현실을 확인하고, 둘째 각 역할에 접근하는 3가지 방법을 살펴보도록 하겠다. 어떤 상황에서든 중요한 것은 더 좋은 제3의 대안을 찾는 것이다.

리더는 세상을 보는 방식과 강점이 서로 다른 사람들을 한 가지 소리, 즉 하나의 큰 목적으로 통합해야 할 과제를 안고 있다. 그것이 곧 공동의 비전, 가치, 전략을 찾는 역할이다. 먼저 방향설정 역할과 관련된 잘못된 믿음과 현실, 그 대안을 살펴보기로 하자.

리더의 방향설정 역할에 대한 제1의 대안은 비전, 가치, 전략을 그 개발 과정에 참여하지 않은 사람들에게 선포하는 것이다.

제2의 대안은 과도하게 참여하여 분석과 위원회 회의로 조직의 기능이 마비되는 것이다. 수련회가 잦고, 끝없이 토의하며, 전략을 실행하고 임파워해주는 데 불필요한 가정을 한다.

제3의 대안은 비전, 가치, 전략의 개발 과정에 참여시키는 것이다. 또한 신뢰의 문화를 조성하고 스스로 신뢰성을 높여서 동일시identifica-tion를 얻어내는 것, 즉 개발 과정에 불참하더라도 참여한 것과 같은 효과를 얻어 내는 것이다.

이러한 제3의 대안을 설명하도록 하겠다.

나는 리츠칼튼 호텔에서 경험한 특별한 서비스를 잊지 못한다. 나는 오랫동안 호텔의 사장과 최고영업책임자COO를 지냈던 호스트 슐츠Horst Schulze와 친했기 때문에 호텔의 놀라운 문화가 어떻게 창조되었는지 잘 알고 있었다. 슐츠의 리더십 하에 리츠칼튼 호텔은 서비스 분야 최초로 말콤 볼드리지 국가품질상Malcolm Baldrige National Quality Awards ■을 두 번이나 받았다.

나는 칼럼을 준비하기 위해 호스트를 인터뷰할 때 "당신은 리더십을 어떻게 정의하는가?"라고 질문했다. 그는 이렇게 대답했다.

■ 1980년대 후반, 세계 시장에서 지위를 잃어 가던 미국이 변화와 혁신을 위해 제정한 국가 품질 대상.

리더십이란 단순히 조직을 위해 일하게 하는 게 아니라 조직에 소속되고 싶어하도록 환경을 조성하는 것이다. 다시 말해, 일을 해야만 하는 환경이 아닌 일을 하고 싶은 환경을 만드는 것이다. 그러한 환경을 조성하는 것이 비즈니스의 가장 중요한 목적이다. 나는 직원들에게 업무와 기능은 물론 목적도 부여해야 한다. 경영자로서 직원들이 소속감과 성취감을 느끼고 목적 의식을 갖게 하는 환경을 만들어야 한다. 직원들이 온 마음을 쏟게 하는 것은 목적, 즉 가치이다. 직원들이 헌신할 때 그들로부터 최대한의 성과를 얻어 낼 수 있고, 최대한의 보상을 해줄 수 있다. 이 기준에 못 미치면, 조직에 대해 책임을 다하지 못하고 직원들을 기능적으로 대하는 것이다.

기능을 수행하는 존재로 직원들을 보는 것은 그들을 물건처럼, 우리가 앉는 의자처럼 대하는 것이다. 인간으로서 그렇게 할 권리가 없다고 생각한다. 사무실 한 귀퉁이에 놓여 있는 물건처럼 취급받고 싶은 사람은 아무도 없다. 우리는 직원들이 소속감과 신뢰감으로 의사 결정을 내리고 조직에 기여할 때 가장 큰 만족을 느낀다는 것을 알았다.

누구나 자기 분야에서는 지식노동자이다. 접시를 닦는 사람은 당연히 나보다 그의 상황에 대해 더 많은 지식을 가지고 있다. 따라서 접시를 닦는 사람은 환경, 업무 조건, 생산성, 접시가 깨지는 문제 등을 개선하는 데 기여할 수 있다. 그들은 그들 분야에서 기여할 수 있다.

약 16년 전에 케냐 나이로비 출신의 한 젊은이가 호텔에 접시닦이로 들어왔다. 영어는 서툴렀지만, 대단히 부지런한 젊은이였다. 얼마 후 호텔은 그에게 룸서비스를 맡겼고, 계속해서 룸서비스 책임자, 로비 담당, 바텐더를 거쳐 로비 관리자 보좌역이 되었다. 그는 현재 음식료 담당 이사이다. 접시닦이에서 출발하여 서열 2위의 지위에 오르게 되었다.

내가 16살 때 어머니는 견습을 위해 작은 가방 하나를 딸려 나를 호텔로 보냈다. 나는 호텔을 찾는 중요한 손님들은 모두 접근하기 어려운 사람들이라고 생각했다. 그러나 어느덧 견습을 받고 있는 70세의 뛰어난 급사장과 가까워지게 되었다. 그가 객실 안으로 들어오면, 그의 존재가 분명하게 드러났다. 그는 훌륭한 서비스를 제공했고, 모두가 그에게 감탄했다. 그는 손님 앞에 다가서고, 말하고, 행동하는 데 항상 최고를 지향했다. 나는 급사장에게서 일을 특별하게 잘하면 나 자신도 그만큼 중요해진다는 것을 배웠다. 무슨 일이든 옳게 하면 나도 중요한 사람이 될 수 있다는 것을 깨달았다. 실제로 그 생각은 리츠칼튼 호텔의 모토가 되었다. "우리는 신사 숙녀에게 봉사하는 신사 숙녀들이다."

지난 22년간 우리는 성공하는 리더와 관리자의 전형적인 특징과 역량을 찾기 위해, 약 500만 명을 조사했다. 이 방대한 연구에서 얻은 가장 놀라운 결과는, 일반적으로 직업 윤리(모범보이기)는 높게 평가된 반면 초점과 분명한 방향 제시 능력(방향설정)은 낮게 평가된다는 점이었다. 결과적으로 사람들은 핵심목표를 잘 모르거나 그 목표에 책임지지 않았고, 전체 조직이 실행에 실패한 경우가 많았다. 사람들은 그 어느 때보다 열심히 일하지만, 목표 의식과 비전이 뚜렷하지 않아서 좋은 결과를 얻지 못했다. 로프를 당기기는커녕 온 힘을 다해 로프를 밀고 있었던 것이다.

모범보이기는 신뢰를 불러오고, 방향설정은 질서를 명하지 않고도 질서를 만들어 낸다. 참여한 사람들이 조직에 가장 중요한 것에 합의하는 순간, 그들은 모든 결정을 지배하는 기준을 공유한다. 그것은 초점을 주고, 질서를 창조하고, 안정을 가져온다. 그것은 또한 우리를 민첩하게 만든다. 이 부분에 대해서는 나중에 임파워해주기 역할에서 다루도록 하겠다.

> 리더십의 생명은 비전이다. 자랑거리가 없는데 자랑할 수는 없는 일이다.[1]
>
> —시어도어 헤스버그(Theodore M. Hesburgh), 노트르담 대학 전임 총장

 개인 차원의 비전은 조직 차원의 방향설정으로 전환된다. 개인적으로 의미 있는 것을 확인했다면, 다음에는 중요한 것에 대한 합의를 만들어야 한다. 직원들에게 다음과 같은 질문을 하라.

1. 조직의 목표를 분명하게 알고 있는가?
2. 헌신하고 있는가?

 중요한 목표를 분명하게 알고 그 목표에 헌신하게 하기 위해서는, 그들을 결정 과정에 참여시켜야 한다. 함께 조직의 목적지(비전과 사명)를 정해야 한다. 그랬을 때 조직의 모든 사람들은 그 목적지에 이르는 길(가치와 전략계획)이 자신의 길이라는 의식을 가질 것이다.

 조직이나 팀에 가장 중요한 것을 함께 정할 때는 우선 현실을 인식해야 한다. 그 다음에 공동의 비전과 가치를 사명서와 전략계획에 담아야 한다. 하버드 대학의 클레이튼 크리스텐슨Clayton Christensen 교수는 현실에 기초한 비전의 필요성을 이렇게 역설했다.

 분야를 막론하고 모든 기업은 할 수 있는 것과 할 수 없는 것을 규정하는 어떤 힘의 지배를 받는다. 바로 조직의 자연법칙이다. 파괴적 기술에 직면한 경영자들이 이 힘을 극복하지 못할 때 회사는 무너진다.

 고대인들은 깃털로 만든 날개를 달고 높은 곳에서 뛰어내리며 날아 보려고 노력했지만 항상 실패했다. 그들의 꿈과 노력에도 불구하고, 거대한

자연의 힘에 대항했다.

　자연과의 싸움에서 이길 수 있는 사람은 없다. 인간이 날 수 있게 된 것은 중력의 법칙, 베르누이의 정리■, 들어올리기, 끌기, 저항의 개념 등 관련된 자연법칙과 세상이 움직이는 원리를 이해한 후에야 가능했다. 이러한 법칙과 원리의 힘에 대항하지 않고 그것을 인식하고 이용한 비행기를 설계했을 때, 마침내 과거에는 상상할 수 없었던 높이와 거리를 날 수 있게 되었다.[2]

　우리는 방향설정 역할을 충분하게 이해하고 실행하기에 앞서, 시장 현실, 핵심역량, 이해당사자의 필요와 욕구, 가치라는 4가지 현실을 알아야 한다.

- **시장 현실** ｜ 조직과 팀에 있는 사람들은 시장을 어떻게 인식하는가? 전체적인 정치적, 경제적, 기술적 상황은 어떤가? 어떤 것들이 경쟁력인가? 이 분야의 경향과 특징은 무엇인가? 전체 산업이나 기본 전통을 쓸모없게 만들 수 있는 파괴적 기술과 파괴적 비즈니스 모델의 가능성이 있는가?
- **핵심역량** ｜ 당신만의 강점은 무엇인가? 나는 기업가 정신을 주제로 한 강의로 명성을 날린 짐 콜린스Jim Collins의 방향설정에 대한 접근방법이 대단히 인상적이었다. 그는 『좋은 기업을 넘어…위대한 기업으로Good to Great』에서 주요 강점을 확인하기 위해 3개의 원에 대해 이야기했다. 그는 이것을 고슴도치 컨셉이라고 불렀다.[3] 이 원들은 3개의 질문을 나타낸다. 당신은 정말로 무엇을 잘하는가, 즉 무엇으로 세계 최고가 될 수 있는가? 무엇에 대해 열정을 갖고 있는가? 사람들은 무엇을 필요로 하는가, 즉 당신의

■ 유체의 유속(流速)과 압력의 관계를 수량적으로 나타낸 법칙.

경제엔진을 움직이는 사람들의 필요와 욕구는 무엇인가? 이 3개의 원이
겹치는 부분이 당신의 가치제안서의 기초가 된다.

여기에 한 가지 질문을 추가한다면, "당신의 양심은 무엇을 말하는가?"이
다. 바로 전인적 인간 접근방법이다(신체–경제엔진, 지성–최고, 감정–열정,
영성–양심). 이 4개의 원이 겹쳐지는 부분에서 우리는 내면의 소리를 찾는
다. 앞서 말했듯이, 이 접근방법은 개인은 물론 조직이 내면의 소리를 찾는
데에도 적용될 수 있다.

- **이해당사자의 필요와 욕구** | 여러 종류의 이해당사자들을 생각하라. 그 가
  운데 가장 중요한 이해당사자는 고객이다. 그들이 원하고 필요로 하는 것
  은 무엇인가? 그들의 현안, 문제, 관심은 무엇인가? 그들의 고객은 무엇을
  원하고 무엇을 필요로 하는가? 그들이 속한 분야의 시장 상황은 어떤가?

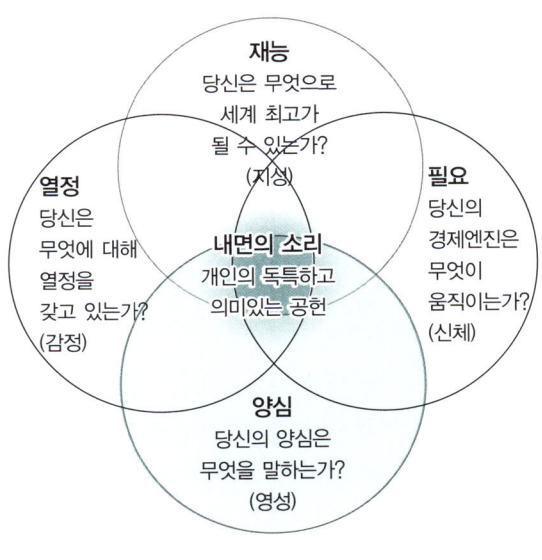

자료 13.1

어떤 기술 혹은 비즈니스 모델이 그들을 붕괴시키거나 쓸모없는 존재로 만들 수 있는가? 자본을 대고 세금을 내는 사람들은 어떤가? 그들의 필요와 욕구는 무엇인가? 동료나 직원들은 어떤가? 그들의 필요와 욕구는 무엇인가? 협력업체, 유통업체, 중간상들은 어떤가? 공급망은 완전한가? 지역사회와 자연 환경은 어떤가?

- **가치** ｜ 그들이 소중히 여기는 가치는 무엇인가? 당신이 소중히 여기는 가치는 무엇인가? 조직의 중심 목표는 무엇인가? 그 목표를 달성하기 위한 중심 전략은 무엇인가? 지침 역할을 하는 가치는 무엇인가? 그 가치들은 스트레스와 압력이 존재하는 여러 상황에서 어떤 우선순위를 갖는가? 대부분의 사람들은 자신에게 무엇이 중요한지조차도 결정하지 않았다. 그들은 모든 결정을 지배하는 기준을 갖지 못했지만, 우리는 이제 전체 그룹, 팀, 조직의 기준을 만들려고 하고 있다. 그 작업이 얼마나 어렵고 복잡하며, 상호의존적 노력이 필요한지 생각해 보라.

이상은 우리가 초점을 맞추기 전에 분명히 해야 할 문제와 현안들이다. 성품, 역량, 비전, 규율, 열정, 양심이 요구되는 것은 이 때문이다.

방향설정은 아주 다양한 개성, 의제, 현실 인식, 신뢰 수준, 에고를 다뤄야 하기 때문에 대단히 힘든 일이다. 또한 왜 모범보이기가 가장 중요한 역할인지 보여 준다. 만일 방향설정을 주도하는 사람이나 팀을 신뢰하지 못한다면, 동일시도 일어나지 않고 참여도 없을 것이다.

미국 독립선언문과 권리장전으로 불리는 10개의 수정조항을 가진 미합중국 헌법이 만들어질 때까지 토머스 제퍼슨Thomas Jefferson, 존 애덤스John Adams, 벤저민 프랭클린, 알렉산더 해밀턴Alexander Hamilton 등 미합중국 건국의 선조들의 탁월함과 차이점을 통합하고 조화를 이끌어 내는 데에는 조지 워싱턴의 모범적인 성품과 역량이 필요했다. 이 방향설정 작업은 미합중국 건국 과정에서 가장 어려운 일이었다. 그러나 비전과 방향을 제시한 이 문서들은 미국이 남북전쟁, 세계대전, 베트남전, 워터게이트 사건, 대통령의 스캔들, 대통령 선거 등의 역사적 고비에서 살아날 수 있는 힘이 되었다. 덧붙여 말하자면, 세계 인구의 4.5%를 차지하는 미국이 세계 상품의 거의 3분의 1을 생산하고 있으니, 임파워먼트의 전형이라고 할 수 있다.

공동의 비전과 가치 만들기

공동의 비전과 가치를 만드는 것은 종종 같은 페이지 또는 같은 악보를 보는 것에 비유되곤 한다. 그것은 조직의 비전, 가치, 전략 가운데 가장 중요한 것에 대한 합의라는 점에서 아주 적절한 표현이다. 함께 연주하고 노래 부를 때 하모니가 이루어진다.

나눈다는 것은 재미있는 단어이다. 내가 당신과 어떤 것을 나눌 때, 나는 내가 갖고 있는 것을 당신에게 준다. 당신이 나와 당신을 동일시하고, 나의 가치를 믿고 신뢰할 때, 나는 당신에게 나의 비전을 나눠줄 수 있다. 당신은 당신의 경험보다 나의 경험을 더 신뢰하므로 당신이 만든 비전보다 더욱 쉽게 나의 비전을 받아들인다. 반면에 당신이 스스로 유능하다고 생각하고 참여하기를 바라고 있는데, 내가 나의 계획을 일방적으로 우리의 계획으로 공표한다면, 당신은 감정적으로 어떠한 의무감도 느끼지 못한다. 그러한 계획은 나눌 수 없다. 당신은 사명과 가치가 강요된다고 느낄 것이다. 우리는 같은 악보를 보고 있는 것이 아니다.

다시 말해서 같은 악보를 보게 하는 것은 사명서나 전략계획과는 별개의 과정이지만, 그만큼 중요하다. 모범보이기 역할은 방향설정에서 분명하게 나타난다. 모범을 보이지 못하면 같은 악보를 보지 못하는 것이므로, 전략적 문제에 감정적으로 방향을 맞추지 못하고 모든 것이 틀어진다. 이런 분위기에서는 생존 본능만이 유일한 미덕이될 것이다. 만일 경쟁자도 마찬가지로 분열되어 있다면, 당신은 살아남을 수 있다. 그러나 주요 경쟁자가 시너지적으로 결합되어 있다면, 특히 세계시장에서 경쟁하고 있다면 당신은 역사 속으로 사라지고 말것이다.

영화 〈골!〉

주말 아침에 어린아이나 손자들이 축구하는 모습을 본 적이 있다면, 이 영화가 재미있을 뿐 아니라 실제로 축구 경기장에 있는 것처럼 느껴질 것이다. 직장에서 모든 사람들이 같은 목표(골)에 초점을 맞추게 하려고 할 때 이와 비슷한 도전에 부딪힐 것이다. 이제 영화를 보도록 하자.

방향설정(초점) 도구 — 사명서와 전략계획

조직이나 팀의 방향설정은 개인적 차원의 모범보이기와 같다. 그것은 조직, 팀, 가족이 무엇에 초점을 맞출지 결정하는 것이다. 우리는 개인으로서 모범을 보일 때 사용하는 가치와 목적에 대한 질문과 같은 내용을 묻는다. 단지 특정 사명과 관련된 집단의 질문이라는 것이 다를 뿐이다. 우리는 상호작용 과정을 통해 사명서와 전략계획(가치제안서와 목표)을 만든다. 사명서는 목적 의식, 비전, 가치를 담아야 한다.

전략계획은 우리가 고객과 이해당사자들에게 가치를 어떻게 제공할 것인지 분명하게 설명한다. 그것은 우리의 가치제안서이다. 또한 우리의 초점이고, 조직의 '내면의 소리'이다. 전략계획을 수립할 때는 고객을 확보하고 유지하는 목표를 달성하기 위해, 고객과 이해당사자가 누구이고 그들이 어떻게 되기를 원하는지 알아야 하며, 그들에게 제공하는 상품과 서비스, 목표 시한을 가진 계획을 분명하게 정해야 한다. 가족의 경우, 전략계획은 다름 아닌 일상생활에서 자신의 비전과 가치를 실현하기 위한 실행계획이다.

임파워해주는 사명서

경험에 비춰 볼 때, 임파워해주는 공동사명서는 대개 높은 신뢰의 분위기 속에서 자유롭게 시너지적으로 상호작용하면서 충분하게 정보를 제공받는 사람들이 많을 때 만들어진다. 이러한 조건에서 만들어지는 사명서는 동일한 기본 취지와 가치를 갖는다. 표현되는 말은 달라도 삶의 4개 차원과 욕구(신체적, 지적, 감정적, 영적)를 모두 담아낸다.

리츠칼튼의 특별한 서비스 문화의 힘은 사람들, 즉 직원과 고객에 대한 기본 인식에서 나온다. "우리는 신사 숙녀에게 봉사하는 신사 숙녀들이다"라는 말 속에 그 시각이 고스란히 녹아 있다. 호스트 슐츠의 리더십의 핵심은 전인적 인간의 필요성과 존엄성을 인식한다는 데 있다. 그가 한 말을 다시 한 번 읽고 생각해 보라.

307

인간 특성의 4개 부분의 욕구와 동기에 접근할 수 있는 사람들만이 내면의 소리를 찾고, 자발적으로 가장 큰 기여를 할 수 있다. 신체의 욕구와 동기는 생존 혹은 경제적 번영이고, 지성의 욕구와 동기는 성장과 발전, 감정의 욕구와 동기는 사랑과 관계, 영성의 욕구와 동기는 성실성과 의미 있는 공헌이다.

조직 역시 같은 4가지 욕구를 갖는다.

1. 생존 – 재정의 건전성(신체)
2. 성장과 발전 – 경제적 성장, 고객의 성장, 제품과 서비스의 혁신, 직업적 · 제도적 역량(지성)
3. 관계 – 강한 시너지, 튼튼한 사외 네트워크와 파트너십, 팀워크, 신뢰, 관심, 차이점 존중(감정)
4. 성실성과 의미 있는 공헌 – 모든 이해당사자, 즉 고객, 협력업체, 직원들과 그 가족, 지역사회, 전체 사회에 봉사하고 발전시키기, 다시 말해 세상을 변화시키기(영성)

직장에서 사람들의 잠재능력을 끄집어내는 열쇠는 공통사명이라고 하는 것이다. 그것은 조직의 4가지 욕구와 개인의 4가지 욕구가 공통 부분을 갖도록 조직의 사명, 비전, 가치를 정하는 것이다. 조직에서 모든 사람의 직무는 개인과 조직의 4가지 욕구를 동시에 명시적으로 충족시킬 수 있도록 공통사명을 가져야 한다. 보편적인 사명서는 "모든 이해당사자들의 경제 안녕과 삶의 질을 향상시킨다."와 같은 형식이 될 것이다. 당신의 조직, 부서, 팀, 가족의 사명서는 보편적 사명서의 정신을 구현하고 나아가 개인의 특별한 재능, 능력, 장기, 즉 그들의 내면의 소리를 담아 내는 것이다.

수익이 없으면, 사명도 없다

나는 항상 사명감과 목적 의식이 투철한 삶을 살아왔다. 그러나 이익이 없으면 사명도 없다는 사실을 뼈저리게 느낀 것은 회사를 시작한 지 몇 년 되지 않아서였다. 나는 지속적으로 수익이 나도록 회사를 운영하지 못하면 사명을 완수할 기회를 잃게 된다는 것을 깨달았다.

이와는 반대로 대부분의 기업들은 수익과 분기별 목표에 너무 몰두한 나머지 처음 사업을 시작할 때 가졌던 비전을 잊어버리는 경우가 많다. 그들은 직원 및 그 가족들과 그들이 속한 지역사회를 잊는다. 모든 이해당사자들과 얼마나 상호의존적 관계에 있는지 잊어버린다. 사

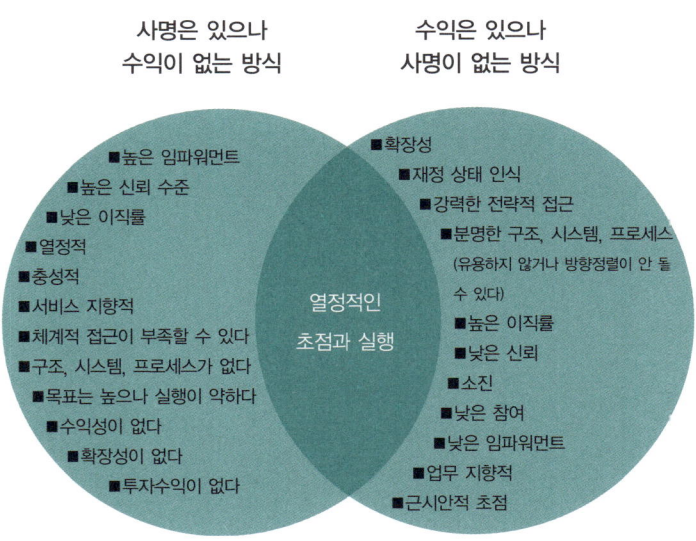

자료 11.4

309

명감과 공헌 의식을 잊어버린다. 바로 이러한 문제가 나로 하여금 지난 40년 동안 조직들과 함께 일하게 만들었다. 사명은 있으나 수익이 없거나 수익은 있으나 사명이 없는 경우는 모두 부정적 결과를 맞게 된다(자료 11.4). 오늘날과 같은 글로벌 경제에서는 어느 접근방식도 지속되지 못한다. 중요한 것은 양자를 모두 선택해서 균형을 취하는 것이다.

전략계획의 실행

전략계획은 고객에서 시작된다. 현실적인 측면에서 보면 조직에는 고객과 공급자, 두 가지 역할밖에 없다. 모든 사람은 조직 안에 있든 밖에 있든 이 두 가지 역할을 수행한다. 여기서 말하는 모든 사람이란 조직의 최종 생산을 가능케 하는 공급망supply chain에 속해 있는 모든 이해당사자를 의미한다. 즉 자금을 대는 사람, 아이디어와 노동을 제공하는 사람, 재료를 공급하는 사람, 직원들을 지원하는 가족들, 전 공급망을 허용하고 육성하는 지역사회와 환경을 말한다.

좋은 비즈니스의 요체는 고객과 공급자의 관계의 질이다. 공급자는 다양한 고객들에게 상품과 서비스는 물론, 그들의 문제에 대한 해결책도 판매한다. 그들의 문제를 해결하기 위해서는 서로 다른 이해당사자들의 욕구를 파악해야 한다. 전략적으로 의미 있는 계획을 세우기 위해서는, 그들에게 가장 소중한 것을 알아야 한다. 원칙에 기초한 가치는 변하지 않기 때문에, 이 기획 과정에서 가치는 목표로 전환된다. 고객들이 바뀌므로 전략도 수정되어야 하지만, 가치가 변치 않는 원칙과 연결되어 있으면, 어떤 불가피한 변화를 거치더라도 자기중심을 잡을 수 있을 것이다.

좋은 사명서 또는 전략계획이란 조직의 어느 지위에 있는 누구에게도 접근할 수 있고, 그들의 행동이 전략계획에 어떻게 기여하는지 설명할 수 있게 해주며, 지배가치와 조화를 이루는 것이다. 나침반에 비유하자면, 조직의 모든 사람들이 어느 쪽이 북쪽이고 자신이 어떻게 조직을 옳은 방향으로 움직이고 있는지 알고 있는 것이다.

동일시 혹은 참여를 통해 사명서와 전략계획이 공유되었다면, 지적, 감정적, 영적 창조가 일어났다는 점에서 절반은 승리한 셈이다. 실제 창조는 그 다음에 이루어진다. 전략을 실행하는 것이다. 행동하고, 생산하고, 한방향으로 정렬하고, 임파워해주는 것이다. 구조를 만들고, 옳은 사람들이 옳은 도구와 지원으로 옳은 일을 하게 하고, 방해하지 않고 그들이 일할 수 있도록 도와주는 것이다.

하부조직, 위원회, 사업부, 부서, 프로젝트, 팀도 비슷한 두 번의 창조 과정을 거칠 것이다. 모든 것은 두 번 창조된다. 먼저 마음속으로 창조되고, 그 다음에 실제로 창조된다. 설계도가 완성된 후 공사가 이루어지듯이, 작곡이 되고 연주가 되듯이 말이다. 방향설정은 첫 번째 창조이다. 실제 창조를 위한 전략계획을 세우는 것이다.

만일 이 과정이 잘 이뤄지고 개인이 동일시와 참여를 통해 전략계획에 감정적으로 연결된다면, 조직 전체적으로 엄청난 비용 절감을 이룰 수 있다. 개인이 긴급하지만 중요하지 않은 일에 빠져들듯 조직도 그러한 함정에 빠진다. 문화는 자체적인 삶을 갖는다. 그래서 항상 목적, 가치, 전략계획을 이용하여 초점을 맞추고, 모든 결정이 올바르게 이루어질 수 있도록 해야 한다. 전략계획은 또한 핵심목적에 도움이 되지 않는 부수적인 일을 인식하고 거기서 벗어날 수 있는 용기를 줄 것이다.

기업 리더들이 풀어야 할 어려운 숙제는 아주 높은 상공에 떠 있는 회사의 비전을 소수의 핵심목표로 구체화하여, 일선 직원들의 일일 행동으로 <u>전환</u>하는 일이다. 비록 직원들이 사명서와 전략계획의 개발 과정에 참여했다 하더라도, 그들을 적재적소에 배치하고 활용하는 것은 쉬운 일이 아니다. 옳은 사람들이 옳은 시점에 옳은 일을 하게 할 수 있다면, 얼마나 생산적일지 생각해 보라. 정말로 중요한 프로젝트와 목표에 집중할 수 있을 것이다.

그러나 이것은 어려운 문제이다. 전략계획은 너무 크고 모호한 경우가 많으며, 리더들은 전략을 두세 가지 핵심목표로 전환시키지 못한다. 리더들이 전략을 7개, 11개, 심지어 15개의 핵심목표로 전환하여 초점을 분산시키는 것도 문제이다. 핵심목표가 너무 많은 것은 실질적으로 하나도 없는 것과 마찬가지다. '대단히 중요한 목표'에 팀과 조직의 초점을 맞추는 문제에 대해서는 나중에 다루도록 하겠다.

초점과 팀워크의 환경을 조성하기 위해서는 최상층부에서 말단 직원에 이르는 모든 사람들이 핵심목표가 무엇인지 알고, 그것을 수용하여 구체적인 업무로 전환하고, 방향을 유지할 수 있는 규율을 가지며, 서로를 신뢰하고 효과적으로 협력해야 한다. 불행하게도 대부분의 사람들은 최우선 목표가 분명하게 정해지지 않거나 제대로 전달되지 않아서, 시간과 에너지를 어디에 집중해야 할지 모르고 있다. 직원들이 우리의 목표라는 의식을 갖지 못하거나, 전략에 동의하지 않거나, 상충되는 목표들이 제시되거나, 자신의 업무와 회사의 비전 사이에 연관성을 찾지 못한다면, 실행능력은 떨어질 수밖에 없다. 또한 팀워크는 낮은 신뢰, 헐뜯기, 잘못된 시스템과 프로세스, 기타 수많은 실행 장벽에 의해 약화될 것이다.

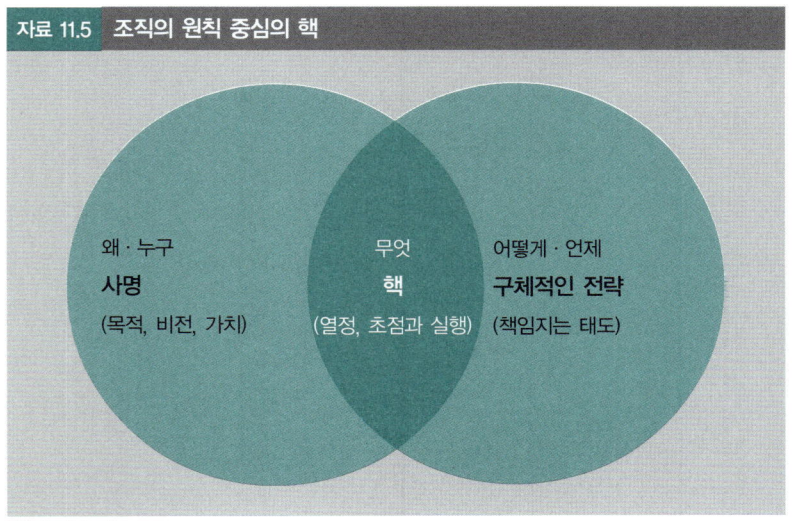

자료 11.5 조직의 원칙 중심의 핵

왜 · 누구
사명
(목적, 비전, 가치)

무엇
핵
(열정, 초점과 실행)

어떻게 · 언제
구체적인 전략
(책임지는 태도)

　각자가 <u>왜</u>와 <u>누구</u>를 알고 거기에 대해 열정을 갖게 해주는 공동의 사명(목적, 비전, 가치)과 분명하고 구체적인 전략(<u>어떻게</u>와 <u>언제</u>)을 만들 수 있고, 부서나 팀 또는 개인이 항상 자신의 목표에 초점을 맞추고 조직의 소수 핵심목표에 책임을 지는 조직은 내면의 소리를 찾고 강력한 원칙 중심의 문화를 창조할 수 있을 것이다(자료 11.5). 방향설정의 역할은 거기에 있다.

질문과 대답

우리 회사에는 4세대의 직원들이 함께 일하고 있다. 이렇게 다른 사람들을 어떻게 결합시켜 비전과 가치를 공유하게 할 수 있겠는가?

원칙 중심의 모델이 유일한 방법이다. 전전 세대든 베이붐 세대든 X세대든 Y세대든, 가치체계와 세계관이 당연히 서로 다른 그들을 하나로 묶을 수 있는 것은 공동의 비전과 가치의 기초가 되는 영원하고 보편적인 원칙밖에 없다.

말은 그렇지만 실제는 더 어려울 것이다. 하지만 각 세대의 직원들을 존중해 주고 그들을 시너지적 커뮤니케이션에 참여시킨다면, 틀림없이 제3의 대안을 찾을 수 있을 것이다. 단 문제 해결 과정에 참여시키고, 함께 해결책을 만들어 내는 원칙을 지켜야 한다. 그렇게 했을 때 그들은 해결방안에 감정적으로 연결될 것이다. 그들이 문제의 깊이를 이해하고, 자기 세대의 렌즈를 통해 보는 태도를 지양할 때, 모두가 사회 생태계의 일원이 될 것이다.

항상 원칙과 가치를 구분하는 것이 혼란스럽다. 내게는 모두 같아 보인다.
당신이 그렇게 생각하는 이유는 가장 잘 만들어진 가치가 사실은 원칙 혹은 자연법칙이기 때문이다. 실제로 당신이 많은 사람들에게 충분한 정보를 제공하고, 그들이 높은 신뢰의 분위기 속에서 서로 자유롭게 시너지적으로 상호작용하게 하면서, 그들을 가치 개발 과정에 참여시켰다면, 그 공유된 가치가 원칙에 기초했다는 사실을 알게 될 것이다. 또한 이러한 방식으로 가치체계를 개발한 집단은 말만 다를 뿐 같은 결과를 갖게 된다는 사실도 알게 될 것이다. 문화적 관행은 당신이 속해 있는 장소에 따라 달라질 수 있다. 하지만 세계를 두루 돌아본 나의 경험에 의하면, 이러한 방식으로 만들어진 가치는 조직의 종류나 조직 내의 계층에 관계없이 기본적으로 4개 영역(신체, 지성, 감정, 영성)과 4가지 기본 욕구(살고, 사랑하고, 배우고, 유산을 남기는 것)를 모두 담게 되어 있다. 이것은 개인과 조직 모두에 해당된다. 그러나 일방적으로 개발하여 발표한 가치는 원칙에 기초하지 않을 수 있다. 심지어 범죄자도 가치를 가질 수 있다는 점을 잊지 말라.

사명서를 작성하거나 전략계획을 수립하기 위해 수련회를 갖는 것이 반드시 필요한가?

그것은 상황에 따라 다르다. 만일 조직 전체적으로 수련회를 통해 의사 결정을 하는 것이 전체적인 흐름이라면, 성공할 수 있다. 그러나 그저 발표하기 위한 사명서와 전략계획을 만든다면 실패할 것이다. 중요한 것은 감정적 연결이 있어야 한다는 점이다. 그렇지 않으면 구조, 시스템, 프로세스, 문화를 한방향으로 정렬하는 데 사용되지 않을 것이다. 급조되어 발표되는 사명서는 쉽게 잊혀진다. 그것은 PR 자료에 불과하다. 수련회를 통해 만들어진 사명서가 그러한 경우가 많다.

감정적 연결을 확보하는 데, 프로세스는 결과물만큼 중요하고 영향력이 있다는 점을 명심하라. 이것은 참여와 동일시를 필요로 한다.

수련회는 감정적 연결을 확보하기 위한 커뮤니케이션, 피드백, 참여의 과정이 되어야 한다. 나는 반복적 피드백을 사용하는 기술들을 많이 보았다. 두세 사람으로 구성된 소위원회는 처음에 간단한 초안을 만든 다음, 서로 나누고 경청하는 피드백을 통해 점차 다양한 관심사를 반영하여 진정한 문화적 연결을 이룬다.

청소부들이 작업의 계획, 실행, 평가에 참여하게 되자 청소의 질이 높아지고,
이직률은 낮아졌으며, 규율을 더 잘 준수하게 되었다.
그들은 신체, 감정, 영성을 모두 활용하는 '지식노동자'가 되었다.

한방향정렬과 임파워해주기
Aligning and Empowering

THE 8TH HABIT From Effectiveness to Greatness

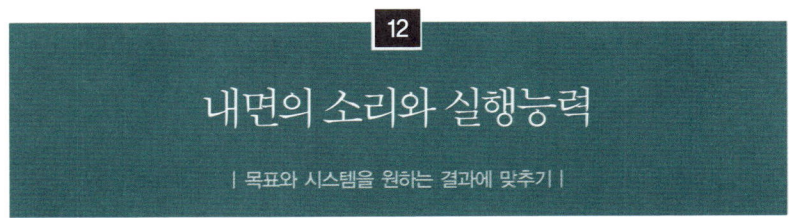

12

내면의 소리와 실행능력

| 목표와 시스템을 원하는 결과에 맞추기 |

말은 마구가 채워지기 전까지는 아무 쓸모가 없다. 증기와 가스는 한데 모으기 전까지는 아무것도 돌리지 못한다. 나이아가라 강은 댐이 만들어지기 전까지는 빛과 전력을 생산하지 못한다. 삶은 초점과 헌신과 규율을 갖기 전까지는 성장하지 못한다.[1]

헨리 에머슨 포스딕(Henry Emerson Fosdick)

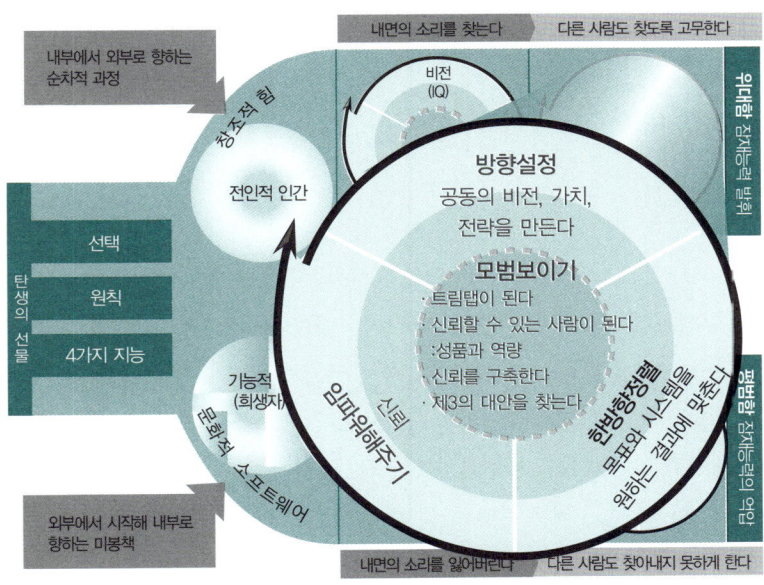

자료 12.1

- **잘못된 믿음** : 독립성을 중시하는 교육 훈련과 보상 시스템을 갖추면, 협력적이고 상호의존적인 행동을 이끌어 낼 수 있다. (낡은 패러다임)
- **현실** : 그것은 골프채로 테니스를 치고, 디지털 세상에서 아날로그 사고를 갖는 것과 마찬가지다. 독립성과 경쟁을 부추기고 지원하는 조직 구조와 시스템은 독립성의 문화를 만들어 낸다. 키우고 싶은 나무에 물을 줘라. 협력과 상호의존성을 중시하는 교육 훈련과 보상 시스템을 갖추었을 때, 상호의존적 행동을 이끌어 낼 수 있다. (새로운 패러다임)

리더의 한방향정렬 역할에 대한 제1의 대안은 개인적인 본보기만으로도 조직이 건강한 성장의 길을 갈 수 있다고 믿는 것이다.

제2의 대안은 정성 들여 만든 비전과 전략을 지속적으로 일깨워 줌으로써, 조직의 목표를 달성할 수 있을 것이라고 믿는 것이다. 구조와 시스템은 부차적인 문제이다.

제3의 대안은 개인의 도덕적 권위와 공식적 권위를 이용하여 전략과 공유된 비전과 가치에 담긴 원칙을 공식화 혹은 제도화하는 시스템을 만들고, 전략·공유된 비전·가치와 방향이 일치하는 목표들을 정하여, 이해당사자들의 욕구를 어떻게 충족시키고 가치를 어떻게 전해 줄 것인가에 대해 시장과 조직으로부터 받는 규칙적인 피드백에 맞춰 방향을 다시 정렬하는 것이다. 협력을 소중하게 여긴다면 경쟁이 아닌 협력에 대해 보상하게 되며, 모든 이해당사자들을 소중하게 여긴다면 일상적으로 그들 모두에 대한 정보를 수집하여 방향을 다시 정렬하는 데 사용한다. 키우려고 하는 나무에 물을 주는 것이다.

원칙 중심의 삶과 리더십의 모범을 보일 때 신뢰가 형성된다. 방향 설정은 명령하지 않고도 비전과 질서를 만든다. 이제 중요한 문제는

"공식적인 리더에 의존하지 않고 모든 사람이 옳은 방향으로 가도록 가치와 전략을 어떻게 실행할 것인가?" 하는 점이다. 그 답은 한방향정렬을 통해 실행하는 데 있다. 방향설정 과정에서 선택된 조직의 핵심가치와 전략을 강화시켜 주는 시스템과 구조를 설계하고 실행하는 것이다.

현재의 구조와 시스템과 프로세스를 생각해 보라. 핵심목표를 실행할 수 있게 하는가, 아니면 실행에 방해가 되는가? 그것은 조직의 가치와 일치하는가? 장애 요소들을 제거하는 것은 리더의 책임이다. 그러나 한방향정렬 과정은 자기 자신과 '신성한 소sacred cow(신성불가침)'의 조직 시스템과 구조에 대한 겸허하고 깊은 성찰을 필요로 한다.

조직의 신뢰성

앞서 설명했듯이, 조직은 신뢰의 두 번째 원천이다. 신뢰성 있는 사람들이 조직의 가치와 방향이 일치하지 않는 구조와 시스템에서 일한다면, 신뢰할 수 없는 시스템이 승리할 수밖에 없고 사람들은 신뢰를 갖지 못할 것이다. 전통과 문화적 기대를 통해 조직에 깊숙이 뿌리 내리고 있는 시스템과 프로세스를 바꾸는 것은 개인의 행동을 바꾸는 것보다 훨씬 더 어렵다.

대부분의 조직은 겉으로는 팀워크와 협력의 중요성을 강조하면서,

> xQ조사에서 조직 내에 심각한 '신뢰의 갭'이 존재한다는 사실이 확인되었다. 응답자의 48%만이 조직이 조직의 가치를 실천하고 있다고 밝혔다.

실제로는 내부의 경쟁을 부추기는 시스템을 갖고 있다. 나는 협력 정신이 없는 기업과 함께 일한 적이 있다. CEO는 직원들이 왜 협력하지 않는지 이해하지 못했다. 그는 협력을 이끌어 내기 위해 훈계하고, 교육하고, 심리적 자극 요법도 사용해 봤지만 소용이 없었다.

나는 CEO와 대화를 나누던 중에 우연히 그의 책상 뒤에 열린 커튼 사이에서 모의경마 모형을 발견했다. 모든 말들이 왼쪽에 일렬로 늘어서 있었고, 타원형으로 된 경영자들의 얼굴 사진이 각 말 앞에 붙어 있었다. 오른쪽에는 두 연인이 손을 잡고 하얀 백사장을 걷고 있는 버뮤다 여행 포스터가 걸려 있었다.

그 부조화의 상황을 상상해 보라. "자, 협력합시다, 협력해요. 여러분은 더 잘할 수 있을 겁니다. 더 행복해지고 더 즐거워질 겁니다." 그리고 커튼을 젖힌다. "버뮤다 여행 가고 싶은 사람 없습니까?"

그는 다시 내게 물었다. "사람들이 왜 협력을 안 하죠?"

무슨 말을 하든 항상 시스템이 쓸모없는 것으로 만들어 버릴 것이다.

통찰력 있는 에드워즈 데밍Edwards Deming■은 모든 조직 문제의 90% 이상이 시스템에서 기인한다는 것을 간파했다. 대부분의 문제는 특별한 상황 혹은 사람에 의해서가 아니라 시스템이나 구조에 의해 생긴다. 그러나 결국 시스템을 만드는 주체는 사람이므로 그러한 시스템에 대한 책임은 사람에게 있다. 시스템과 구조는 프로그램이므로 선택할 자유가 없다. 리더십은 사람에서 나온다. 사람은 시스템과 조직을 설계하고, 정해진 결과를 얻는다.

조직 시스템 설계에 관한 한 많은 사람들이 정직하지만 무능하다. 반면에 시스템 설계에 유능한 사람들은 정직하지 못하고 이중적이다.

■ 세계대전 이후 일본 경제 회생에 큰 역할을 했던 세계적인 품질 석학.

그러나 조직의 신뢰성은 조직의 성품(도덕성)과 역량을 모두 필요로 한다. 간단하게 말해서, 한방향정렬은 제도화된 신뢰성이다. 이것은 사람들이 가치체계에 담은 원칙이 구조, 시스템, 프로세스를 설계하는 기초가 된다는 것을 의미한다. 환경, 시장 상황, 사람이 변해도 원칙은 변하지 않는다. 건축 용어를 사용하자면, 형태는 기능을 따른다. 다시 말해서, 구조는 목적을 따른다. 한방향정렬은 방향설정 다음 단계에서 이루어진다. 규율은 개인과 조직 모두에 해당되는데, 조직에서 규율은 한방향정렬을 의미한다. 비전을 실현할 수 있는 조직, 시스템, 프로세스, 문화를 만들거나 비전에 맞게 한방향으로 정렬하기 때문이다.

만일 가치체계가 장기와 단기에 모두 초점을 맞추고 있다면, 정보 시스템 역시 장기와 단기에 모두 초점을 맞춰야 한다. 또한 가치체계

> 의사 결정은 시너지적으로 하고, 실행은 분산적으로 하지 않도록 조심하라.

가 협력과 시너지를 중시한다면, 보상 체계도 협력과 시너지를 지원해야 한다. 그렇다고 개인의 노력과 성과가 인정이나 보상을 받지 말아야 한다는 것을 의미하는 것은 아니다. 보상 원칙은 협력과 시너지에 기초하더라도, 특정 개인에 대한 보상은 상호보완적 팀의 범위 내에서 개인의 노력에 기초해야 한다. 그래야 상호의존성과 독립성을 모두 키울 수 있다.

많은 조직들은 협동적 노력을 희생시키고 개인적 노력에만 보상하는 함정에 빠져 있다. 협력의 가치는 말뿐인 호의를 넘어 인정과 보상

체계로 구체화되지 않는다. 사람들은 자신의 의제에 따라 움직이기 때문에, 개인적 노력을 보상하는 시스템에 동의한다. 그러한 조직은 우수한 고객 서비스를 위해 팀워크가 필요한 상황에서도 팀워크가 생기지 않아, 결국 시장에서 실패하고 말 것이다. 그 이유는 개인이 협력하기 싫어해서가 아니라, 시스템이 개인의 노력이나 내부 경쟁에 대해서만 보상해 주기 때문이다. 아무리 좋은 말을 하고 좋은 의도를 가졌더라도, 결국은 시스템이 그 모든 것을 쓸모없게 만든다.

"당신은 이 사람들을 모두 승자로 고용하지 않았나요?"

나는 어느 조직의 연차총회에서 약 800명의 직원들에게 강연하면서 한방향정렬이 되지 않은 시스템을 또 한 번 경험했다. 이 조직은 800명 가운데 30명에게만 포상했다. 800명 가운데 30명만! 나는 회장에게 물었다. "당신은 이 사람들을 모두 승자로 고용하지 않았나요?"

"승자로 고용했죠."

"패자도 고용했습니까?"

"아니오."

"오늘 770명의 패자가 생겼습니다."

"글쎄요, 경쟁에서 이기지 못한 것이죠."

"그들은 패자입니다."

"왜요?"

"당신이 그렇게 생각하기 때문입니다. 승-패적 사고를 하고 있는 것입니다."

"어떻게 해야 하죠?"

"그들을 모두 승자로 만드십시오. 직원들이 경쟁을 해야 된다는 생각을 어디서 갖게 되었습니까? 시장의 경쟁으로도 충분하지 않습니까?"

"글쎄요, 인생이 원래 그런 거 아닙니까?"

"당신은 부인과도 경쟁합니까? 누가 이깁니까?"

"아내가 이길 때도 있고, 내가 이길 때도 있습니다."

"아이들의 미래를 위해 그것을 본받게 하고 싶습니까?"

"그럼 보상을 어떻게 해야 하죠?"

"모든 사람, 모든 팀과 승-승성과 합의서를 만드십시오. 그들이 조직에서 원하는 성과를 달성하면, 그들은 이기는 것입니다."

1년 뒤 상당히 많은 방향설정과 한방향정렬 작업이 이루어지고 나서 그 조직으로부터 다시 초청을 받았다. 행사에는 1,000명이 넘는 사람들이 모였다. 그 가운데 몇 명이 포상을 받았는지 아는가? 800명이 받았다. 받지 못한 200명은 그들 스스로의 선택에 의해 못 받은 것이다. 전혀 비교에 의한 것이 아니었다. 포상받은 800명이 어떤 실적을 냈는지 아는가? 한 사람당 실적이 1년 전에 포상받았던 30명 전원의 실적과 맞먹었다. 새로운 문화가 만들어졌다. 부족의 사고에서 풍요의 사고로 전환된 것이다. 지난 해 30명이 누렸던 영광을 이번에는 800명이 누렸다.

무엇이 그들을 바뀌게 만들었는가?

버뮤다 여행 포스터와 이 사례를 비교해 보면, 그 해답을 찾을 수 있을 것이다. 사람들은 "우리들 가운데 버뮤다에 누가 가게 될까?"라고 생각하지 않고 "나는 당신이 부인과 함께 버뮤다에 갔으면 좋겠다. 우리 모두 함께 갔으면 좋겠다. 당신을 밀어 주겠다"고 생각할 것이다. 이러한 사고는 내부 경쟁이 치열한 조직을 근본적으로 변화시킬 수 있다.

　두 조직 모두 사장은 신뢰할 만한 인물이었다. 둘 다 성품이 좋았고 풍요의 심리도 갖고 있었다. 하지만 한방향으로 정렬된 보상 체계를 만들 수 있는 마음가짐이나 기술이 없었다. 완전한 정보 시스템이 없었다. 그것은 하나의 계기판만으로 비행기를 운행하는 것과 같이 위험하다.

　그러나 그들은 곧 문제를 인식했다. 그들의 문제는 성품이 아니라 역량에 있었다. 그들은 그 기술을 배우지 않았고, 부족의 심리를 부추기고 이중적이고 전통적인 시스템에 갇혀 있었던 것이다.

한방향정렬은 계속되는 과정이다

　한방향정렬은 끝이 없다. 그것은 계속되는 과정이다. 변화하는 현실은 지속적인 노력과 조정을 요구한다. 시스템, 구조, 프로세스는 변화하는 현실에 적응할 수 있도록 유연해야 한다. 하지만 동시에 변치 않는 원칙에 기초해야 한다. 유연성과 불변성이 결합되었을 때 조직은 안정되고, 또 민첩해진다.

　지속적으로 한방향으로 정렬할 수 있는 능력을 갖추려면, 조직 내는 물론 전 세계적으로 업종에 관계없이 뛰어난 기능을 발휘하는 팀이

> 원칙은 깊은 샘과 같다. 원칙의 깊은 샘은 다른 얕은 샘과 임파워먼트, 품질, 적은 자원으로 많이 생산하기, 지속성, 확장성, 민첩성의 뿌리에 물을 공급한다.

나 부서를 진지하게 벤치마킹해야 한다. 과거에 의존하거나 같은 업종이나 현재의 경쟁자들의 경향에 매몰되지 않고, 세계 수준에 눈을 뜨고 따라갈 수 있도록 해야 한다. 모범 사례가 될 만한 조직을 찾아라. 최고의 조직을 찾아서 그들로부터 배워라.

관찰, 연구 조사, 그리고 상식은 직원들의 노력이나 리더의 개인적 특징에만 의존해서는 성공하지 못한다고 말해 준다. 성공하는 조직은 구조의 산물이다. 조직은 개성에 의존하는 것이 아니라 시스템과 문화에 의존한다(이 문제는 임파워해주기에서 깊이 있게 다루도록 하겠다).

제너럴일렉트릭General Electric은 많은 사업부가 산업 시대에서 지식노동자 시대로 넘어간 대표적인 기업이다. CEO 잭 웰치Jack Welch와 관리교육 담당 이사였던 노엘 티치Noel Tichy 박사가 가장 역점을 두었던 부분은 GE의 유전자와 리더 교육에 리더십 개발을 새겨 넣는 일이었다.

리더십은 CEO와 경영진에 국한된 영역이 아니라, 전체 직원들에게 확산되어야 한다는 점을 당시 업계에서는 잘 몰랐다. 그러나 웰치 씨는 통찰하고 있었다. 세계화는 오랫동안 안정, 독재, 제한적 프로세스라는 특징을 가진 기업 세계에 변화를 끌어안을 것을 요구했다. 회사는 전 조직에 걸쳐 지위에 관계없이 민첩하고 적응력이 뛰어난 리더를 개발해야 하는 도전에 직면했다. 그들은 변화를 어떻게 관리할 것인가에 그치지 않고, 변화를 어떻게 만들어 낼 것인가에 대해서도 교육할 수 있는 능력을 키워야 했다.[2]

제도화된 도덕적 권위

한방향으로 정렬된 원칙 중심의 조직과 제도는 도덕적 권위를 제도화했다. 제도화된 도덕적 권위는 품질, 다양한 이해당사자들과의 신뢰 관계, 효율성, 속도, 유연성, 시장 친화성에 대한 집중을 지속할 수 있는 힘을 갖는다. 사람은 바뀌어도 제도는 계속 발전한다.

도덕적 권위는 문화적 생명력을 가진 성문헌법 및 불문헌법을 갖고 있는 국가에서 발견된다. 지도자들이 항상 헌법에 따라 행동하지 않아도, 국가는 그들의 강점을 발전시킬 수 있고 정부의 다른 기능에 의존하여 리더의 약점을 무의미하게 만들 수 있다. 하지만 독재 국가나 공동의존적이고 부패가 문화적으로 용인되는 취약한 신생 민주주의 국가는 그렇지 못하다.

국가적으로 제도화된 도덕적 권위를 갖추었더라도 부패하거나 독재적이거나 자기중심적인 리더가 나타나면 일정 기간 동안 많은 피해를 줄 수 있다. 하지만 대개 조직이나 제도는 다시 원상태로 돌아온다. 기본적으로 권력은 선출된 공직자나 임명된 관료에게서 나오는 것이 아니라, 시스템에서 나온다. 시스템은 리더의 약점보다 강하다. 메리어트코퍼레이션에서 "부분에 대한 집착은 실패를 낳고, 성공은 시스템에서 나온다"고 강조하는 것도 이런 맥락에서 이해할 수 있다.

나는 최근 세계 최대의 호텔업체 메리어트인터내셔널의 회장이자 CEO인 J.W. '빌Bill' 메리어트를 만났다. 빌과 그의 아버지는 세계에서 가장 훌륭한 조직 가운데 하나를 만들었다. 그들의 성공에는 개인으로 하여금 천재성을 발휘하게 하는 커뮤니케이션 시스템이 큰 역할을 했다.

그는 이렇게 말했다. "내가 경험을 통해 얻은 가장 큰 교훈은 사람들의 말에 귀를 기울여야 한다는 것이다. 주변에 사람들을 모아서 그들의 아이디어와 의견에 귀를 기울이는 이사가 있다면, 그리고 그러한 이사들과 테이블에 앉아 그들의 의견에 귀를 기울일 수 있다면, 훨씬 더 좋은 결정을 내릴 수 있을 것이다."

메리어트에 따르면, 그는 일찍이 세계적으로 유명한 지도자 아이젠하워 대통령과의 만남을 통해 그러한 교훈을 얻었다고 한다.

"나는 대학을 마치기 직전에, 6개월간 해군에 복무하다가 크리스마스 휴가를 얻어 집에 와 있었다. 그때 농무부 장관 에즈라 태프트 벤슨 Ezra Taft Benson이 아이젠하워 장군과 함께 우리 농장을 찾아왔다. 아이젠하워는 대통령이었고 나는 해군 소위였다.

아주 추운 날씨였지만 아버지는 밖에 사격 표적을 만들어 놓고, 대통령에게 물었다. '밖에 나가서 사격 연습을 하시겠습니까, 아니면 따뜻한 방 안에 계시겠습니까?'

그는 내게 물었다. '어떻게 생각하는가, 소위?'"

이야기를 하면서도 메리어트는 당시처럼 긴장하는 것 같았다.

"나는 내 스스로에게 말했다. '그는 드골, 처칠, 마셜, 루스벨트, 스탈린, 몽고메리, 브래들리, 패튼을 만났을 때도 같은 질문을 했을 것이다. 당신은 어떻게 생각하는가 하고 물으며 상황에 대처했을 것이다.'

그래서 나는 말했다. '각하, 밖은 너무 춥습니다. 따뜻한 방 안에 계십시오.'"

메리어트는 그때 교훈을 얻었던 것이다.

"내게는 정말로 중요한 순간이었다. 나는 그 후 이렇게 생각했다. '무슨 일을 시작하려고 할 때 이 질문을 해야겠다. 그렇게 한다면 틀림없이 좋은 정보를 많이 얻을 수 있을 것이다.'"

빌 메리어트가 왜 그러한 방식으로 전 조직에 커뮤니케이션을 강조하는 호텔 체인을 구축했는지 알 수 있는 대목이다. 그는 "당신은 어떻게 생각하는가?"라는 간단한 질문이 사람들의 말에 귀를 기울이고 그들의 경험과 지혜를 존중함으로써 '육체' 노동자를 '지식' 노동자로 바꿔 놓을 수 있다는 것을 깨달았다.

그는 이렇게 말을 마쳤다. "나의 아들 존John은 우리가 인수한 회사의 뉴욕 지부에서 일하고 있었다. 그는 주방에 있을 때 한 사람에게 다가가 물었다. '이 문제에 대해 어떻게 해야 된다고 생각하십니까?' 그 직원은 눈물을 흘리면서 대답했다. '이 회사에서 20년 동안 일했는데 지금까지 나에게 의견을 물은 사람은 아무도 없었습니다.'"

한방향정렬 도구—피드백 시스템

리더의 4가지 역할 가운데 3가지는 무엇이 가장 중요한지 묻는다. 3 번째 역할 한방향정렬은 질문한다. 우리는 목표에 정확하게 맞추고 있는가? 가장 중요한 것을 향해 제대로 가고 있는가?

사실 우리는 모두 목표에서 벗어날 때가 많다. 개인도, 가족도, 조직도, 심지어 로마로 가는 비행기도 마찬가지다. 이 사실을 깨닫는 것은 대단히 중요하다. 대부분은 목표에서 벗어났다고 낙심하고 실망하지만, 전혀 그럴 필요 없다. 방향에서 벗어났다고 느껴질 때 진북(원칙)에 맞게 자신을 재정렬하고 목표를 향해 다시 매진할 수 있기 때문이다.

개인, 팀, 혹은 조직으로서 우리의 여행은 비행하는 것과 같다. 비행기가 이륙하기 전에, 조종사는 비행 계획을 세운다. 그들은 자신이 가려는 곳을 정확하게 안다. 그러나 비행 중에는 바람, 비, 난기류, 항공 교통 상황, 사람의 실수 등의 요인들이 비행기에 영향을 미친다. 그러한 요인들은 비행기의 방향을 약간씩 바꿔 놓는다. 그래서 비행기가 정해진 항로로 가는 경우는 거의 없다. 하지만 그러한 방해 요인의 작용에도 불구하고 비행기는 목적지에 도달한다.

그것이 가능한 이유는 비행 중에 조종사가 계속해서 피드백을 받기 때문이다. 대기 상태를 측정하는 기기나 관제탑, 또는 다른 비행기로부터 정보를 받는다. 때로는 별에서 신호를 받기도 한다. 이 피드백에 기초하여 조종사는 계속 방향을 수정하며 원래의 항로로 돌아온다.

4가지 역할도 마찬가지다. 모범보이기, 방향설정, 임파워해주기 역할은 우리의 가족, 조직, 업무, 그리고 우리 자신이 가장 중요한 것을 정할 수 있게 해준다. 그것은 우리의 비행 계획이다. 우리가 받는 지속적인 피드백은 우리의 행로를 확인하고 원칙에 맞춰 방향을 다시 정렬할 수 있는 기회를 준다. 이 역할과 도구가 우리가 원하는 목적지에 도달할 수 있도록 도와준다.

원하는 결과의 생산과 생산능력 간의 균형 취하기

한방향정렬 원칙의 핵심은 항상 성과를 생각하는 것이다. 우리는 시장에서 어떤 결과를 얻고 있는가? 주주들은 투자수익률에 만족하는가? 직원들은 어떤가? 그들은 지적, 신체적, 영적, 감정적 투자수익률에 만족하는가? 협력업체들은 어떤가? 지역사회는 어떤가? 아이들, 학교, 거리, 공기와 물에 대해, 직원들이 일을 하며 가족들을 부양하고 있는 직장 환경에 대해 사회적 책임감을 갖고 있는가? 이러한 이해당사자들로부터는 어떤 결과는 얻고 있는가? 고객들은 어떤가? 어떻게 되어 가고 있는가? 결과가 어떤가? 세계 수준은 어떻게 벤치마킹하는가? 우리는 이 모든 이해당사자들의 결과를 연구하고 점검하고, 결과와 전략 사이의 차이를 조사해야 한다.

효과성은 원하는 결과의 생산(P)과 생산능력(PC) 간의 균형을 의미한다.■ 다시 말해서 그것은 사람들이 원하는 황금알과 황금알을 낳는 거위이다. 우리는 이것을 P와 PC의 균형이라고 부르기도 한다. 효과성의 핵심은, 현재 원하는 결과를 얻으면서 미래에 그 이상의 결과를 얻을 수 있게 하는 것이다.

지난 10년간 P와 PC의 균형을 측정하는 여러 가지 방법들이 개발되었다. 나는 때때로 360도 피드백(다면평가)의 중요성을 강조했다. 첫 번째 90도 피드백은 재정회계만 반영하고, 나머지 270도 피드백은 조직의 핵심 이해당사자들의 인식과 그 인식을 중심으로 형성된 그들의 감정의 힘에 대한 과학적 정보로 구성되어 있다.

이 피드백은 여러 가지 명칭으로 불리고 있다. 최근에는 주로 균형성과표Balanced Scorecard라고 부른다. 나는 때때로 이 접근방법을 double bottom-line accounting이라고 불렀다. 전통적인 회계는 항상 수익을 표시하는 결산표의 마지막 줄(황금알)에 초점을 맞췄다. 그러나 Double bottom-line accounting은 '거위'도 존중한다. 고객, 협력업체, 직원과 그 가족들, 정부, 지역사회 등 모든 이해당사자들과의 관계, 즉 거위의 건강을 수치로 표시한다. 조직의 현재와 미래의 건강상태 및 힘을 두 페이지에 요약했을 때, 즉 한 페이지에는 전통적인 결산표(현재의 결과)를, 다른 페이지에는 미래의 결과를 생산할 이해당사자들의 관계에 대한 주요 지표들을 담아 요약했을 때 어떤 효과가

■ 결과와 생산능력 간의 균형을 잡는 방법에 대해 더 많은 정보를 원하면 부록 8을 보라.

있을지 생각해 보라.

> 가장 중요한 목표의 진행 상황을 측정할 수 있는 사람은 별로 없다. xQ 응답자의 10%만이 진정한 피드백 기능을 하는 분명하고 정확하고 가시적인 성과표를 갖고 있다고 밝혔다. 일선 직원들의 의사 결정을 위해 실행 가능한 정보가 절대적으로 필요하다.

　중요한 것은 성과표를 만드는 것이다. 평가받는 사람들은 조직의 사명, 가치, 전략을 반영한 강력한 성과표를 만드는 데 참여해야 한다. 그래야 지속적으로 성과 프로세스에 맞게 정렬하고, 책임지고 일하며, 결과에 책임질 수 있다. 성과표에 감정적으로 연결되어야 하고, 자신의 성과표라는 인식을 가져야 한다.

　이것은 또한 과제를 완수하거나 프로젝트를 수행할 책임이 있는 개인, 팀, 부서에게도 해당된다. 모든 사람이 성과표의 개발에 참여해야 하고, 그 성과표에 책임을 져야 한다. 강력한 성과표의 실제 적용에 대해서는 14장에서 다룰 것이다.

　성과표 피드백 시스템의 중요성을 내가 겪은 경험을 통해 설명하도록 하겠다.

　나는 전국 신문발행인 및 편집인 협회에서 주관하는 대규모 회의에서 강연을 하기로 하고, 그 행사에 대비하여 여러 신문사에서 실시한 실태조사cultural audit의 자료를 수집했다. 조사 결과는 신뢰 수준이 낮고, 목적과 가치가 평범하며, 시스템이 한방향으로 정렬되어 있지 않았다. 결과적으로 신문업계 전체가 임파워되어 있지 않은 것으로 나타났다.

　나는 강연을 시작하기 전에 색다른 접근을 시도했다. 마이크를 들고 돌아다니면서, 참석자들에게 "사회에서 신문의 가장 중요한 역할은 무엇인가? 당신의 주요 목적은 무엇인가?"라고 물었다.

마이크를 갖다 대자 그들은 주저하지 않고 신문사가 우리 사회에서 수행해야 할 핵심역할을 이야기했다. 그들은 신문매체는 정부를 정직하게 만들고, 공직자들이 국민들을 책임지고, 투명한 행정을 펼치게 해야 한다고 생각했다. 대답은 주로 자유, 국민을 책임지는 정부, 헌법에 명시된 견제와 균형의 유지, 민주공화국의 이상과 자유기업 체제를 보존하기 위해 정보를 제공하는 것 등 가장 중요한 가치들을 지킴으로써 국가와 지역사회에 봉사해야 한다는 데 집중되었다.

다음에는 "당신은 정말로 이러한 목적들을 믿는가? 가슴속으로 그것을 느끼는가?"라고 질문했다. 마찬가지로 돌아다니면서 질문하고 대답을 들었다. 대답은 한결같이 "예."였다. 그리고 다시 "사람들이 특정 가치를 믿고 있다는 것을 어떻게 아는가?"라고 약간 난해한 질문을 던졌다. 다양한 대답들이 나올 때, 나는 "알 수 있는 한 가지 방법은 그들이 가치를 실천하고자 노력하는가 여부이다. 거기에는 전체적으로 동의할 것이다. 즉 가치에 성실한 모습을 보일 때 정말로 믿는 것이다"라고 말했다. 청중은 모두 동의했다.

다음에 나는 핵심적인 질문을 던졌다. "당신이 지역사회와 국가에 하는 것과 비슷한 기능을 수행하는 부서를 가진 신문사가 있는가?" 그들은 나의 질문을 이해 못 하는 듯했다. 그래서 다시 물었다. "신문사들 가운데 사람들이 정직하고 책임지게 하고 가장 기본적인 이상이나 가치와 일치되는 행동을 하게 하는 기능을 수행하는 부서를 가진 곳이 있는가?" 겨우 5% 정도가 손을 들었다. 그 다음에 나는 수집한 실태조사 결과를 발표했다. 나는 그들에게 불신, 개인 간 갈등, 부서 간 경쟁, 한방향정렬 불량, 무력화의 증거들을 보여 주었다.

그리고 이어서 4가지 역할을 설명했다. 그들 자신에서 시작하여 다른 사람들을 목표 수립 과정에 참여시키고, 최적 임파워먼트 환경을 조성하기 위한 정보, 강화, 보상 체계를 세우는 과정을 설명했다. 많은 발행인과 편집인들이 완전히 달라진 리더십 패러다임을 갖고 돌아갔다. 그날의 행사는 우리 모두에게 재미있고 유익한 학습 경험이었다.

이러한 피드백은 조직은 물론 조직 내의 개인들에게도 중요하다.
한번은 도전과 갈등의 역사를 경험한 한 국가의 공군 장성 교육을 맡은 적이 있다. 나는 핵심 이해당사자들로부터 피드백을 받는 것의 중요성에 대해 이야기했고, 장성들은 고개를 끄덕이며 동감을 나타냈다. 나는 행사를 책임지고 있는 한 장성에게 질문했다. "고개를 끄덕이는 것은 당신들이 그러한 피드백, 측정 시스템을 사용하고 있다는 것을 의미합니까?" 그는 말했다. "그래서 이런 교육의 기회를 마련한 것입니다. 이 사람들은 최고의 조종사들이지만 관리자 교육을 받지 못했습니다. 우리는 매년 모두에게 주변 사람들이 평가한 자료를 나눠주고, 그들은 그것을 개인적, 직업적 개발의 기초로 사용합니다. 만일 부하 등 주변 사람들로부터 높은 점수를 받지 못하면 진급을 못 합니다."

나는 말했다. "우리나라에서 많은 조직들이 도입하고 있는 그 방법을 이해하는 것이 얼마나 어려운지 모르고 있군요. 인기 경쟁이 안 되도록 하는 장치가 있습니까?"

그는 나를 경멸하듯 바라보면서 대답했다. "스티븐, 우리나라의 생존은 저 사람들이 책임지고, 그들도 그 사실을 잘 알고 있습니다. 우리가 정말로 인기 경쟁을 벌일 거라고 생각합니까? 우리 공군에서는 가장 인기 없는 사람들이 가장 높은 점수를 받는 경우도 있습니다. 순전히 능력으로 평가받는 거죠."

　전통, 기대, 가정을 반영하는 구조와 시스템을 가치와 전략에 맞추는 것은 리더와 관리자들에게 대단히 어려운 일이다. 그러한 구조와 시스템의 예측 가능성과 불확실성에 많은 사람들의 안정이 달려 있다. 구조와 시스템은 정말 '신성한 소'가 된다. 그래서 마음속으로 수용되지 않고 설정된 방향에 감정적으로 연결되지 않는다고 해서 무시할 수도 걷어찰 수도 없다.

　〈표 5〉는 낡은 산업 시대의 구조 및 시스템과 새로운 지식노동자 시대의 개발·임파워먼트 모델을 비교한 것이다. 두 모델을 비교하는 데 도움이 되겠지만, 현실 세계는 이처럼 확연하게 구분되지 않는다. 양

이슈	낡은 산업 시대의 통제 모델	새로운 지식노동자 시대의 개발·임파워먼트 모델
리더십	지위(공식적 권위)	선택(도덕적 권위)
관리	일과 사람을 모두 관리한다	일은 관리하고 사람은 풀어 준다(임파워해준다)
구조	계층 구조, 관료 구조	수평적 구조, 업무의 경계가 없고 유연함
동기 부여	외부적, 당근과 채찍	내부적 – 전인적 인간
성과평가	외부적, 샌드위치 방식	360도 피드백을 이용한 자기평가
정보	기본적으로 단기 재정 보고	균형성과표(장·단기)
커뮤니케이션	기본적으로 하향식	개방적 : 위로, 아래로, 옆으로
문화	사회적 규칙, 직장의 관행	원칙 중심의 가치, 시장의 규칙
예산	기본적으로 하향식	공개적, 신축적, 시너지적
교육과 개발	부수적, 기술 지향적, 일회성	유지 관리, 전략적, 전인적 인간, 가치
사람	비용, 말로만 자산	효과가 큰 투자
내면의 소리	일반적으로 대부분의 사람들에게 중요하지 않다	전략적으로 모든 사람들과 팀을 대상으로 함. 상호보완적.

표 5

극단을 보여 준다고 생각하면 된다. 최소한 문화, 구조, 시스템의 방향을 정해진 기준에 맞게 정렬하는 것이 얼마나 큰 영향력을 갖는지 분명하게 알 수 있을 것이다.

영화 〈베를린 장벽〉

베를린 장벽은 40년 넘게 버티고 있었다. 2세대가 넘는 세월이다. 동서 간 분단의 아픔이 얼마나 깊었는가 생각해 보라. 1989년 베를린 장벽이 무너졌지만, 대부분 사람들의 마음속에 있는 장벽은 쉽게 무너지지 않았다. 그것은 '신성한 소', 산업 시대의 구조나 시스템과 같았다. 전통은 좀처럼 사라지지 않는다. 나는 장벽이 없어진 동베를린에서 택시를 타고 가다가, 운전사가 자유시장과 민주사회에 대해 느끼는 불안감을 토로했던 것을 잊지 못한다. 그는 구체제와 장벽으로 상징되는 안전과 안정을 더 좋아했다. 그의 말은 내게 충격이었다. 그는 대부분의 전전 세대들은 그렇게 느끼고, 안정보다는 자유를 원하는 신세대에 대해 비판적이라고 말했다.

이 영화를 보면서 새로운 마음자세, 새로운 패러다임, 새로운 사고방식을 갖는 것이 얼마나 어려운지 생각해 보라. 그리고 새로운 기술과 도구의 필요성도 생각해 보라. 낡은 패러다임을 가진 사람들에게 새로운 기술과 도구를 가르치는 것은 무의미한 일이다. 그것은 낡은 부대에 새 술을 담는 것과 같다.

다음 장에서는 리더의 마지막 역할인 임파워해주기를 살펴보도록 하겠다.

질문과 대답

만일 당신이 속한 조직이 단기적인 내부 경쟁, 서열 제도, 목표 수치에 집중한 나머지 제 살 깎기 문화가 형성되었다면 어떻게 하겠는가? 그러한 상황에서 당신은 현실적으로 무엇을 할 수 있는가?

그러한 조직이 시장에서 경쟁력의 영향을 받는다면, 선택의 자유를 사용하여 더 큰 영향력의 원을 만들 수 있다. 만일 경쟁력의 영향을 받지 않는다면, 그리스 철학인 에토스, 파토스, 로고스를 사용하여 다른 사람들이 우리의 권유를 받아들이면 더 쉽게 그들의 목표에 접근할 수 있으리란 점을 깨닫게 할 수 있을 것이다. 또한 지속적으로 자기개발과 직업 개발을 위해 노력하고, 문제를 해결하고 사람들의 욕구를 충족시켜 주는 데서 안정을 느낀다면, 다른 일들을 할 수 있는 무한한 기회를 갖게 될 것이다. 그러한 경우에는 무엇이든 스스로 선택하여 할 수 있다.

경영진 혹은 리더의 활동 중 전략적 방향설정 프로세스를 구축하는 것 다음으로 중요한 것은 무엇인가?

인재를 채용하고, 선발하고, 배치하는 것이다. 짐 콜린스의 말을 빌리면, 옳은 사람을 옳은 버스의 옳은 좌석에 앉히는 것이다. 어떻게 보면 채용, 선발, 배치는 교육과 개발보다 더 중요할 수도 있다. 하지만 급변하는 경제 상황 속에서 대부분의 조직들은 사람도 바쁘고 문제 해결도 시급해서, 사람을 급하게 구하는 습관에 빠지게 된다. 가장 절실하게 원하는 것을 가장 쉽게 믿는 법이지만, 그럴 경우 인재 활용에 실패하게 될 것이다. 대신에 전략적 채용방법을 사용해야 한다. 채용 기준을 높이고, 지원자들과 대화를 나누고, 공을 들여 여러 사람들의 이력 사항을 심층적으로 조사해야 한다.

지원자들과 진실되고 투명한 관계를 구축하고, 그들의 비전, 가치, 내면의 소리가 조직의 미래의 전략 기준과 일치하는지 판단할 시간을 가져야 한다.

당신의 경험상 직원을 채용할 때 어떤 질문을 하는 것이 가장 좋았는가?

경험상 가장 좋은 질문은 "최근에 잘했던 일은 무엇인가?"였다. 그 다음에 초등학교, 중학교, 고등학교 때의 상황과 대학 시절 했던 일을 물어보고, 그들의 진짜 재능과 강점이 어디에 있는지, 그들의 내면의 소리가 어디에 있는지 조사한다. 또한 의존성과 독립성과 상호의존성도 알아보고, 일이나 사람 혹은 의견을 대하는 태도를 확인한다. 아울러 조직이 그들로부터 기대하는, 전략적으로 개발된 역할 기준을 알려줘야 한다.

공동의존성(수동성과 순응성)이 보상받을 때는 어떻게 되는가?

보상은 한 번에 그칠 것이다. 시장이 허용하지 않기 때문이다. 궁극적으로 수동적이고 공동의존적인 사람은 고객들에게 창의력, 독창성, 기대할 수 있는 모습을 보여 주지 못하므로 보상은 계속될 수 없다. 공동의존적인 사람이나 문화는 일시적으로 시장에 투명한 모습을 보이고 좋은 반응을 얻는다 하더라도 장기적으로는 살아남을 수 없다. 오늘날 글로벌 경제에서 필요한 것은 심플하고, 민첩하고, 창조적이고, 혁신적이고, 임파워된 문화이다. 특히 지역이 아닌 세계시장에서 경쟁하고 있다면 더욱더 그러한 문화가 요구된다.

팀을 강화하는 과정은 어떤가?

팀을 강화하는 것은 사람들의 강점이 생산성을 갖고, 약점이 다른 사람들의 강점에 의해 중요하지 않게 되고, 공동의 비전과 가치 시스템에 의해 결속되는 상호보완적 팀을 개발할 때 중요하다. 그러나 팀 강화는 시스템과 구조의 한방향정렬을 필요로 한다. 꽃을 보고 얼른 피라고 말하면서 물은 다른 꽃에 준다면, 그 꽃은 피어날 수 없을 것이다. 마찬가지로 팀 작업을 하자고 말하면서 독립적이고 권위적으로 생각하고, 일방적이고 독선적인 결정을 내린다면, 팀을 키울 수 없다. 팀 강화가 조직의 구조, 시스템, 프로세스 내의 팀 강화 원칙에 의해 뒷받침된다면 대단히 중요하고 바람직스러운 활동이 될 것이다. 하지만 그러한 지원을 받지 못한다면, 일시적인 유행이나 부수적 활동으로 전락하고 만다.

조직 내에 수많은 비전과 목표가 존재하는데, 어떻게 통합된 단일문화를 가질 수 있는가?

고통을 유도한다. 사람들이 만족하고 행복해 하는 한, 일하려 들지 않을 것이다. 타의에 의해, 시장에 의해 완전히 다른 차원의 고통을 받기 전에 자극 차원에서 고통을 줘야 한다. 사람들이 균형성과표에 책임을 지고, 거기에 기초하여 보상이 이루어진다면, 균형성과표가 좋은 수단이 될 수 있을 것이다.

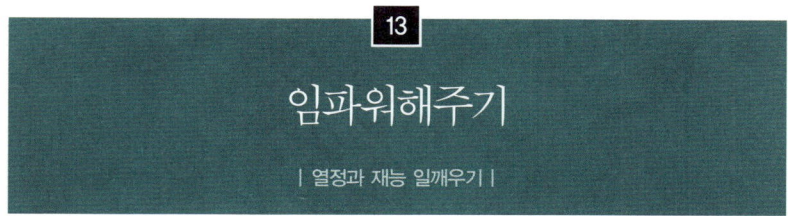

| 13 |

임파워해주기

| 열정과 재능 일깨우기 |

우수한 성과를 내도록 고무하는 가장 좋은 방법은 행동을 통해, 진심으로 지원해 주는 일상적인 태도를 통해 납득시키는 것이다.

해럴드 그레닌(Harold Greneen), ITT 인더스트리의 전 회장

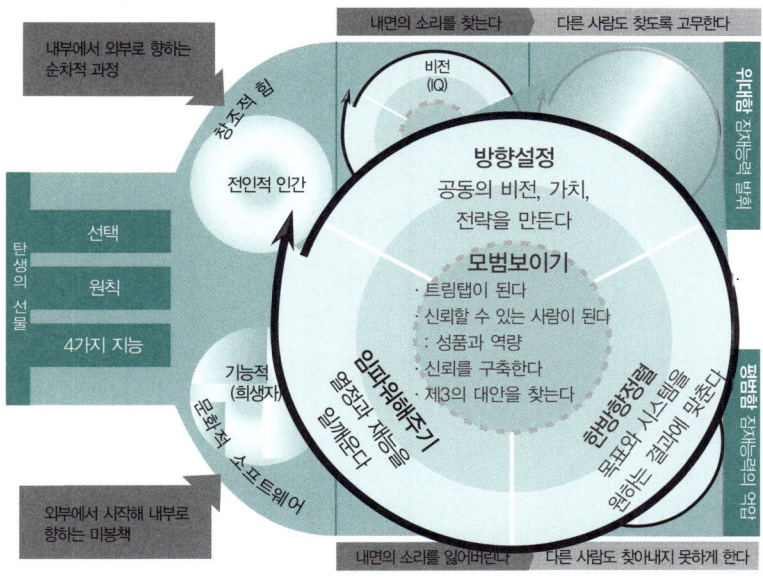

자료 13.1

■ **잘못된 믿음** : '당근과 채찍'은 가장 좋은 동기 부여 방법이다. (낡은 패러다임)

■ **현실** : '당근과 채찍'은 동물에게 적용하는 방법이다. 사람은 선택할 힘을 갖고 있다. 사람의 등은 빌릴 수 있어도, 마음은 얻을 수 없다. 노동은 살 수 있어도, 정신은 살 수 없다. (새로운 패러다임)

리더의 임파워해주기 역할에 대한 제1의 대안은 통제를 통해 성과를 얻는 것이다.

제2의 대안은 마음대로 하도록 풀어놓는 것이다. 임파워먼트를 외치지만 실제로는 방임하고 책임을 태만히 하는 것이다.

제3의 대안은 한편으로는 부드럽게 다른 한편으로는 강하게 대하는 것이다. 구체화된 목표 중심의 승-승합의서를 통해 자율성을 부여하고, 결과에 대한 책임도 지게 한다.

나는 가정을 포함한 대부분의 조직들이 관리는 많이 하고 리더십은 적게 발휘한다고 믿고 있다. 아이들의 반항에서 볼 수 있듯이 불편한 부모 자식 관계는 그러한 현실을 고통스럽게 상기시켜 준다.

아이들과의 관계에서 임파워먼트 문제를 슬기롭게 풀어 간 한 친구 부부의 이야기를 통해 현재 우리가 직면하고 있는 현실을 생각해 보도록 하자.

나는 어느 날 아내의 얼굴에 어두운 그림자가 드리워져 있는 것을 보고 그녀에게 물었다. "무슨 일이오?" "너무 힘들어요. 아침마다 아이들 학교 보내는 게 전쟁이에요. 애들은 내가 말하지 않으면 아무것도 하지 않아요. 아마 학교에도 못 갈 거예요. 학교 갈 준비는커녕 일어나지도 못할걸요! 어떻게 해야 될지 모르겠어요."

다음날 아침, 나는 아이들을 유심히 관찰했다. 아내는 새벽 6시 15분부터 각 방을 돌아다니며 아이들을 깨웠다. "얘, 일어날 시간이다, 어서 일어나." 모두 깨우기 위해 그러한 과정을 두세 번 반복했다. 그리고 가장 힘들게 일어난 아이를 위해 샤워기를 틀었다. 다음 10분 동안 아내가 계속해서 욕실로 가 유리문을 두드리며 "빨리 나와"라고 말하면 아이들은 "알았어요"라고 방어적으로 대답했다. 딸이 마지막으로 샤워기를 잠그고 방으로 들어왔다. 아이는 몸을 작은 공처럼 웅크리고 추운 듯 수건으로 몸을 덮었다.

10분 후, "얘, 옷 입어야지. 이리 와."

"입을 옷이 없어요."

"이걸 입으렴."

"그 옷은 싫어요. 맘에 안 들어."

"그럼, 뭘 입을래?"

"청바지, 그런데 더럽네."

세 아이가 6시 45분에 아래층으로 내려갈 때까지 이런 신경전이 계속되었다. 아내는 카풀 시간이 얼마 안 남았다며 아이들을 계속 재촉했다. 마침내 아이들이 껴안고 키스를 하며 문 밖으로 나가고 나서 아내는 완전히 녹초가 되어 버렸다. 나 역시 아침 내내 지켜보느라고 지쳤다.

나는 생각했다. '아내가 힘든 것은 분명한데. 아이들을 항상 시키기만 해서 스스로 어느 것 하나 챙길 줄을 모른단 말야.' 우리는 깨우고 욕실 문을 두드리고 하면서 아이들의 무책임을 키운 것은 아닌지 반성했다.

그러던 어느 날 저녁, 나는 가족 회의를 소집했다. "너희들이 아침에 어떻게 하는지 다 지켜봤다." 아이들은 모두 알고 있었다는 듯 웃었다. "아침에 그렇게 하는 거 좋아하는 사람 있어?" 아무도 대답하지 않았다. "너희들이 생각해야 할 점이 있다. 너희들은 선택할 수 있는 힘이 있다는 것이지. 잔소리 안 해도 혼자서 다 할 수 있을 거다."

그리고 계속 질문을 했다. "매일 아침 자명종을 맞춰 놓고 스스로 일어날 수 있겠니?" 아이들은 자기들을 뭘로 보고 그런 말을 하냐는 듯이 나를 바라보았다. "정말 할 수 있겠니?" 모두 할 수 있다고 대답했다. "샤워 시간이 얼마나 걸리는지 알고, 스스로 물을 잠글 수도 있겠지?" 모두 할 수 있다고 대답했다.

"입고 싶은 옷을 전날 밤에 미리 준비할 수 있고, 옷이 더러우면 세탁기에 넣어서 돌릴 수도 있지?" "할 수 있어요." "시키지 않아도 스스로 이불을 개고, 방청소를 할 수 있지? 6시 45분 아침 식사 시간까지 아래층으로 내려올 수 있지?" 모두 할 수 있다고 대답했다.

우리는 모든 것을 하나씩 확인하고 넘어갔다. 아이들은 모두 할 수 있는 힘과 능력이 있다고 대답했다. 나는 말했다. "좋다, 이제 무엇을 할지 모두 적어라. 각자 아침 계획을 세우는 거야."

아이들은 하려고 하는 일들을 모두 적고, 계획표를 만들었다. 아침에 제일 애먹이는 딸이 가장 신이 났다. 딸아이는 아주 구체적으로 계획을 세웠다. 우리는 몇 가지 지침을 정했다. 아이들이 언제 어떻게 책임질 것인지, 결과에 대해 어떤 조치를 취할 것인지 결정했다. 긍정적 결과가 나오면 아침에 가족 모두가 더욱 행복해질 것이다, 특히 엄마가. 식구들은 모두 알고 있다, 엄마의 행복은 가족의 행복이라는 것을! 아침에 제시간에 일어나지 못하거나 자기 책임을 모두 완수하지 못하면, 며칠간 30분 일찍 잠자리에 들어야 할 것이다. 아침에 일어나기 어려운 이유는 수면 부족이었으므로 이는 타당한 조치로 보였다. 아이들은 각자 합의서에 서명을 하고, 아이스크림을 먹고 잠자리에 들었다. 우리는 생각했다. '됐다.

이제 어떻게 되나 지켜보자.'

다음날 아침 6시에 나와 아내는 침대에 누워 있었다. 한 아이 방에서 자명종이 울리고 불 켜는 소리가 들렸다. 제일 힘들게 하던 딸아이가 욕실로 들어가서 물을 틀었다. 아내와 나는 흐뭇한 마음에 서로를 바라보며 미소를 지었다. 우리는 아이가 그렇게 하기를 정말 바랐었다. 아이는 15분이나 20분 내에 할일을 모두 마치고 피아노 연습할 시간도 갖게 되었다. 평소에는 30분이 걸렸었다. 다른 아이들도 마찬가지였다. 기분 좋은 아침이었다.

아이들이 모두 나간 후 아내는 말했다. "천국이 따로 없네요. 그런데 얼마나 갈까요? 오늘 아침은 신이 나서 하는 것 같던데, 계속될까요?"

그리고 1년이 넘게 지났다. 그날 아침처럼 항상 열심히 하지는 않았지만, 모두 스스로 일어나서 모든 것을 혼자서 챙겼다. 둘째인 딸이 가장 열심이었다. 가끔 책임을 다하지 못한 경우에는 며칠간 잠자리에 일찍 들었다 우리는 두세 달마다 모여서 평가를 하고, 더 잘하겠다고 결의를 다졌다.

"나는 할 수 있다. 나는 힘이 있다. 나는 책임질 수 있다"고 말하며 커가는 아이들을 보는 것은 정말 즐거운 일이다. 우리는 더 이상 잔소리하지 않는다. 아이들은 귀중한 교훈을 얻었고, 가족들의 아침은 완전히 바뀌었다.

이들 부부는 처음에는 아이들에게 잔소리를 했지만, 점차 아이들에게 변화가 필요하다는 것을 인식하게 되었다. 대부분의 부모들은 아이들에게 잔소리를 해야 한다고 생각한다. 점검하고, 감시하고, 확인한다. 그것은 고전적인 통제적 관리법이다.

그러나 이들 부모는 아이들의 가치와 잠재능력을 생각했다. 아이들이 대단한 가치를 갖고 있다는 것을 알았고 무조건적으로 사랑했지만, 그 전까지는 다른 부모들처럼 아이들을 잘못된 행실의 측면에서 만 보고 그들의 능력을 분명하게 깨우쳐 주지 않았다. 그들은 먼저 아이들이 스스로 일어나고 자기 할일을 하고 학교 갈 준비를 할 수 있는지, 그럴 마음이 있는지 확인하는 질문을 했다. 정서적으로 일체감이 형성된 부모와 자식들 사이에는 커뮤니케이션이 이루어졌다. 아이들은 약속을 했고, 그 약속을 지켰다. 잠재능력이 깨어나 책임을 완수한 아이들은 멋지게 성장했고, 상호신뢰가 증대되었으며, 마음의 평화와 가정의 평화가 동시에 찾아왔다. 임파워먼트를 보여 주는 대단히 아름답고 감동적인 이야기이다.

비록 작은 가족사이기는 하나, 누구나 공감할 수 있을 것이다. 때로는 조직의 리더들도 개인의 가능성은 믿지만 그의 개인적 가치는 믿지 못한다. 그래서 참거나 견디지 못할뿐더러 신뢰를 보내거나 자신을 희생하지도 못한다.

그렇게 하는 것은 그들에게 가치 없는 일이라고 생각한다. 비용편익 분석을 하고, 아마 부지중에 비용이 더 높다고 결론을 내릴 것이다. 자신의 개인적 가치를 인식하지 못한다면, 다른 사람들의 가치도 지속적으로 인정해 줄 수 없을 것이다.

원칙 중심의 신뢰할 수 있는 행동의 본보기를 보이면, '말하지 않아도' 신뢰가 생긴다. 방향설정을 명하지 않아도 질서를 만들고, 한방향 정렬을 선언하지 않고도 비전과 임파워먼트를 강화한다. 임파워먼트는 다른 3가지 역할의 결과이다. 잠재능력을 발견하고 발휘하게 하는 개인과 조직의 신뢰성의 당연한 결과이다. 다시 말해서 임파워해주기는 자기통제, 자기관리, 자기정리 능력을 존중해 준다. 이러한 공통사명이 조직의 방향설정뿐 아니라 개인과 조직의 기본 욕구가 일치하는 팀, 프로젝트, 업무 차원에서 일어날 때, 열정과 에너지와 추진력이 깨어난다. 내면의 소리를 찾는 것이다.

열정은 가치 있는 목적을 달성하기 위해 어떤 일을 할 때 혹은 자신의 욕구를 충족시키는 어떤 일을 할 때 느끼는 마음속의 불, 열의, 용기이다.

열의enthusiasm란 말은 원래 '당신 안의 신God in you'을 의미한다. 그것이 바로 임파워먼트다. 다만 개인이 좋아하는 일을 하면서 조직에서 자신의 욕구와 조직의 욕구를 충족시킨다는 점이 다를 뿐이다. 그들의 내면의 소리는 한데 어우러진다.

『위대한 나의 발견 강점 혁명Now, Discover Your Strength』에서 저자인 갤럽사의 마커스 버킹엄Marcus Buckingham 부사장과 도널드 클리프턴Donald Clifton 회장은 갤럽의 조사 결과를 이렇게 밝히고 있다. "대조직은 각 직원들이 다르다는 점을 수용하는 데 그치지 말고 그 차이점을 적극적으로 이용해야 한다."[1] 또한 36개 기업의 7,939개 부서에서 일하고 있는 19만 8,000명의 직원들을 상대로 실시한 갤럽 조사 결과를 이렇게 설명했다.

'직장에서 당신은 매일 가장 잘하는 일을 할 기회를 갖고 있는가?' 응답 자료를 기업 부서의 성과와 비교한 결과, 다음과 같은 사실을 발견했다. 이 질문에 '매우 동의한다'고 응답한 직원들은 이직률이 낮은 부서에서 일할 가능성이 50%가 더 높았으며, 보다 생산적인 부서에서 일할 가능성은 38%가 더 높았고, 더 좋은 고객 만족도를 가진 부서에서 일할 가능성은 44%가 더 높았다. 매우 동의하는 직원들의 숫자가 늘어난 부서는 시간이 가면서 생산성, 고객 충성도, 직원 유지율이 높아진다.[2]

자신의 개인적 삶을 생각해 보라. 당신은 어떤 일을 좋아하는가? 어떻게 감독을 받고 있는가? 내면의 열정에 불을 지피는 것은 무엇인가? 내면의 열정을 깨우는 조직이나 리더가 봉사자가 되어 당신의 직무 수행을 개인적이고 체계적으로 도와주는 직장에서 일한다면 어떻게 되겠는가? 구조와 시스템이 당신의 잠재능력을 발견하고 발휘할 수 있도록 지원하고 도와주고 격려한다면 어떻게 되겠는가? 항상 인정받고 보상받고, 당신이 진심으로 몸을 던질 가치가 있다고 생각하는 대의에 의미 있는 공헌을 하고 만족을 느끼고 있다면 어떻게 되겠는가?

지식노동자 임파워해주기

우리는 지적 자본이 지배하는 지식노동자의 시대에 살고 있다. 과거 생산비의 80%는 자재가 차지하고, 20%는 지식이 차지했다. 하지만 지금은 자재가 30%, 지식이 70%로 역전되었다.[3]

스튜어트 크레이너Stuart Crainer는 그의 책 『경영의 세기The Management Century』에서 이렇게 말했다. "정보 시대는 지식노동을 중시한다. 재능 있는 사람의 채용, 재교육, 양성이 경쟁력의 핵심이라는 인식이 확산되고 있다."[4]

피터 드러커는 그의 책 『미래경영: 1990년대와 그 이후Managing for the Future : The 1990s and Beyond』에서 이렇게 밝혔다. "지금부터 중요한 것은 지식이다. 세계는 노동 집약, 자재 집약, 에너지 집약이 아닌 지식 집약을 향해 가고 있다."[5]

결국 리더십이 가장 열띤 주제라는 것이 다시 한 번 입증되었다. 신경제는 지식노동에 기초하며, 지식노동은 인간의 또 다른 표현이다. 오늘날 상품과 서비스에 부가되는 가치의 80%가 지식노동에서 온다는 사실을 기억하는가? 그것이 지식노동자 경제이다. 부의 창출이 돈과 일에서 사람으로 이동했다.

가장 큰 투자는 지식노동자에 대한 투자이다. 당신의 조직에서 급여, 수당, 스톡옵션, 인력 충원, 교육비를 통해 지식노동자들에게 얼마나 투자되었는지 생각해 보라. 일인당 연간 비용이 수만 달러가 되는 경우도 많다.

질 높은 지식노동자는 대단히 중요하다. 그들의 능력 개발은 조직에 특별한 가치 창출의 기회를 제공한다. 지식노동은 조직이 이미 실시한 다른 모든 투자의 효과를 극대화한다. 실제로 지식노동자들은 조직의 모든 투자를 관리한다.

그들은 조직의 목적을 달성하기 위해 투자에 초점과 창의성을 제공하고, 수익 극대화 효과를 가져온다. 지적, 사회적 자본은 모든 투자를 최적화하는 열쇠이다.

임파워먼트가 모범보이기, 한방향정렬, 방향설정의 결과로 인식되는 것은 대단히 중요하다. 그렇게 인식되지 않으면, 조직에서 임파워먼트를 선언해도 실천되지 않을 것이다. 그러한 조직은 공동의 비전도, 규율도, 열정도 갖지 못할 것이다.

임파워먼트는 새로운 개념이 아니다. 사실 1990년대에 꽤 유행했고 관리 분야에서 그러한 운동이 일어나기도 했었다. 그러나 솔직히 말해서 임파워먼트 운동은 경영진과 직원들 모두에게서 냉대와 배척을 받았다. 왜 그랬을까? 사람들을 임파워해주는 것은 다른 3가지 역할의 뿌리가 아닌 결과였기 때문이다.

우리는 3,500명의 관리자와 전문직 종사자들에게 "임파워먼트를 방

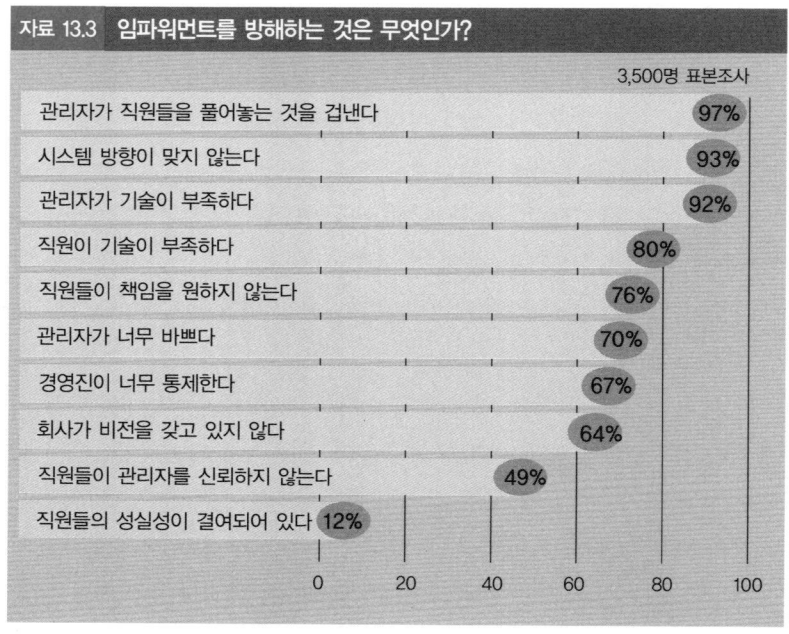

3,500명 표본조사

관리자가 직원들을 풀어놓는 것을 겁낸다	97%
시스템 방향이 맞지 않는다	93%
관리자가 기술이 부족하다	92%
직원이 기술이 부족하다	80%
직원들이 책임을 원하지 않는다	76%
관리자가 너무 바쁘다	70%
경영진이 너무 통제한다	67%
회사가 비전을 갖고 있지 않다	64%
직원들이 관리자를 신뢰하지 않는다	49%
직원들의 성실성이 결여되어 있다	12%

0   20   40   60   80   100

해하는 것은 무엇인가?"라고 질문했다(자료 13.3). 그들은 개인과 조직의 신뢰성(성품과 역량)을 모두 강조하는 대답을 했다.

이제 우리는 리더의 4가지 역할과 전인적 인간 패러다임을 배웠으므로, 사람들이 왜 좌절하는지 알 수 있다. 기본적으로 모범보이기, 방향설정, 한방향정렬이 되지 않은 상태에서 임파워먼트를 시도하면 실패할 수밖에 없다.

관리자의 딜레마—통제의 포기

나는 몇 년 전에 권위 있는 말콤 볼드리지 국가품질상을 받은 바 있는 한 회사의 CEO를 만난 적이 있다. 나는 그에게 물었다. "CEO로서 지금과 같은 고품질 수준을 달성하는 데 가장 어려웠던 점은 무엇이었습니까?" 그는 잠시 생각하더니 미소를 띠며 '통제를 포기하는 것'이라고 말했다.

임파워먼트가 모범보이기, 방향설정, 한방향정렬에 기초하지 않으면, 항상 냉소를 유발하는 진부한 조치에 머물러 있을 것이다. 리더의 4가지 역할은 관리자가 감독 그 자체와 통제가 제대로 되지 않을 거라는 두려움 사이의 딜레마에서 벗어나게 해줄 것이다. 임파워먼트의 조건을 만들었을 때, 감독은 사라지는 것이 아니라 단지 자율관리로 전환될 뿐이다.

자율관리는 관리자가 '임파워먼트'란 이름으로 직원을 무책임하게 풀어놓을 때 생기는 것이 아니다. 그것은 합의된 가이드라인과 지원적 구조 및 시스템과 함께 공통적으로 인식되는 마음속의 목표가 있을 때, 그리고 모든 사람이 완전한 형태의 직무를 수행하는 전인적 인간이 되었을 때 생기는 것이다. 더 큰 자유가 주어지는 데 필요한 역량이 부족한 사람들에게는 교육과 코칭coaching을 실시한다. 지속적으로 성과가 높아지면 신뢰와 선택의 폭이 넓어진다. 사람들은 결과에 대해 책임을 지고, 가이드라인 범위 내에서 자신의 재능을 발휘하며, 그 결과를 얻을 자유를 갖는다.

나는 이것을 지도된 자율성directed autonomy이라고 부른다. 관리자의 역할은 통제자에서 가능하게 해주는 사람으로 변한다. 그는 사람들과 함께 공통사명을 완수하고, 장애 요소들을 제거하고, 든든한 조력자와 응원자가 된다. 그것은 패러다임의 전환이다.

우리는 비전, 규율, 열정, 양심을 갖고 있는 트림탭 리더를 이야기할 때, 자기임파워먼트에 대해 설명한 바 있다. 이제 더 큰 맥락에서 공식적이고 제도화된 임파워먼트 철학을 어떻게 세우는지 살펴보도록 하겠다. 가장 이상적인 경우는 개인이 무력화된 조직에 맞서는 일이 없도록 개인과 조직 모두를 임파워하는 것이다.

임파워 도구 : 승-승합의 프로세스

승-승합의 프로세스는 양자가 자발적으로 공통사명을 완수하는 과정이다. 한쪽은 조직을 대표하고, 한쪽은 이해당사자, 팀, 개인을 대표한다. 『리더십은 예술이다Leadership is an Art』란 훌륭한 책을 쓴 맥스 드프리Max De Pree는 협력하는 자발적인 사람들의 정신을 이렇게 설명한다.

조직에서 일을 잘하는 사람들은 자발적 태도를 갖고 있다. 그들은 어느 분야에서나 일을 잘할 수 있기 때문에, 연봉이나 지위가 아닌 다른 이유로 부서를 선택한다.

자발적인 사람들에게는 계약서가 아닌 서약서가 필요하다. … 서약 관계는 무기력이 아닌 자유를 불러온다. 서약 관계는 아이디어, 이슈, 가치, 목표, 관리 프로세스에 대한 공동 약속에 의존한다. 사랑, 온정, 친근감이란 말들이 어울리는 관계이다. 서약 관계는 내면의 욕구를 충족시켜 주며, 일에 의미와 성취감을 준다.[6]

승-승합의서는 공식적인 직무 기술서도, 법률에 의한 계약서도 아니다. 그것은 기대 사항을 명시한 개방형open-ended 심리적·사회적 계약서이다. 승-승합의서는 먼저 사람들의 머리와 가슴속에 쓰여지고,

그 다음에 쌍방이 필요하고 적절하다고 느껴질 때 쉽게 지울 수 있도록 종이에 잉크가 아닌 '연필로' 쓰여진다.

상황이 변할 경우에는 언제라도 토의하고 재협상할 수 있다. '승-승합의서'란 말을 사용하든 안 하든 그 정신은 공동 목표를 함께 인식하고 그 달성을 약속하는 것이다.

승-승합의서는 기본적으로 단계와 방법에 초점을 맞추는 직무 기술서보다 훨씬 높은 유연성, 적응 능력, 창의성을 발휘할 수 있게 해준다. 우리는 승-승합의서를 통해 팀원들과 공식적 리더의 상황, 성숙도, 성품, 역량과 같은 구조, 시스템, 프로세스 등 다른 환경 조건들을 알 수 있다.

승-승합의서가 만들어지면 "나 또는 우리의 최우선 목표는 무엇인가?"에 대해 분명한 답을 갖게 된다. 책임감이 생기고, 기대하는 것이 분명해진다.

사람들은 이 가이드라인의 범위 내에서 목표 달성을 위해 필요한 일은 무엇이든 자유롭게 한다. 그들은 자기 자신을 관리한다. 그들은 임파워된다. 팀의 책임감을 높이는 방법에 대해서는 다음 14장에서 자세하게 살펴보도록 하겠다.

승-승임파워먼트 : 산업 시대에서 지식노동자 시대로

만일 우리가 전인적 인간에 대해 배웠던 것을 모두 잊어버린다면 어떻게 되겠는가? 자기 내면의 소리를 찾아내고 다른 사람들도 찾도록 고무할 때, 개인과 조직의 내면에 타오르는 열정을 잊고 산업 시대의 통제적 방식을 사용하고 있다면 어떻게 되겠는가? 승-승합의 프로세스를 통제적 관리자의 스타일로 적용하는 것은 아주 쉬운 일이다. 물론 그렇게 하면 임파워먼트의 과실을 얻지 못할 것이다.

임파워먼트의 성공은 '승-승합의서'에 따라 팀원들이 약속을 성실하게 이행하는 데 달려 있다. 조직에서 '승-승'은 조직의 4가지 욕구(재정적 건전성, 성장과 발전, 핵심 이해당사자들과의 시너지적 관계, 의미 있는 공헌)와 개인의 4가지 욕구(신체적-경제적, 지적-성장과 발전, 감정적-관계, 영적-의미 있는 공헌)가 분명하게 겹쳐지는 부분이 있다는 것을 의미한다.

합의 정신을 지키지 않을 때, 그 불이행을 시정하기 위해 진지하게 노력했음에도 불구하고 계속 약속을 이행하지 않는다면, 합의 포기로 갈 수도 있다. 협상을 하지 않는다는 의미이다. 그러면 합의는 없다. 서로 흔쾌히 합의하지 않기로 합의한다. 사람들은 떠난다. 고용 관계는 종료된다. 인사이동이 뒤따를 것이다.

군대에서는 아주 흥미로운 협상 포기 방법을 사용한다. 그것은 '완강한 거부의 원칙doctrine of stubborn refusal'이라고 불린다. 나는 이 원칙을 해군 장교로 복무할 때 배웠다. 완강한 거부의 원칙이란, 일이 잘못되고 그로 인해 전체 사명과 조직의 가치에 심각한 결과를 가져올 것으로 판단되는 경우에는 지위나 계급에 상관없이 정중하게 거부해야 한다는 것이다.

잘못되었다고 확신하는 결정에 대해서는 솔직하게 말하고 분명한 반대의 입장을 밝혀야 한다. 그것이 진정으로 양심을 지키는 일이다. 주변의 눈치를 보지 않고 내면의 소리 혹은 내면의 빛이 자신의 행동을 안내하게 하는 것이다.

높은 지위에 있는 사람들은 완강한 거부의 원칙을 공식적으로 승인해야 한다. 공식적으로 거부할 수 있는 권리, 잘못된 것을 잘못되었다

고 말하고 어리석은 것을 어리석다고 말할 수 있는 권리를 인정해야
한다.

임파워먼트와 성과평가

개인의 성과와 업무 진행 상황은 누가 평가해야 하는가? 본인이 해
야 한다. 전통적인 성과평가는 현대판 피 빼기 관리 방식이다. 기본적
으로 사장이 직원을 면담할 때, 칭찬하는 말을 몇 마디 하다가 슬쩍 문
제점들을 지적하고, '개선이 필요한 분야'를 말하고 어깨를 두드려 주
는 샌드위치 기법을 사용한다. 높은 신뢰의 문화와 지원적 시스템을

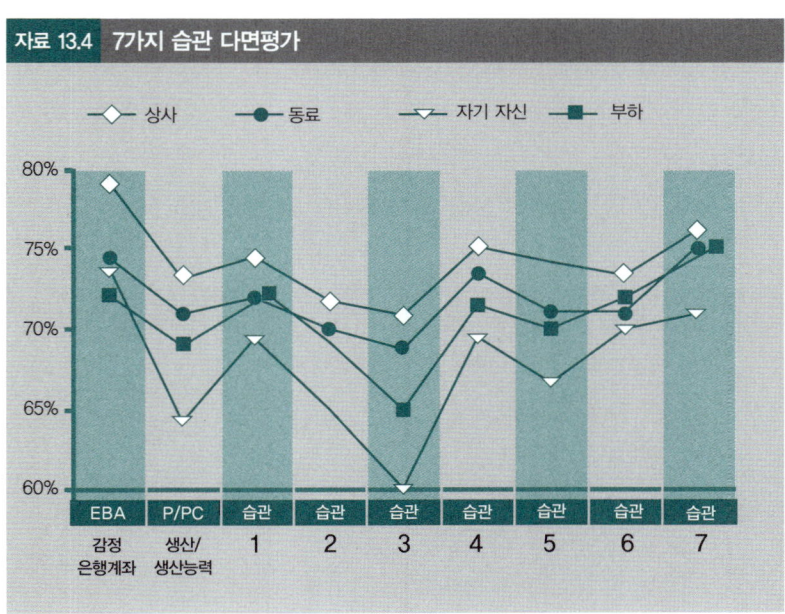

자료 13.4 7가지 습관 다면평가

갖추고 같은 목표를 향해 나아갈 때, 가장 정확하게 평가할 수 있는 사람은 바로 자기 자신이다. 특히 다면평가를 실시하는 경우가 그렇다. 다면평가를 받고 있는 50만 명이 넘는 사람들이 참여한 7가지 습관 평가 자료가 그 사실을 입증해 준다(자료 13.4).

거의 대부분의 경우에 자기평가가 다른 사람들의 평가보다 엄격한 것을 볼 수 있다. 평가자 가운데 상사들이 제일 모르고 있다. 그들의 평가는 가장 동떨어져 있다. 공동의존적인 사람들은 듣기 좋은 말만 해주며, 현실에서 멀어진다.

부하들은 두 번째로 많이 알고, 동료들이 그 다음이다. 임파워해주고 핵심목표를 달성할 때 선택할 수 있는 힘을 존중하다가, 갑자기 이른바 '상사'를 심판관이나 평가자로 세울 것이라고 생각하는 것은 앞뒤가 맞지 않는다.

훌륭한 상사가 되기 위해서는 〈자료 13.5〉와 같은 질문을 하면서 '옆에서 함께 달리는' 겸손한 봉사형 리더가 되어야 한다.

첫 번째 질문은 "어떻게 되어 가고 있는가?"이다. 직원이 상사와 그의 업무의 영향을 받는 다른 이해당사자들로부터 피드백을 받는 시스템이 갖춰져 있다면, 그 직원은 어떻게 되어 가고 있는지 상사들보다 훨씬

자료 13.5 | 봉사형 리더(상호책임)

❶ 어떻게 되어 가고 있는가? (성과표, 데이터)

❷ 무엇을 배우고 있는가?

❸ 목표가 무엇인가?

❹ 내가 어떻게 도와줄 수 있는가?

❺ 나는 조력자로서 어떻게 하고 있는가?

더 잘 알 것이다. 따라서 "어떻게 되어 가고 있는가?"에 대해서는 합의된 균형성과표의 조건에 따라 본인이 대답해야 한다.

두 번째 질문은 "무엇을 배우고 있는가?"이다. 직원은 알 수도 있고 모를 수도 있지만, 중요한 점은 학습에 대해 스스로 책임진다는 것이다.

세 번째 질문은 "목표가 무엇인가?" 혹은 "무엇을 달성하려고 하는가?"이다. 비전과 현실 사이의 연결성을 확인하는 질문이다. 이 질문은 자연스럽게 네 번째 질문 "내가 어떻게 도와줄 수 있는가?"로 이어진다.

'나는 당신의 조력자, 할 수 있도록 도와주는 사람, 봉사자'라는 것을 분명하게 알려 주는 질문이다. 봉사형 리더는 필요하다면 자신의 경험이나 인식에도 의존할 수 있다. 이때 중요한 것은 진실된 인디언 토킹스틱 커뮤니케이션이다. 술수적, 타산적, 방어적, 보신적 커뮤니케이션을 배제해야 한다. 듣기 좋은 말만 해서는 안 된다. 다섯 번째 질문 "나는 조력자로서 어떻게 하고 있는가?"는 상호책임을 솔직하게 인정하는 질문이다.

현실을 직시하는 것은 어려운 일이다. 다른 사람들로부터 현실을 들어야 하는 것은 더욱 어렵다. 그렇다고 그들을 책임지고 선택하는 사람들로 대해 주지 않는 것은 그들을 깔보고 모욕하는 것이다. 좋은 사람, 친절한 사람이 되기 위해 그들을 보호한다면, 공동의존 관계와의 조용한 공모가 시작되어 궁극적으로는 '지시받을 때까지 기다리는' 주도성의 가장 낮은 단계로 추락할 것이다.

지난 9장에서 언급한 신뢰의 세 번째 형태가 꽃피우는 경우는 팀에, 그리고 관리자 혹은 팀과 직원 사이에 봉사형 리더십이 자리를 잡고 있을 때이다. 신뢰는 개인이나 팀이 다른 사람에게 스스로의 선택에 따라 주는 것이다. 그것은 내가 가치를 창조할 수 있다는 당신의 믿음을 내게 전해 주는 행위이다. 당신은 내게 신뢰를 보내고, 나도 당신에게 신뢰를 되돌려준다.

신뢰는 동사이고 또한 명사이다. 동사이고 또한 명사일 때, 신뢰는 사람들 사이에 나누고 주고받는 것이 된다. 그렇게 해서 직원들은 상사의 리더가 된다. 그들은 신뢰를 보냄으로써 신뢰를 받는다. 동사로서의 신뢰는 신뢰를 받는 쪽의 잠재적 신뢰성과 신뢰를 주는 쪽의 분명한 신뢰성에서 나온다. 네 번째 역할 임파워해주기는 동사로서의 신뢰 형성을 구체화하는 것이다.

육체노동자를 지식노동자로 전환하기

이제 완전한 형태의 직무를 수행하는 전인적 인간에 대해 이야기해보겠다. 존경할 만하지만, 근본적으로 하찮고 급료도 형편없으며 미숙련 직종으로 치부되는 건물 청소부에게 어떤 일이 일어날 수 있는지 보여 줄 것이다. 쓰레기통을 비우고, 바닥을 쓸고 닦고, 벽과 시설물을 청소하는 일에서 전인적 인간을 실현할 수 있다면, 어떤 분야에서도 전인적 인간을 실현할 수 있을 것이다.

한 교관이 직원들에게 동기를 부여하는 직무를 개발하는 방법에 대해 감독자들을 교육하고 있었다. 청소부들을 감독하고 있는 감독자 한 사람이 이 교육의 취지에 반기를 들었다. 그에게는 교육이 너무 이상주의적이고 대부분의 청소부 일과 관련이 없는 것처럼 보였기 때문이다.

교육을 받고 있는 모든 감독자들도 이 방법을 청소부들에게 적용하는 것은 문제가 있다는 데 동의했다. 대부분의 청소부들이 학력이 낮고, 이동이 잦으며, 더 좋은 직장이 없어서 일할 뿐이라는 감독자의 견해에 동료들이 동의했다. 그들의 관심 사항은 오직 출근과 퇴근밖에 없으며, 더러는 알코올 중독자도 있다고 했다.

공장 관리 감독자가 동기 부여와 임파워먼트 이론은 청소부들에게 소용이 없다는 확고한 믿음을 갖고 있었기 때문에, 교관은 준비된 토의를 포기하고 청소부 문제를 직접 다루기로 했다.

그는 칠판에 '계획' '실행' '평가' 란 세 단어를 적었다. 그리고 공장 관리 감독자와 다른 감독자들로 하여금 이 단어와 관련된 관리 임무와 활동을 적게 했다. 관리 업무의 '계획' 부분은 관리 계획 수립, 왁스와 광택제의 선정과 구매, 청소 지역 할당 등이 속했다. 토의 중에 공장 관리 감독자가 바닥에 광택을 내는 기계 몇 대를 구입할 계획이라고 말했다. 이 모든 계획 수립 활동은 공장 관리 감독자가 수행했다.

'실행' 부분은 청소부들의 일상적인 활동인 쓸기, 닦기, 왁스칠하기, 쓰레기 치우기 등이었다. '평가' 부분에는 감독자의 공장 청결 상태 일일점검, 다양한 비누·왁스·광택제의 효과 평가, 새로운 시도의 평가, 개선 방법 찾기, 청소 일정 관리 등이 포함되었다. 감독자는 또한 그가 구매할 수 있는 새로운 기계의 유형을 결정하기 위해 업체들에 연락을 취했다.

다양한 활동들이 제시되었을 때, 교관은 이렇게 질문했다. "이 가운데 어떤 것을 청소부가 할 수 있겠습니까? 어느 비누를 사야 하는지를 왜 감독관이 결정하죠? 왜 청소부가 결정하게 하지 않나요? 세일즈맨이 새로운 기계를 청소부들에게 설명하게 하고, 그들이 어떤 기계를 구입할지 결정하게 맡겨 보는 것이 어떻겠습니까? 청소부들이 일하고 싶어하는 분야를 확인하는 것이 어떻겠습니까?"(실제 상황에서는 표현이 정중했고, 청소부들에게 어떤 계획 수립과 평가 분야를 부여할 수 있는지 토의하는 데 모든 감독자들이 참가했다.)

그 후 5개월 동안 교육이 실시될 때마다 청소부들의 문제가 토의되었다. 그동안 공장 관리 감독자는 청소부들에게 계획, 실행, 평가에 대해 더 많은 책임을 부여함으로써 직무에 마음을 쏟게 만들었다. 그들은 새 기계를 시험해 보고 구매에 대한 최종 건의서를 올렸다. 여러 가지 왁스를 실험해 보고 가장 좋은 것을 결정했다. 각 부분에 어느 정도의 노력이 필요한지 결정하기 위해 대걸레 청소 계획을 점검했다. 예를 들면, 매일 대걸레질을 하는 부분은 육안으로 봐서 오물이 보일 때만 걸레질을 했다. 청소부들은 공장의 청결도에 대한 각자 자신의 기준을 만들고 그 기준에 미달하는 청소부들을 압박했다.

청소부들은 조금씩 3개 업무 분야를 넘겨받으면서 머리를 짜내기 시작했다. 그들은 이제 신체, 감정, 지성, 영성을 모두 가동시켰다. 그 결과 놀랍게도 청소의 질이 높아졌고, 이직률과 규율 부족 문제가 줄어들었다. 그리고 주도성, 협력, 근면, 품질에 대한 사회적 규범이 생겨났고, 직무 만족도가 크게 높아졌다. 감독자들이 청소부를 전인적 인간으로서 완전한 형태의 직무를 수행하도록 함으로써 청소부 지식인 그룹이 탄생했다. 그들은 지도된 자율성을 가졌다. 그들은 더 이상 감독이나 관리가 필요하지 않았다. 감독자와 함께 개발한 기준에 따라 스스로 감독하고 관리할 수 있었다.

무엇보다도 중요한 것은 다른 감독자들이 같은 원칙을 자기 분야에 어떻게 적용할 수 있을지 생각하기 시작했다는 점이다.

봉사와 의미

이와 같은 '계획, 실행, 평가' 개념을 리더십의 전인적 인간 모델에 적용하면, 〈자료 13.6〉과 같다.

그림에서 네 번째 요소 '봉사'가 중심에 추가되었다. 의미와 공헌에 대한 영적 욕구를 표시한 것이다. 청소부들도 자신의 일에서 큰 의미를 찾았다. 그들은 일에 대한 자부심을 느끼고 전체 공장의 질적 수준을 끌어올렸다. 내면의 소리를 찾은 것이다. 이 그림 역시 화살표가 바깥을 향하고 있는 것을 눈여겨보라. 이것이 사이클이고 프로세스라는 점을 말해 준다. 업무를 수행하고 그 평가를 마쳤으면, 최근에 깨달은 점들을 반영한 새로운 계획이 수립되고 실행된다. 그런 식으로 개선되면서 사이클은 반복된다.

"개인에게 이 정도까지 임파워해줄 것 같으면, 감독자가 왜 필요하

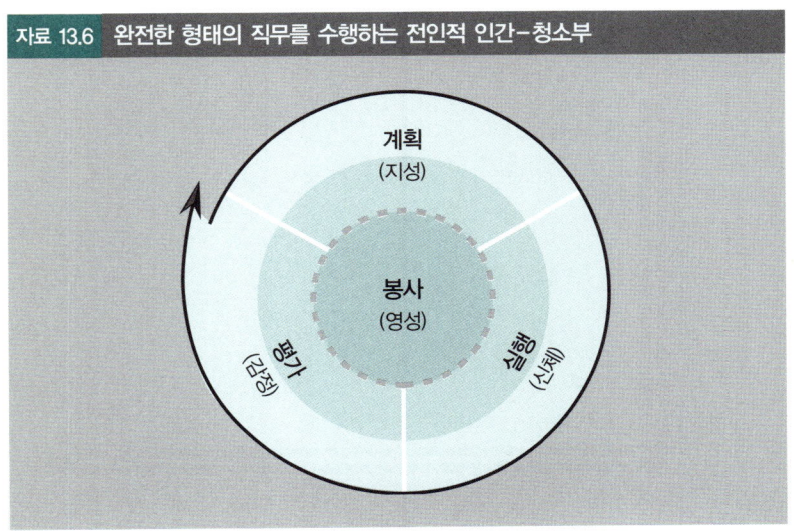

자료 13.6 완전한 형태의 직무를 수행하는 전인적 인간-청소부

계획
(지성)

봉사
(영성)

평가
(감정)

실행
(신체)

겠는가?"라고 물을 수도 있다. 감독자의 역할은 임파워먼트의 조건을 만들고, 개인이 직무를 수행하는 데 방해를 받지 않게 하고, 든든한 조력자가 되는 것이다. 이것이 봉사형 리더이다. 리더가 할 일은 자신의 에고를 강요하는 것이 아니라, 일을 완수하게 하는 것이다.

> xQ 응답자의 45%만이 자신의 기여가 직장에서 인정과 평가를 받고 있다고 생각했다.

탄생의 선물—선택의 자유

청소부들의 성공은, 개인은 4개 분야에서 어떻게 존중되고 참여하

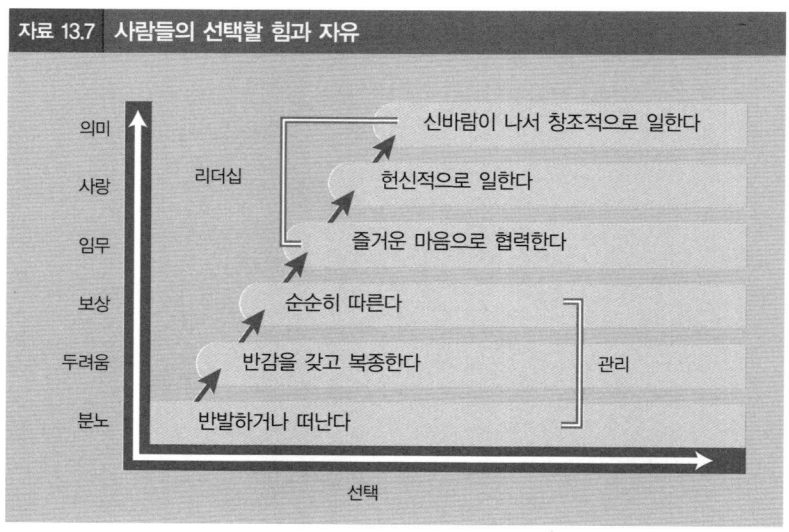

자료 13.7 사람들의 선택할 힘과 자유

- 의미
- 사랑
- 임무
- 보상
- 두려움
- 분노

리더십

신바람이 나서 창조적으로 일한다
헌신적으로 일한다
즐거운 마음으로 협력한다
순순히 따른다
반감을 갖고 복종한다
반발하거나 떠난다

관리

선택

는가에 기초하여 선택한다는 사실을 일깨워 준다. 자료 13.7의 y축에서 볼 수 있듯이 각 선택은 분노, 임무에 대한 두려움과 보상, 사랑과 의미 등의 동기에 반응하여 이루어진다.

임무, 사랑, 의미는 가장 순수한 동기이며, 항상 크고 영속적인 결과를 생산한다. 리더십은 인간의 가장 순수한 본능에 의존한다. 일을 관리하듯이 사람들을 관리하면 순수하지 못한 본능에 의존하게 된다. 그것은 현대적 의미의 피 빼기 관리 방식이다.

지식노동자와 육체노동자를 결정하는 것은 직무의 성질이나 시대 구분이 아닌 관리자의 리더십 스타일이다. 만일 직원들이 지식노동자들로 인식되지 않는다면, 즉 청소부가 청소 업무를 수행하는 전문가로 인식되지 않는다면, 그들은 지식노동자가 아닌 육체노동자가 되고 만다.

영화 〈리더십의 본질〉 *

이번에 볼 영화는 이 책에서 처음 소개한 〈유산〉과 흡사하다. 이 영화는 리더십 원칙에 대해 개인적으로 생각할 기회를 주고, 그 원칙의 내면화와 실천의 계기를 만들어 줄 것이다. 자연은 배경이고, 교사이다. 자연은 내게와 마찬가지로 당신에게도 영감을 불어넣어 줄 것이다. 자, 영화를 보도록 하자.

■ 이 영화의 멋진 사진은 드윗 존스(Dewitt Jones)와 로저 메릴(Roger Merrill)이 촬영한 것으로, 『리더십의 본질(The Nature of Leadership)』이란 책에서 인용했다.

이제 각 역할의 개별적인 검토를 마치고, 리더의 4가지 역할이 전체적으로 어떻게 초점과 실행의 틀이 되는지 설명하도록 하겠다.

질문과 대답

당신은 상호보완적 팀에 대해 이야기하고 있다. 나는 관리자도 부하직원도 없이 혼자 일한다. 혼자서 여러 사람의 역할을 수행하고 있다. 나의 약점을 보완하기 위해 어떻게 상호보완적 팀을 만들 수 있는가?

업무를 위임할 수 있는 사람이 생겨서 당신의 강점이 빛을 발하고 약점이 다른 사람들의 강점에 의해 문제가 되지 않을 때까지, 최소한 당신의 약점을 극복할 수 있을 정도의 역량을 키우거나 보완해 줄 수 있는 조언자나 공급자를 외부에서 찾아야 할 것이다.

통제가 심하고, 항상 새로운 명령, 정책, 규제가 발표되는 상황에서 어떻게 직원들을 임파워해주는가?

직원들에게 "제안할 것이 있는가? 당신의 의견은 무엇인가?"라고 질문하라. 그들에게서 의견을 구하라. 인간은 놀랄 만큼 창조적이고 탄력적이다. 의미 부여가 가능한 일을 하고 있다면, 아무리 규제가 심한 환경이라도 언제든 스스로 판단할 수 있는 창조적 기회의 분야를 찾을 수 있을 것이다. 승-승합의서를 작성할 때 규제 사항들을 가이드라인으로, 심지어 지켜야 할 규칙으로 분명하게 적시해야 할 것이다.

나는 영국에 있을 때 철도원들이 지나친 규제로 분개하는 것을 보았다. 그들이 반발심에서 "좋다, 우리도 철두철미하게 원칙을 지키겠다"고 결정하자 영국의 모든 기능은 마비되었다. 기차는 정시에 도착하지 않았고, 나라는 대혼란에 빠졌다. 규칙을 정확하게 지킨 결과였다. 과거 그들의 성공은 창의력, 주도성, 융통성을 통해 얻어진 것이었다. 현실을 깨달은 관리들은 규칙보다는 철도원의 판단을 우선했고, 철도 상황은 다시 정상화되었다.

민감한 규칙을 위반하지 않고도, 시범 사업이나 시험 프로그램을 실시하면 적은 비용으로 좋은 결과를 얻을 수 있다. 위험은 적고 배우는 바는 많을 것이다. 그리고 민감한 규칙과 주변적이거나 순수 문화적인 일들을 더욱 주의 깊게 분별하여 행동할 수 있을 것이다.

나는 규제가 엄격한 핵발전소의 직원들을 상대한 적이 있다. 그들의 협력과 커뮤니케이션 수준은 놀랄 만큼 높았다. 심지어 경쟁업체끼리도 그랬다.

1979년에 일어난 스리마일 섬 원전사고 같은 일이 재발한다면, 전체 산업이 문을 닫을 것이란 점을 잘 알고 있었기 때문이다. 그들은 위험하거나 안전에 이상을 가져올 만한 일체의 사건이나 상황에 대한 정보를 공유했다. 정부 당국의 규제가 더 이상 필요하지 않을 정도로 스스로를 관리한 것이다.

책임을 어떻게 승―승방식으로 정하는가? 승―승정신으로 책임이 완화되는 경향은 없는가?

절대 없다. 중요한 것은 상호합의된 기대성과에 대한 성과 확인 방법을 정하는 것이다. 균형성과표를 사용하고, 결과에 대한 책임을 지게 하면 된다. 균형성과표, 상호합의되고 원하는 결과, 결과에 따른 상벌이 없으면, 승―패는 패―승이 되고, 결국은 패―패가 될 것이다.

독불장군, 즉 모든 결정에 반대하고 자기 방식을 고집하는 사람은 어떻게 다루는가?

대다수 의미 있는 발전은 독불장군들에 의해 이뤄지고 있다. 다르게 생각하고, 창조적이고 새로운 사고를 하는 개인도 배려해 줘야 한다. 각자의 독특한 강점을 인정해 주되, 너무 심해서 전체에 부정적인 영향을 미칠 정도라면 피드백 시스템을 만드는 것이 좋다. 그들이 정말로 하고 싶은 것을 털어놓고 이야기할 수 있도록 주변 사람들의 솔직한 의견과 감정이 그들에게 전달되게 하라. 만일 그들이 사회적 규범을 위반하는 데서 즐거움을 느끼는 비뚤어진 심리를 가졌거나 창조적·혁신적 기여를 통해 가치 창조를 하지 못한다면, 직업 소개소에 문의하는 것이 좋을 것이다. 독립성을 가진 사람들은 많다. 그들은 상호의존적이지 않지만 그렇다고 성격 이상자는 아니다. 그들은 독립성이 요구되는 업무를 맡으면 능력을 인정받을 수 있다. 요는 공동의 목적과 가치의 범위 내에서 다양성을 끌어안는 문화를 창조하는 것이다. 뛰어난 통찰력을 지닌 위대한 사회학자 에밀 뒤르켐Emile Durkheim이 말했듯이, "관습이 충분할 때는 법이 불필요하고, 관습이 불충분할 때는 법을 집행할 수 없다."

나는 개인적으로 통제의 필요성을 강하게 느낀다. 이렇게 사람들을 풀어 준다는 것이 타당한 것 같아도 사실 겁이 난다. 나는 바뀔 수 있는가?

물론이다. 당신은 동물이 아니다. 당신은 부모로부터 유전자를 물려받고 교육의 영향도 받았지만, 유전자와 교육의 산물은 아니다. 현재의 당신은 스스로 선택한 결과이다. 3가지 탄생의 선물인 선택할 수 있는 힘, 원칙, 4가지 지능 혹은 능력을 발휘하여 개인적 차원에서 변화를 시작할 수 있을 것이다. 인내와 끈기를 통해 통제의 욕구를 극복할 수 있을 것이다.

그리고 가정과 직장에서 주변 사람들의 신뢰가 커질 때, 말과 행동을 통해 원칙을 가르치고 다른 사람들이 스스로를 지배하게 하는 데에서 더 큰 생산성과 마음의 평화를 얻을 수 있음을 느끼게 될 것이다. 궁극적으로 이 도덕적 권위를 어떻게 시스템, 구조, 프로세스에 제도화할 것인지 알게 될 것이다.

성품은 역경을 이겨낼 때가 아니라 권력이 주어졌을 때 가장 잘 드러난다.
공식적 권위를 가진 사람들이 최후의 수단으로만 권위와 힘을 사용할 때
도덕적 권위는 증대된다.

지혜의 시대
The Age of Wisdom

THE 8TH HABIT From Effectiveness to Greatness

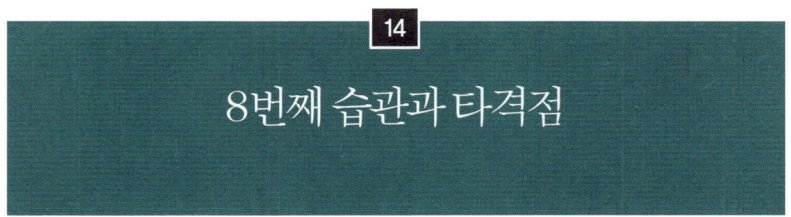

8번째 습관과 타격점

우리가 하고 있는 것과 우리가 할 수 있는 것의 차이를 좁히면,
전 세계 대부분의 문제가 해결될 것이다.

마하트마 간디

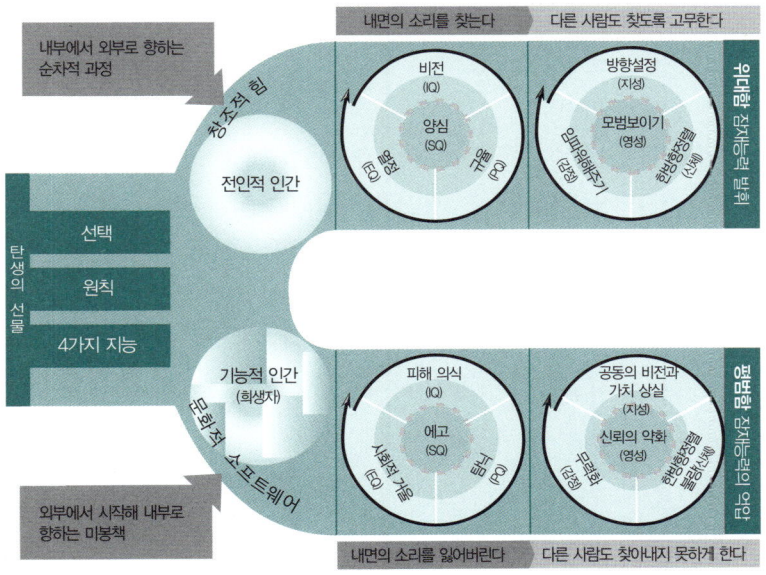

자료 14.1

8번째 습관 '자기 내면의 소리를 찾아내고, 다른 사람들도 찾도록 고무하라'는 시대에 맞는 아이디어이다. '시대에 맞다'는 말은 "시대에 맞는 아이디어보다 더 강력한 것은 없다"고 하는 빅토르 위고Victor Hugo의 유명한 시에서 인용한 것이다. 8번째 습관이 바로 그런 아이디어로서, 전인적 인간에 대한 이해를 담은 개념이다. 거기에는 지식노동 경제의 무한한 가능성을 열어 주는 열쇠가 들어 있다. 산업 시대의 육체노동 경제는 기능적 인간 패러다임에 기초했다. 〈자료 14.1〉의 아래로 가는 길은 기껏해야 평범함에 도달한다. 그것은 인간의 잠재능력을 발휘하지 못하게 한다. 산업 시대의 사고방식에 매몰된 조직은 최상층부에 있는 리더들이 계속해서 중요한 모든 결정을 내리게 만들고, 나머지는 일만 하게 한다. 이렇게 큰 낭비와 손실이 어디 있겠는가!

존 가드너가 했던 말을 기억하라. "병들어 있는 조직은 대부분 자신의 결함을 보지 못한다. 그들은 문제를 해결 못해서가 아니라, 문제 자체를 파악하지 못하기 때문에 고통을 겪고 있다." 우리의 현실을 정확하게 지적한 말이다.

8번째 습관은 우리에게 개인의 가능성을 찾을 수 있는 마음자세와 기술을 제공한다. 리더십은 개인이 자신의 가치와 잠재능력을 스스로 볼 수 있도록, 그 가치와 잠재능력을 인식하게 해주는 것이다. 그러기 위해서는 그들의 말을 경청해야 한다. 리더의 4가지 역할을 통해 그들을 참여시키고, 그들의 가치를 긍정해야 한다.

각 역할을 기억하는 간단한 방법을 소개하겠다. 각 역할이 어떻게 직접적 혹은 간접적으로 전인적 인간으로서 사람들의 가치를 긍정하고 능력을 발휘하게 하는지 살펴보자.

첫째, 모범보이기(개인, 팀). 모범보이기는 기대하지 않아도 신뢰가 형성되는 것이다. 8번째 습관에 담긴 원칙을 실천할 때, 신뢰가 구축된다. 신뢰는 신뢰성을 통해서만 얻을 수 있다. 즉 모범보이기는 개인의 도덕적 권위를 만들어 낸다.

둘째, 방향설정. 방향설정은 명령하지 않고도 질서를 만들어 낸다. 가치와 핵심목표의 전략적 결정 과정에 참여했을 때 감정적으로 연결된다는 것을 의미한다. 관리와 동기 부여는 외부에서 시작하여 내부로 향하는 방식으로 이루어진다. 방향설정은 비전의 도덕적 권위를 만들어 낸다.

셋째, 한방향정렬. 구조, 시스템, 프로세스를 한방향으로 정렬하는 것은 신뢰, 비전, 임파워먼트를 정착시키는 것이다. 한방향정렬은 제도화된 도덕적 권위를 만들어 낸다.

넷째, 임파워해주기. 임파워해주기는 다른 3가지 역할, 즉 모범보이기와 방향설정과 한방향정렬의 결과이다. 그것은 외부의 동기 부여 없이 인간의 잠재능력을 끄집어낸다. 임파워해주기는 문화의 도덕적

자료 14.2	리더의 4가지 역할
모범보이기	기대하지 않아도 신뢰가 형성된다. (개인의 도덕적 권위)
방향설정	명령하지 않고도 질서를 만들어 낸다. (비전의 도덕적 권위)
한방향정렬	선포하지 않고도 비전과 임파워먼트를 정착시킨다.(제도의 도덕적 권위)
임파워해주기	외부 동기를 이용하지 않고 잠재능력을 끄집어낸다.(문화의 도덕적 권위)

권위를 만들어 낸다.

가장 중요한 모범보이기는 다른 3가지 역할의 본보기가 되는 리더에 의해 이루어진다. 방향설정은 방향을 결정할 용기와 겸손함, 그리고 가장 중요한 것을 결정하는 데 다른 사람들을 참여시키는 상호존중 정신의 모범을 보이는 것이다. 한방향정렬은 조직이 항상 핵심목표에 초점을 맞출 수 있도록 가장 중요한 것과 일치하는 구조, 시스템, 프로세스를 세우는 자발성의 모범을 보이는 것이다. 임파워해주기는 사람들의 선택할 수 있는 힘과 인간 특성의 4가지 요소에 대한 확고한 믿음의 본보기를 보이는 것이다.

초점과 실행

우리가 지금까지 다뤘던 모든 것은 '초점'과 '실행'이라는 두 단어로 요약할 수 있다. "복잡한 문제가 멀리 있을 때 단순한 해법을 선택한다"는 것은 초점과 실행을 두고 하는 말이다. 초점은 가장 중요한 것이고, 실행은 초점을 현실로 만든다. 램 차란Ram Charan과 래리 보시디Larry Bossidy의 베스트셀러 『실행에 집중하라Exection』는 나의 이러한 사고에 영향을 미쳤다.

리더의 처음 2가지 역할인 모범보이기와 방향설정은 초점에 해당되고, 다음의 2가지 역할인 한방향정렬과 임파워해주기는 실행에 해당된다. 왜 그럴까? 방향설정은 기본적으로 전략 행위이다. 가장 중요한 목표가 무엇인지, 이 목표를 달성하고 유지하는 데 어느 가치를 지침으로 삼을지 정하는 것이다.

이것은 목표에 대한 분명한 이해와 다짐을 필요로 한다. 그러한 다

> 실행규율이 없는 리더십은 불완전하고 비효과적이다. 실행능력이 없으면, 다른 모든 리더십의 특징들은 무의미해진다.
>
> 전 조직의 모든 리더들이 실행규율을 실천하지 않는다면, 기업은 약속을 이행하거나 변화에 적절하게 적응할 수도 없다. 실행은 기업의 목표 전략의 일부가 되어야 한다. 그것은 목표와 결과 사이의 잃어버린 고리이다.[1]
>
> —램 차란과 래리 보시디의 『실행에 집중하라』 중에서

짐은 신뢰, 신뢰성, 시너지에 기초한다. 개인 및 개인 간의 신뢰성이 존재할 때만 신뢰가 형성되며, 팀의 시너지가 나오게 된다. 개인 및 개인 간의 모범보이기는 분명한 핵심목표(습관 2)를 정할 때 상호존중, 상호이해, 창조적 협력(습관 4, 5, 6)을 가져온다. 개인 및 개인 간의 신뢰성은 자신의 가치와 목표에 충실한 삶을 사는 사람들에 기초한다 (즉 개인의 초점과 실행이다). 이것은 습관 3이다. '소중한 것을 먼저 하라' 는 말은 초점과 실행의 또 다른 표현이다.

리더의 다음 2가지 역할인 한방향정렬과 임파워해주기는 실행에 해당된다. 개인과 팀이 조직의 전략이나 핵심목표(방향설정)를 일일 업무와 팀의 목표로 전환할 수 있게 해주는 구조, 시스템, 프로세스(한방향정렬)를 만드는 것을 의미한다. 즉 사람들은 업무를 완수하도록 임파워된다.

초점과 실행은 서로 연결되어 있으며, 분리할 수 없다. 다시 말해서, 사람들이 같은 악보를 보지 않으면 지속적으로 실행하지 못한다. 만일 초점을 얻는 데 산업 시대의 명령 통제식 거래 모델을 사용한다면, 실행을 얻는 데 지식노동자 시대의 임파워해주는 변환 모델을 사용할 수 없다. 참여와 동일시가 없으면 초점에 대한 감정적 헌신을 얻

지 못하기 때문이다. 실행은 그냥 되는 것이 아니다. 공동의 초점에는
지식노동자 시대의 참여와 임파워먼트를 통해 접근하면서, 실행에 대
해서는 산업 시대의 명령과 통제로 접근한다면 초점을 유지할 수 없
다. 성실성과 정직성을 의심할 것이다.

오직 초점(모범보이기, 방향설정)과 실행(한방향정렬, 임파워해주기)
모두에 지식 시대 모델을 사용했을 때만 정직성과 신뢰성의 문화를 만
들어 낼 수 있다. 그러면 조직은 내면의 소리를 찾고, 그 소리를 이용
하여 조직의 목적에 다가서며, 이해당사자들에게 봉사할 수 있을 것
이다.

커다란 실행갭

나는 이 책 초반부에 "알고도 행하지 않는 것은 모르는 것이다"라고
말한 바 있다. 정말로 그렇다. 8번째 습관에 담긴 원칙은 실천과 실행
에 의해 성품과 기술의 일부가 되었을 때, 즉 습관이 되었을 때 비로소
가치를 갖는다.

실행은 오늘날 대부분의 조직에서 다뤄지지 않는 중요한 문제이다.
분명한 전략을 갖는 것과 그 전략을 실행하는 것은 별개이다. 실제로
리더들은 뛰어난 전략을 제대로 실행하지 못하는 것보다는 평범한 전
략을 잘 실행하는 편이 낫다고 생각한다. 실행을 잘하는 사람들이 항
상 승리한다. IBM의 루이스 거스너Louis V. Gerstner, Jr 회장은 말한다.

"전 세계의 위대한 기업들은 시장, 공장, 물류, 재고 회전율 등 거의
모든 분야의 실행에서 경쟁업체들을 앞섰다. 위대한 기업들 가운데
치열한 경쟁에서 면제되어 독점적 위치를 누리는 기업은 거의 없다."[2]

나는 변함없는 당신의 친구입니다. 나는 당신을 가장 잘 도와주기도 하고 가장 무거운 짐이 되기도 합니다. 나는 당신을 밀어올리기도 하고 끌어내리기도 합니다. 나는 당신의 명령에 절대 복종합니다. 당신이 하는 일의 절반을 내게 떠넘긴다면 나는 그 일을 빠르고 정확하게 처리할 수 있습니다.

나는 쉽게 관리할 수 있습니다. 그저 나를 단호하게 대하기만 하면 되지요. 당신이 어떻게 하고 싶은지만 알려 주세요. 몇 번 교훈을 얻고 나면 그 일을 자동적으로 할 수 있을 겁니다. 나는 모든 위대한 사람들의 하인이고, 또한 모든 실패한 사람들의 하인입니다(이건 슬픈 일입니다). 실패는 그들이 하지만, 실패하게 하는 것은 나입니다.

인간의 지능을 가지고 기계처럼 정확하게 일하지만, 나는 기계가 아닙니다. 당신은 나를 이용해 이익을 얻을 수도 있고 망할 수도 있습니다. 어떻게 하든 나는 상관없습니다.

나를 가지세요, 나를 길들여 주세요, 단호하게 대해 주세요. 그러면 세계를 당신의 발밑에 갖다 드리겠습니다. 나를 너무 쉽게 대하면, 당신을 파멸시킬 수도 있습니다.

나는 누구일까요? 나는 습관입니다.

—작자 불명

실행에 영향을 미치는 요소들은 많이 있지만, xQ 조사 결과 조직에는 6가지 핵심요소가 실행에 영향을 미치는 것으로 나타났다. 그 6가지는 목표 인식, 헌신, 업무 전환, 일을 할 수 있게 하는 방법, 시너지, 책임이었다. 6가지 요소들 가운데 하나 이상을 실패하면 실행에 이상이 생긴다. 우리는 그것을 실행갭이라고 부른다.

• 목표 인식―팀이나 조직의 목표 및 우선과제가 무엇인지 잘 모른다.

- 헌신—목표를 받아들이지 않는다.
- 업무 전환—팀이나 조직의 목표를 달성하기 위해 자신이 무엇을 해야 하는 지 모른다.
- 일을 할 수 있게 하는 방법—업무를 제대로 수행할 수 있는 적절한 구조, 시스템, 자유를 갖고 있지 않다.
- 시너지—잘 어울리거나 협력하지 못한다.
- 책임—서로에게 책임지지 않는다.

> 우리가 관리라고 부르는 것의 상당 부분은 사람들이 일하기 어렵게 하는 것들로 이루어져 있다.
>
> —피터 드러커

다음 〈표 6〉은 6가지 실행갭을 확인하고, 산업 시대의 통제적 사고 방식이 어떻게 이러한 실행갭을 유발하며, 8번째 습관을 구체화한 지

실행갭	산업 시대의 접근방법	지식노동자 시대의 해결책
목표 인식	일방적으로 발표	동일시와 참여
헌신	설득	완전한 형태의 직무를 수행하는 전인적 인간
업무 전환	직무 기술서	결과에 맞춰 목표 정렬
일을 할 수 있게 하는 방법	당근과 채찍 (사람을 비용으로 생각한다)	구조와 문화의 한방향정렬
시너지	"협력하라!"	제3의 대안적 커뮤니케이션
책임	샌드위치 방식, 성과평가	강력한 성과표를 토대로 자주 솔직하게 상호성과 확인

표 6

식노동자 시대의 전인적 인간 모델은 어떻게 그 문제들을 해결하는지 보여 준다.

1. 목표 인식

산업 시대의 접근방법은 사명, 비전, 가치, 핵심목표가 무엇인지 일방적으로 발표한다. 경영자들은 사명서를 만들기 위한 워크숍을 실시하고 돌아와서, 직원들에게 조직 내의 모든 결정의 지침이 되는 전략결정 사항들을 발표한다. 직원들이 결정 과정에 참여하지 않으므로 지식노동자 시대의 본질인 동일시가 없다. 결국 이 사명서는 시간이 지나면 대외 홍보용으로만 사용된다. 동일시는 본인이 반드시 전략적 결정 과정에 참여하지 않더라도 본받을 만한 사람이 참여하면 생기는 개인의 도덕적 권위라는 점을 잊지 말라.

2. 헌신

산업 시대의 접근방법은 헌신을 유도하려고 개인을 설득한다. 계속해서 떠들고, 설명하고, 납득시키려고 노력한다. 오로지 설득뿐이다. 하지만 연구 결과를 보면 5명 가운데 1명만이 팀과 조직의 핵심목표에 헌신한다. 지식노동자 시대의 8번째 습관 접근방법은 전인적 인간이 완전한 형태의 직무를 수행하게 하는 것이다. 공정하게 보상하고, 친절하게 대하고, 존중해 주고, 창의적이고 원칙적으로 일할 수 있게 해준다. 직원들에게 더 많은 돈을 던져 주며 동기를 유발하려고 하는 당근과 채찍 수단과는 근본적으로 다르다. 실제로 연구 결과에 따르면, 지식노동자 접근방법을 사용할 때 보수는 중요한 요소에서 신뢰, 존중, 자부심 다음으로 꼽았다. 직장에서 내적 만족을 느낄 때, 외부적 요인들은 중요하지 않다. 그러나 내적 만족을 느끼지 못할 때는 돈이 가장 중요한 요소가 된다. 돈으로 만족을 사려고 한다. 전인적 인간 패러다임에 기초한 8번째 습관은 내적 동기를 이끌어 낸다.

　목표 인식과 헌신의 실행갭은 또한 시간 관리에 근본적인 문제를 일으킨다. 조직 내의 모든 결정은 사명, 가치, 핵심목표에 의해 지배된다. 목표 인식이 불분명하고 헌신하지 않으면, 정말로 중요한 것에 대해 혼란이 일어난다. 긴급한 것을 중요한 것으로 착각한다. 그리고 인기 있고, 급하고, 코앞에 닥치고, 즐거운 일이 중요한 일이 된다. 그 결과 모든 사람은 쓸데없는 데 몰두하고, 정치적 바람을 타고, 위계질서를 따른다. 혼란은 전 조직으로 확산되고 심화된다. 따라서 개인이 조직의 사명, 비전, 가치에 대해 분명하게 인식하고 헌신하기 전까지는 아무리 많은 시간 관리 교육을 실시해도 지속적인 효과를 얻을 수 없을 것이다(개인 생활 부분은 효과가 있을지 모르겠다). 찰스 험멜Charles Hummel은 이렇게 말했다.

　　중요한 업무가 오늘, 심지어 이번 주 내에 처리되는 일도 드물다. ⋯ 긴급한 업무가 즉각적인 행동을 요구한다. ⋯ 이러한 업무의 순간적인 호소는 거부하기 힘들고 중요한 것처럼 보여서 우리의 에너지를 모두 집어삼킨다. 그러나 한 달 또는 1년 단위로 접근하면, 그 기만적 중요성은 사라진다. 우리는 상실감 속에서, 그동안 제쳐 두었던 중요한 일들을 떠올린다. 우리가 긴급성의 노예가 되었다는 것을 깨닫는다.[3]

3. 업무 전환

　산업 시대의 접근방법은 직무 기술서이다. 지식노동자 시대에는 개인의 직무가 헌신의 소리(재능과 열정)와 일치하고, 팀과 조직의 핵심목표 달성에 초점을 맞추도록 도와준다.

4. 일을 할 수 있게 하는 방법

여러 면에서 가장 어려운 실행갭이 나타나는 부분은 사람들이 일을 할 수 있게 해주는 방법이다. 그것은 기능 장애를 일으키는 모든 구조, 시스템, 문화의 장벽의 제거를 필요로 한다. 개인은 직장에서 채용, 선발, 교육과 개발, 보상, 커뮤니케이션, 정보, 산재보상 등의 지원 구조와 시스템을 통해 안정감을 느끼며, 미래를 예측한다. 그리고 가치와 핵심목표 등의 전략 결정 과정에 참여하지 않는다면 감정적 연결과 신뢰, 내적 동기를 얻지 못할 것이다.

산업 시대에 개인은 비용이 되고, 장비와 기술과 같은 물건은 투자가 된다. 사람은 비용이 되고, 물건은 투자가 된다! 이것은 단기수익을 중시하는 정보 시스템이다. 고약한 현대판 피 빼기이다. 지식노동자 시대에 8번째 습관으로 접근할 때 개인은 시스템과 구조가 어떻게 한방향으로 정렬되고 있는지 보여 주는 강력한 시각적 실시간 성과표를 만들고 핵심목표를 달성하는 데 참여할 수 있다.

5. 시너지

산업 시대는 잘해야 타협이고, 못하면 승-패나 패-승이 된다. 지식노동자 시대에 시너지는 제3의 대안을 창조할 수 있게 해준다. 그것은 개인의 내면의 소리가 조직의 내면의 소리와 일치되고, 여러 팀이나 부서의 내면의 소리가 서로 조화를 이루는 8번째 습관에 기초한 커뮤니케이션 방법이다.

6. 책임

지식노동자 시대에는 산업 시대의 당근과 채찍에 의한 동기 부여와 샌드위치 방식의 성과평가 관행이 상호책임과 모든 사람들이 알고 있는 최우선 목표를 배경으로 한 정보의 공유에 의해 대체된다. 그것은 모든 사람들에게 상황을 정확하게 알려 주는 득점 게시판이 있는 축구장이나 야구장에 들어가는 것과 같다.

타격점

나는 이 책의 앞부분에서 사람은 누구나 인생에서 2가지 길을 선택한다고 말했다. 하나는 쉬운 평범함의 길이고, 다른 하나는 위대함으로 가는 길이다. 우리는 평범함으로 가는 길이 어떻게 인간의 잠재능력을 구속하고, 위대함으로 가는 길이 어떻게 인간의 잠재능력을 발휘하게 하는지 살펴보았다. 8번째 습관은 위대함으로 가는 길이고, 위대함은 자기 내면의 소리를 찾아내고 다른 사람들도 찾도록 고무하는 데 있다.

우리는 지금까지 개인의 위대함, 리더의 위대함, 조직의 위대함에 대해 살펴봤다.■

개인의 위대함은 선택, 원칙, 인간의 4가지 지능이라는 3가지 탄생의 선물을 통해 달성하는 것이다. 이러한 재능과 지능을 개발할 때, 우리는 양심의 지배를 받으며 비전, 규율, 열정이 가득한 훌륭한 성품을 갖게 된다. 이 성품은 인간에게 봉사함은 물론 인간에게 다가가고 인간에 초점을 맞추게 해준다. 이 성품이 제1위대함이며, 제2위대함은 재능, 평판, 체면, 재산, 인정받는 것 등이다.

리더의 위대함은 지위에 관계없이 다른 사람들이 내면의 소리를 찾

■ 위대함의 3가지 형태를 개발함으로써 지속적으로 실행을 향상시키는 데 관해 더 많은 정보를 원하다면, 부록 8을 보라.

도록 고무하는 길을 선택한 사람들이 얻는다. 즉 리더의 4가지 역할의 실천을 통해 얻는 것이다.

조직의 위대함은 조직이 리더의 역할과 사명, 비전, 가치를 원칙 혹은 실행 요소인 목표 인식, 헌신, 업무 전환, 일을 할 수 있게 하는 방법, 시너지, 책임으로 전환할 때 얻어진다. 조직의 차원에서 이 요소들은 보편적이고, 영원하고, 자명한 원칙들이다.

〈자료 14.3〉은 개인의 위대함, 리더의 위대함, 조직의 위대함 간의 관계를 나타낸 것이다. 이 3가지로 자신을 지배하고 규율하는 조직은 최대 임팩트 지점인 타격점sweet spot을 정확히 가격할 수 있다. 이 지점은 3개의 원이 겹쳐지는 부분으로서, 힘과 잠재능력이 최대화된다. 테니스나 골프를 치면서 라켓이나 클럽의 스위트스팟sweet spot을 맞추는 순간의 느낌을 떠올려 보라. 짜릿한 느낌, 제대로 맞았다는 것이 느껴

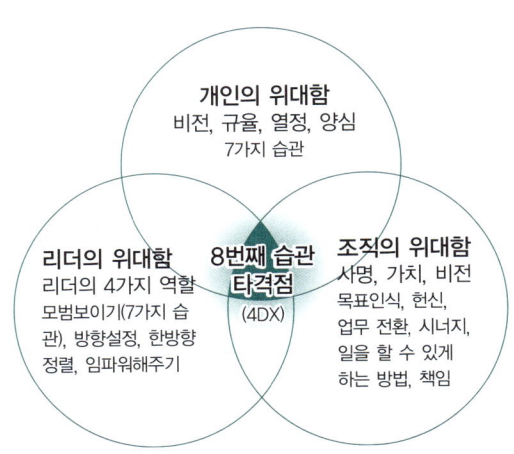

〈자료 14.3〉 원칙 중심의 초점과 실행

진다. 평소와 같은 힘을 가하지만 중심에 맞힘으로써 힘이 폭발하고 공은 평소 때보다 훨씬 더 멀리 날아간다. 개인이, 팀이, 조직이 내면의 소리를 찾을 때 그러한 힘이 나온다.

4가지 실행능력4DX

지속적으로 실천하면 실행갭을 좁히고 팀과 조직이 핵심목표에 초점을 맞추고 실행할 수 있는 능력을 크게 향상시켜 주는 4가지 규율이 있다. 우리는 이것을 4가지 실행능력Discipline of Execution이라고 부른다. 실행에 영향을 미치는 요소들은 수없이 많지만, 우리가 조사한 바에 따르면 4가지 규율이 80%의 결과를 생산하는 20%의 노력에 해당된다. 4가지 규율은 개인, 리더, 조직의 위대함에서 나온다. 또한 타격점이자 힘을 분출시키는 접촉점이고, 다음 단계의 실행 가능한 인재 활용 과정이며, 팀과 조직이 지속적으로 결과를 얻을 수 있게 해주는 집중적 실천이다.

이제 4가지 규율을 한 가지씩 살펴보자.

규율 1 대단히 중요한 목표에 초점을 맞춰라

조직이 초점을 맞추는 문제와 관련하여 주로 잘 모르는 핵심원칙이 있다. 인간은 원래 한 번에 하나씩만 집중해야 우수한 결과를 얻을 수 있다는 점이다(기껏해야 두세 개 정도만 집중할 수 있다).

어떤 목표를 달성할 가능성이 80%라고 해보자. 여기에 목표를 하나 더 추가하면 2개의 목표를 달성할 가능성은 64%로 떨어진다. 목표를 계속 추가하면 달성 가능성은 점점 떨어진다. 예를 들어 한 번에 5

개의 목표를 달성하려고 하면, 모두 좋은 결과를 얻을 가능성은 33%
에 불과하다.

소수의 핵심목표에만 집중하는 것은 정말로 중요하다.

어떤 목표는 다른 목표보다 훨씬 더 중요하다. 우리는 '중요한 것'
과 '대단히 중요한 것'을 구분하는 방법을 배워야 한다. 대단히 중요
한 목표는 중대한 결과가 따르므로, 달성하지 못하면 다른 모든 목표
의 달성이 상대적으로 무의미해진다.

항공 관제사의 상황을 생각해 보라. 어느 순간에 수백 대의 비행기

방법	경제적 측면	전략적 측면	이해당사자의 측면
1. 팀의 예상 목표들을 적는다 2. 각 목표들을 −1∼4의 단계로 평가한다 · 4=높은 긍정적 효과 · 0=효과가 없다 · −1=부정적 효과 3. 점수를 더한다 4. 점검한다 "우리는 냉엄한 현실을 직시하고 있는가?" 5. 전체 점수와 확인 결과를 사용하여 가장 중요한 목표에 표시한다	고려해야 할 기준 : ■수입 증가 ■비용 감소 ■현금 흐름 개선 ■수익성 향상 ■다른 경제적 기준	고려해야 할 기준 : ■조직의 목표를 직접 지원한다 ■핵심역량을 강화한다 ■시장 영향력을 증가시킨다 ■경쟁 우위를 강화한다 ■다른 전략적 기준	고려해야 할 기준 : ■고객의 충성도를 높인다 ■직원들의 열정과 에너지에 불을 붙인다 ■협력업체, 공급자, 파트너, 투자자에 긍정적 영향을 미친다 ■다른 이해당사자의 기준
잠재적 목표			**합계**

〈자료 14.4〉 **목표의 중요도 검사표**

가 하늘에 떠 있고, 그 모든 비행기가 중요하다. 특히 그 가운데 한 비행기에 자신이 타고 있다! 항공 관제사는 한 번에 모든 비행기에 주의를 집중하지 못한다. 그가 할 일은 한 번에 비행기 한 대씩 완벽하게 착륙시키는 것이다. 조직도 사람도 이와 마찬가지다. 주의를 여러 군데 분산한 채 일할 수 있는 사람은 거의 없다.

하지만 전략계획을 실행하는 데 가장 도움이 되는 대단히 중요한 목표를 어떻게 아는가? 분명하게 드러날 수도 있지만 때로는 분석이 필요하다. 목표의 중요도 검사표는 경제적, 전략적, 이해당사자 측면에서의 평가를 통해 목표의 우선순위를 정하는 귀중한 전략계획 도구이다. 이 도구는 목표들 가운데 어떤 것이 경제적, 전략적, 이해당사자의 이익 측면에서 가장 효과가 큰지 평가하는 데 도움을 준다. 핵심목표들을 결정할 때 이 목표의 중요도 검사표를 사용할 수 있다. 이것은 실행 측면의 방향설정이다.

이해당사자 측면 : 이해당사자들의 욕구를 충족시키기 위해 가장 중요한 것은 무엇인가? 고객, 직원, 협력업체, 투자자 등이 이 목표에 이해관계를 갖는다.

- 목표는 고객의 충성도를 높여 주는가?
- 목표는 사람들의 열정과 에너지에 불을 붙여 주는가?
- 목표는 공급업체, 협력업체, 비즈니스 파트너, 투자자에게 긍정적인 영향을 미치는가?

전략적 측면 : 잠재적 목표가 조직의 전략에 어떠한 영향을 미치는지 생각해 보라.

- 목표가 조직의 사명이나 목적을 지원하는가?
- 목표는 핵심역량을 강화하는가?
- 목표는 시장 영향력을 증가시키는가?
- 목표는 경쟁 우위를 높여 주는가?

스스로에게 질문해 보라. "우리의 전략을 추진하기 위한 가장 중요한 일은 무엇인가?"

경제적 측면 : 대단히 중요한 목표는 조직의 전체 재정에 직간접적으로 기여해야 한다. 잠재적 목표들 가운데 어느 것이 가장 높은 수익을 가져다 주는지 자신에게 물어보라. 다음 사항들을 고려하라.

- 수입 증가
- 비용 감소
- 현금 흐름 개선
- 수익성

어느 조직이나 생존을 위해서는 현금 흐름을 가져야 하므로 비영리 조직의 경우에도 경제는 중요하다.

목표를 경제, 전략, 이해당사자의 측면에서 평가할 때, 각 목표의 이유와 내용이 분명해진다.

만일 전략계획이 두세 개의 핵심목표 혹은 대단히 중요한 목표로 나뉘지 않는다면, 모호하고 현실성이 떨어질 수밖에 없다. 조직 내의 모든 이해당사자들은 대단히 중요한 목표의 이유를 알고, 목표에 헌신할 수 있도록 그 목표 설정 과정에 참여해야 한다.

최상의 결과를 얻기 위해서는 다른 중요한 목표들은 제쳐 두고, 소수의 대단히 중요한 목표에 집중해야 한다. 사람은 원래 한 번에 하나씩만 집중해야 최상의 결과를 얻을 수 있으므로, 초점을 좁히는 법을 배워야 한다. 너무 많은 사람들이 너무 많은 일을 너무 많이 하려고 노력하고 있다. 비행기를 한 번에 한 대씩 착륙시키는 항공 관제사처럼, 많은 일을 평범하게 처리하기보다는 적은 일을 확실히 해야 한다.

이 규율을 실천하기 위해 팀의 두세 가지 '대단히 중요한 목표'를 분명하게 하고, 조직의 핵심목표에 맞춰야 한다.

영화 〈그냥 중요한 것이 아니라, 대단히 중요한 것이다!〉

'대단히 중요한 소수의 목표'에 집중해야 할 필요성을 설명하기 위해, 〈그냥 중요한 것이 아니라, 대단히 중요한 것이다!〉라는 영화를 소개하겠다. 이 영화는 고객들과의 실제 인터뷰를 토대로 만들어졌다. 대부분의 조직에 퍼져 있는 한방향정렬 불량과 불분명한 목표 인식에 대해 보여 줄 것이다. 그들 조직이 직면하고 있는 초점과 실행 문제를 익살스럽고 암시적으로 그렸다. 이제 영화를 보도록 하자.

규율 2 강력한 성과표를 만들어라

성과표는 '점수를 기록할 때 더 잘한다'는 기본 원칙을 이용하는 것이다.

길거리에서 득점을 기록하지 않고 농구나 축구를 하는 모습을 보았는가? 선수들은 자기 하고 싶은 대로 하면서 게임 도중 농담을 하기도

하고 별로 집중하지 않는다. 그러나 득점을 기록하면 상황은 달라진다. 시합에 집중한다. 작전 회의를 벌이고 시합은 활기를 띤다. 뛰는 사람들은 새로운 상황에 재빨리 적응한다. 그리고 진행 속도가 아주 빨라진다.

직장도 이와 다르지 않다. 분명한 성공의 기준이 없으면 목표가 무엇인지 모른다. 기준이 없으면, 같은 목표를 제각각 자기들 방식으로 다르게 이해한다. 팀원들은 목표에서 벗어나 긴급한 일에 빠지게 된다. 일하는 속도는 들쑥날쑥해지고 동기가 유발되지 않는다.

그러므로 전략계획과 중요한 목표에 대해 설득력 있고, 가시적이며, 접근 가능한 성과표를 가져야 한다. 대부분의 업무 집단은 분명한 성공 기준이 없다. 때문에 핵심목표를 달성하기 위해 어떻게 일하고 있는지 알 수가 없다.

xQ 조사에 따르면, 직원 3명 가운데 1명만이 핵심목표에 대한 진행 상황이나 목표 달성을 평가하는 데 분명하고 정확한 기준을 적용할 수 있었다. 그리고 10명 가운데 3명만이 보상이나 상벌이 측정 가능한 목표에 대한 성과와 관계가 있었다고 응답했다. 소수의 직원만이 정확한 실행을 위해 필요한 피드백 시스템을 갖고 있었다는 의미이다.

성과표의 동기 유발 효과가 대단히 높다는 것은 분명한 현실이다. 전략 성공은 성과표에 의해 좌우된다. 계획은 성과표에 따라 수정되어야 하고, 시간도 성과표를 보고 조정해야 한다. 진행 상황을 모른다면, 전략과 계획은 한낱 추상적 구상에 지나지 않는다. 강력한 성과표를 만들고 지속적으로 업데이트하라. 성과표는 실행의 측면에서 방향 설정과 한방향정렬을 결합한 것이다.

강력한 성과표는 어떻게 만드는가?

참여와 시너지(7가지 습관 모범보이기)를 통해, 조직이나 팀 목표의 주요 기준을 정하고, 그 목표를 시각화하라. 성과표는 '무엇에서' '무엇으로' '언제까지'의 3가지 사항을 분명하게 해야 한다.

1. 팀의 핵심목표 혹은 대단히 중요한 목표를 적어라.
2. 다음 요소가 포함된 각 목표의 성과표를 만들어라.
   - 현재의 결과(현재의 상태)
   - 목표로 하는 결과(원하는 상태)
   - 기한(언제까지)

   성과표는 막대그래프, 추세선, 원그래프, 갠트차트 ■의 형태로 만들 수 있다. 혹은 온도계나 속도계, 저울 형태를 취할 수도 있다. 어떤 형태건 가시적이고, 접근 가능하고, 지속적으로 업데이트되어야 한다. 목표는 이미 수단에 존재하므로, 원칙 중심의 가치와 관련하여 성과표에 기준을 포함시키는 방안도 고려할 수 있다.

3. 성과표를 게시하고, 매일 또는 매주 필요할 때마다 확인할 것을 요청하라. 성과표에 대한 미팅을 갖고, 토의하고, 문제점들을 해결하라.

   모든 팀원들은 성과표를 보고 매순간, 매일, 매주 변화하는 것을 확인할 수 있어야 한다. 항상 성과표에 대해 토의해야 하고, 성과표에서 마음이 떠나서는 안 된다. 강력한 성과표는 길거리 농구에서 득점을 기록하는 효과가 있다. 갑자기 경기 속도가 빨라지는 것이다. 개인은 더 빨리 일하고, 대화 내용이 변하고, 달라진 상황에 재빨리 적응한다. 그리고 팀은 더 빨리 더

■ 생산 관리를 위하여, 그 계획과 시간을 도표로 표시하는 관리도.

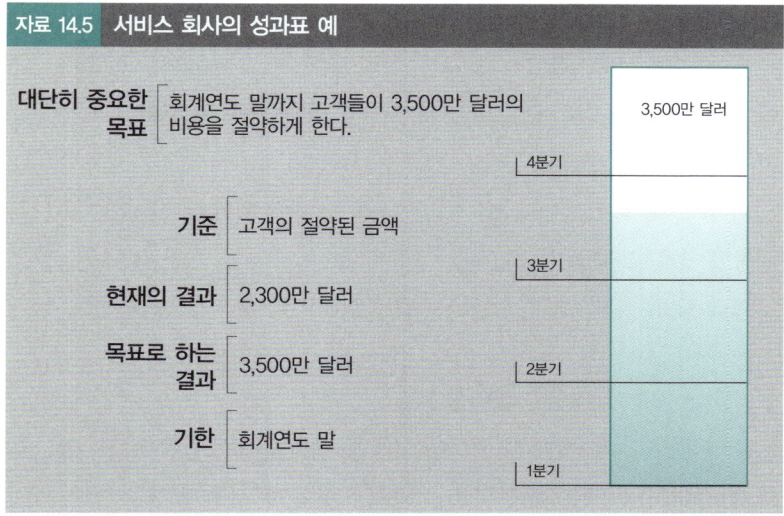

자료 14.5 서비스 회사의 성과표 예

대단히 중요한 목표	회계연도 말까지 고객들이 3,500만 달러의 비용을 절약하게 한다.	3,500만 달러
기준	고객의 절약된 금액	
현재의 결과	2,300만 달러	
목표로 하는 결과	3,500만 달러	
기한	회계연도 말	

정확하게 목표에 도달할 수 있다.

규율 3 높은 목표를 구체적인 행동으로 전환하라

새 목표나 전략을 세우는 것과, 그 목표를 행동으로 전환하고 각자의 새로운 행동과 활동으로 나누는 것은 별개의 문제이다. 계획된 전략과 실제 전략 사이에는 큰 차이가 있다. 계획된 전략은 의도하는 것이고, 실제 전략은 매일 실행하는 것이다. 달성해 본 적이 없는 목표를 달성하기 위해서는 전에 해보지 않았던 일을 해야 한다. 리더가 목표를 안다고 해서 일선 직원들이 무엇을 해야 하는지 아는 것은 아니다. 모든 팀원들이 목표를 위해 무엇을 해야 하는지 정확히 모르고 있다면, 목표는 달성할 수 없다. 수익을 창출해 내는 것은 결국 일선 직원들에게 달려 있다. 그들은 창조적 지식노동자들이다. 다시 한 번 강조하지만, 리더십은 지위가 아니라 선택이며 어느 지위에 있건 가질 수 있는 것이다. 또한 직원들이 업무를 수행하는 방법을 감독한다면 그들은 결과에 대해 책임지지 않을 것이라는 점을 명심해야 한다. 그러면 감독자가 결과를 책임져야 하고 규율이 인간의 판단과 창의성, 책임감을 대체할 것이다.

이 규율을 실천하기 위해, 팀은 목표 달성에 필요한 더 나은 새로운 행동양식을 결정하고, 그 행동양식을 모든 사람의 주간 및 일일 업무로 전환해야 한다. 이것은 실행 측면에서의 임파워먼트이다.

규율 4 서로가 언제나 책임을 져라

효과적인 팀에서는 개인이 자신의 행동에 대해 책임을 지고, 성과표를 점검하고 문제를 해결하며, 서로를 어떻게 지원해 줄지 결정하기 위해 매일, 매주, 매월 만난다. 모든 팀원들이 항상 서로에게 책임이 있다고 생각하지 않는다면, 프로세스는 아무 의미도 갖지 못한다. 뉴욕 시의 재부흥을 가져온 것으로 평가받는 루돌프 줄리아니Rudolf Giuliani 전 시장은 참모들과 매일같이 아침 미팅을 가졌다. 핵심목표에 대한 업무 진행 상황을 보고받기 위해서였다. 최소한 매주 성과 확인 미팅을 갖지 않으면 목표에서 벗어나고 초점을 잃어버릴 것이다. 자기임파워되는 팀은 자주 성과 확인 미팅을 갖는다. 성과 확인 회의는 모든 문제에 대해 토의하는 평상시의 회의와 다르다. 핵심목표에 접근하는 것을 목적으로 하는 성과 확인 회의는 3가지 요소로 구성된다.

- 우선순위에 따른 보고
- 제3의 대안 찾기
- 장애 요소 제거하기

　　우선순위에 따른 보고 : 병원 응급실에 가 보면, 다음과 같이 씌어진 큰 표지판을 볼 수 있다. "도착순이 아니라 위중한 순서대로 환자들을 치료합니다." 의료진은 치료 우선순위에 의거한 부상자 분류 원칙에 따라 진료한다. 팔이 부러진 환자가 먼저 왔더라도 의사는 나중에 온 뇌손상 환자부터 치료한다. 우선순위에 따른 보고는 모든 사람이 소수의 핵심 문제에 대해 먼저 보고하고, 그보다 덜 중요한 문제들은 나중에 보고하는 것이다. 그들은 주요 결과, 주요 문제, 중요한 이슈에 초점을 맞춘다. '긴급한' 문제만 토의된다는 의미가 아니라, 비록 긴급하지 않아도 '중요한' 문제만 토의된다는 뜻이다. 〈표 7〉은 일반적인 직원 회의와 효과적인 성과 확인 회의를 비교한 것이다.

효과적인 성과 확인 회의(우선순위에 따른 보고)	일반적인 직원 회의
소수의 핵심 문제에 대해서만 신속하게 보고한다	다른 사람들이 보고 내용을 확인하는 동안 말을 하라는 압박을 받는 '죽음의 행진'이 이어진다
성과표를 점검한다	성과의 기준이 없다
추후 확인한다	추후 확인하지 않는다
상호책임을 진다	관리자만이 사람들에게 책임을 지운다
노력하고 실패한 것을 솔직히 보고한다	노력하고 실패한 것을 숨긴다
성공을 축하한다	문제에만 초점을 맞춘다

표 7

　　제3의 대안 찾기 : 효과적인 성과 확인 회의를 할 때는 핵심목표를 어떻게 달성할지에 초점을 맞춘다. 달성해 본 적 없는 새로운 돔표는 전에 하지 않았던 일을 필요로 한다는 원칙을 적용하는 것이다. 우리는 항상 목표를 달성할 수 있는 더 나은 행동양식을 찾아야 한다. 나의 방법이나 너의 방법보다 더 좋은 제3의 대안을 찾아야 하는 것이다. 제3의 대안은 창조적 사고의 결과이다. 다양성과 차이점을 존중했을 때 시너지가 나온다. 따라서 개인의 차이점은 사명, 가치, 비전, 대단히 중요한 목표라는 거시적 측면에서 봐야 한다.

이 회의에서는 수많은 브레인스토밍과 창의적 토의가 이루어진다. 〈표 8〉은 일반적인 직원 회의와 효과적인 성과 확인 회의를 비교한 것이다.

효과적인 성과 확인 회의(제3의 대안 찾기)	일반적인 직원 회의
활기찬 시너지적 문제 해결	말만 하고 실행은 하지 않는다
새로운 더 좋은 방안이 나온다 (1+1=3, 10, 100)	창조적으로 토의할 시간도 없고, 그럴 환경도 아니다(강제 합의와 타협)
전체의 지혜	'고독한 천재'

표 8

장애 요소 제거하기 : 리더십에서 사람들이 목표를 달성할 수 있도록 장애 요소를 제거하고, 목표와 시스템의 방향을 맞추는 것은 대단히 중요하다. 승-승합의 프로세스에서 관리자는 자신만이 할 수 있는 일을 하고, 직원들이 목표를 달성할 수 있도록 장애 요소를 제거하겠다고 약속한다. 물론 다른 사람들을 위해 장애 요소를 제거하는 것은 관리자만의 임무가 아니라, 모든 사람이 해야 하는 일이다.

효과적인 성과 확인 회의에서 사람들은 이렇게 질문한다. "내가 당신을 위해 어떻게 장애 요소를 제거할 수 있는가?" "이 문제로 씨름하고 있는데 누가 도움을 줄 수 있겠는가?" 〈표 9〉는 일반적인 직원 회의와 효과적인 성과 확인 회의를 비교한 것이다.

이것은 실행 측면에서의 한방향정렬이다.

효과적인 성과 확인 회의(장애요소 제거하기)	일반적인 직원 회의
내가 잠시 글을 써 주면 당신은 몇 시간이 절약된다	당신이 막혀 있는 것은 스스로 장애물을 극복하지 못하기 때문이다
우리는 이 점에 대해 모두 같은 의견이다	당신은 당신 생각대로 한다
당신이 도움이 필요하다는 것을 인정하고, 나도 당신에게 도움을 요청한다	도움이 필요하다는 것을 인정하기를 두려워한다

표 9

실행을 제도화하기

4가지 규율은 보통 소수의 유능한 사람들에 의해 실천되는 요소로 인식되는 것을 예측 가능하고, 교육 가능하고, 복제 가능한 것으로 전환하는 방법론이다. 우리는 연구와 경험을 통해 4가지 규율이 팀이나 조직에 의해 실천될 때, 지속적으로 최우선 목표를 달성할 수 있다는 것을 배웠다.▪ 지속적으로 실행에 성공했을 때 실행은 제도화되고, 요행이나 핵심 리더의 영향력에서 벗어나게 된다. 실행의 문화를 제도화하기 위해서는 그 과정을 일상적으로 측정해야 한다.

실행지수xQ

조직은 집단적인 '초점과 실행' 능력을 나타내고 측정할 수 있는 새

▪ 4가지 실행능력을 팀이나 조직에 제도화하는 방법에 대해 구체적으로 알고 싶으면 부록 5 '4가지 실행능력 실천 방법'을 보라.

로운 방법이 필요하다. 우리는 그것을 xQ, 즉 실행지수라고 부른다. IQ 검사가 지능의 차이를 드러내듯이, xQ 평가는 목표 설정과 실제 목표 달성 간의 차이인 '실행갭'을 측정한다. xQ 점수는 조직의 대단히 중요한 목표 실행능력을 평가하는 핵심지표이다. 이제 더 이상 목표 달성 여부를 알기 위해 지행지표■를 기다리지 않아도 된다. 27개의 정선된 질문을 통해, 이 핵심지표를 얻을 수 있다.■

말단 직원에서 사장에 이르기까지 임직원들을 망라한 xQ 조사를 3~6개월간 실시하면, 조직의 초점과 실행 수준을 정확하게 파악할 수 있다. 설문조사는 공식적으로도 가능하고, 비공식적으로 실시할 수도 있다. 성숙된 문화일수록 공식 조사와 비공식 조사의 차이가 적게 난다. xQ 조사 결과를 이용하면, 부서와 조직 간의 목표를 한방향으로 정렬할 수 있는 강력한 문화적 힘을 얻어, 핵심 전략 목표에 지속적으로 초점을 맞추고 실행할 수 있다. 지식노동자 시대에서 지혜의 시대로 안내한다.■

자기 내면의 소리를 찾고, 다른 사람들도 내면의 소리를 찾도록 고무하라는 8번째 습관은 풀어서 설명하면 이렇다. "지식노동자 임파워해주기와 전인적 인간 모델을 사용하라. 7가지 습관(개인의 우수성), 리더의 4가지 역할(리더의 우수성), 6가지 원칙 혹은 실행의 핵심요소

- ■ 경기 동향을 나타내는 각종 지표 중에서, 전체로서의 경기 변동보다는 뒤늦게 변화하는 경제지표.
- ■ 해리슨인터랙티브사에서 xQ 설문을 이용하여 2만 3,000명의 직원, 관리자, 임원들을 대상으로 실시한 조사 결과는 부록 6 'xQ 조사 결과'에 수록했다.
- ■ 무료로 핵심목표에 대한 개인, 팀, 조직의 초점과 실행능력을 평가하고 싶으면, www.The8thHabit.com/offers를 이용하라. 가입 후 지시에 따라 설문조사에 응하면 된다. 조사를 마치면 결과를 요약하고, 다른 응답자들의 종합평균점수와 비교한 xQ보고서를 받아볼 수 있다. 전체 팀과 조직을 어떻게 측정할 것인가에 대한 더 많은 정보를 알 수 있을 것이다.

(조직의 우수성)를 그 모델에 적용하라.”

이제 8번째 습관의 최종 종착점에 해당하는 ‘내면의 소리를 지혜롭게 사용하기’로 넘어가 보자.

질문과 대답

승—승합의서의 5가지 요소와 4가지 실행능력은 어떤 차이가 있는가?

기본 원칙 측면에서 보면 차이가 없다. 다만 용어의 사용과 정의에 따른 차이가 있고, 4가지 규율의 배경이 다를 뿐이다. 승—승합의서의 5가지 요소는 기대성과, 실행지침, 가용자원, 책무확인, 손익결과이다.

기대성과와 실행지침은 실행의 처음 2가지 규율인 대단히 중요한 목표 설정과 강력한 성과표로 구체화된다. 목적과 수단은 분리할 수 없다. 따라서 원칙에 의거하여 업무를 수행할 때 기대성과를 얻고 대단히 중요한 목표를 달성할 수 있는 것이다.

승—승합의서의 세 번째 요소인 가용자원은 실행의 세 번째 규율 ‘높은 목표를 구체적인 행동으로 전환하는 것’과 간접적인 관계가 있다. 그리고 네 번째와 다섯 번째 요소인 책무확인과 손익결과는 네 번째 규율인 상호책임과 직접적인 관계가 있다. 손익결과는 책무확인의 당연한 결과이므로, 손익결과 역시 간접적으로 관계가 있다.

4가지 실행능력의 가장 큰 장점은, 그 접근방법이 실행갭에 대한 연구를 비롯해 산업 시대 모델이 이 갭을 어떻게 만들고 지식노동자 시대 모델이 이 갭을 어떻게 좁히는가에 대한 실증적 연구에 기초하여 나왔다는 점이다.

내면의 소리를 지혜롭게 사용하기

| 다른 사람을 돕는 방법 |

나는 더 이상 생기와 활력이 넘치는 젊은이가 아니다. 나는 명상과 기도에 전념하고 있다. 흔들 의자에 앉아 보고, 약을 복용하고, 부드러운 음악을 듣고, 우주만물에 대해 생각하기도 한다. 그러나 그러한 일은 도전이 없고, 기여하는 바가 없다. 나는 발전적인 일을 하고 싶다. 매일 결의를 다지고 목적을 가진 삶을 살고 싶다. 항상 격려하고, 무거운 짐을 진 사람들에게 축복을 빌어 주고, 신앙과 신앙고백에 충실한 삶을 살고 싶다. 훌륭한 사람들과 함께 있을 때 아드레날린이 분비되고 자극이 일어난다. 그들의 눈 속에서 사랑을 볼 때, 나는 활력을 느낀다.[1]

92세의 고든 힝클리

나는 자면서 삶은 기쁨이라는 꿈을 꾸었네.
나는 깨어나서 삶이 의무라는 것을 알았지.
나는 행동했고, 보라, 의무는 즐거움이었다네.

타고르

유익한 봉사를 하는 것은 인류 공동의 의무이며, 오직 마음을 정화하는 희생의 불 속에서만 이기심의 찌꺼기가 태워지고 인간 정신의 위대함이 깨어난다.[2]

존 록펠러

398

자기 내면의 소리를 찾고 다른 사람들도 찾도록 고무하고자 하는 욕구는 봉사한다고 하는 가장 큰 목적에 의해 힘을 얻는다. 그것은 또한 자기 내면의 소리와 다른 사람들의 내면의 소리를 찾는 2가지 목적을 모두 달성시켜 주는 가장 좋은 방법이다. 실제로 손을 뻗어 다른 사람의 욕구를 충족시키지 않으면, 선택의 자유를 확대하고 개발하지 못할 것이다. 다른 사람들을 위해 자기 자신을 바칠 때 개인적 성장은 더욱 커진다. 우리 가족, 다른 가족, 조직, 지역사회에 봉사하고 세상의 필요를 충족시키기 위해 노력할 때 우리의 관계는 향상되고 깊어진다.

나는 처음에는 학생으로서 오직 나만을 위한 자유, 즉 밤에 자지 않고 좋아하는 책을 읽고 가고 싶은 곳에 갈 수 있는 일시적인 자유를 원했다. 나중에는 요하네스버그에서 젊은이로서 나의 능력을 펼치고, 생활비를 벌고, 결혼하여 가정을 꾸밀 수 있는 기본적이고 평범한 자유를 원했다. 방해받지 않고 변호사 생활을 할 수 있는 그런 자유를 말이다. 그러다가 나는 물론 나의 형제자매들도 자유가 없는 현실에 조금씩 눈을 뜨기 시작했다. … 자유에 대한 갈망은 내 민족의 더 큰 자유에 대한 갈망으로 변해 갔다.

나의 삶에 생기를 불어넣고, 두려움에 떨던 젊은이를 대담하게 변화시키며, 법을 지키는 변호사가 범죄자가 되게 하고, 가족을 사랑하는 남편을 가정 없는 남자로 만들어 놓은 것은 내 민족이 자존심을 지키며 인간답게 살 수 있는 자유를 찾고자 하는 욕구였다. … 나는 보통 사람들보다 덕이 많거나 자기 희생적인 사람이 아니다. 하지만 나는 내 민족이 자유롭지 않다는 걸 알았을 때 내가 누리는 제한된 자유에 만족할 수 없었다.³

—넬슨 만델라

조직은 개인의 욕구를 충족시키기 위해 만들어진 것이다. 그 외의 다른 존재 이유는 없다. 로버트 그린리프는 조직에 청지기의 개념을 적용한 멋진 에세이 『봉사자로서의 기관The Institution As Servant』을 썼다.

> 봉사는 우리가 이 세상에 살면서 지불해야 할 임대료이다.
>
> —네이선 엘던 태너(Nathan Eldon Tanner)

월드 비즈니스 아카데미World Business Academy의 공동 설립자 윌리스 하먼Willis Harmon은 기업에 대한 믿음을 이렇게 표현했다.

기업은 세계에서 가장 막강한 조직이 되었다. 어느 사회나 지배 조직은 전체에 대한 책임을 져야 한다. 그러나 기업은 그런 전통을 갖고 있지 않았다. 그것은 인식하거나 받아들인 적 없는 새로운 역할이다. 시장의 힘과 애덤 스미스Adam Smith의 '보이지 않는 손'에 의해 개별 기업의 수많은 행동이 바람직한 결과를 낳을 것이라는 가정은 처음부터 자본주의와 자유기업의 개념에 기초한 것이다. 그러나 20세기의 마지막 10년간은 '보이지 않는 손'이 작용하지 않는다는 것이 분명해졌다. 기업은 이미 존재하지 않는 가치와 의미에 의존했다. 이제 기업은 자본주의 역사상 처음으로 전체의 책임 공유라는 전통을 세워야 한다. 기업의 모든 결정과 행동은 이러한 책임의 측면에서 봐야 한다.

지혜의 시대

새롭게 시작된 21세기는 지혜의 시대가 될 것이라고 생각한다. 사

람을 겸손하게 만드는 환경의 힘 혹은 양심의 힘을 통해 지혜의 시대
가 도래할 것이다.

내면의 소리에 관한 인류 문명의 5가지 시대는 각각의 도구를 갖고
있다. 수렵채취 시대의 기술은 활과 화살로 상징된다. 농경 시대에는
농사 장비, 산업 시대에는 공장, 그리고 정보·지식노동자 시대에는 인
간이 기술이었다. 지혜의 시대의 기술은 자신의 방향과 목적을 선택할
힘과, 변함없이 보편적이고 영원하고 자명한 자연법칙이나 원칙(자북,
즉 나침반이 가리키는 북쪽 방향)을 따를 힘을 의미하는 나침반이다.

시대가 바뀌면서 하부구조가 변화할 때마다 90% 이상의 사람들이
일터를 잃었다. 산업 시대에서 정보·지식노동자 시대로 넘어갈 때도
마찬가지였다. 직장을 잃거나 점차적으로 새로운 일자리에 흡수되었
다. 나는 개인적으로 현재 노동력의 20% 이상은 쓸모가 없어졌다고
생각한다. 만약 몇 년 내에 자세를 새롭게 하고 자신을 쇄신하지 않는
다면, 또 다른 20%의 노동력을 잃을 것이다.

정보 시대는 아주 급속도로 지식노동자 시대로 변화하고 있으므로,
그 흐름을 쫓아가기 위해서는 교육과 훈련에 지속적으로 투자해야 한
다. 그 교육은 대체로 혹독한 현실 경험을 통해 이루어지겠지만, 현실
을 직시할 수 있고 규율이 있다면 체계적으로 교육을 계속할 수 있다.
그들은 새로운 시대의 현실을 예상하고, 그 현실에 적응하는 데 필요
한 새로운 사고방식과 기술을 획득한다. 결과적으로 정보, 지식과 목
적, 원칙이 결합되는 지혜의 시대로 서서히 편입될 것이다.

지혜는 어디에서 오는가?

정보는 물론 지식 또한 지혜가 아니라는 것은 우리 모두가 잘 아는 사실이다.

오래 전에 대학에서 학생들을 가르칠 때의 일이다. 나는 박사 학위를 준비하기 위해 교수로 있던 친구를 찾아갔다. 나는 그에게 말했다. "동기 부여와 리더십을 주제로 논문을 쓰고 싶은데, 경험적 연구보다는 철학적 측면에서 접근하려고 하네."

그는 내게 말했다. "스티브, 자네는 무엇을 질문해야 하는지도 모르고 있군." 나의 지식이 일정 수준에 올라 있긴 하지만, 내가 원하는 문제들을 다루기 위해서는 현재 수준을 훨씬 넘어서야 한다는 말이었다. 철학적으로 접근하기를 진심으로 바라던 내게 그의 말은 큰 충격이었다. 나는 대학 때 받았던 비공식적인 철학 교육과 졸업 후의 비즈니스 연구 정도면 충분할 것이라고 생각했다. 그가 옳았다는 것은 몇 년 뒤에야 깨달았다. 내게 겸손을 가르쳐 준 소중한 경험이었다.

그때의 교훈은 그 이후 많은 귀중한 경험적 지식과 통찰을 얻는 계기가 되었다. 많이 알수록 모르는 것도 많다는 것을 더 잘 알게 되는 법이다. 〈자료 15.1〉을 보라. 원은 당신의 지식을 나타내고, 원 바깥 경계는 당신이 모르는 영역이다.

지식이 증가하면 무지는 어떻게 되겠는가? 무지의 경계는 더 커질 것이다. 혹은 최소한 자신이 무지하다는 인식이 더 커질 것이다(자료 15.2). 따라서 많이 알수록 모른다는 것을 더 잘 깨닫게 된다. 만일 단순한 지식 확대 혹은 현실 안주가 아닌 더 큰 목적에 기여하려고 하면 어떻게 되겠는가? 진정으로 겸손해지고, 다른 사람들로부터 도움을 받고자 하는 욕구가 생겨날 것이다. 다른 사람들과의 협력은 우리의

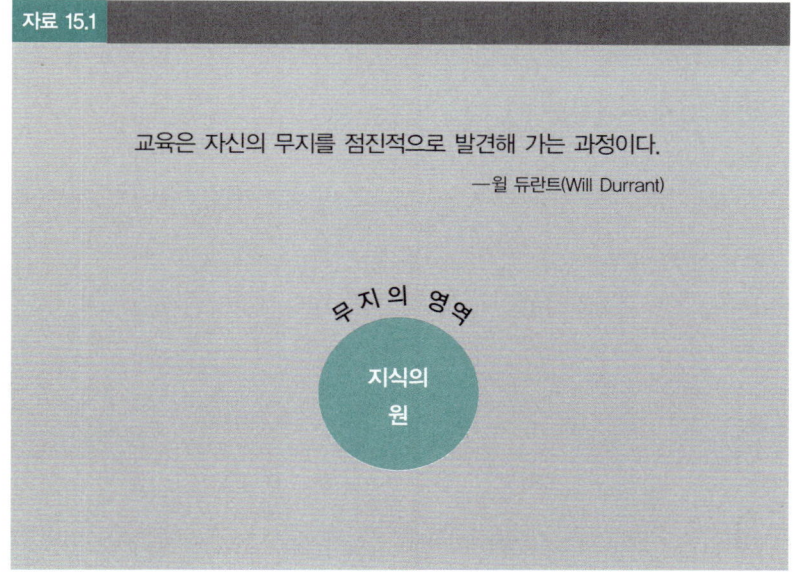

자료 15.1

교육은 자신의 무지를 점진적으로 발견해 가는 과정이다.

—윌 듀란트(Will Durrant)

무지의 영역

지식의
원

자료 15.2

무지의 영역

지식의
원

지식과 능력을 생산적으로 만들어 준다. 또한 자신의 무지와 약점을 보완해 줄 수 있는 지식과 능력을 갖춘 사람으로 구성된 상호보완적 팀의 필요성을 깨닫는다.

> 어떤 의미에서 지혜가 커지면 지식은 줄어든다. 구체적인 지식은 모두 원칙 속에 포함되기 때문이다. 중요한 지식은 삶의 각 분야에서 그때그때 얻을 수 있지만, 지혜를 얻기 위해서는 잘 알고 있는 원칙을 적극적으로 활용하는 습관이 필요하다.[5]
>
> —알프레드 노스 화이트헤드(Alfred North Whitehead)

이와 같은 인식은 지속적인 학습, 특히 자기 성장과 대인관계와 리더십같이 중요한 분야에 대한 학습을 강화시켜 줄 것이다. 나는 정보와 지식이 가치 있는 목적 및 원칙과 결합될 때 지혜가 나온다고 생각한다.

지혜는 원칙에 충실한 삶, 즉 성실성의 산물이며, 성실성은 겸손과 용기의 산물이다. 겸손해야 세계를 지배하는 자연법칙이나 원칙이 있다는 것을 인정하게 되므로 겸손은 모든 덕의 어머니라고 할 수 있다. 세계를 지배하는 것은 인간이 아니라 자연법칙이나 원칙이다. 하지만 인간의 교만은 스스로가 세계를 지배한다고 가르친다. 반면 겸손은 행동의 결과를 지배하는 원칙을 이해하고 원칙에 따라 살아갈 것을 가르친다. 겸손이 지혜의 어머니라면, 용기는 지혜의 아버지이다. 사회적 관습, 규범, 가치에 반하는 원칙을 지키며 살려면 엄청난 용기가 필요하기 때문이다.

> 용기는 두려움이 없는 것이 아니라, 다른 무엇이 두려움보다 중요하다
> 고 판단하는 것이다.
>
> — 앰브로즈 레드문(Ambrose Redmoon)

〈자료 15.3〉은 원칙 중심의 삶을 사는 데 필요한 덕목들을 3개 세대로 분류하여 나타낸 것이다. 그 덕목들과 반대되는 것들에 대해서도 주목하라.

성실성은 지혜와 풍요의 심리를 낳는다. 지혜는 양심에 복종하고 양심을 훈련하는 사람들에게 생기고, 풍요의 심리는 마음의 평화를

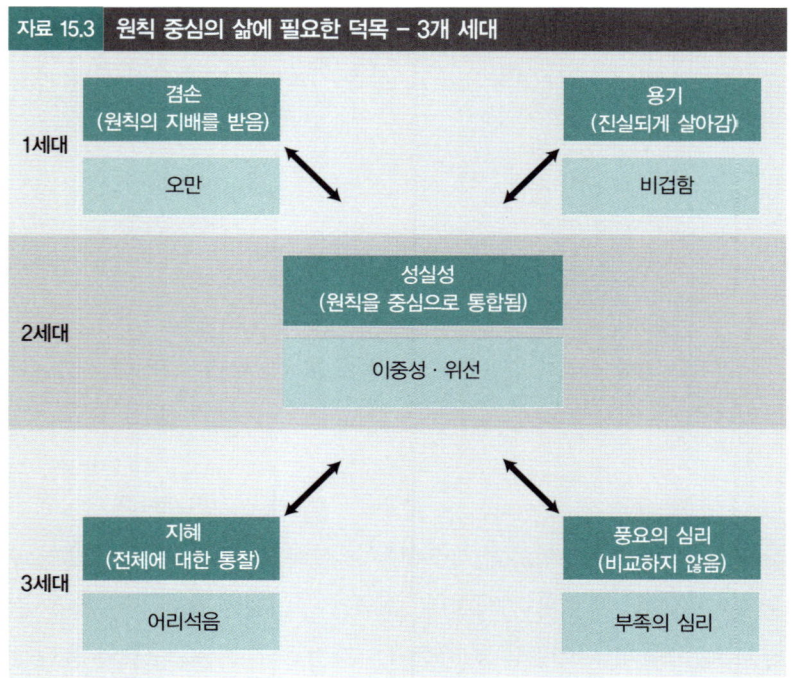

자료 15.3 원칙 중심의 삶에 필요한 덕목 – 3개 세대

1세대
겸손 (원칙의 지배를 받음)
오만

용기 (진실되게 살아감)
비겁함

2세대
성실성 (원칙을 중심으로 통합됨)
이중성 · 위선

3세대
지혜 (전체에 대한 통찰)
어리석음

풍요의 심리 (비교하지 않음)
부족의 심리

가져오는 성실성 때문에 생겨난다. 판단과 비교에 의존하지 않고 자신의 가치를 확신할 때, 다른 사람들의 성공에 진정으로 기뻐할 수 있다. 그러나 비교를 통해 자기정체성을 갖는 경우에는 부족의 심리로 인해 다른 사람들의 성공에 진심으로 기뻐하지 못한다. 지혜와 풍요의 심리는 여러 가지 패러다임을 낳는다. 가치와 잠재능력을 갖고 있다고 믿게 해주고, 통제가 아닌 개발의 차원에서 생각하게 하는 패러다임이 생겨난다. 지혜와 풍요의 심리가 결합되면, 개인이 갖고 있는 선택의 힘과 능력을 존중하게 된다. 또한 스스로 동기가 유발되기 때문에 그들을 관리 또는 통제하려 하거나, 외부 동기를 부여하려고 하지 않는다. 지혜와 풍요의 심리가 결합된 리더들은 요구하기보다 고무한다. 일은 관리하지만 사람은 이끈다(임파워). 제로섬이 아닌 제3의 대안, 더 좋은 방법을 생각한다. 그들의 마음은 감사, 존경, 존중으로 가득 차 있다. 세상은 풍요롭고, 삶은 기회이자 지속적인 성장 과정이라고 생각한다.

도덕적 권위와 봉사형 리더십

기여할 만한 무언가가 있을 가능성이 존재하는 한 할 일은 아직 남아 있다.[6]

—다그 함마르셸드

지혜는 지식을 유익하게 사용하는 것이다. 지혜는 더 높은 목적과 원칙이 결합된 정보와 지식이다. 지혜는 우리에게 모든 사람들을 존중하고, 그들의 차이점을 축하하며, '자기보다 봉사 우선'의 윤리를 따르라고 가르친다. 도덕적 권위는 제1위대함(성품의 강점)이고, 공식적 권위는 제2위대함(지위, 재산, 재능, 평판, 인기)이다.

> 요즘 가끔 나의 삶을 뒤돌아볼 때면, 과거에 의미 있고 매력적으로 보였던 일들이 지금은 의미 없고 불합리하다는 생각이 든다. 이를테면, 명성을 날리고 칭찬을 받고, 돈을 벌고 여성을 유혹하고, 세상을 이리저리 돌아다니고, 허영의 도시가 주는 달콤함을 느끼고 만끽하는 것과 같은 표피적인 즐거움 말이다. 돌이켜 보면 이 모든 자기만족 행위는 완전한 환상인 것 같다. 파스칼이 말한 '세상 핥기'라고나 할까.[7]
>
> —말콤 머거리지(Malcolm Muggeridge)

도덕적 권위에는 역설이 숨어 있다. 권위의 사전적 의미는 명령, 통제, 권력, 영향력, 지배, 우월성, 지배권, 힘, 무력 등이다. 그러나 그 반대되는 말은 정중함, 예속, 약점, 추종자이다. 도덕적 권위는 원칙을 통해 영향력을 얻고, 도덕적 지배는 봉사와 공헌을 통해 달성된다. 권력과 도덕적 우월성은 모든 사람들의 봉사자가 되는 것이 가장 위대한 일이라는 겸손한 태도에서 나온다. 도덕적 권위 혹은 제1위대함은 희생을 통해 얻어진다. 봉사형 리더십 운동의 창시자 로버트 그린리프는 이렇게 말한다.

사람들이 순종할 수 있는 권위는 리더의 분명한 봉사 수준에 비례하여 그를 따르는 사람들이 자의로 자유롭게 인정한 권위밖에 없다고 하는 새로운 도덕 원칙이 나타나고 있다. 이 원칙을 따르는 사람들은 기존 제도의 권위를 결코 받아들이지 않을 것이다. 그들은 봉사자로 입증되고 봉사자로 신뢰받는 사람만 리더로 인정할 것이다. 이 원칙이 지배하게 되는

미래에는 봉사자가 이끄는 조직만이 살아남을 수 있을 것이다.[8]

　나의 경험으로 볼 때, 위대한 조직의 경영자들은 대부분 봉사형 리더였다. 그들은 겸손하고 공손하고 솔직하며 배우려는 자세를 갖췄을 뿐 아니라, 예의 바르고 다른 사람들을 보살펴 주었다. 『성공하는 기업들의 8가지 습관Built to Last』의 공동 저자이자 『좋은 기업을 넘어 … 위대한 기업으로』의 저자인 짐 콜린스는 "좋은 조직을 위대한 조직으로 만드는 것은 무엇인가?"란 주제로 5년간의 연구를 실시했다. 그의 결론은 리더십에 대한 기존의 관념을 바꾸어 놓았다. 그의 '단계 5의 리더십'을 들어 보자.

　가장 혁신적인 경영자는 개인적 겸손함과 직업적 의지라는 모순된 특징을 갖고 있다. 그들은 소심하면서도 격렬하다. 수줍어하면서도 두려움을 모른다. 정말 회귀한 사람들이다. 아무도 그들을 막을 수 없다. … 단계 5의 리더가 없다면 좋은 조직에서 위대한 조직으로의 변환은 결코 일어나지 않을 것이다.[9]

　공식적 권위나 지위에 의한 힘(제2위대함)을 가진 사람들이 최후의 수단으로서의 경우를 제외하고는 그 권위와 힘을 사용하지 않을 때, 도덕적 권위는 증대된다. 그들은 자신의 에고와 지위에 따른 힘 대신에 추론, 설득, 친절, 공감의 수단을 사용한다. 짐 콜린스는 『장벽을 뛰어넘는 리더십Leading Beyond the Wall』에서 이 원칙을 조직의 환경적 측면에서 설명한다.

　첫째, 경영자는 전통에 머물지 말고 핵심가치와 목적을 기준으로 조직

자료 15.4[10] 5단계의 계층 구조

출처 : 『좋은 기업을 넘어 … 위대한 기업으로』

단계 5	**단계5의 경영자** 개인적 겸손함과 직업적 의지라는 모순된 성격을 적절하게 결합하여 생명력을 가진 위대한 조직을 만들어 낸다
단계 4	**효과적인 리더** 강력하고 분명한 비전을 헌신적이고 열정적으로 추구할 수 있는 환경을 조성하고, 사람들을 자극하여 높은 성과 기준을 갖게 한다
단계 3	**역량 있는 관리자** 이미 결정된 목표를 효율적, 효과적으로 추구할 수 있도록 사람과 자원을 조직한다
단계 2	**기여하는 팀원** 팀의 목표 달성에 기여하고, 다른 사람들과 효과적으로 일한다
단계 1	**유능한 개인** 재능, 지식, 기술, 좋은 업무 습관을 통해 조직에 생산적인 기여를 한다

의 안팎을 정의해야 한다. 둘째, 경영자는 강요와 통제의 시스템에 의존하지 않고 선택의 자유에 근거한 상호연결과 헌신의 메커니즘을 만들어야 한다. 셋째, 경영자는 리더십이 힘의 사용에 반비례한다는 사실을 받아들여야 한다. 넷째, 경영자는 전통의 벽이 무너져 내리고 그러한 경향이 가속화되는 현실을 받아들여야 한다.[11]

대혼란이 일어나 조직의 생존이 위협을 받을 때는 상황을 정상화시키고, 새로운 차원의 질서와 안정을 찾거나 새로운 비전을 제시하기 위해 공식적 권위를 사용할 수 있다. 그러나 공식적 권위의 조기 사용은, 도덕적 권위를 축소시킨다. 지위에서 힘을 빌리면 3가지 측면에서 약점이 생긴다. 먼저 개인적으로는 도덕적 권위를 상실하고, 다른 사람들은 공동의존성을 갖게 되며, 대인관계 측면에서는 열린 자세와 신뢰가 사라질 것이다.

> 사람의 성품은 역경을 이겨 낼 때가 아니라 권력이 주어졌을 때 가장 잘 드러난다.
>
> —에이브러햄 링컨

일반적으로 도덕적 권위가 높은 사람들에게는 새로운 남아프리카 공화국 최초의 흑인 대통령 넬슨 만델라처럼 결국 공식적 권위가 주어진다. 그러나 항상 그런 것은 아니다. 새로운 인도의 지도자 간디가 대표적인 경우이다.

또한 도덕적 권위가 있는 사람들이 공식적 권위를 원칙에 의거하여 사용할 때 그들의 영향력은 배가된다. 미국 건국의 아버지 조지 워싱턴이 그런 경우이다.

왜 도덕적 권위가 공식적 권위와 권력의 효과성을 높여 주는가? 의존적인 사람들은 권력을 휘두르거나 인내, 친절, 부드러움, 공감, 설득의 수단을 사용하는 것에 아주 민감하다. 훌륭한 성품은 다른 사람들의 양심을 자극하고, 리더나 대의 혹은 원칙에 대한 감정적 동일시를 만들어 낸다. 그러한 도덕적 권위의 바탕 위에서 공식적 권위나 지위에 의한 권력을 사용할 때, 사람들은 두려움에서 벗어나 헌신적인 자세로 리더를 따른다. 이것은 또 다른 형태의 '제3의 대안'이다.

이것은 우리의 '내면의 소리'가 담당해야 할 가장 큰 책임 가운데 하나인 아이들 교육의 핵심적 부분이다. 무조건적인 사랑, 깊은 공감, 즐거움과 더불어 높은 기준, 든든한 가치관, 일관된 규율로 아이들을 길러야 한다. 그래서 말 안 듣는 아이를 어떻게 대하느냐 하는 것이 자

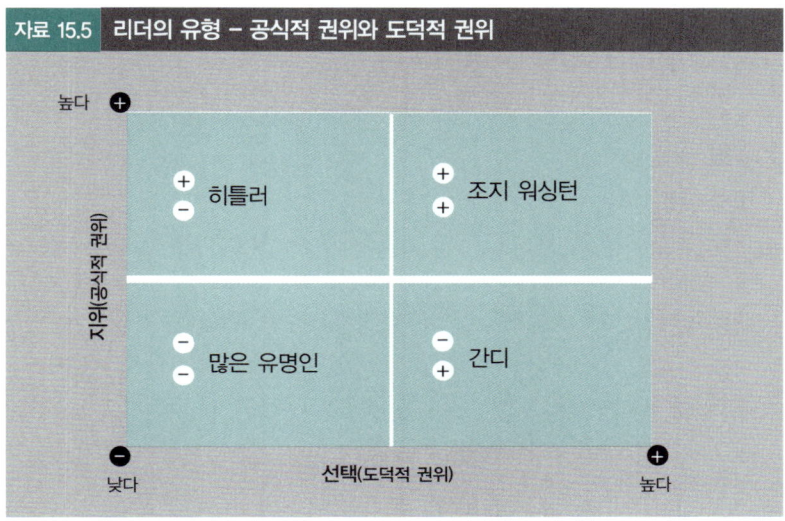

자료 15.5 리더의 유형 – 공식적 권위와 도덕적 권위

녀 양육의 가장 큰 시험대이자, 건강하고 교육적인 가정 문화를 만드는 열쇠가 된다.

경제적으로 어려운 시기에는 리더들이 경제적 불안감으로 산업 시대의 명령과 통제 모델로 회귀하는 경향이 있다. 그 방식이 더 안전하다고 생각하기 때문이다. 사람들 역시 보다 의존적으로 바뀌고 명령과 통제 방식에 순응하는 경향이 있다. 하지만 지식노동자 모델은 그럴 때일수록 더욱 힘을 발휘한다. 적은 자원으로 많이 생산해야 하는 어려운 시기이기 때문이다.

리더들이 다시 전통의 함정에 빠져 중요한 모든 결정을 자신이 내리고, 나머지 사람들은 따라오게만 해서는 적은 비용으로 많이 생산할 수 없다. 현대에는 그러한 방식이 통하지 않는다. 적은 비용으로 많이 생산하기 위해서는 조직 전체가 잠재능력을 발휘할 수 있어야 한다.

경제가 안 좋을 때 리더들은 당근과 채찍을 다시 꺼내 들어 동기를

표 10	리더십이란…
지위(공식적 지위)	**선택(도덕적 권위)**
힘이 정의다	정의가 힘이다
충성이 성실성에 우선한다	성실성이 충성에 우선한다
좋은 게 좋은 거다	단호하게 거부한다
잘못해도 걸리지만 않으면 된다	잘못한 것은 잘못한 것이다
윗사람들이 받아들이지 않는다	에토스, 파토스, 로고스
윗사람들이 실천하지 않는다	비난하지 않고 모범을 보인다
이미지가 모든 것을 결정한다	보이는 것보다는 실제의 모습이 중요하다
"내게 아무도 말하지 않았어"	질문하고, 권한다
당신 지시대로 했는데 효과가 없다. 이제 어떻게 하는가?	" … 하려고 한다"
너무 많다	풍족하다

유발시킬 수 있다. 그러나 그 방식이 생존을 가능케 할지는 몰라도 최적의 결과를 가져오지는 못할 것이다.

〈표 10〉은 지위로서의 리더십(공식적 권위)과 선택으로서의 리더십(도덕적 권위)을 비교한 것이다.

사회와 개인(공식적 권위 없이 도덕적 권위만 가진 사람들이나 훌륭한 군 지휘관, 세계적인 리더, 국가 지도자들처럼 도덕적 · 공식적 권위를 모두 갖춘 사람들)이 사람들의 욕구를 충족시키기 위해 어떻게 지혜로운 '내면의 소리'를 내는지 실제 예를 들어 가며 설명하도록 하겠다.

지역사회의 경찰 활동

미국을 비롯한 세계 여러 나라에서는 시민사회(제3의 대안) 방범 활동을 통해 범죄를 최고 60%까지 줄였다. 제1의 대안은 법률을 집행하는 정책이다. 제2의 대안은 행동 기준을 낮추고, 사회의 도덕을 약화시키고 살아가는 것이다. 제3의 대안은 시민들(시민사회)이 범죄의 예방과 범죄자의 색출 및 처벌에 적극적인 역할을 할 수 있도록 도덕적 권위를 사용하는 것이다. 이러한 리더십은 순찰을 도는 경찰관이 제공한다.

만일 경찰관이 '확실하게 선한 사람(LA 보안관 바카Baca가 수준 높은 경찰관 채용 기준을 두고 한 말)'이 아니라면, 이웃, 아버지, 어머니, 스승, 기타 다른 보통 시민들이 어떻게 범죄를 예방하고 범죄자를 색출하는 데 경찰과 협력하겠는가? 시민들이 신뢰받는 경찰과 감정적으로 연결되지 않는다면, 어떻게 빈민 지역의 사회 규범과 관행이 사소한 보행자 위반과 같은 범법 행위에 대한 엄격한 법 집행을 받아들일 수 있겠는가? 앞서 소개했던 에밀 뒤르켐의 "관습이 충분할 때는 법이 불필요하고, 관습이 불충분할 때는 법을 집행할 수 없다"는 말을 다시 상기해 보라.

사법 분야에서 상근하며 교육을 담당하고 있는 한 동료가 있다. 그는 주로 공식적 리더들(보안관, 부서장, 부서장 보좌관)로 이루어진 청중들 앞에서 자주 이런 질문을 한다. "지역사회 경찰 활동에서 실제 리더는 누구입니까?" 당연히 실제 리더는 순찰을 도는 경찰관이다. 그들은 범죄 조직과 마약 밀매자나 복용자들이 활개를 치고, 폭력 사건이 빈발하는 지역에서 위험을 무릅쓰고 '호루라기를 불며' 범죄를 예방하기 위해 주민들과 신뢰관계를 구축해야 한다. 그러한 상황에서 공식적 권위는 통하지 않는다.

오히려 공식적 권위를 행사하는 것은 역효과만 일으키고, 문화의 분극화를 조장할 뿐이다. 오직 도덕적 권위만이 범죄를 예방하고 범죄자를 색출하는 관행을 만들 수 있다. 양치기의 이야기처럼, 양치기는 양을 알아야 하고 양은 양치기를 알아야 한다(이것이 진정한 커뮤니케이션이다). 양치기는 양을 위해 자신의 삶을 던질 수 있을 만큼 양을 정성스럽게 돌봐야 한다. 양치기가 앞장서고 양들이 뒤따르는 것은 그 때문이다. 고용된 양치기들은 양을 돌봐 주고 있다고 주장하지만, 받는 만큼만 일하고 늑대가 다가오면 양을 버려 둔 채 도망한다. 돈을 목적으로 일하는 사람들에게 당근과 채찍을 사용하는 이유가 거기에 있다.

공식적 리더는 실제로는 관리자이다. 조금 더 정확하게 말하면 봉사형 리더이다. 그들은 실제 리더(순찰을 도는 경찰관)가 범죄를 미연에 방지하도록, 발생 가능한 문제를 확인하는 데 컴퓨터 범죄 분석 자료COMSTAT나 다른 컴퓨터 기술을 이용할 수 있다.

이것은 정말 훌륭한 개념이다! 이러한 사고를 한다면 당연히 그 지위에 있는 사람은 리더십을 갖게 될 것이다. 이 새로운 모델은 도덕적 권위를 가진 경찰관을 실제 리더로, 나머지 높은 자리에 있는 사람들을 방향이 맞춰진 시스템의 관리자와 현장을 뛰는 경찰들을 지원하는 봉사형 리더로 본다. 이를 두고 패러다임의 전환이라고 하는 것이 아닐까? 특히 전통을 중시하고 대단히 권위주의적이며 계층적인 명령과 통제 분야에서 그러한 구상이 나왔다는 점에서 말이다.

경찰의 기본 사명은 범죄와 무질서를 예방하는 것이다. 대중이 경찰이고, 경찰이 대중이다. 양자는 지역사회 안전에 공동의 책임을 지고 있다.[12]

—로버트 필 경(Sir Robert Peel), 근대경찰활동의 창시자

지역사회 경찰 활동community policing 사례는 인간 행동의 모든 분야에 적용될 수 있다. 리더는 임파워먼트가 요구되는 상황에서는 영향력을 발휘해야 한다. 신뢰의 관계를 구축하고 창조적 문제 해결자가 됨으로써 리더십을 행사해야 한다.

조수아 로렌스 체임벌린

조수아 로렌스 체임벌린Joshua Lawrence Chamberlain은 남북전쟁의 영웅으로, 북군의 메인 주 의용군 제10연대장이었다. 군대사에서 도덕적 권위의 영향력을 그보다 더 극적으로 보여 주는 사람은 없다. 보든 대학Bowdoin College 교수로 재직 중이던 체임벌린은 학교 측으로부터 안식년 휴가를 얻었다. 진실된 성품과 도덕적 신념이 강했던 그의 편지가 메인 주지사에게 전달되어, 입대하게 된 것이다. 군대 지휘에 대해서는 문외한이었지만, 단기간에 장교가 되었다.

체임벌린은 게티즈버그의 리틀라운드 고지에서 용맹성과 리더십을 발휘하여 유명해졌다. 그의 임무는 북군의 좌측 최전방을 지키고 남군의 측면 공격을 방어하는 것이었다. 그의 군대는 최전방을 지키다가 탄약이 바닥났다. 하지만 그는 항복을 거부하고, 연대원들에게 '착검'을 명령했다. 체임벌린의 말을 들어 보자.

그 위기에서 나는 칼을 총에 꽂으라고 명령했다. 더 이상 말이 필요 없었다. 그 명령은 전선을 따라 불길처럼 번져 나갔다. 이윽고 함성과 함께 병사들이 적을 향해 돌진했다. 적과의 거리는 30m도 채 되지 않았다. 그리고 놀라운 일이 벌어졌다. 제일선의 많은 적들이 무기를 버리고 항복했

415

다. 한 장교가 한 손으로는 칼을 내게 건네주면서 다른 손으로는 내 머리 쪽으로 권총을 발사했다. 우측 방어에 성공하자, 병력을 좌측으로 돌려 같은 성공을 거뒀다. 적의 제2선이 무너지고 패퇴했다. 나무 사이로 전투가 벌어졌고 많은 적들이 생포되었다. 우리는 계곡을 점령하고 거의 전 여단의 전선에서 적들을 물리쳤다.[13]

많은 사람들은 리틀라운드 고지의 승리가 게티즈버그 전투와 남북전쟁의 전환점이 되었다고 말한다. 체임벌린은 애퍼매톡스에서 남군 제1대의 항복을 받아 냈고, 전쟁이 끝날 무렵 소장으로 승진했다. 나중에 그는 리틀라운드 고지에서의 공훈으로 명예훈장을 받았다.

그로부터 오랜 시간이 지난 후, 친구들과 군대 동료들은 그에게 감사의 표시로 흰색 얼룩이 있는 멋진 회색 종마를 선물했다. 그는 특유의 겸손함을 보이면서 이렇게 말했다. "나의 희생이나 봉사는 양심이 자신의 의무를 다한 모든 사람에게 주는 선물 이외에는 그 어떤 보상도 필요로 하지 않는다."[14]

김대중 대통령

나는 서울의 청와대에서 김대중 전 대통령과 그의 보좌관들에게 강연하는 영광을 누렸다. 강연이 끝나 갈 무렵 김 대통령이 내게 물었다. "코비 박사, 당신은 정말로 당신이 강연하는 것을 믿습니까?" 나는 이 느닷없는 질문에 깜짝 놀랐다. 잠시 후 나는 말했다. "예, 믿습니다." 그는 다시 물었다. "그것을 어떻게 압니까?" "나는 내가 가르치는 원칙들을 스스로 실천하려고 노력합니다. 나는 부족한 것도 많고 실수도 자주 하지만, 항상 그 원칙으로 돌아갑니다. 나는 그 원칙들을 믿고, 그 원칙들에 의해 고무되고, 그 원칙에 의존합니다."

그는 대답했다. "내게는 그 설명으로는 부족한 듯합니다." "말씀해 보시죠." "당신은 그 원칙들을 위해 죽을 각오가 되어 있습니까?" "무슨 말씀인지 알겠습니다." 그는 내게 하고 싶은 말이 있었다. 그는 자신이 겪은 오랜 박해의 세월을 들려주었다. 그는 국외로 추방되고 투옥되었을 뿐 아니라, 현해탄에서 돌이 채워진 포대에 씌워져 바다로 던져지기 직전 CIA 헬기에 의해 목숨을 건진 일을 비롯해 수차례 암살을 모면했다.

그는 군사정권으로부터 협력하라는 압력을 받았다고 말했다. 심지어 대통령 직도 제안받았지만 독재정권의 꼭두각시가 될 것이 뻔하기 때문에 거절했다고 털어놓았다. 협력하지 않으면 살해하겠다고 위협하는 그들에게 이렇게 말했다고 한다.

"그러면 나를 죽여라. 그러면 나는 한 번만 죽으면 된다. 하지만 당신들에게 협력하면, 나는 살아 있는 동안 매일 100번은 죽을 것이다."

> 나는 이제 안다. 모든 남성이 자신이 믿는 것을 위해 목숨을 던진다는 것을. 모든 여성이 자신이 믿는 것을 위해 목숨을 던진다는 것을. 때때로 사람들은 아무것도 믿지 않거나 하찮은 것을 믿는다. 그래서 그들은 아무것도 아닌 것이나 하찮은 것에 목숨을 던진다.[15]
>
> ─잔 다르크

그는 오랜 시련과 고통의 기간 동안 가족들이 보여 준 신뢰와 지원, 개종한 크리스천으로서의 신앙, 국민들과 민주주의에 대한 신념에 대해 이야기했다. 또한 모든 사람의 가치와 잠재능력, 그리고 자기 표현의 권리에 대한 믿음을 말했다. 그는 감옥에 있을 때 신념과 확신과 다짐을 담아 사랑하는 가족들에게 보낸 편지를 엮어서 만든 책을 내게 선사했다.

생태계로서의 도덕적 권위

나는 오랫동안 부패, 폭력, 폭동, 전쟁이 끊이지 않았던 한 제3세계 국가의 대통령과 함께 일한 적이 있다. 신임 대통령은 대단히 용기 있는 사람이었다. 그는 대담하게 법치와 헌법의 중요성을 옹호하고, 테러리스트 및 테러 조직과의 협상을 거부했다. 그는 서서히 신뢰를 얻었고 인기도 높아졌다. 나는 그에게 그의 정책이 계속되고 제도화되기 위해 어떤 유산을 남기고 싶으냐고 물었다. 그는 개인의 도덕적 권위만으로는 부족하다고 말했다. 국민들이 시너지적 커뮤니케이션을 통해, 그리고 법치와 번영을 통해 평화의 비전을 받아들이고, 그 원칙들이 정부의 구조와 시스템에 뿌리를 내리도록, 비전의 도덕적 권위와 제도의 도덕적 권위가 모두 필요하다고 강조했다. 그러면 시민사회는 점진적으로 문화의 도덕적 권위를 갖게 될 것이라고 생각했다. 사회의 규범과 관습이 법의 지배를 지탱하고, 예방적 사고와 지역사회 경찰 활동을 촉진하며, 전 국민의 복지와 교육의 욕구를 충족시키게 될 것이라고 말했다.

그는 8번째 습관의 기본 모델이 어떻게 이 4가지 형태의 도덕적 권위를 보여 주는지 알고 있는 듯했다.

문화의 도덕적 권위는 아주 천천히 만들어진다. 미국을 비롯한 많은 나라들이 그랬다. 그럼에도 불구하고 이 4가지 도덕적 권위가 얼마나 멋진 생태계인지, 자연의 생태계처럼 어떻게 상호연결되어 있고 상호의존적인지 알아야 한다. 지혜의 본질은 모든 사물의 연결 관계를 볼 줄 아는 데 있다.

영화 〈간디〉

영화 〈간디〉의 명장면을 보여 주겠다. 자존심이 강하고 몸은 약하지만, 타고난 재능을 발휘하여 겸손, 용기, 성실성, 규율, 비전을 갖게 된 한 인간을 보게 될 것이다. 자신의 능력을 양심(영적 지능)에 종속시킨 한 인간을 보게 될 것이다.

성난 인도 국민들의 집회를 제3의 대안인 비폭력운동으로 끌어 올리고, 그들이 지지하는 대의를 위해 기꺼이 목숨을 던질 수 있게 만드는 도덕적 권위, 힘, 자유를 얻기 이전에 아내와의 관계에서 승리를 얻어야 했던 한 인간을 보게 될 것이다. 고대 그리스의 "너 자신을 알라, 너 자신을 지배하라, 너 자신을 던지라"고 하는 금언의 순서를 따랐을 때 어떤 힘을 발휘하는지 보여 줄 것이다.

간디는 불완전한 인간이었지만 양심의 지배를 받는 비전, 규율, 열정을 통해 무한한 도덕적 권위를 갖게 된 전형적인 인물이다. 세상은 그로 인해 달라졌다. 그는 10억이 넘는 인구를 갖고 세계에서 두 번째로 큰 인도를 독립된 공화국으로 만들었다. 그가 한번도 공직자로 선출되지 않았고, 어떠한 공식적 권위도 결코 가진 적이 없다는 사실이 놀랍지 않은가? 그는 누구나 자신의 힘을 사용하면 똑같은 일을 할 수 있다고 말했다.

아카데미 최우수영화상을 받은 〈간디〉의 이 장면을 보면서, 말의 뉘앙스와 얼굴 표정, 주도적 행동과 반응적 행동, 관습, 규범, 가치, 목표, 비전 개발을 눈여겨보도록 하라. 이것은 사랑하는 가족이나 동료 직원들과 함께 연구할 가치가 있는 비디오이다.

탄생의 선물, 우리의 문화적 외피 그리고 지혜

고귀한 탄생의 선물을 갖고 있음에도 불구하고, 자기 내면의 소리를 찾아내고 다른 사람들도 찾도록 고무하려는 노력은 컴퓨터의 소프트웨어에 해당하는 문화적 외피에 둘러싸이게 된다. 하드웨어가 아무리 막강한 컴퓨터라도 소프트웨어를 떠나 운용될 수 없듯이, 개인, 조직, 사회도 문화적 관습, 규범, 믿음을 떠나서는 역할을 다할 수 없다. 그래서 인간에 대한 비전, 규율, 열정, 양심을 발휘하여 봉사한 무하마드 유누스(1장을 보라)와 같은 인물이 필요하다. 우리 머릿속에 들어있는, 가족, 제도, 사회의 정신을 지배하는 낡은 소프트웨어를 교체해야 한다. 무하마드 유누스의 이야기는 편견과 선입관을 극복한 좋은 예이다. 그의 겸손함과 용기는 성실성의 어머니가 되었고, 성실성은 다시 지혜와 풍요의 심리를 낳았다.

누구나 유누스와 같은 위대한 일을 할 수 있다. 자기 내면의 소리를 찾아내고 다른 사람들도 찾도록 고무하는 것을 인식, 태도, 기술의 습관으로 만들 수 있다. 지혜의 근원이 되는 양심의 소리에 귀를 기울이고, 그릇된 문화적 외피 혹은 소프트웨어 밑에 숨겨진 다양한 욕구를 보라. 그 욕구들은 다음과 같은 딜레마로 우리에게 다가올 것이다.

먼저, 개인적 차원에서 생각해 보자. 당신은 누구나 마음의 평화와 원만한 대인관계를 원한다는 데 동의하지 않는가? 습관을 지키고 싶어한다는 데 동의하지 않는가? 지혜를 가진 양심은 무어라고 말하겠는가? 더 높고 더 중요한 목적과 정의를 위해 원하는 것을 희생함으로써 개인의 승리를 얻어야 한다는 데 동의하지 않는가?

대인관계의 차원에서 딜레마를 생각해 보자. 대인관계가 신뢰 위에 구축된다는 데 동의하지 않는가? 대부분은 나의 욕구, 나의 필요, 나의 권리 등 내 입장에서 생각한다는 데 동의하지 않는가? 지혜는 뭐라고 말하는가, 신뢰 구축의 원칙에 초점을 맞추고 '우리'를 위해 '나'를 희생하라고 말하지 않는가?

조직의 차원에서 2가지 딜레마를 살펴보자. 경영진은 낮은 비용으로 많은 생산을 바라고, 직원들은 적은 시간과 노력으로 더 많은 대가가 돌아오기를 원하지 않는가? 그것이 일반적인 현상이 아닌가? 지혜는 뭐라고 말하겠는가? 공통사명, 즉 직원들이 잠재능력을 발휘하는 동시에 적은 비용으로 많이 생산하기 위해 통제를 포기하고 제3의 대안인 승-승합의서를 만드는 것은 어떤가?

조직이 갖고 있는 또 하나의 딜레마를 생각해 보자. 기업은 시장의 경제 법칙에 의해 운영되는가? 아니면 직장 문화의 법칙에 의해 운영되는가? 다시 말해서, 조직에는 경제 법칙과 문화 법칙이라는 두 법칙이 작용한다. 지혜는 뭐라고 말하는가? 모든 개인과 팀이 원칙 중심적인 기준을 사용하여 다면평가 정보 혹은 균형성과표의 정보에 접근하도록 시장을 직장의 문화로 끌어들일 수 있다면 어떻게 되겠는가? 내부와 외부의 보상이 결합된 이 정보는 시장에서 개인과 모든 이해당사자들의 욕구를 모두 충족시키는 자연적인 인센티브를 만들지 않겠는가?

지혜의 사고는 사회에도 적용할 수 있다. 사회는 지배적인 가치에 의해 움직인다는 데 동의하지 않는가? 사회는 자연법칙과 원칙의 신성한 작용의 결과를 받아들여야 한다는 데 동의하지 않는가? 전체의 행복을 위해 특정 이해를 희생함으로써 사회적 가치, 관습, 법률을 원칙과 일치시킬 수 있다면 어떻게 되겠는가?

지혜가 인간의 욕구 충족과 관련된 이러한 딜레마를 어떻게 해결하는지 볼 수 있는가? 희생이 얼마나 중요한지 알 수 있는가? 희생은 더 좋은 것을 위해 좋은 것을 포기하는 것을 의미한다. 현실적으로 특정 욕구를 충족시키는 데 강력한 효과가 있는 비전을 희생이라고 부르지 않을 것이다. 비록 밖에서 볼 때는 그렇게 보여도 말이다. 마음에서 우러나오는 희생이야말로 도덕적 권위의 본질이다.

원칙 중심 모델을 통한 문제 해결

이미 말했듯이 전인적 인간 패러다임이 정확하다면, 조직의 큰 문제들을 설명하고 예측하고 진단할 수 있는 특별한 능력을 줄 것이다. 나는 전인적 인간 모델과 그 개발 프로세스가 멀리 떨어져 있는 복잡한 문제에 대한 단순한 해법이라고 굳게 믿는다.

오랫동안 나는 전 세계 사람들의 개인적 문제와 규모가 가장 큰 직장·조직의 문제를 조사했다. 응답 가운데 주요 내용들은 〈표 11〉에 정리해 보았다(이 책을 시작할 때 언급한 고통과 도전의 문제와 비슷하다는 점에 주목하라).

이미 설명한 위대함의 3가지 모델에 담긴 원칙들을 이용하면 이와 같은 개인과 조직의 모든 문제들을 어떻게든 해결할 수 있을 것이다. 어느 문제든 하나를 골라서 개인적 차원에서 비전, 규율, 열정, 양심과

개인적 문제	직장 · 조직의 문제
1. 재정, 돈	1. 업무량, 마감시한–목표를 달성하지 못한다
2. 삶의 균형, 시간이 부족하다	2. 시간과 자원이 부족하다
3. 건강	3. 경제적 생존
4. 관계–배우자, 아이들, 친구	4. 낮은 신뢰
5. 아이들 양육과 훈육	5. 무력화
6. 자기부정	6. 변화와 불확실성
7. 불확실성, 변화	7. 기술 따라가기
8. 기술, 교육의 부족	8. 혼란–공동의 비전과 가치의 부재
9. 의미를 못 찾는다	9. 직무 만족도–일하는 것이 즐겁지 않다
10. 평화를 얻지 못한다	10. 상사 · 경영진의 성실성 부족

표 11

7가지 습관을 통해, 리더로서 모범보이기, 방향설정, 한방향정렬, 임파워해주기를 통해, 조직의 차원에서 사명, 비전, 가치를 배경으로 한 목표 인식, 헌신, 업무 전환, 시너지, 일을 할 수 있게 하는 방법, 책임을 통해 무엇을 할지 생각하라. 도덕적 권위의 4가지 요소 간의 생태적 관계처럼, 문제 해결을 할 때 위대함의 모델과 그 여러 가지 요소들 사이에서 생태적 특성과 순서를 발견할 수 있을 것이다. 〈자료 15.6〉을 통해 원칙 중심의 초점과 실행 모델을 다시 살펴보도록 하자.

〈맥스와 맥스〉를 다시 보고 트림탭과 같이 생각한다면 이 리더십 모델이 얼마나 실용적인지 알 수 있을 것이다. 부록 7 '다시 보는 〈맥스와 맥스〉'는 맥스와 해럴드 씨가 그들의 업무 방식을 바꾸고 난제들을 해결하는 데 리더의 4가지 역할이라는 문제 해결 방법을 어떻게 사용하는지 보여 준다.

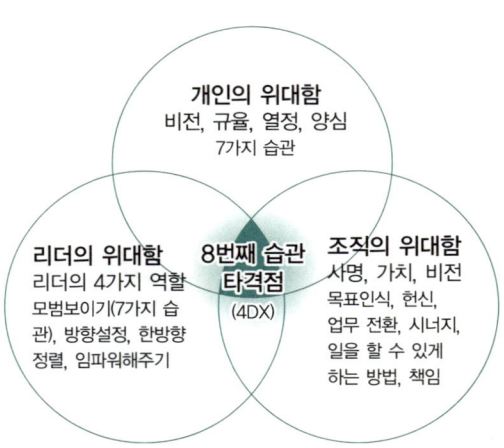

〈자료 15.6〉 원칙 중심의 초점과 실행

이 전인적 인간(신체, 지성, 감정, 영성) 모델의 포괄적인 힘을 느껴보라. 그것은 4가지 지능, 즉 IQ, EQ, PQ, SQ를 다룬다. 그리고 삶의 4가지 보편적 욕구인 살고, 사랑하고, 배우고, 유산을 남기는 것을 나타낸다. 또한 자기 리더십의 4가지 특징인 비전, 규율, 열정, 그리고 이 3가지를 지배하는 양심을 나타낸다. 마지막으로 4가지 역할로 된 조직의 4가지 특징인 모범보이기, 방향설정, 한방향정렬, 임파워해주기를 나타낸다(자료 15.7).

내면의 소리를 찾는 것은 부분의 합보다 전체가 큰 시너지적 개념이다. 인간 특성의 4가지 부분을 존중하고 개발하고 통합하고 균형을 이룰 때, 자아를 실현하고 영원한 성취감을 느낄 수 있다.

마음을 열어라. 전인적 인간 접근방법(신체, 지성, 감정, 영성)을 예로 들어 '마음을 열어라'가 무엇을 말하는지 살펴보도록 하자. 신체적 측면에서, 심장이 강하고 건강해지도록 적절한 식사와 운동을 통해 혈

	4가지 지능	4가지 특징	4가지 역할	
신체(사는 것)	신체 지능	비전	모범보이기	} 초점
지성(배우는 것)	지적 지능	규율	방향설정	
감정(사랑하는 것)	감성 지능	열정	한방향정렬	} 실행
영성(유산을 남기는 것)	영적 지능	양심	임파워해주기	

자료 15.7

관을 깨끗하게 하라. 감정적 측면에서, 다른 사람들을 참여시켜 함께 문제를 해결하고 상호이해를 위해 경청할 수 있도록 마음을 열어라. 지적 측면에서, 항상 배우고 사람들을 전인적 인간으로 보고, 미봉적 사고에서 벗어나고, 리더십이 선택이 될 수 있도록 마음을 열어라. 영적 측면에서, 삶이 더 높은 지혜와 다른 사람들에게 봉사하는 데 전념하는 성스러운 양심에 의해 지배되도록 마음을 열어라.

이러한 4가지 지능을 갖고 윈스턴 처칠의 다음과 같은 말을 잊지 말라. "삶은 모든 인간에게 한 번쯤 어깨를 두드리며 성격과 재능에 맞는 아주 특별한 일을 할 기회를 준다. 인생 최고의 순간이 될 그 기회를 대비하지 못하거나 거기에 맞는 자격을 갖추지 못해 놓쳐 버린다면 그보다 더 큰 비극은 없다."

끝맺는 말

이 책의 기본 패러다임은 우리가 신체, 지성, 감정, 영성을 지닌 전인적 인간이라는 것이다. 자기 내면의 소리를 찾아내고 그 다음에 다른 사람들도 찾도록 고무함으로써 주도적으로 자신의 영향력을 확대하는 순차적인 8번째 습관 프로세스에 전념할 때, 가장 큰 문제를 해결하고 인간의 욕구를 충족시킬 수 있는 힘과 자유가 증대하며, 어떻게 리더십이 지위가 아닌 선택이 될 수 있는지 알게 될 것이다. 그리하여 가능하게 하는 기술인 리더십이 전 조직과 전 사회로 확산되고, 일은 관리하고 사람은 이끌어갈(임파워해주기) 수 있게 된다.

우리는 이 패러다임을 통해 모든 인간은 소중하며, 무한한 잠재능력과 가능성을 지니고 태어난다는 것을 배웠다. 그 능력을 확대하는 길은 현재의 재능을 확대하는 것이란 점도 배웠다. 그랬을 때 봄에 꽃이 피어나듯 더 많은 재능이 주어지고, 4개 영역의 타고난 능력이 발휘되어 균형되고 완전하고 영향력 있는 삶을 살게 된다. 하지만 그 반대의 길도 가능하다. 만일 자신의 재능을 무시하면, 그 재능은 사용되지 않는 근육처럼 위축되거나 소진될 것이다.

또한 우리가 살고 일하는 문화는 평범해지도록, 타고난 능력을 발휘하지 못하도록 프로그램화되어 있다는 것도 배웠다. 전인적 인간이 되지 못하면, 물건이 되어 컨트롤되거나 관리된다. 명령과 통제의 산업 시대 소프트웨어는 사람이 아닌 자본과 장비에서 부가 나온다는 믿음을 갖게 했다. 하지만 우리에게는 그 소프트웨어를 개조할 수 있는 타고난 힘이 있으며, 선택 능력이 있는 그 힘은 일을 관리하는 사람들을 이끌어 주도록(임파워해주기) 고무한다는 것을 배웠다.

이러한 인간 개발 패러다임은 '언제'와 '어떻게'에 대한 해답을 주고, 미래에 원하는 것을 얻기 위해 현재 원하는 바를 포기함으로써 자신을 지배하도록 가르쳐 준다. 이 과정은 우리의 선택 범위와 능력이 확대되는 신바람 나는 과정이다. 항상 북쪽을 가리키는 나침반에 의해 상징되는 원칙을 따르면, 도덕적 권위가 생기고 신뢰를 받을 것이다. 진정으로 다른 사람들을 존중하고, 그들의 가치와 잠재능력을 보고 참여시킨다면, 공동의 비전을 가질 수 있다. 도덕적 권위(제1위대함)를 통해 공식적 권위나 지위(제2위대함)를 얻는다면, 이 원칙들을 함께 제도화할 수 있다. 신체와 정신이 항상 자양분을 얻고, 봉사 행위를 확대하고 심화할 힘과 자유를 갖게 될 것이다. 리더십은 자신코다 봉사를 우선했을 때 나오는 것이다.

조직은 민간 조직이든 공공 조직이든 인간의 욕구 충족에 기여하는 경우에만 지속적인 성장이 가능하다. 마찬가지로 조직보다는 봉사를 우선해야 한다. 이것이 진짜 성공의 DNA이다. '내게 돌아오는 것이 무엇인가'를 따지지 않고 '나는 무엇을 기여할 수 있는가'를 생각하는 것이다.

> 나는 나의 신을 찾았지만 찾을 수 없었지.
> 나는 나의 영혼을 찾았지만 나의 영혼은 나를 피했네.
> 나는 어려움에 빠진 나의 형제를 찾아서 도와주었지.
> 그리고 나는 나의 신, 나의 영혼, 그리고 당신을 모두 찾았네.
>
> —작자 불경

마지막 당부

나는 당신의 가치와 잠재능력을 믿어 의심치 않는다. 아무쪼록 이 책에 소개된 원칙들을 분명하게 이해하여 스스로 자신의 가치와 잠재능력을 보고, 내면의 소리를 찾아내며, 다른 사람과 조직과 지역사회도 내면의 소리를 찾도록 고무함으로써 위대한 삶을 살기를 바란다.

아무리 어려운 환경 가운데 살더라도, 바로 그 환경 속에서 자신의 반응을 선택할 소명을 찾을 수 있을 것이다. 우리가 주변 사람들의 욕구를 인식할 때, 삶은 그들을 도와주라고 소리친다. 다른 사람들에게 봉사하는 삶을 살 때 우리의 진정한 '내면의 소리'를 찾게 될 것이다. 유대인 정신의학자 빅토르Victor와 엘리 프랭클Elly Frankl의 통찰력 있는 전기『삶이 우리에게 소리칠 때When Life Calls out to Us』의 저자 해던 클링버그Haddon Klingberg, Jr.는 프랭클의 삶의 중심 주제를 이렇게 설명했다.

프랭클에게 영성spirituality은 본질적으로 자기 초월이었기 때문에 자유도 가져다 주었다. 그러나 그 자유는 …로부터의 자유가 아니라 …로의 자유이다. 우리는 본능적 욕구, 유전, 두뇌와 신체의 기능과 기능 부전 등 생물학적 조건으로부터 자유롭지 못하다. 또한 사회, 발전, 환경의 영향으로부터 자유롭지 못하다. 그러나 이러한 조건에 대해 자유롭게 입장을 취할 수 있다. 자신의 카드를 마음대로 나누고, 운명적 사건에 대한 반응을 자유롭게 선택하며, 어떤 대의와 어떤 사람에게 삶을 바칠 것인지 결정할 수 있다.

…로의 자유는 …에 대한 의무를 수반한다. 우리는 누구나 어떤 것, 어떤 사람에 대해 책임이 있다. 우리는 세상에서 책임 있게 행동할 자유를 통해, 삶의 의미를 발견한다. 의미를 찾고자 하는 의지가 좌절되었을 때는 개인적 쾌락(프로이트)을 좇거나, 경제적·사회적 성공(아들러)을 추구한다.

영적 자유와 책임을 행사할 때, 마음의 평화, 선한 양심, 만족이 자연스럽게 따라온다. 말하자면 부산물로서 얻어지는 것이다. 프랭클은 그러한 것들을 직접 얻는 것은 불가능하다고 말했다. 마음의 평화를 얻으려고 노력하는 것만큼 마음을 불안하게 하는 것은 없다. 선한 양심을 얻는 데 힘을 모으면, 위선이나 죄의식이 생길 수 있다. 자신의 기본적인 의도를 억지로 건강하게 만들려고 하면 정신적 건강염려증에 걸릴 수 있다. 프랭클에게 그러한 것들은 직접 추구해야 할 대상이 아니었다. 그 자체가 목적이 될 수 없었다. 그러한 것들은 다른 어떤 것, 더 훌륭한 무엇을 추구하는 삶을 살 때 자연스럽게 얻어진다고 생각했다.[16]

나는 다음과 같은 조수아 로렌스 체임벌린의 말을 통해 당신의 가치와 잠재능력에 대한 믿음을 확인한다.

인간을 위한 대의를 고취할 때 사람들은 전에 꿈꾸지 못했고, 스스로 할 수 없었던 것들을 할 수 있게 된다. 개인적 차원을 넘어 무언가에 소속되어 있다는 의식, 시간과 공간 속에서 전에는 알지 못했던 곳에 도달한 인간이 되었다는 의식은 마음을 정신이 추구하는 최고의 이상으로 끌어올리고, 인격을 완성시킨다.[17]

나의 할아버지 스티븐 리처즈Stephen Richards는 나의 삶에 커다란 영향을 미친 멘토였다. 나는 그를 한없이 사랑하고 존경한다. 그는 일평생 다른 사람들을 위해 봉사하는 삶을 살았다. 할아버지를 알고 있는 사람들은 그를 그 누구보다도 지혜로운 사람으로 기억했다. 그가 내게 남긴 좌우명으로 이 글을 마치고자 한다.

삶은 경력이 아니라 사명이다. 모든 교육과 지식의 목적은 자기 자신을 찾고, 자신의 이름으로 자신을 위해 삶의 사명을 완수하는 것이다.

질문과 대답

희생이 도덕적 권위에 그렇게 중요한 이유는 무엇인가?

현실적으로, 희생은 더 좋은 것을 위해 좋은 것을 포기함을 의미한다. 삶의 차원을 높이는 것이다. 자기 자신을 초월한 비전을 가졌을 때 또는 감정적으로 연결된 중요한 대의나 프로젝트에 초점을 맞춘 비전을 가졌을 때는, 자신보다 봉사를 우선하는 것이 가장 편한 길이다. 그런 사람에게 그것은 희생이 아니다. 그러나 현재의 좋은 것을 부정하기 때문에 바깥에서 보면 희생으로 보일 수 있다. 궁극적으로 원하는 것을 위해 현재 원하는 것을 포기했을 때 행복은 자연스럽게 따라온다. 정신적으로 감정적으로 대의나 소명 혹은 타인에 대한 봉사에 연결되어 있는 사람에게 희생은 가장 편한 길이다. 자신보다 봉사를 우선하는 것은 모든 위대한 종교뿐 아니라 생명력을 지닌 모든 철학과 심리학의 윤리이다. 슈바이처는 말했다. "당신의 운명이 어떻게 될지는 모르지만, 봉사하는 삶을 추구할 때 당신은 진정으로 행복해질 것이란 점은 말해 줄 수 있다."

과거에 유행하던 TQM과 고품질은 임파워먼트로 바뀌었다. 최근에는 혁신이 유행하고 있다. 미래에는 어떻게 될 것 같은가?

미래는 지혜의 시대가 될 것이다. 인간의 마음이나 대인관계, 조직의 문화에 원칙이 없으면 신뢰를 쌓을 수 없다. 신뢰를 얻지 못하면 임파워할 수 없다. 규칙이 사람의 판단력을 대신할 때, 혁신과 창조성의 문화가 아닌 순응의 문화가 만들어질 것이다. 신뢰를 얻지 못하고, 풍요의 패러다임에 기초한 올바른 구조와 시스템을 갖지 못하면, TQM도 고품질도 얻을 수 없다. 정보의 시대 다음에는 반드시 봉사형 리더가 중심이 되는 지혜의 시대가 올 것이라고 생각한다.

나는 원칙 중심의 조직 개념을 좋아한다. 이 개념을 지역사회에도 적용할 수 있는가?
물론이다. 교육, 경제, 정부, 기타 분야에서 활동하고 있고 관심이 많은 공식적 리더들뿐만 아니라 도덕적 권위가 있는 사람들을 모아서 7가지 습관과 4가지 역할을 배우는 프로세스에 참여시키면, 놀라운 결과를 얻을 수 있을 것이다. 우리는 전 세계 수많은 사회에서 이 방법을 사용했다.

가장 자주 하는 20가지 질문

1. 내가 습관을 바꾸는 것은 거의 불가능하다. 습관을 바꾸는 것이 현실성이 있는가? 나만 그런 것인가?

당신만 그런 것이 아니다. 그 이유를 설명하겠다.

아폴로 11호의 달 탐사 장면을 담은 영화를 보았는가? 나는 그 장면을 보고 완전히 넋이 나갔다. 인간이 달 위를 걸어 다닌다는 것이 믿어지지 않았다.

우주를 탐사할 때 대부분의 힘과 에너지는 어디에 쓰인다고 생각하는가? 달까지 40만 km를 날아가는 데? 지구로 귀환하는 데? 달궤도를 도는 데? 사령선에서 분리되었다가 도킹하는 데? 달을 이륙하는 데?

아니다. 그 모든 에너지를 다 합해도 지구에서 이륙하는 데 필요한 에너지보다 적게 든다. 며칠에 걸쳐 80만 km를 항해하는 데 사용되는 것보다 더 많은 에너지가 지상을 떠난 처음 몇 분 동안 몇 km를 날아가는 데 쓰인다.

지구를 벗어날 때 받는 중력은 엄청나다. 최종적으로 궤도에 진입하기 위해서는 중력과 대기권의 저항보다 더 강력한 내부의 추진력이 필요하다. 한 우주 비행사가 달 착륙선이 사령선에서 분리되어 달에 착륙하여 탐사하는 데 어느 정도의 에너지가 사용되었느냐는 질문을 받자, "갓난아기 숨쉬는 것보다도 작았다"고 대답했다.

달 탐사는 낡은 습관을 버리고 새로운 습관을 갖는 것이 얼마나 어려운지 상징적으로 보여 준다. 유전, 환경, 부모, 중요한 인물 등에 의해 프로그램화된 뿌리 깊은 습관은 지구의 중력과 비교될 수 있다. 그리고 사회와 조직의 문화는 지구 대기권의 중량과 비교된다. 현재의 습관에서 벗어나기 위해서는 이 2가지의 힘보다 더 강한 의지력을 가져야 한다.

우주선이 일단 지구에서 벗어나면, 놀라운 자유를 얻게 된다. 그 전까지는 자유도 힘도 갖지 못하고, 오직 프로그램만 실행할 수 있을 뿐이다. 그러나 지구의 중력과 대기권에서 벗어나면, 믿을 수 없을 만큼 방대한 자유를 경험한다. 아주 많은 일을 할 수 있고, 여러 가지를 선택할 수 있다.

마찬가지로 자기 내면의 소리를 찾고 다른 사람들도 찾도록 고무한다면, 새로운 습관의 힘을 통해 도전과 복잡성과 기회의 세계에서 성장하고 변화할 수 있을 것이다.

2. 한편으로는 당신의 말에 관심이 가고, 아주 흥분이 된다. 하지만 다른 한편으로는 내가 정말 할 수 있을까 의심스럽다.

아주 솔직한 고백이다. 역량의 문제를 따지기 전에 다른 2가지 질문에 대해 생각해 볼 것을 권한다. 첫 번째는 "나는 해야 하는가?"라고 하는 가치에 대한 질문이다. 두 번째 질문은 "나는 그것을 원하는가?"이다. 동기에 대한 질문으로서, 당신의 독특한 내면의 소리와 열정을 생각하는 것이다. 만일 이 두 질문에 모두 "그렇다"라고 대답할 수 있다면, 그 다음에 "나는 할 수 있는가?"라고 질문하라. 역량에 대한 질문으로서 교육과 훈련을 생각하는 것이다. 이 3가지 질문을 혼동하지 말라. 가치를 묻는 질문에 교육과 관련된 대답을 하거나, 동기를 묻는 질문에 가치와 관련된 대답을 하거나, 역량을 묻는 질문에 동기와 관련된 대답을 해서는 안 된다. 3가지 질문을 분명하고 신중하게 생각하라. 나는 해야 하는가? 나는 그것을 원하는가? 나는 할 수 있는가? 최선의 출발점을 가질 수 있도록 각 질문에 분명하게 대답하라.

3. 요즘 리더십이 뜨거운 주제로 떠오르는 이유는 무엇인가?

신경제는 기본적으로 지식노동의 기반 위에 서 있다. 그것은 부의 근원이 자본과 장비에서 지적·사회적 자본인 사람으로 이동했음을 의미한다. 사실 우리의 가장 큰 투자는 지식노동자에 대한 투자이다. 지식노동의 기여도는 대수적 차원에서 기하급수적 차원으로 변화했다. 이러한 지적·사회적 자본이 다른 모든 투자를 최적화하는 열쇠이다. 산업 시대의 관리 통제 스타일과 '사람을 비용으로 보는' 시스템은 시장의 경쟁력에 의해 점차 쓸모가 없어지고 기능을 잃어 가고 있다. 대신에 인간의 측면, 특히 인간에 대한 신뢰가 모든 문제의 근원이라는 인식이 점점 확산되고 있다. 부드러운 것이 강하다는 사실을 모든 사람이 알게 될 것이다. 리더십이 최고의 기술인 것은 이 때문이다. 리더십은 임파워해주는 기술이다.

4. 이 모든 것이 내게는 너무 이상적이고 도덕적인 것처럼 보인다. 당신이 말하는 것을 액면 그대로 받아들일 경우, 정말로 그것이 가능한지 잘 모르겠다.

자신에게 더 구체적인 질문을 해야 한다. "자극과 반응 사이에 공간이 있는가?" "나는 상황에 관계없이 정말로 선택할 힘이 있는가?" 만일 이 질문들에 대해 정직하게 "그렇다"라고 대답할 수 있다면, 이상주의가 곧 현실주의라는 것을 깨닫게 될 것이다. 전자electron의 예를 들어 보겠다. 전자는 보이지 않지만, 전자가 실재한다는 것을 알고 그것을 이용한다. 전자가 발견되기 전까지 전자는 실재하지 않았고, 오로지 관념 속에서만 존재했다. 당신은 너무 도덕적이라고 말했는데, 그 말 속에는 옳고 그름의 판단이 포함되어 있다. 당신은 옳은 것을 선택하면 그에 상응하는 결과를 얻고, 그른 것을 선택하면 역시 그에 상응하는 결과를 얻는다는 것을 알고 있다. 그래서 이상적인 것과 도덕적인 것은 매우 현실적인 것이다.

5. 당신은 문화의 도덕적 권위가 가장 발전된 형태의 도덕적 권위라고 했는데, 무슨 뜻인가?

미국 독립선언문의 예를 들어 보겠다. 그 선언문에는 비전의 도덕적 권위가 담겨 있다. 헌법은 "모든 인간은 평등하며, 생명, 자유, 행복의 추구 등 창조주로부터 양도할 수 없는 권리를 부여받았다"고 하는 가치를 제도화했다.

헌법은 독립선언문과 권리장전의 비전 및 가치체계와 방향이 일치했다. 헌법은 '모든 인간'이라고 밝혔지만, 여성들이 참정권을 갖게 된 것은 수십 년 뒤의 일이었고, 미국 건국의 기초를 마련한 많은 사람들이 노예를 소유하고 있었으며, 노예 해방령은 독립선언문이 발표된 지 80년이나 지난 후에 나왔다. 심지어 오늘날에도 인종차별의 관습은 남아 있다. 문화의 도덕적 권위는 항상 제도화된 도덕적 권위나 비전의 도덕적 권위보다 뒤늦게 나타난다. 궁극적으로 조화로운 사회로 가는 길은 법이나 힘을 대변하는 정부도, 자유를 대변하는 개인이나 민간기업도 아닌, 문화의 도덕적 권위가 열어 줄 것이다. 지성과 감정이 연결된 공동의 의미와 가치를 채택한 개인과 집단이 그 열쇠를 쥐고 있다. 이러한 자발성이 법과 자유보다 한 차원 높은 제3의 대안인 시민사회를 만든다. 이것은 『국부론The Wealth of Nations』을 쓴 애덤 스미스 사상의 기본 가정이기도 하다. 그는 이 고전을 쓰기 훨씬 전에 『도덕감정론Theory of Moral Sentiments』을 펴냈었다. 이후 그의 저서들의 기반이 되었던 이 책은 의식적인 덕과 선의가 자유기업 경제 체제와 대의민주주의 체제의 기초가 된다는 사상 위에 서 있다. 그는 개인의 덕이 손상된다면, 자유시장도 민주주의도 살아남을 수 없다는 사실을 인정했다.

6. 당신은 지식노동자 시대에 산업 시대 모델을 적용하는 것이 가장 큰 문제라고 지적했다. 하지만 우리는 산업화된 국가에 살고 있지 않은가? 보이는 것은 온통 산업뿐이다.

맞다. 하지만 다양한 산업 분야의 부가가치 노동이 육체노동자가 아닌 지식노동자들에 의해 이루어지고 있다. 우리는 이 산업의 범위 내에서 다른 리더십 패러다임을 이야기하고 있는 것이다. 사실 이 패러다임은 농경 시대로 거슬러 올라갈 수도 있다. 도시 밖으로 나가 보면 온통 농장뿐이다. 농부들은 산업과 정보 시대의 강점을 이용하여 가치를 증가시켰다. 우리는 물리적 환경이 아닌 정신의 틀을 이야기하고 있는 것이다.

7. 권위주의 문화는 어떻게 공동의존 관계를 만드는가?

상사가 권위주의적인 통제형 리더라면 따르는 사람들은 어떻게 하겠는가? 대부분 수동적으로 복종할 것이다. 그들은 지시받을 때까지 기다리고, 지시받은 대로 실행할 것이다. 그들의 행동은 권위주의적 리더가 명령과 통제를 계속해야 된다는 인식을 확인시키고, 이것은 다시 그의 수동성을 합리화시켜 준다. 다시 말해서 그것은 자기실현 예언이 된다. 이 모든 것이 인간의 능력을 박탈하고, 능력을 제대로 활용하지 못하게 만든다. 인간을 관리 또는 통제되어야 하는 물건으로 바꾸어 놓는다. 공동의존의 악순환은 정치화된 순응의 문화를 만들어 낸다. 결국 그들은 순응과 충성이 옳은 것이고, 걸리면 재수가 없었다고 생각한다.

이러한 공동의존 관계는 본심에 반하여 "예"라고 말하는 역기능적 합의를 낳는다. 그것은 건전한 갈등을 제거하고, 분노, 반감을 품은 복종, 불신, 품질 불량, 저성과를 양산한다. 그러나 표출되지 않은 감정은 결코 사라지지 않는다. 묻혀 있다가 언젠가는 폭발하게 되어 있다.

권위주의적 리더는 결과에 책임을 지고, 효율성에 초점을 맞춘다. 규칙이 사람의 판단을 대신하도록 방법, 프로세스, 단계에 초점을 맞춘다. 이 모든 것이 지위로서의 리더십을 강화하고 결국 문화적 DNA의 일부가 된다. "권력은 부패하고, 절대 권력은 절대적으로 부패한다"고 한 19세기 영국 역사가 액튼 경Lord Acton의 말을 실감하게 될 것이다. 모든 사람이 자기이익만 추구하고 상사를 즐겁게 하기 위해 성실성을 버린다.

문제는 신경제에서 제도화된 공동의존 문화가 시장의 무시, 보조금, 위협, 억압적인 전통을 통해 생존할 수 있다는 점이다.

이 악순환의 고리는 리더십을 선택으로 보면서 영향력의 원을 확대하고, 경쟁 시장의 실용적 성격에 의존하는 사람만이 끊을 수 있다. 이것이 원칙을 지키는 삶을 선택했을 때 나오는 도덕적 리더십으로서, 어떤 형태로든 희생을 수반한다. 자유시장 경제에서 그러한 리더십은 최상층부에서 나올 것이다. 그래야 실용적이기 때문이다. 도덕적 리더십이 통하고, 적은 비용으로 많은 것을 생산해 낼 것이다.

8. 이 모든 것은 어려운 경제 상황 혹은 좋은 경제 상황에서 어떻게 적용되겠는가?

거의 모든 상황에 적용된다. 상황이 어려울 때에도 제3의 대안을 생각해 내는 사람들의 창조적 능력이 가장 큰 자원이 되기 때문이다. 그런 상황에서는 명령 통제의 거래형 산업 시대 모델로 돌아가려는 경향이 있으나, 오래 가지는 못한다. 단기적으로 문화가 생존에 위협을 받는 위기 상황에서 권위주의적 접근방법으로 고비를 넘길 수는 있을 것이다. 아이젠하워가 말했듯이 "참호 안에 들어가 있는 사람에게 민주주의를 이야기할 수는 없는 노릇이다." 그러나 궁극적으로 큰 변화를 지속 가능하게 만드는 데 모든 사람들을 참여시켜야 하며, 그러기 위해서는 도덕적 권위를 지닌 신뢰받는 리더십이 필요하다.

9. 7가지 습관은 어떻게 4가지 역할과 연결되는가? 우리는 7가지 습관 교육에 상당한 시간과 돈을 투자했다.

알다시피 7가지 습관은 원칙에 기초한다. 7가지 습관은 성품을 형성하는 원칙이고, 4가지 역할은 조직에서 리더십을 행사하기 위해 수행해야 할 역할이다. 4가지 역할의 차원에서 보면, 7가지 습관은 모범 보이기 역할에 해당된다. 모범보이기 역할은 다른 3가지 역할 속에서 나타나므로, 7가지 습관은 전략적 성격을 띤다고 할 수 있다. 7가지 습관의 원칙은 샘이 깊은 물과 같아서 다른 모든 얕은 샘들, 즉 TQM이나 팀 강화 등을 지원해 준다.

10. 종종 터지는 기업의 스캔들은 모든 기업이 부도덕한 것처럼 생각하게 만든다. 성품의 문제가 대두되는 것은 이 때문이다. 개인의 성품과 문화의 도덕성은 어떻게 개발하는가? 어떻게 이러한 문제들을 피할 수 있는가?

나는 스리마일 원전 사고, 로드니 킹 구타 사건, 엑슨 발데스 호 기름 유출 사고의 영향을 평가할 기회가 있었다. 그때 나는 잘못했을 때 은폐하고 무시하다가 발각되어 언론에서 터트리는 것이 중증 문화적 질환의 급성 증상이라는 사실을 발견했다.

그것은 모든 조직에 귀중한 교훈이 되리라고 생각한다. 조직은 가장 소중한 것, 즉 조직의 비전과 가치로 다시 돌아가야 한다. 모든 절차와 관행, 구조와 시스템을 재검토하고 제도화된 비전과 가치를 갖고 있는지 확인해야 한다. 피드백은 조언자, 공급자, 고객, 전체 가치사슬value chain의 정직한 판단을 수용해야 한다. 자신의 행동에 의해 발생한 문제는 스스로 해결하기 어렵다. 모든 것은 자업자득이다. 충성심이 성실성보다 중시되는 일이 있어서는 안 된다. 사실은 성실한 것이 충성하는 것이다. 우리는 듣고 싶지 않은 말이라도 의사가 진실을 말해 주기를 원한다. 의사가 자신의 직업에 충실해야 한다고 생각한다.

조직도 마찬가지다. 자기 자신을 소속된 조직이 아닌 도덕 원칙과 직업 원칙에 충실한 전문직 종사자로 생각하라. 이것이야말로 자신의 조직에 충성하는 가장 깨끗한 방법이다.

조직에서 좋은 평판을 얻는 최고의 방법은 다른 사람들의 성품을 판단하는 체크리스트를 만드는 것이 아니라, 그들이 높은 수준의 성품을 요구하는 균형성과표로 측정된 결과에 대해 책임지게 하는 것이다. 성품을 판단하는 것이 아니라 성품의 개발이 요구되는 책임을 부여하는 방법이다.

11. 다운사이징 후 긍정적이고 높은 신뢰의 문화를 어떻게 유지하는가?

다운사이징 후 문화가 악화되는 까닭은 사람들이 원칙을 따르지 않고, 참여하지 않고, 정보를 제공받지 못하고, 다음에 누가 해고당할지 모르기 때문이다. 그들은 해고 결정 기준을 알지 못한다. 산업, 경제, 회사에 대해 모를 수도 있다. 나는 개인적으로 많은 조직이 힘든 시기를 극복하는 것을 보았다. 어려운 결정을 내려야 했지만 원칙에 충실하여 잘 이겨 낼 수 있었다. 투명하고 솔직한 커뮤니케이션과 진정한 참여를 통해 원칙과 가치에 충실하고 더 많이 베풀 때, 부정적으로 인식하던 직원과 그 가족들은 조직이 그들을 위해 각별히 노력한다는 것을 알고 선의를 갖게 될 것이다.

12. 우리는 많은 리더십 개발 과정, 수련회, 특별 세미나를 가졌고, 외부 강사들도 초청했다. 모두 일시적으로는 유익하고 고무적인 효과를 가져왔지만, 시간이 지나면 다시 과거 상태로 돌아갔다. 어떻게 하면 좋겠는가?

알고도 행하지 않는 것은 모르는 것이다. 일시적으로 새로운 지식과 기술에 고무될 수 있지만, 현실에 적용하지 않는다면 모르는 것과 마찬가지다. 만일 구조와 시스템이 배운 것을 적용하도록 인센티브를 주지 않는다면 적용 안 할 수밖에 없다. 결과적으로 그러한 교육 경험은 돈만 버리고 냉소적 문화만 낳는다. 변화 노력과 새로운 관리 기법은 솜사탕처럼 사라져 버린다. 중요한 것은 일상적인 업무 수행과 보상 방식에 기본 원칙을 세워서 지원하고, 가르치고, 토의하고, 제도화하는 것이다. 그러면 교육이 효과를 얻을 것이다. 형식적인 교육은 사라지고, 진정한 교육이 정착될 것이다.

13. 이 접근방법이 통하지 않으면 어떻게 하는가?

개인이 적용하지 않으면 효과가 없다. 완전한 해결책은 존재하지 않는다. 패러다임의 전환을 위해서는 헌신, 인내와 끈기가 필요하다. 관련된 도구들이 도움이 되겠지만 결국은 각자가 헌신적으로 노력해야 한다.

14. 변화하겠다는 마음가짐이 되어 있다면, 이러한 변화를 추진하는 가장 좋은 방법은 무엇인가?

브레이크를 밟고 차를 몰고 있다면, 가장 빨리 달릴 수 있는 방법은 액셀러레이터를 세게 밟는 것인가 브레이크에서 발을 떼는 것인가? 물론 브레이크에서 발을 떼는 것이다. 마찬가지로 조직문화의 경우에도 추진력과 억제력이 있다. 추진력은 대개 액셀러레이터를 세게 밟는 것에 비유되는 논리적 · 경제적 현실이고, 억제력은 브레이크에 비유되는 문화적 · 감정적 현실이다. 억제력은 제3의 대안과 시너지적 커뮤니케이션을 통해 추진력으로 전환된다. 큰 변화를 이뤄 내면, 이러한 참여와 헌신을 통해 그 상태가 문화적으로 유지된다. 레빈Lewin 의 힘의 장 이론force field theory이 바로 이런 것이다.

15. 이 모든 내용은 새로운 것인가? 이러한 개념은 어려서도 들은 적이 있다. 역사 속에서도 자주 등장하는 것 같다.

맞다. 당신의 주장에 조금 더 부연해서 말한다면, 미국이 잠재능력을 발휘할 수 있게 된 것은 원칙 중심적인 헌법과 자유시장 덕분이었다. 세계 인구의 4.5%가 세계 상품의 거의 3분의 1을 생산한다. 이러한 패러다임과 원칙의 힘이 극적인 결과를 낳고 있는 것이다. 원칙은 보편적이고 영원하다. 중요한 원칙은 자연 속에서 자연법칙과 원칙을 접하고 사는 농부들이 체득하고 있을 것이다. 그들은 사회적으로 조직된 기관들처럼 농사를 벼락치기로 지을 수 없다는 것을 안다. 또한 최고 수준의 팀들이 겨루는 운동 경기를 보라. 그들이 하루이틀 연습했겠는가? 경쟁자가 되기 위해서는 희생을 치러야 한다. 상식은 실제로 잘 행해지지 않는다. 때문에 쇄신과 재다짐, 성품 윤리와 원칙 중심의 리더십 회복이 필요한 것이다.

16. 이 책은 조사 연구에 기초한 것인가?

이중맹검법에 의한 경험적 연구를 의미한다면, 답은 "아니다"이다. 단 과학적인 실행갭 연구는 예외다. 역사적 분석, 문헌고찰, 광범위한 행동 연구를 의미한다면 답은 "그렇다"이다.

17. 이러한 개념이 실제 적용된 모델로는 어떤 조직들을 꼽을 수 있는가?

　각 분야에서 모델을 찾을 수 있다. A.B. 콤즈 초등학교와 USS 산타페 잠수함과 같은 조직이 주변에 많다. 그 기준은 "개인은 어떻게 임파워되어 있는가? 개인은 조직의 핵심목표에 얼마나 잘 초점을 맞춰 실행하고 있는가?"이다. 짐 콜린스가 말한 위대한 기업은 겸손한 동시에 단호한 리더들을 가진 임파워된 조직이다. 물론 임파워먼트만이 그 답은 아니다. 대부분 최고의 조직들은 균형성과표를 갖고 있거나 가지려고 노력하고 있다. 운영의 방향이 전략 및 시장과 일치되려면 훌륭한 판단력이 필요하다. 위대함의 길로 계속 가기 위해서는 우수한 사람들을 끌어들이고 개발하려는 노력을 게을리 하지 말고, 문화의 DNA에 리더십 윤리를 새겨 넣어야 하며, 개인 비전과 제도와 문화가 도덕적 권위를 가져야 한다.

18. 이것은 종교적인 성격을 띠고 있는가?

　원칙이 도덕적·정신적 기초를 갖는 것은 사실이지만, 특정 종교에만 국한된 것은 아니다. 나는 개인적으로 전 세계의 다양한 종교적 배경을 가진 사람들에게 강연을 했고, 여러 종교의 경전을 인용했다. 원칙은 보편적이고 영원하다. 과거에는 전 세계 어디를 가도 다양한 계층의 조직원들이 조직의 가치개발에 참여하는 것을 보고 놀랐었다. 열린 마음과 시너지의 정신이 존재하고 정보가 제대로 전달될 때, 선택된 모든 가치는 본질적으로 동일하다. 사용되는 용어가 다르고 그 가치를 반영한 행동이 다르게 나타날 뿐, 기본적으로는 모두 이 책에서 제시한 4가지 차원을 다루고 있다. 즉 신체적·경제적 측면, 관계 혹은 사회적 측면, 지적 혹은 재능 개발 측면, 의미 및 성실성과 관계가 있는 영적 측면에서 종합적으로 접근한다. 재미있는 경험을 원한다면, 참여와 동일시를 통해 만든 몇몇 조직의 사명서를 연구해 보라. 사용되는 말은 다를지라도, 실천 여부에 관계없이 기본적으로 같은 사실을 말하고 있음을 알게 될 것이다.

19. 나는 낙담한 상태이고 또 조급하다. 변화하기에 너무 늦은 것인가?

　좋은 질문이다. 사실 이 개념의 타당성에 의심을 품는 가장 큰 이유는 개념 때문이 아니다. 이 개념은 대부분 이해가 갈 것이다. 문제는 자기 자신을 의심한다는 데 있다. 나는 천천히 시작하고, 자신과 작은 약속을 해서 실천할 것을 권하고 싶다. 당신의 양심이 약속을 지키게 하라. 아무리 사소한 약속이라도 했으면 지켜야 한다. 그러면 기분에 좌우되지 않고, 약속을 이행해야 한다는 의식이 조금씩 커질 것이다. 자기 조절, 자기지배력, 안정감이 생기고 스스로 역량이 느껴질 때 더 큰 약속을 하고 지킬 수 있을 것이다. 안전지대를 나와서 더욱 주도적으로 나갈 수 있을 것이다. 중국 대나무 가운데 심으면 4년 동안 자라지 않는 종이 있다. 작은 싹이 나오면 그것으로 끝이다. 잡초를 제거하고, 물을 주고, 땅을 갈고, 자양분을 공급하고 온갖 노력을 다해도 변화는 일어나지 않는다. 5년째 되는 해에 이 별난 중국 대나무는 한꺼번에 24m까지 자란다. 그 전까지는 모든 성장이 땅 밑의 뿌리에서 일어난다. 일단 뿌리를 내리면, 모든 성장이 땅 위에서 이루어지고 냉소하던 사람들에게 보란 듯이 자라난다. 개인의 성품 개발이 대인관계 구축에 선행해야 하고, 대인관계의 구축은 조직문화의 창조에 선행해야 하는 것도 같은 이치이다. 결코 늦지 않았다. 삶은 경력이 아니라 사명이다.

20. 당신은 이것이 효과가 있다는 것을 어떻게 아는가?

실행해 보고 아는 것이다. 협력업체, 고용주, 직원, 일반 시민들이 이익을 얻는 실제 결과, 그리고 전체 공급팀과 당신의 조직 문화에 관한 좋은 정보를 얻는다면 그것이 확실한 증거가 될 것이다. 하지만 나는 분별력 없는 관찰과 측정보다는 양심을 통한 분별력과 결합된 관찰과 측정을 더 신뢰한다. 대부분의 사람들이 마음속으로는 해야 할 일과 하지 말아야 할 일을 알고 있다. 그들이 아는 대로 실행한다면, 다른 문제들은 사라지고 오직 학문적인 문제만 남을 것이다. 결국 이러한 질문들에 대한 답도 배우는 것이 아니라 행동을 통해 얻는 것이다.

부록
Appendices

4가지 지능 개발하기

신체 지능PQ 개발하기

신체는 지성, 감정, 영성의 도구이므로 먼저 신체적 지능부터 시작하도록 하자. 신체를 정신에 종속시킬 수 있다면, 욕망과 열정을 양심이 지배할 수 있다면, 우리는 자기 자신의 지배자가 될 수 있을 것이다. 양심이 아닌 욕망과 열정의 지배를 받는 사람은 자신을 희생하지 못한다. 그들의 자극과 반응 사이의 공간은 좁다. 개인적 자유를 잃었지만 본인은 항상 자유를 행사하고 있다고 생각한다. 신체는 부리기엔 좋은 하인이지만, 섬기기엔 나쁜 주인이다.

> 연구 결과를 통해 자신을 효율적으로 관리할 수 없으면 일찍 노화하고, 정신이 흐려지며, 내부의 지능에 대한 접근이 차단된다는 사실이 밝혀졌다. 그 반대의 경우도 역시 마찬가지다. 내적 통일성이 증가하면 모든 정신 기능의 효율성이 높아지고, 창의성, 적응성, 유연성이 증대된다.[1]
>
> —독 칠드리와 브루스 크라이어

고대 그리스의 자기지배 방식 "너 자신을 알라, 너 자신을 지배하

라, 너 자신을 던지라"는 절묘한 순서를 보여 준다. 신체적 지능을 개
발하는 방법은 3가지가 있다. 첫째는 현명한 식사이고, 둘째는 일관되
고 균형 잡힌 운동이고, 셋째는 적절한 휴식, 기분 전환, 스트레스 관
리, 예방적 사고이다.

(PQ) 신체적 지능의 3대 요소 개발하기
현명한 식사
일관되고 균형 잡힌 운동
적절한 휴식, 기분 전환, 스트레스 관리, 예방적 사고

자료 A1.1

이 3가지는 세계적으로 널리 알려져 인정받고 있는 방법이다. 사실
이것은 상식에 속한다. 그러나 상식은 잘 실천되지 않는다. 3가지 방
법 모두를 실천하고 있는 사람들은 극소수에 불과하다.

짐 로허와 토니 슈워츠는 그들의 책『몸과 영혼의 에너지 발전소』에
서, 높은 성과와 개인적 쇄신의 열쇠는 시간이 아니라 에너지 관리라
는 점을 강조한다. 그들은 시간 관리의 중요성을 인정하면서도, 시간
관리에 사용되는 최고의 기준은 자신의 에너지를 어떻게 관리하느냐
하는 점이라고 말한다. 그들은 자연과 인간을 지배하는 자연법칙에
대한 연구를 토대로, 활동 · 성과, 휴식 · 쇄신의 주기적 사이클의 중요
성을 강조한다. 그들은 신체, 지성, 감정, 영성을 모두 강조하는 전인
적 인간 접근방법을 사용한다. 그들은 에너지와 성과 생산능력을 높

이기 위해 습관을 의식ritual이라고 부르며, 그 중요성에 초점을 맞춘다.

현명한 식사

우리는 대부분 먹어야 할 것과 먹지 말아야 할 것을 잘 알고 있다. 문제는 균형이다. 나는 영양 전문가는 아니지만 여러 교육을 통해 곡류, 야채, 과일, 저지방 단백질을 많이 먹을 때 신체와 면역체계 등 시스템이 튼튼해진다는 것을 잘 알고 있다. 육류는 살코기만 먹는 것이 좋고, 연구에 따르면 생선을 규칙적으로 먹는 것이 좋다고 한다. 포화지방과 설탕이 많이 들어간 패스트푸드와 가공식품 등의 음식은 되도록 피하거나 먹어도 조금만 먹어야 한다. 역시 문제는 균형과 절제이다. 식탐을 부리지 말고 과식하지 말라. 그만 먹는 법을 배워라. 허기를 채우고 약간 부족한 듯 느껴질 때 숟가락을 놓아라. 그리고 물을 많이 마셔라. 하루에 6~10컵은 마셔야 한다. 물은 신체의 기능을 최적화하고, 식사와 규칙적인 운동을 통해 신체적 기능과 적절한 체중을 유지하는 데 큰 도움이 되기 때문이다.

나는 가끔 전체 소화기 계통에 휴식을 주고 장 내 묵은 찌꺼기를 청소하기 위해 한두 끼 정도 거르는 것이 효과적이고 지혜로운 건강 유지 방법임을 믿게 되었다. 경험에 비춰 볼 때 가장 큰 이익은 신체보다는 지적, 영적 측면에 더 있었다. 단식은 종교인들이 자기지배와 자기조절 수단으로, 그리고 인간이 얼마나 의존적인 존재인지 깨닫는 수단으로 많이 실시하고 있다.

식욕을 적절하게 조절할 때, 열정을 통제하고 욕구를 억제할 수 있는 능력이 커진다. 또한 겸손을 느끼게 하고, 인생에서 정말로 중요한 것에 대한 시야를 열어 준다.

나 역시 과식, 지나친 다이어트, 무심코 먹는 정크푸드의 부정적 결과를 경험했다.

하루 일을 마치고 피곤한 상태로 차를 몰고 호텔로 가서 룸서비스를 부를 때 유혹이 찾아온다. 지각없이 식욕에 빠지는 것은 나의 지성과 영성뿐 아니라 수면에도 영향을 미친다는 것을 알게 되었다. 전설적인 미식축구 감독 코치 빈스 롬바르디Vince Lombardi는 "피곤은 우리 모두를 겁쟁이로 만든다."는 말을 자주 했다. 바로 내 경우에 해당되는 말이다. 나는 아주 피곤할 때 무절제에 빠지는 경향이 있고, 그것은 하루이틀쯤 지성과 영성에 영향을 미친다. 신체를 지성과 영성에 종속시킬 때, 그러한 자기규율과 자기지배로부터 평화와 자신감이 생겨난다. 나는 실제 허기가 아닌 설탕을 끊은 데 따른 공복통hunger pain이 느껴질 때 "가뿐한 느낌보다 더 맛있는 것은 없다"고 내 스스로에게 말한다. 또한 공복통이 지방 덩어리를 삼키는 상상을 하기도 한다. 미각을 영양 섭취에 종속시킨다면, 수십조 세포의 적절한 영양 섭취 요구에 응하도록 미각 기관을 재교육시킬 수 있을 것이다.

그러나 사실 이 모든 것은 개인적인 문제이고, 각자가 자기에게 맞는 현명한 영양 섭취 방법을 결정해야 한다. 신체의 승리를 거뒀을 때 건강을 유지함은 물론 대인관계의 승리도 얻어내고, 봉사와 기여의 삶을 살 수 있을 것이다.

일관되고 균형 잡힌 운동

규칙적인 운동은 삶의 질과 기대수명을 크게 높여 준다. 역시 중요한 것은 균형이다. 직장에서든 가정에서든 움직이지 않고 앉아서 하는 일이 늘어나고 있다. 규칙적인 운동을 하는 방법은 여러 가지다. 처음에는 자기 몸에 맞게 조금씩 실시하라. 매일 하든가 일주일에 적어도 3~5회는 실시하라. 즐겁게 할 수 있고 자신의 필요와 조건에 맞는 운동을 선택하라. 담당 의사와도 상의하라. 신체의 여러 부분을 강화하도록 다양한 운동을 하고, 한 가지만 집중해서 싫증 나거나 체력이 소진되는 일이 없도록 하라. 많은 사람들이 걷는 것을 좋아한다. 달리기, 수영, 정원 돌보기, 자전거 타기를 하는 사람들도 있다. 런닝머신, 스텝머신, 사이클런 등 헬스 센터 시설을 이용하기도 한다.

역도를 비롯한 다른 근육 강화 운동은 나이에 관계없이 모든 사람들에게 많은 도움이 된다. 근력을 높여 주고 자세를 잡아 주며 활력을 주고, 골의 약화를 지연시키거나 막아 주며, 신체의 칼로리 소비 능력을 높인다.

규칙적인 운동을 하면 어떤 효과가 있는지 보여 주는 놀라운 연구 결과들이 인상적이었지만, 내 경우 일관되고 균형 잡힌 운동은 신체적 측면보다는 지적, 영적으로 더 큰 이익을 가져왔다. 모든 운동의 기초가 되는 유산소 운동은 다리의 큰 근육들을 사용하여 심장과 순환계를 강화한다. 산소를 가장 효율적으로 처리할 수 있게 해주는 것이다.

내가 가장 좋아하는 유산소 운동은 달리기이지만, 다양한 스포츠 활동을 하다가 무릎을 다쳐서 지금은 자전거 페달 밟기만 하고 있다. 나는 페달을 밟으면서 다른 일도 병행한다. 통화도 하고 비즈니스를 처리하기도 한다. 〈스타워즈〉의 미쳐 날뛰는 다스 베이더처럼 숨을 몰아쉬면서 말이다. 교육 방송이나 오락 프로그램을 보기도 한다. 같은 시간에 함께 운동하는 아내, 아이들, 친구들과 의미 있는 대화를 나누기도 한다. 우리는 서로를 격려하거나 효과적인 운동에 대한 의견을 교환한다.

근육 탄력 증진 운동과 유연성 운동도 중요하다. 한 트레이너가 내가 벤치 프레스를 하는 것을 지켜보더니, 최대한 많이 하고 그러고도 한 번 더 들어올리라고 말했다. 이유를 물었더니, 근섬유가 완전 소진되고 끊어져서 통증이 올 때 가장 효과가 있다는 것이다. 그러나 약 48시간 이내에 근육은 쇄신되고 강화된다. 그것은 놀라운 학습이었다. 나는 지치고 아플 때는 항상 운동을 중단했었다. 그는 내 위로 올라와서 "더 들어올릴 수 없을 때 바를 잡아 주겠습니다."라고 말했다. 다른 3개 차원의 삶도 마찬가지일 것이다. 무슨 일을 하든 한계에 이르렀을 때 능력이 커진다. 에머슨Emerson은 이렇게 말했다. "지속적으로 행하면 일이 쉬워진다. 일의 성격이 변해서가 아니라 우리의 능력이 커지기 때문이다."

나는 일주일에 5~6일은 유산소 운동을 하고, 3일은 근육 탄력 증진 운동을 하고, 유연성을 기르기 위해 6일은 스트레칭과 요가를 하겠다고 다짐했다. 나는 또한 신체 내부를 강화하는 데 요가와 스트레칭을 합친 필라테스를 이용하여 효과를 얻었다. 누구나 자신의 상황을 살펴보고 가장 적합한 운동을 결정해야 한다. 운동은 스스로 조절하며 지배하고 있다는 의식을 증가시켜 삶의 통일성을 높여 주고 자극과 반응 사이의 공간을 넓혀 준다.

나는 대학에서 한 학기 꼬박, 그러니까 3개월 반을 강의할 때 학생들에게 학기 중 달성하고 싶은 목표를 정하라는 과제를 내주었다. 대다수의 학생들이 적당한 식사와 규칙적인 운동을 목표의 하나로 정했다. 이것은 학생들과의 '승-승합의서'였다. 학생들은 나의 과제를 받아들여 자신의 책임을 완수했다. 그들은 경험담을 발표했고, 결과를 평가했다. 이 평가는 학점에 반영되었기 때문에 내적으로나 외적으로 모두 동기 부여가 일어난 셈이다. 일부 학생들은 신체적 측면이 아닌 다른 목표를 정했다.

학생들은 설탕과 정크푸드를 먹는 습관을 버리고, 일주일에 최소한 3번 30분 이상씩 운동을 하여 놀라운 결과를 얻었다. 이처럼 낡은 습관을 버리고 새로운 습관을 갖는 것은 그들의 모든 관계에 영향을 미쳤다. 에너지, 지적 능력, 공부, 자기지배 의식에 긍정적인 영향을 미쳤다. 신체적 목표를 선택하지 않은 학생들은 학기가 끝날 때 다른 학생들의 이야기를 듣고 후회하기도 했다.

누구에게나 일주일은 168시간이다. 그러나 이 168시간 가운데 단두세 시간을 규칙적으로 균형되게 운동함으로써 신체적으로 쇄신할 수 있다면, 숙면 등의 긍정적 효과를 경험할 수 있을 것이다. 그리고 자기지배로부터 나오는 엄청난 힘을 느낄 수 있을 것이다.

정신은 물질을 극복한다.

적당한 휴식, 기분 전환, 스트레스 관리, 예방적 사고

스트레스 분야의 개척자 한스 젤리에Hans Selye 박사는 스트레스에는 불쾌한 스트레스, 즉 디스트레스distress와 상쾌한 스트레스, 즉 유스트레스eustress 두 종류가 있다고 말했다. 디스트레스는 자기 일을 싫어하고, 삶의 다양한 압박감에 짜증을 내고, 희생자라고 느끼는 데서 온다. 유스트레스는 현재의 상태와 원하는 상태 간의 긍정적 긴장에서 나온다. 원하는 상태란 재능과 열정을 깨우는 의미 있는 목표, 프로젝트, 대의 등 한마디로 내면의 소리라고 할 수 있다. 젤리에 박사는 훌륭한 경험적 연구를 통해 유스트레스가 면역체계를 강화하고, 수명을 연장시키며, 삶의 즐거움을 높여 준다고 말한다. 올바른 스트레스, 즉 유스트레스라면 그 스트레스는 피하지 말아야 한다. 유스트레스는 우리를 강하게 만들고, 능력을 키워 준다. 물론 그것은 적당한 휴식과 기분 전환, 즉 정확하게 말해서 '유스트레스 관리'에 의해 균형을 이루고 조절되어야 한다. 젤리에는 생리적 이유가 아닌 심리적·정신적 이유로 여성이 남성보다 7년은 더 산다고 설명했다. "여성의 일은 끝이 없다."

의학계에서는 모든 질환의 최소한 3분의 2가 각자가 선택한 생활 습관에 기인한 것이라는 사실이 널리 인정받고 있다. 이러한 생활 습관으로는 식사, 흡연, 안전벨트 미착용, 불충분한 휴식과 기분 전환, 무리한 시도, 기타 많은 신체 학대 행위 등이 있다. 여러 가지 질환을 유전인자 탓으로 돌리는 경우가 많다. 하지만 이미 언급했듯이 자극과 반응 사이에는 항상 공간이 있고, 이 공간과 더불어 스스로 원칙에 기초하여 선택할 수 있는 능력을 인식하는 한 반드시 유전 질환에 걸리는 것은 아니다. 심지어 암도 조기에 발견되면 치유가 가능하다.

현대 서양 의학은 기본적으로 예방보다는 치료에 초점을 맞춘다. 그리고 치료는 대개 약물 요법이나 수술을 통해 이뤄진다. 나는 경험적으로 입증된 대체의학으로 의학 패러다임을 확대, 심화, 보완해야 한다고 생각한다.

최소한 1년에 한 번은 정기 검진을 받아야 한다. 그래야 여러 질환의 경향이나 증상을 파악하여 현명한 선택을 할 수 있다. 내게는 치료 의사와 예방 의사가 있으며, 나는 두 사람 모두 존경한다. 자기 건강은 스스로 책임져야 한다. 그것은 기본 원칙이다. 우리는 자신의 건강을 다른 사람에게 떠맡기기보다는 적극적으로 물어보고, 참여하고, 연구하고, 다른 의견도 들어 보고, 대안적 치료 형태도 고려해야 한다.

신체의 개발과 건강 소홀히 하기

신체가 무시될 때 다른 3가지 차원이 어떻게 되는지 생각해 보라. 건강을 잃음은 물론 지적으로 초점, 창의성, 인내력, 강인함, 용기, 학습 능력, 유지력을 상실할 수 있다. 반대로 운동하고 휴식을 취하며 적당하게 식사할 때, 지적 초점과 강인함, 학습에 대한 욕구를 유지할 수 있다.

신체를 무시하고 욕망과 열정의 포로가 되었을 때, 감정은 어떻게 되는가? 인내, 사랑, 이해심, 공감적 태도, 경청 능력, 동정심을 잃게 된다.

나는 식사와 운동에 대해 스스로 한 약속이나 다짐을 지키지 않는다면, 다른 사람의 욕구와 감정도 잘 느낄 수 없다는 것을 경험을 통해 배웠다. 그럴 때면 속이 상하고 나 자신에 대해 화가 나고 스스로 성실하지 못하다는 것이 느껴진다. 그러다가 다시 결심하고 자신과의 약속을 지킬 때 자신을 잊고 진정으로 다른 사람들에게 공감할 수 있었다.

> 불과 5분 만에 유혹에 굴복하는 사람은 한 시간 후에 어떻게 될지 알지 못한다. 그것이 나쁜 사람들이 나쁜 것에 대해 잘 모르는 이유이다. 그들은 항상 유혹에 굴복함으로써 보호된 삶을 살았다.[2]
>
> —C.S. 루이스

신체를 무시할 때 영성은 어떻게 되겠는가? 봉사하고 기여하려는 마음과 희생하고 더 큰 선을 위해 자신을 버리려고 하는 자세에 영향을 미친다. 양심이 무뎌지고 거의 모든 유혹에 굴복한다. 성실성을 잃으면 자기중심적이고 이기적으로 변한다. 나의 경우에는 원칙과 양심에 따라 살겠다고 결심했을 때, 기여하고 봉사하는 마음을 되찾았다.

신체적 자기지배와 개발은 기본적인 것이다. 또한 그것은 매우 구체적이다. 무언가 할 수 있는 것이다. 신체에 보다 직접적으로 접근하고 신체를 조절할 수 있다. 신체의 욕망을 지배하고 지능을 강화시킬 때, 모든 긍정적인 지적, 감정적, 영적 부산물과 함께 자극과 반응 사이에 공간이 확대되는 것을 경험할 수 있을 것이다.

대부분은 종종 목표에서 벗어난다. 그러나 자신의 신체, 지성, 감정, 영성의 피드백에 귀를 기울이고 필요한 변화를 이룩하면 다시 원래대로 돌아갈 수 있다. 그것은 비행하는 것과 같다. 조종사들은 비행 중 내내 계획된 항로에서 벗어나지만 여러 가지 통로로 피드백을 받기 때문에 원래의 항로로 돌아가 예정된 목적지에 도착한다.

양심의 소리에 귀를 기울인다면, 양심은 다른 3개 영역에서 우리를 안내해 줄 것이다. 양심을 따를수록 양심이 강해져서 더 많은 희생을 할 수 있을 것이다. 우리는 적당하게 먹고, 운동하고, 휴식을 취하고 기분 전환을 할 때, 능력을 키우고 신체의 면역체계를 강화하고 면역 기능을 재건할 수 있다. 무엇보다도 지성, 감정, 영성에 들어 있는 다른 3가지 지능을 풀어 줄 수 있다.

지적 지능 IQ 개발하기

IQ를 개발하는 방법은 3가지다. 첫째는 지속적이고 체계적이며 규율 있는 연구(다른 분야의 연구 포함)와 교육이고, 둘째는 가정을 명시적으로 드러내 고정관념을 깨고 안전지대에서 벗어날 수 있도록 자아의식을 개발하는 것이고, 셋째는 가르치고 실천하면서 배우는 것이다.

지속적이고 체계적이며 규율 있는 연구와 교육

지속적으로 학습하고 성장하고 나아지는 사람들은 변화하는 현실에 맞춰 변화하고, 적응할 수 있으며, 삶의 모든 영역에서 생산적인 활동을 할 준비를 갖추게 된다. 경제적 안정은 욕구를 충족시켜 줄 수 있

IQ 지적 지능의 3대 요소 개발하기
지속적이고 체계적이며 규율 있는 연구와 교육
자아의식 개발 (가정을 명시적으로 드러내기)
가르치고 실천하면서 배우기

자료 A1.2

는 능력에서 나온다. 상황이 나쁠수록 욕구는 분명하게 드러난다. 안정은 조직이나 직장에서 나오는 것이 아니다. 파괴적 기술은 직장을 무력화시킬 수 있다. 그러나 우리가 강하고, 적극적이고, 기민하고, 성장하고, 학습하는 지성을 갖고 있다면 어려운 상황에서도 살아남을 수 있을 것이다. 지적 지능이 고정되어 있다는 주장은 이미 오래 전에 부정되었다. 지능은 많이 사용할수록 강해지고, 양심에 대한 지능의 반응성이 높을수록 분별력이 높아진다.

우리는 TV를 멀리하고, 책을 가까이해야 한다. 안전지대와 전문 분야에서 벗어나 광범위하고 깊이 있게 독서하는 습관을 들여야 한다. 내가 즐겨 읽는 잡지는 『사이언티픽 아메리칸Scientific American』, 『이코노미스트Economist』, 『사이칼러지 투데이Psychology Today』, 『하버드 비즈니스 리뷰Havard Business Review』, 『포춘Fortune』, 『비즈니스 위크Business Week』 등이다. 아내는 항상 내게 그녀의 관심 분야인 소설, 전기, 자서전을 많이 읽으라고 권한다. 지혜로운 조언이라고 생각한다. 나는 또한 추천사를 부탁하기 위해 보내 온 책들을 많이 갖고 있는데, 그 책들의 목차와 저자의 스타일을 보고 중심 주제가 표현되거나 요약되어 있는 부분을 찾아서 개괄적으로 읽기도 한다. 나는 이런 식으로 일주일에도 여러 권의 책의 핵심내용을 파악할 수 있다.

또 다른 재미있는 학습 방법은 강연 내용이나 읽은 책을 목적, 주요 포인트, 타당성(증거), 예증(예와 이야기)의 4개 부분으로 나누는 것이다. 이런 식으로 사고 기능을 훈련하면 내용을 정확하게 이해할 수 있다. 아마 방금 들은 강연을 여러 번 들은 것처럼 이해하고 똑같이 강연할 수 있는 정도가 될 것이다.

기본적으로 각자 지속적인 교육을 하는 데 가장 좋은 방법을 스스로 선택해야 한다. 지식노동자 시대에는 대단히 중요한 일이다. 우리는 자신이 어느 부분에 시간을 쓰는지, 얼마나 많은 시간이 낭비되는지 알아야 하며, 지적으로 규율이 잡혀 있어야 한다. 독서를 하면 많은 이익이 있다. 대부분의 사람들은 너무 바빠서 책을 읽을 시간도, 아이들과 함께 지낼 시간도 없다고 말한다. 하지만 그들이 사용하는 시간 가운데 절반 정도는 중요하지 않은 일에 쓰이고 있다. 가장 중요한 것에 초점을 맞추고 규율 있게 실행할 때, 일상적으로 발생하는 자질구레한 일들에 대해 즐겁고 씩씩하게 "아니오"라고 말할 수 있을 것이다.

자아의식 개발(가정을 명시적으로 드러내기)

자아의식은 4가지 지능 모두와 관련이 있으며, 인간만의 독특한 능력이다. 그것은 자극과 반응 사이의 공간을 달리 표현한 말이다. 잠시 쉬었다가 선택을 하거나 결정을 할 수 있는 공간을 의미한다.

기본 가정, 이론, 패러다임을 이해하고 명시적으로 드러냄으로써 자아의식을 개발하는 것은 가장 효과가 높은 활동 가운데 하나이다. 우리는 항상 가정을 하지만 자신도 모르게 암시적으로 하므로, 가정을 명시적으로 드러냈을 때 비약적인 발전을 할 수 있다. 고정관념에서 벗어날 수 있는 것이다.

예를 들어 설명해 보겠다. 이것은 9개의 점 잇기라고 한다. 이 게임을 해본 적이 있더라도 가정을 명시적으로 드러내고 고정관념에서 벗어나는 것의 중요성을 인식하기 위해 다시 한 번 해보기 바란다.

다음과 같은 9개 점에 4개의 직선을 그어 점을 모두 연결해 보도록 하라(자료 A1.3).

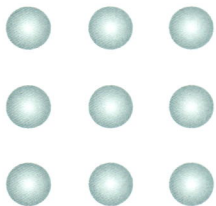

자료 A1.3

잘 모르겠는가? 그러면 다시 시도해 보라. 이번에는 고정관념에서 탈피하여 창조적으로 생각해 보라. 당신은 아마 선이 모두 박스 안에 있어야 한다고 가정했을 것이다. '상자 밖을 생각한다'는 말은 여기서 생겼다. 자신이 지금 무엇을 하고 있는지 주목하라. 당신은 자신이 생각하고 있는 것에 대해 생각하고 있다. 동물은 그렇게 할 수 없다. 동물이 스스로를 변화시키지 못하는 이유가 거기에 있다. 우리는 할 수 있다. 자신의 가정을 점검할 수 있기 때문이다. 이제 다시 해보자.

상자 밖을 생각할 때 어떻게 되는지 보라. 먼저 선이 상자 밖으로 나가게 그어라(자료 A1.4).

다음에 두 번째, 세 번째, 네 번째 직선을 그어라(자료 A1.5).

458

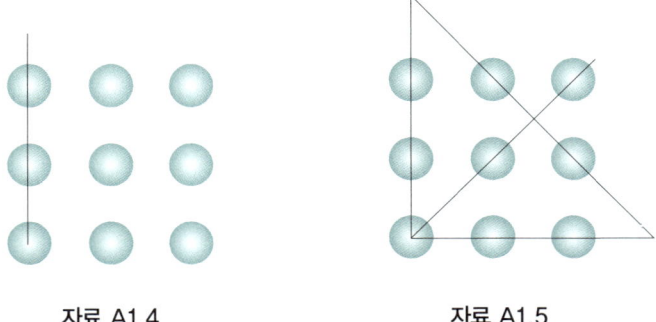

자료 A1.4　　　　　　　　자료 A1.5

　이제 다른 문제를 내보겠다. 직선 하나로 9개의 점을 모두 연결하
라. 이제 당신의 마음을 점검해 보라. 당신은 무엇을 가정하고 있는
가? 직선 하나로 9개의 점을 모두 연결하는 것이다. 점은 다시 배열할
수는 없다. 현재의 상태에서 점을 모두 연결해야 한다. 당신은 무엇을
가정하고 있는가?

　선의 폭을 보라(자료 A1.6).

　자아의식은 4가지 지능 모두와 관련이 있으며, 인간만의 독특한 능
력이다. 그것은 자극과 반응 사이의 공간을 달리 표현한 말이다. 잠시
쉬었다가 선택을 하거나 결정을 하는 공간을 의미한다.

　자아의식을 개발하는 다른 몇 가지 방법들을 소개하겠다. 나의 딸
콜린Colleen은 자신의 생각을 담은 일기가 70권이나 된다. 일기 쓰기는
그애를 자기 삶의 관찰자로 만들어 주었다. 그 관찰에 기초하여 선택
을 했다. 그애는 거의 한순간에 자신을 변화시키는 능력을 개발했다.
깊고 강한 자아의식 덕분이었다. 나는 그애가 양심, 즉 영적 지능에 기
초하여 IQ와 EQ를 포기하는 결정을 내리는 것을 본 적이 있다. 하지만
나중에는 SQ, IQ, EQ가 서로 조화를 이뤘다.

생각을 글로 옮기는 훈련은 힘든 만큼 효과가 크고 생각을 분명하게 할 수 있다. 실패는 성공의 어머니라고 했다. 그런 점에서 진짜 실패는 없다. 단지 학습 경험만 있을 뿐이다.

자아의식을 개발하고 가정을 명시적으로 드러내는 또 다른 방법은 다른 사람들에게서 피드백을 구하는 것이다. 사람은 누구나 맹점을 갖고 있다. 맹점은 우리의 효과성을 무력화시키기도 한다. 그러나 공식적이든 비공식적이든 다른 사람들로부터 피드백을 구하는 습관을 갖게 되면, 우리는 빠르게 성장 발전할 수 있을 것이다. 그것은 지역 내의 경쟁자들이 아닌 세계 수준의 기능이나 활동에 대해 벤치마킹을 하고 시장 조사를 하는 것과 비슷하다. 우리는 이러한 방법을 통해 다른 사람들도 알지 못하는 맹점에 대한 정보를 얻을 수 있다.

나를 비롯해 많은 사람들이 진지한 기도, 생각하는 기도, 듣는 기도가 양심의 명령을 의식하는 방법이라고 생각하고, 삶을 사명과 봉사와 기여의 기회로 인식한다. 그것은 한발 물러나서 자신의 실수를 인정하고 사과하고 재다짐하고 다시 제자리를 찾는 힘과 용기를 준다.

가르치고 실천하면서 배우기

대부분의 사람은 다른 사람을 가르칠 때 가장 잘 배우고, 배운 것을 실천할 때 그것이 내면화된다는 것을 인정한다. 배우고 실천하지 않는 것은 배우지 않은 것과 같다. 이해하고 그대로 적용하지 않는 것은 실제로 이해하지 못한 것과 같다. 지식과 이해는 오로지 실천을 통해서만 내면화된다.

지성 개발 소홀히 하기

우리는 복잡한 디지털 세계에 살고 있다. 시장과 기술은 세계화되고, 전 세계를 황폐화시킬 수 있는 새로운 형태의 테러가 거의 모든 사람들의 가슴에 불안감을 불러 일으키고 있다. 모든 사회가 가치관의 혼란을 겪고, 가족은 전에 없이 많은 스트레스를 받고 있다. 이 도전을 헤쳐 나갈 우리의 엔진은 지성, 즉 사고력이다. 지성이 무시될 때 신체는 고통을 겪는다. 누군가 말했듯이, "교육에 돈이 많이 든다고 생각한다면, 한번 무식해져 봐라." 삶의 도덕적 지상명령은 성장하지 않으면 죽는다는 것이다. 많은 직업의 전성기는 몇 년에 불과하다. 지적 개발의 책임을 조직에 넘겨준다면 공동의존적으로 되고 직업적으로 쓸모없는 사람이 될 수 있다. 그것은 체험 능력을 떨어뜨리고 종국에는 직장을 잃게 만들 수도 있다. 신체는 더욱 빠르게 악화되고 결국 일찍 사망할 것이다.

지성과 지속적인 지성 개발을 무시할 때, 감정과 대인관계에는 어떠한 영향이 있는가? 우리의 사고는 무지, 편견, 고정관념, 꼬리표 붙이기와 같은 나쁜 습관의 지배를 받을 것이다. 그것은 주변적 사고를 낳아 심지어 자기도취나 편집증을 가져올 수도 있다. 삶을 근시안적이고, 편협하고, 자기중심적인 시각으로 보게 될 것이다.

우리가 학습을 멈출 때 영성은 어떻게 되는가? 양심이 마비되었다가 무뎌지고 결국은 침묵할 것이다. 배우고 성장하라고 지시할 일이

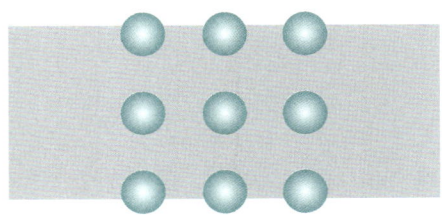

자료 A1.6

없어지는 것이다. 열정의 근원이 되는 삶의 비전과 내면의 소리를 찾아내려는 의식을 상실할 것이다. 지혜의 글이 따분하고, 지루하고, 쓸모가 없는 것처럼 느껴질 것이다.

감성 지능EQ 개발하기

감성적 지능에 대한 문헌들을 주의 깊게 살펴보면, EQ는 장기적인 효과성 측면에서 가장 중요하며 개발이 가능하다는 것을 알 수 있다. 그러나 개발 방법을 설명한 글들은 많지 않은 편이다.

일반적으로 받아들여지는 감성 지능의 5대 요소는 자아의식, 자기 동기 부여, 자율관리, 공감, 대인관계 기술이다. 자아의식은 자신의 삶을 생각하고, 자기인식을 높이고, 그 인식을 이용하여 자기를 개선

EQ	감성적 지능의 5대 요소
	자아의식
	자기 동기 부여
	자율관리
	공감
	대인관계 기술

자료 A1.7

하고, 약점을 극복하고 보완할 수 있는 능력이다. 자기 동기 부여는 비전, 가치, 목표, 희망, 욕구, 열정 등 자발적으로 움직이게 만드는 것이다. 자율관리는 비전과 가치를 달성하기 위해 자신을 관리할 수 있는 능력이다. 공감은 다른 사람들이 어떻게 보고 느끼는지 알 수 있는 능력이다. 대인관계 기술은 차이점과 문제를 어떻게 해결하고, 창조적 해결방안을 어떻게 만들어 내고, 공동의 목표를 달성하기 위해 어떻게 상호작용할 것인지 생각하는 능력이다.

　감성적 지능의 5가지 요소들을 가장 체계적으로 개발하는 방법은 '성공하는 사람들의 7가지 습관'을 실천하는 것이다. 8장에서도 언급했듯이 7가지 습관에 대해서는 그 책에서 충분하게 다루었으므로 여기서는 간단하게 소개만 하겠다. 〈자료 A1.8〉은 7가지 습관과 그 기본 원칙을 나타낸 것이다. 8장에 요약해 놓은 7가지 습관을 참고하기 바란다.

7가지 습관에 담긴 원칙	
습관	원칙
❶ 자신의 삶을 주도하라	책임, 주도성
❷ 끝을 생각하며 시작하라	비전, 가치
❸ 소중한 것을 먼저 하라	성실성, 실행
❹ 승−승을 생각하라	상호존중, 상호이익
❺ 먼저 이해하고 다음에 이해시켜라	상호이해
❻ 시너지를 내라	창조적 협력
❼ 끊임없이 쇄신하라	쇄신

자료 A1.8

7가지 습관을 통해 EQ의 5대 요소 개발하기

감성적 지능의 5대 요소는 7가지 습관과 다음과 같은 관계가 있다.

(EQ)	7가지 습관을 통해 EQ의 5대 요소 개발하기
자아의식	❶ 자신의 삶을 주도하라
자기 동기 부여	❷ 끝을 생각하며 시작하라
자율관리	❸ 소중한 것을 먼저 하라 ❼ 끊임없이 쇄신하라
공감	❺ 먼저 이해하고 다음에 이해시켜라
대인관계 기술	❹ 승－승을 생각하라 ❺ 먼저 이해하고 다음에 이해시켜라 ❻ 시너지를 내라

자료 A1.9

자아의식 | 자아의식, 즉 선택할 힘과 자유에 대한 의식은 습관 1의 핵심이다. 자극과 반응 사이의 공간을 인식하고, 유전적 생물학적 요소들과 교육 배경을 인식하고, 환경의 영향을 인식하는 것이다. 동물들과 달리 우리 인간은 이러한 것들에 대해 지혜롭게 선택할 수 있다. 자기 삶의 창조적 힘이고, 힘이 될 수 있다는 것을 인식한다. 이것은 가장 기본적인 결정이다.

자기 동기 부여 | 모든 선택의 기초가 되는 요소이다. 우리는 최우선 목표와 가치를 정한다. 습관 2는 본질적으로 자기 동기 부여에 대한 것이다. 자신의 삶의 방향에 대한 이 결정은 일차적 결정이다.

자율관리 | 습관 3과 습관 7을 의미한다. 가장 중요한 것을 결정했으면, 다음에는 그것을 실천해야 한다. 자율관리는 성실성과 자기지배의 습관이고, 의도하는 바를 실행하는 것이다. 자신의 가치관을 실천하는 것이다. 그 다음에 자기 자신을 쇄신한다. 실행 전략과 전략적 결정은 이차적 결정이다.

공감 | 습관 5의 앞부분 '먼저 이해하라'와 관련된 요소이다. 자신을 내세우기에 앞서 다른 사람들의 입장이 되어 보는 것이다. 이해시키고 영향을 미치거나 결정하고 판단하기에 앞서, 관계적 측면에서 상황에 반응하고 이해하는 것이다.

대인관계 기술 | 습관 4, 5, 6은 대인관계 기술이다. 상호이익과 상호존중(습관 4)의 측면에서 생각하고, 창조적 협력(습관 6)을 위해 상호이해(습관 5)하려고 노력하는 것이다.

이상으로 7가지 습관과 감성적 지능의 5가지 요소 개발 사이의 관계를 아주 간단하게 살펴보았다. EQ 개발을 원한다면 『성공하는 사람들의 7가지 습관』에 담긴 원칙들을 진지하게 연구하고 실천하려고 노력해야 한다. 7가지 습관에 담긴 원칙은 보편적이고, 영원하고, 자명하다. 그 원칙은 책하고 관계없이 모든 인간에게 적용된다. 생명력을 갖고 번성하는 모든 국가, 사회, 종교, 지역사회에 존재한다.

감성 지능 무시하기

칠드리와 크라이어는 그들의 책『혼돈에서 통일로From Chaos to Coherence』에서, 감정의 소리를 무시했을 때 신체가 어떤 영향을 받는지 설명했다.

좌절, 분노, 내면의 혼란이 있을 때 지적 능력은 감소한다. 그러한 마음 상태는 감정의 리드미컬하고 전기적인 아웃풋에 엇박자를 초래하여 신경의 효율성을 떨어뜨린다. 현명한 사람들이 때로 어리석은 행동을 하는 것은 바로 이 때문이다. 매일 내면의 통일성에 우선순위를 둘 때 시간과 에너지가 절약된다. 자신의 가치관과 양심에 배치되는 행동을 할 때는 면역체계가 약화된다. 반면에 진정한 관심이나 사랑을 느끼고 표현할 때는 면역체계가 강화된다. 심장 기능 연구소 하트매스HeartMath 조직은 개인의 면역성과 조직의 차원에서 이 관계를 과학적으로 입증했다. 몇 달 동안 준비한 중요한 사업이 취소되었다는 소식을 듣거나 큰 논쟁을 벌인 후에 병이 난 적이 있는가? 마음 상태가 면역체계에 영향을 미쳤기 때문이다. 조직에서는 이처럼 조직의 정신, 활력, 사기를 떨어뜨리는 것들을 감정바이러스라고 한다.[3]

개인의 승리를 위한 자기규율을 지키지 못하고 감성적 지능의 개발을 소홀히 하면, 감정의 상처, 스트레스, 그리고 화, 시기, 탐욕, 질투, 비이성적인 죄의식과 같은 부정적이고 파괴적인 감정을 경험하게 될 것이다. 핵심관계가 긴장되거나 끊어지거나 훼손되면, 신체에 영향을 미쳐 면역체계를 약화시킨다. 그러면 두통과 심리장애와 수면장애가 일어난다. 또한 지적 기능이 약화되고, 초점을 잃고, 주의가 산만해진다. 꼼꼼함과 추상적 · 분석적 · 창의적 사고력을 상실한다. 영성 역시 가라앉고 용기를 잃는다. 무력감, 절망감, 피해 의식을 느끼고, 때로는 절망에 빠져 자살하기도 한다. 자기 자신과 다른 사람들과의 관계를 끊임없이 다져야 하는 이유가 여기에 있다.

영적 지능sǫ 개발하기

> 교육의 목적은 능력과 양심이 조화를 이룬 전인적 인간을 만드는 것이다. 어디에 사용할지 정하지도 않고 능력만 키우는 것은 나쁜 교육이다. 그렇게 되면 결국 능력은 양심에서 떨어져 나갈 것이다.
>
> —존 슬론 디키(John Sloan Dickey)

영적 지능을 개발하는 3가지 방법을 소개하겠다. 첫째는 성실성으로 자신의 가치관, 신념, 양심에 충실하고 신과 연결되는 것이다. 둘째는 의미 있는 공헌으로 사람들과 대의에 기여하겠다는 의식을 갖는 것이다. 셋째는 내면의 소리로 삶의 방향을 자신의 재능과 일치시키고 소명 의식을 갖는 것이다.

성실성—약속하고 약속 지키기

성실성을 개발하는 가장 좋은 방법은 작은 약속을 하고 실천하는 것이다. 다른 사람들에게는 사소해 보여도 자신에게는 성실한 노력이 될 수 있는 약속을 하라. 예를 들면 하루 10분 동안 규칙적으로 운동을 하고, 디저트를 먹지 않고, TV를 하루에 한 시간 덜 보는 대신 그 시간에 책을 읽고, 누군가에게 감사의 편지를 보내고, 매일 기도하며 용서

SQ	영적 지능의 3대 요소 개발하기
	성실성 – 자신의 가치와 양심을 충실하게 따르는 것
	의미 있는 공헌 – 사람들과 대의에 기여하겠다는 의식을 갖는 것
	내면의 소리 – 삶의 방향을 자신의 재능과 일치시키고 소명 의식을 갖는 것

자료 A1.10

를 구하고, 하루에 10분 동안 성경이나 경전을 읽는 등의 약속을 하고 그것을 실천하는 것이다.

약속을 하고 지켰을 때, 더 큰 약속을 하고 지킬 수 있는 능력이 생긴다. 이렇게 계속해 나가면 기분에 좌우되지 않고 약속을 이행하게 되고, 힘의 원천이 되는 자기 성실성을 갖게 될 것이다. 이처럼 작은 불을 계속해서 지핀다면 결국 내면에서 큰 불이 타오를 것이다.

성실성—양심 교육과 양심 따르기

영적 지능을 개발하는 가장 확실한 방법은 양심을 교육하고 양심을 따르는 것이다. 스탈 부인 Madame de Stael은 "양심의 소리는 너무 희미해서 묵살하기 쉽지만, 또한 너무 분명해서 잘못 알아들을 수 없다"고 말했다. 지혜가 담긴 책들이나 자신의 삶에 영감을 주었던 인물의 삶을 연구하다 보면, 길을 안내해 주는 양심의 소리를 들을 수 있을 것이다. 그것은 작고 조용한 소리이다.

C.S. 루이스는 이렇게 말했다. "양심에 복종하면 할수록, 양심은 더 많은 것을 요구한다." 양심은 당신에게 요구만 하는 것이 아니라 당신

의 능력, 지능, 공헌도를 높여 줄 것이다. 주어진 양심을 지혜롭게 사용할 때 재능은 두 배가 된다.

의미 있는 공헌과 내면의 소리 찾기

의미 있는 공헌과 내면의 소리 찾기는 이 책의 주제이며, 다른 모든 것들과 중복된다. 그러나 내면의 소리를 찾는 간단한 방법은 전에도 말했지만 이렇게 질문하는 것이다. "나의 삶은 지금 내게 무엇을 요구하는가? 나는 현재의 책임, 임무의 범위 내에서 무엇을 해야 하는가? 어떤 것이 지혜로운 행동인가?" 이 질문에 대해 양심이 우리에게 주는 답에 충실한 삶을 살 때, 양심의 소리는 더욱 커질 것이다.

> 내 삶의 목적은 취미와 할 일을 통합하는 것.
> 두 눈이 하나가 되어 앞을 보듯이
> 사랑과 필요가 하나가 되고 일이 모험이 될 때만
> 모든 행동이 결실을 맺는다.
> 신을 위해, 미래를 위해.[4]
>
> —로버트 프로스트

자신을 던질 만한 직장이나 일, 대의를 선택할 때 내면의 소리나 소명을 찾을 수 있다. 4가지 지능을 확인하는 기본적인 질문을 하라. 내가 잘하는 것 가운데 정말로 하고 싶은 것은 무엇인가? 그것을 해야 하는가? 그것으로 생계를 유지할 수 있는가? 그것을 더 잘하는 법을 배울 수 있는가? 학습의 대가를 치르고 싶은가? 짐 콜린스는 『좋은 기업을 넘어 … 위대한 기업으로』에서 사람과 조직에 대해 "나는 세상에서 무엇으로 최고가 될 수 있는가?"라고 질문하라고 권한다. 이 질문에 대한 답으로 다른 부분은 몰라도, 자녀 교육만큼은 마음만 먹는다면 최고의 교육을 할 수 있을 것이다. 아무도 우리처럼 아이들을 돌봐주지 않는다.

> 지금부터 100년 후에는, 내가 지금 어떤 차를 몰고 어떤 집에 살며 돈이 얼마나 많고 차림새가 어떻게 보이는지는 중요하지 않을 것이다. 그러나 아이들의 삶에서 내가 중요하기 때문에 세상은 조금 더 나아질 수 있을 것이다.
>
> ― 작자 불명

영적 지능을 소홀히 하거나 무시하거나 침해하기

양심과 성실성이 침해를 받으면 신체는 어떻게 되는가? 사람들의 표정에서, 그들의 눈 속에서 그것을 볼 수 있다. 대개 그들은 신체를 무시한다. 아직 힘이 남아 있는데도 지치는 일이 많다. 그들의 마음은 합리화로 가득 차 있으며 자신에게 그럴듯한 거짓말을 한다. 그리고 죄의식을 느낀다(성실성과 양심을 침해했을 때 느끼는 죄의식은 아주 건강한 감정이다).

그들은 마음의 평화를 잃고 판단력이 흐려진다. 캘리포니아 대학 버클리 캠퍼스가 어느 뉴스레터에 발표한 연구 결과 요약 내용 가운데는 '선행을 통해 성취도 높이기'라는 것이 있다.

감정은 어떻게 되는가? 자신의 감정을 조절하지 못한다. 다른 사람들을 이해하지도 공감하지도 못한다. 다른 사람들을 동정하고 사랑할 수 있는 능력이 현저하게 감소한다.

사람이 선해지면, 자신의 내면에 남아 있는 악을 더욱 분명하게 인식한다. 사람이 악해지면, 자신이 악하다는 것을 잘 인식하지 못한다. 적당하게 악한 사람은 자신이 선하지 않다는 것을 알고, 철저한 악인은 자신이 옳다고 생각한다. 사실 이것은 상식이다. 깨어 있을 때는 잠을 인식할 수 있지만 잠을 잘 때는 잠을 인식할 수 없는 것과 같은 이치이다. 정신이 올바를 때는 잘못을 객관적으로 볼 수 있지만, 잘못을 하고 있을 때는 잘못을 보지 못한다. 선한 사람은 선과 악을 모두 알지만, 악한 사람은 선과 악을 모두 모른다. [5]

— C. S. 루이스

리더십 이론의 문헌고찰

20세기에 리더십에 대해 5가지 주요 접근방법이 나타났다. 특성 이론, 행동양식 이론, 권력-영향력 이론, 상황 이론, 통합 이론이 그것이다. 1900년 이전에 유행했던 위인 이론은 특성 이론으로 이어졌다. 이론가들은 상황적·환경적 요소에 더 역점을 두었다. 마지막으로 사람과 상황, 심리 분석, 역할 달성, 변화, 목표를 중심으로 통합 이론이 나왔다. 1970년 이후 리더십 이론은 이 5가지 가운데 하나를 중심으로 전개되었다.

표 12   리더십 이론 문헌고찰

이론	대표적 인물과 연도	요약
1. 위인 이론 (Great-Man Theories)	다우드(Dowd, 1936)	역사와 사회제도는 위인들(이를테면, 모세, 마호메트, 잔다르크, 워싱턴, 간디, 처칠 등)의 리더십에 의해 만들어진다. 다우드는 "대중들에 의한 리더십이란 없다. 어느 사회나 개인들은 서로 다른 지능, 에너지, 도덕적 힘을 갖고 있으며, 대중들이 어떤 방향으로 인도되든, 그들은 항상 뛰어난 소수의 리더에 의해 인도된다"고 주장했다.

472

이론	대표적 인물과 연도	요약
2. 특성 이론 (Trait Theories)	L. L. 바나드(1926), 빙햄(1927), 킬번(1935), 커크패트릭과 로크(1991), 코스 & 일레(Kohs & Irle, 1920), 페이지(1935), 테드(1929)	리더는 따르는 사람들과는 다른 우수한 특성과 특징을 갖고 태어난다. 이 이론은 '리더와 다른 사람들을 구분짓는 특징은 무엇인가?' '그 차이는 어느 정도인가?'란 두 가지 문제에 대해 접근한다.
3. 상황 이론 (Situational Theories)	보가더스(Bogardus, 1918), 허시와 블랜차드(1972), 호킹(1924), 퍼슨(1928), H. 스펜서	리더십은 상황의 산물이다. 타고난 능력보다는 상황적 요소가 리더로 부상할 인물을 결정한다. 위대한 리더의 출현은 시간, 장소, 상황의 결과이다.
4. 특성-상황 이론 (Personal-Situational Theories)	바나드(1938), 바스(Bass, 1960), J. F. 브라운(1936), 케이스(1933), C. A. 기브(C.A. Gibb, 1947, 1954), 젠킨스(1947), 라피에르(Lapiere, 1938), 머피(1941), 웨스트버그(Westburgh, 1931)	특성-상황 이론은 위인·특성·상황 이론을 조합한 이론이다. 리더십 연구는 감정적, 지적, 행동적 특징과 함께 개인이 처한 구체적 상황을 대상으로 해야 한다고 주장한다. 상황에는 (1) 성격적 특징, (2) 집단과 구성원들의 성격, (3) 집단이 직면한 사건들이 포함된다.
5. 심리분석 이론 (Psychoanalysis Theories)	에릭슨(Erikson, 1964), 프랭크(Frank, 1939), 프로이트(Freud, 1913, 1922), 프롬(Fromm, 1941), H. 레비슨(H. Levison, 1970), 울먼(Wolman, 1971)	리더는 아버지의 기능을 한다. 슈퍼에고로서 사랑과 두려움의 근원이며, 따르는 사람들의 좌절고 파괴적 공격성의 감정적 분출구이다.
6. 인본주의 이론 (Humanistic Theories)	아그리스(Argris, 1957, 1962, 1964), 블레이크와 마우턴(Blake & Mouton, 1964, 1965), 허시와 블랜차드(1969, 1972), 리케르트(1961, 1967), 매슬로(1965), 맥그리거(1960, 1966)	인본주의 이론은 효과적이고 단결력 있는 조직에 속한 개인의 개발을 다룬다. 인간은 원래 동기가 부여된 존재이며, 조직은 원래 구조화되고 통제되게 되어 있다고 가정한다. 이 이론에 따르면, 리더십은 개인이 최대한의 능력을 발휘하고 조직에 기여하도록 조직의 모든 제약을 풀어 개인에게 자유를 부여하는 것이다.

이론	대표적 인물과 연도	요약
7. 리더–역할 이론 (Leader-Role Theory)	호먼스(Homans, 1950), 칸과 퀸(1970), 커와 제르미어(1978), 민츠버그(1973), 오스번과 헌트(1975)	개인의 특징과 상황의 요구가 상호작용하여 소수의 개인들이 리더로 부상한다. 집단은 구성원들의 상호작용에 기초하여 구조화되며, 집단은 서로 다른 역할과 위치에 따라 조직화된다. 리더십은 분화된 역할 가운데 하나이며, 리더의 위치에 있는 사람은 다른 구성원들과는 다르게 행동한다. 리더는 자신이 인식하는 역할과 다른 사람들이 기대하는 역할에 부응하여 행동한다. 민츠버그는 리더십의 역할로 조직의 얼굴, 리더, 연락병, 감시자, 전파자, 대변인, 도전가, 질서유지인, 자원배분자, 협상자를 꼽았다.
8. 경로–목표 이론 (Path-Goal Theory)	M.G. 에반스(1970), 게오르고풀러스, 마호니 존스 (Georgopoulos, Mahoney Jones, 1957), 하우스(1971), 하우스와 데슬러(1974)	리더는 사람들에게 보상을 얻을 수 있는 행동양식(경로)을 보여 줌으로써 그들의 변화를 촉진시킨다. 리더는 또한 사람들의 목표를 분명히 하고, 그들이 일을 잘하도록 격려한다. 상황적 요소는 리더가 이러한 경로-목표 목적을 달성하는 방식을 결정할 것이다.
9. 우연 이론 (Contingency Theory)	피들러(1967), 피들러, 체머스, 마헤(1976)	업무지향적 리더 혹은 관계지향적 리더의 효과성은 상황에 따라 달라진다. 이 이론을 모델로 한 리더십 교육 프로그램은 리더가 자신의 성향을 확인하고, 유리한 상황이나 불리한 상황에 잘 적응하는 데 도움을 준다.
10. 인지적 리더 : 21세기의 위인 (Cognitive Leadership)	H. 가드너(1995) J. 콜린스(2001)	리더는 '말이나 본보기로 많은 동료들의 행동, 사고, 감정에 현저한 영향을 미치는 사람'이다. 리더와 따르는 사람들의 정신의 성격을 이해하면, 리더십의 성격에 대한 통찰을 얻을 수 있다.
11. 쌍방향 프로세스 이론과 모델 : 다중연결 모델, 다중스크린 모델, 수직쌍 연결, 교환 이론, 커뮤니케이션 이론 (Theories and Models of Interactive Processes)	데이비스와 루탄스(1979), 피들러와 레이스터(1977), 풀크와 웬들러(1982), 그랜 (Graen, 1976), 그린(1975), 유키(1971)	리더십은 쌍방향 프로세스이다. 리더의 구조 주도성, 리더의 지능과 그의 성과 혹은 집단성과와의 관계, 리더와 집단이 아닌 리더와 각 개인과의 관계, 교환 형태 혹은 가변적 행동으로서의 사회적 상호작용에 대한 이론들이 여기에 포함된다.

이론	대표적 인물과 연도	요약
12. 권력-영향력 : 참여적 리더십 (Power-Influence : Participative Leadership)	콕과 프렌치(1948), J. 가드너(1990), 레빈, 리핏, 화이트(1939), 브룸 & 예턴 (Vroom & Yetton, 1974)	권력-영향력 이론에는 참여적 리더십 이론이 포함된다. 권력-영향력 이론은 리더가 얼마나 많은 권력을 갖고 행사하는지 연구하며, 단방향 인과율을 가정한다. 참여적 리더십 이론은 권력 공유와 사람들의 임파워먼트를 다룬다. 브룸과 예턴은 리더는 지시하고 부하는 수동적으로 따르는 리더십 처방 이론을 내놓았다. 그러나 부하가 더 많은 지식을 갖고 있으면, 그들의 역할은 보다 참여적으로 변해야 한다. 가드너는 '리더십은 개인 혹은 리더팀이 리더가 갖고 있거나 리더와 그 동료들이 공유하고 있는 목표를 집단이 추구하도록 유도하는 설득 혹은 본보기의 과정'이라고 생각한다. 그는 리더십은 빈틈없이 수행되어야 할 역할이므로 리더는 그들이 이끌어가는 시스템에서 완전한 역할을 수행한다고 말한다.
13. 규정된 속성, 정보처리, 열린 시스템 (Attribution, Information Processing, and Open Systems)	브라이언 & 켈리(Bryon & Kelly, 1978), 카츠와 칸(1966), 로드(1976, 1985), 로드, 비닝, 러시, 토마스(1978), 미첼, 라슨, 그린(1977), 뉴웰 & 사이먼(1972), H. M. 바이스(1977)	리더십은 사회적으로 구축된 현실이다. 미첼 등에 따르면, "관찰자와 집단 구성원에 의해 규정된 리더십의 속성은 그들 개인의 사회적 현실에 의해 편향성을 갖는다." 또한 개인, 프로세스, 구조, 환경 변수는 상호인과적 현상이다. 즉 이 변수들 간에 원인과 결과를 구분하는 것이 어렵다.
14. 통합 : 변환적, 가치기반 리더십 (Integrative : Transformational, Values-Based)	바스 · 베니스(Bass · Bennis, 1984, 1992, 1993), 번즈(1978), 다운턴(1973), 페어홀름(1991), 오툴(1995), 디프리(1992), 티치와 디바나, 리네쉬	번즈에 따르면, 변환적 리더십은 '리더와 따르는 사람들이 서로 도덕성과 동기 부여를 더 높은 수준으로 끌어올리는' 과정이다. 따르는 사람들은 그룹을 위해 자신의 이해를 포기하고, 장기적인 목표를 생각하고, 중요한 것을 알고 있다고 가정한다. 베니스에 따르면, 효과적인 리더는 방향정렬, 창조, 임파워해주기의 3가지 기능을 수행한다. 리더는 인적 자원과 기타 자원을 정해진 방향에 맞추고, 아이디어를 자유롭게 발표할 수 있는 조직문화를 창조하고, 사람들이 조직에 기여하도록 임파워해줌으로써 조직을 변화시킨다. 베니스는 관리와 리더십을 구분한 것으로 유명하다. 한마디로 말해서 "리더는 옳은 일을 하는 사람이고, 관리자는 일을 옳게 하는 사람이다."

이론	대표적 인물과 연도	요약
15. 카리스마적 리더십 (Charismatic Leadership)	콘저 & 캐넌거(Conger & Kanungu, 1987), 하우스 (1977), 케츠 드 브리스 (Kets de Vries, 1988), J. 맥스웰(1999), 마인들 (1990), 샤미르, 하우스, 아 더(1993), 웨버(1947)	리더는 부하들에 의해 특별한 자질을 갖고 있는 것으 로 인식된다고 가정한다. 리더의 영향력은 권위나 전통 이 아닌 추종자들의 인식에 기초한다. 카리스마적 리더 십을 설명하는 이론으로는 규정된 속성, 객관적 관찰, 자아상 이론, 심리분석, 사회적 전염 이론이 있다.
16. 역량기반 리더십(Compe-tency-Based Leadership)	베니스(1993), 보야티지스, 카멜론, 퀸	사람은 유능한 사람(리더)과 보통 사람의 차이점을 예측 가능케 해주는 중요한 역량을 배우고 향상시킬 수 있다.
17. 비전과 포부 의 리더십 (Aspirational and Visionary Lead-ership)	번즈, 쿠제스와 포스너 (1995), 피터스, 워터맨 (1990), 리처즈와 잉글 (1986)	쿠제스와 포스너에 따르면, 리더는 부하들의 열정에 불 을 붙이고, 사람들을 인도하는 나침반의 역할을 한다. 그들은 '리더십은 다른 사람들이 함께 나누고 있는 포 부를 펼치도록 하는 기술'로 정의한다. 사람들의 기여하 고자 하는 욕구와 사람들이 행동하도록 동기를 부여할 수 있는 리더의 능력에 역점을 둔다. 리더는 고객들에게 반응하고, 비전을 창조하고, 직원들에게 활력을 불어넣 고, 급변하는 '혼돈의' 환경 속에서 성장한다. 리더십은 비전을 만들고, 가치를 구체화하고, 일을 완수할 수 있 는 환경을 조성하는 것이다.
18. 관리적, 전략적 리더십 (Managerial and Strategic Leader-ship)	드러커(1999), 제이콥스 & 자크(Jacobs & Jaques, 1990), 자크 & 클레먼트 (Jaques & Clement, 1991), 코터(1998, 1999), 버킹엄과 코프먼(1999), 버킹엄과 클 리프턴(2001)	리더십은 내부 파트너십과 외부 파트너십을 통합하는 것이다. 드러커는 통합의 3가지 요소인 재정, 성과, 개 인을 강조한다. 그는 리더는 조직의 성과와 전체 사회에 책임이 있다고 생각한다. 리더는 역할을 수행하는 특징 이 있다. 코터에 따르면, 리더는 비전과 방향을 알려 주 고, 사람들을 정해진 방향에 맞게 정렬하고, 동기를 부 여하고, 영감을 주고, 활력을 불어넣는다. 또한 리더는 변화의 주체이며 사람들을 임파워해준다. 리더십은 사 람들에게 목적(의미 있는 방향)을 주고, 목적 달성을 위해 자발적으로 노력하게 하는 과정이다. 또한 효과적인 관 리적 리더는 효과적인 관리업무를 양산한다. 이 연구자 들은 시간과 장소, 개인과 상황에 따라 달라지는 필수적 리더십을 지지한다.

이론	대표적 인물과 연도	요약
19. 결과기반 리더십 (Results-Based Leadership)	울리치 · 젱어 · 스몰우드 (Ulrich · Zenger · Small-wood, 1999), 노리아, 조이스 & 로버트슨(2003)	울리치 등은 '리더가 얻은 분명한 결과를 설명하고' 결과를 성품과 연결시키는 리더십을 제안한다. 리더는 전문 지식과 전략적 사고와 함께 도덕성, 성실성, 에너지를 갖고 있다. 또한 조직의 성공을 촉진하는 효과적인 행동양식을 보여 준다. 리더십의 결과가 측정 가능하기 때문에 리더 역시 배우고 얻을 수 있다.
20. 교사로서의 리더십 (Leader as Teacher)	드프리(DePree, 1992), 티치(1998)	리더는 교사이다. 리더는 '가르칠 수 있는 관점'을 정한다. 리더십은 이야기를 통해 사람들에게 동기를 부여하는 것이다. 티치는 효과적인 리더십은 효과적인 교습이라고 주장한다.
21. 공연예술 감독으로서의 리더십 (Leadership as a Performing Art)	드프리(DePree, 1992), 민츠버그(1998), 베일(Vaill, 1989)	리더십은 리더가 동기 부여와 코칭과 같은 리더십 행동을 드러내지 않고 모든 일을 눈에 띄지 않게 실행한다는 측면에서 보면, 리더쉽은 연극 무대의 감독과 같다. 리더십은 종종 오케스트라 지휘자와 재즈 앙상블에 비유된다.
22. 문화와 전체로서의 리더십 (Cutural Holistic Leadership)	페어홀름(1994), 셍게(1990), 샤인(1992), 휘틀리(1992)	리더십은 문화 밖으로 나와서 보다 적응력이 높은 진화 과정을 시작할 수 있는 능력이다. 리더십은 중요한 이해당사자들을 포함시키고, 사람들이 따르게 하고, 사람들을 임파워할 수 있는 능력이다. 휘틀리의 전체론적 접근방법은 리더십이 상황과 시스템을 다룬다고 가정한다. 리더는 개인, 조직, 환경 간에 시너지적 관계를 만들어 낸다. 리더는 5가지 규율을 통해 학습 조직을 장려한다. 셍게에 따르면, 리더는 디자이너, 청지기, 교사의 3가지 역할을 수행한다.
23. 봉사형 리더십 (Servant Leadership)	그린리프(1996), 스피어스와 프릭(1992)	봉사형 리더는 기본적으로 직원, 고객, 지역사회에 대한 봉사를 통해 조직을 이끈다. 봉사형 리더의 특징은 경청, 공감, 치유, 인식, 설득, 개념화, 선견지명, 다른 사람들의 성장을 위한 노력, 지역사회 건설 등이다.

이론	대표적 인물과 연도	요약
24. 정신적 리더십 (Spiritual Leadership)	드프리(DePree, 1989), 에치오니(Etzioni, 1993), 페어홀름(1997), 그린리프(1977), 하울리(Howley, 1993), 키퍼(Keifer, 1992), J. 맥스웰, 베일(1989)	리더십은 행동을 통제하는 것이 아니라 사람들의 정신에 영향을 미치는 것이다. 페어홀름은 리더십은 다른 사람들과 연결되는 것이라고 생각한다. 또한 "리더는 전인적 인간을 보살피는 데 헌신할 때, 정신적인 보살핌도 함께 고려해야 한다…새로운 세기의 리더는 먼저 자기 자신이 적극적으로 다른 사람들과 연결되고 다음에 따르는 사람들이 연결되는 것을 도와줘야 한다." 리더의 영향력은 조직의 문화, 관습, 가치, 전통을 이해하는 데서 나온다.

관련 참고문헌

Bass, B.M. *Bass and Stogdill's Handbook of Leadership: Theory, Research, and Managerial Applications*, 3d ed. London: Collier Macmillan, 1990.

Bennis, W.G. *An Invented Life: Reflections on Leadership and Change*. Reading, Mass.: Addison-Wesley, 1993.

Buckingham, M., and D.O.Clifton. *Discover Your Strengths*. New York: Free Press, 2001.

Buckingham, M., and C. Coffman. *First, Break All the Rules: What the World's Greatest Managers Do Differently*. New York: Simon & Schuster, 1999.

Collins, J.C. *Good to Great: Why Some Companies Make the Leap···and Others Don't*. New York: HarperCollins Publishers, 2001.

Fairholm, G.W. *Capturing the Heart of Leadership: Spirituality and Community in the New American Workplace*. Westport, Conn.: Praeger, 1997.

Fairholm, G.W. *Perspectives on Leadership: From the Science of Management to Its Spiritual Heart*. Westport, Conn.: Quorum Books, 1998.

Gardner, H. *Leading Minds: An Anatomy of Leadership*. New York: BasicBooks, 1995.

Gardner, J.W. *On Leadership*. New York: Collier Macmillan, 1990.

Jaques, E., and S.D. Clement. *Executive Leadership: A Practical Guide to Managing Complexity*. Arlington, Va.: Cason Hall, 1991.

Kouzes, J.M. and B.Z. Posner. *The Leadership Challenge: How to Keep Getting Extraordinary Things Done in Organizations*. San Francisco: Jossey-Bass, 1995.

Renesch, J., ed. *Leadership in a New Era: Visionary Approaches to the Biggest Crisis of Our Time*. San Francisco: New Leaders Press, 1994.

Senge, P.M. *The Fifth Discipline: The Art and Practice of the Learning Organization*. New York: Currency Doubleday, 1990.

Ulrich, D., J. Zenger, and N. Smallwood. *Results-Based Leadership: How Leaders Build the Business and Improve the Bottom Line*. Boston: Harvard Business School Press, 1999.

Vaill, P.B. *Managing as a Performing Art: New Ideas for a World of Chaotic Change*. San Francisco: Jossey-Bass, 1989.

Wheatley, M.J. *Leadership and the New Science: Learning about Organization from an Orderly Universe*. San Francisco: Berrett-Koehler, 1992.

Wren, J.T. *Leader's Companion: Insights on Leadership through the Ages*. New York: The Free Press, 1995.

Yuki, G. *Leadership in Organizations*, 4th ed. Upper Saddle River, N.J.: Prentice-Hall, 1998.

리더십과 관리에 대한 글 모음

저자와 출처	리더십과 관리에 대한 내용
워런 베니스 Bennis, W. G. (1994). "Leading Change: The Leader as the Chief Transformation Officer." In J. Renesch(Ed.), *Leadership in a New Era: Visionary Approaches to the Biggest Crisis of Our Time* (pp. 102–110). San Francisco: New Leaders Press.	관리는 사람들이 해야 할 일을 하게 만드는 것이다. 리더십은 사람들이 해야 할 일을 하고 싶도록 만드는 것이다. 관리자는 밀고, 리더는 당긴다. 관리자는 명령하고, 리더는 소통한다.
Bennis, W. G. (1993). *An Invented Life: Reflections on Leadership and Change.* Reading, MA: Addison–Wesley.	리더는 옳은 일을 하는 사람이고, 관리자는 일을 옳게 하는 사람이다.
In Carter–Scott, C. (1994). "The Differences Between Management and Leadership." *Manage,* 10+.	리더는 상황, 즉 음모를 꾸미거나 그대로 두면 우리를 질식시킬 수도 있는 변화가 심하고 혼란스럽고 모호한 환경을 정복하지만, 관리자는 상황에 항복한다. 관리자는 관리하고, 리더는 혁신한다. 관리자는 사본이고, 리더는 원본이다. 관리자는 유지하고, 리더는 개발한다. 관리자는 시스템과 구조에 초점을 맞추고, 리더는 사람에 초점을 맞춘다. 관리자는 통제에 의존하고, 리더는 신뢰를 불어넣는다. 관리자는 단기적인 시각을 갖고, 리더는 장기적인 시각을 갖는다. 관리자는 언제와 어떻게를 생각하고, 리더는 무엇과

저자와 출처	리더십과 관리에 대한 내용
	왜를 생각한다. 관리자의 눈은 수익에 가 있고, 리더의 눈은 수평선에 가 있다. 관리자는 모방하고, 리더는 발명한다. 관리자는 현상을 받아들이고, 리더는 현상에 도전한다. 관리자는 전형적인 모범 군인이고, 리더는 누구의 간섭도 받지 않는 독립적 존재이다.
존 W. 가드너 Gardner, J. W. (1990). *On Leadership*. New York: Collier Macmillan.	리더와 리더 겸 관리자는 적어도 6가지 측면에서 관리자와 전체적인 방향이 다르다. 1. 보다 장기적으로 생각한다. 2. 자신이 이끌고 있는 조직에 대해 생각할 때, 조직을 현실과의 관계 속에서 파악한다. 3. 권한과 한계를 넘어서 사람들에게까지 영향력을 미친다. 4. 무형의 비전, 가치, 동기 부여에 역점을 두고, 리더와 사람들의 상호작용의 비합리적, 무의식적 요소들을 직관적으로 이해한다. 5. 다양한 구성원들의 갈등에 대처할 수 있는 정치 기술을 갖고 있다. 6. 쇄신의 측면에서 생각한다 관리자는 리더보다 더 조직에 밀착되어 있다. 사실 리더는 전혀 조직을 갖고 있지 않다.
제임스 쿠제스와 베리 포스너 Kouzes, J. M. & Posner, B. Z. (1995). *The Leadership Challenge: How to keep Getting Extraordinary Things Done in Organizations*. San Francisco: Jossey–Bass.	lead란 말은 원래 '가다, 여행하다, 안내하다'의 의미이다. 리더십은 운동 감각에 대한 것이다…[리더는] 새로운 질서를 추구하기 시작한다. 이와는 대조적으로 'manage'는 원래 '손'을 의미한다. 관리의 핵심은 일의 처리(handling), 질서유지, 조직화, 컨트롤이다. 관리와 리더십의 중요한 차이는 두 단어의 어원적 의미에 담겨 있다. 그것은 일을 처리하는 것과 목적지로 가는 것의 차이이다.
In Carter–Scott, C. (1994). "The Differences between Management and Leadership." *Manage*, 10+.	쿠제스 : 관리와 리더십의 가장 큰 차이는 두 단어의 어원적 의미에서 찾을 수 있다. 그것은 일을 처리하는 것과 목적지로 가는 것의 차이이다.

저자와 출처	리더십과 관리에 대한 내용
에이브러햄 잘레즈닉 Zaleznik, A. (1977). "Managers and Leaders: Are They Different?" *Harvard* *Business Review*, 55(5). 67–78.	관리자는 일을 어떻게 완수하는가에 관심이 있고, 리더는 일이 사람들에게 무엇을 의미하는가에 관심이 있다. 리더와 관리자는 개념이 다르다. 관리자는 관리를, 전략을 세우고 결정을 내리기 위해 상호작용하는 사람들과 아이디어의 조합을 수반하는, 할 수 있게 하는 과정으로 본다. 관리자는 제한된 선택에 따라 행동하지만, 리더는 오래된 문제에 새로운 접근방법을 개발하고, 새로운 선택에 대한 토론을 시작하기 위해 관리자와는 정반대로 행동한다…리더는 일에 대한 관심을 유발시킨다.
존 코터 Kotter, J. (1990). "What Leaders Really Do." *Harvard Business* *Review*, 68. 103+	관리는 복잡한 문제를 처리하는 것이다. 관리의 관행과 절차는 대체로 21세기의 중요한 현상인 대조직의 출현에 잘 대응한다. 관리를 잘 못하면, 복잡한 기업은 혼란에 빠져 생존을 위협받게 된다. 관리를 잘하면, 제품의 품질과 수익과 같은 핵심요소에 질서와 일관성이 생긴다. 반면에 리더십은 변화에 대응하는 것이다. 리더십이 최근에 중요해진 이유 가운데 하나는 비즈니스 세계가 경쟁이 치열해지고 변화가 심해졌다는 점이다. 빨라진 기술변화, 국제경쟁의 심화, 시장의 탈규제화, 자본집약산업의 과잉설비, 불안한 오일카르텔, 정크본드의 교란, 직원 연령층의 변화가 그러한 변화에 영향을 미쳤다. 이에 따라 어제와 같은 성과를 내거나, 어제보다 5% 높은 성과를 내는 것은 더 이상 성공공식이 되지 못한다. 달라진 환경 속에서 살아남고 효과적으로 경쟁하기 위해서는 보다 큰 변화가 필요하다. 변화가 커질수록 리더십에 대한 요구도 커진다.
제임스 M. 번즈 Burns, J. M. (1978). *Leadership*. New York: Harper and Row.	거래적 리더십(관리)과 변환적 리더십 거래적 리더십 : 중요한 것의 교환을 위해 다른 사람들과 주도적으로 접촉할 때 나타나는 리더십

저자와 출처	리더십과 관리에 대한 내용
	변환적 리더십 : 리더와 따르는 사람들이 서로 도덕성과 동기부여를 더 높은 수준으로 끌어올리도록 맞물려 있을 때 나타나는 리더십. 양측의 목적은 처음에는 다르지만 서로 연결되어 거래적 리더십에 서처럼 하나가 된다.
피터 드러커 In Galagan, P. A. (1998). *Peter Drucker: Training & Development*, 52, 22–27.	리더의 판단 기준은 무엇을 성취했느냐 하는 것이다. 리더가 떠나도 성과는 계속 얻는다. 판단 기준이 되는 것은 승계이다. 만일 훌륭한 카리스마적 리더가 떠나는 순간 기업이 무너진다면, 그것은 리더십이 아니다. 그것은 솔직히 말해서 기만이다. 나는 항상 리더십은 책임이라고 강조했다. 리더십은 책임지는 것이다. 리더십은…을 실행하는 것이다. 관리를 리더십과 분리하는 것은 기업가의 역할에서 관리 를 분리하는 것만큼이나 어리석은 일이다. 관리와 리더십 모두 다 중요한 역할이다. 서로 다른 것은 분명하지만 오른손과 왼손, 코와 입의 차이에 불과하다. 모두 한 몸에 속해 있는 것이다.
리처드 파스칼 In Johnson, M. (1996). "Taking the Lid off Leadership." *Management Review*, 59 – 61.	관리는 과거와 같은 수준의 성과를 얻기 위해 권한과 영향력을 행사하는 것이다. 리더십은 과거에 없었던 일을 일어나게 하는 것이며…항상 허용된 최대 범위 내에서 행동한다.
조지 웨더스비 Weathersby, G. B. (1999). "Leadership versus Management." *Management Review*, 88, 5+	관리는 조직의 목표에 따라 부족한 자원을 배분하고, 우선순위를 정하고, 업무를 계획하고, 결과를 얻는 것이다. 관리는 통제에 대한 것이다. 반면에 리더십은 공동의 비전 창조에 초점을 맞춘다. 사람들이 비전에 기여하도록 동기를 부여하고 자신의 이익을 조직의 이익과 일치시키도록 격려한다. 그것은 명령이 아닌 설득을 의미한다.

저자와 출처	리더십과 관리에 대한 내용
존 마리오티 Mariotti, J. (1998). "Leadership Matters." *Industry Week*, 247, 70+.	잘 관리되는 사람들이라도 좋은 리더를 갖고 있지 않다면, 성공에 필요한 노력을 하려는 의지가 부족할 수 있다. 위대한 리더는 보통 사람들로부터 보통이 넘는 결과를 얻는다. 위대한 관리자는 잘 계획되고 잘 실행된 결과를 얻지만, 리더십에 의해 고취된 열정과 헌신에서 나오는 큰 성공을 얻지는 못한다. 리더는 건축가이다. 관리자는 건설자이다. 모두 필요하지만, 건축가가 없으면 건설할 일이 없다.
로자베스 모스 캔터 Kanter, R. M. (1989, Rosabeth Moss Kanter. "The New Managerial Work." *Harvard Business Review*, 85+.	전통적 관리자의 권위의 기초가 흔들리고 있고, 새로운 리더십 수단이 그 자리를 대신하고 있다. 계층 조직에서 비롯된 힘을 갖고 있고, 제한된 개인적 통제에 익숙해져 있는 관리자는 시각을 바꾸고 자신의 시야를 확대시키는 법을 배우고 있다. 새로운 관리 업무는 제한된 책임 범위 밖으로 시야를 확대하여 기회를 인식하고, 관련된 영역에 있는 사람들로 프로젝트팀을 구성하는 것으로 되어 있다. 그것은 활동과 자원이 중복되는 회사, 부서, 기능의 구분 없는 커뮤니케이션과 협력을 포함한다. 따라서 새로운 관리 업무에서 성공에 중요한 요소는 직위, 직책, 공식적 권한이 아니라 사람들을 활용하고, 그들이 최선을 다하도록 동기를 부여하기 위한 지식, 기술, 감각을 갖는 것이다.
톰 피터스 Peters, T. (1994). *Thriving on Chaos*. New York: Alfred A. Knopf.	비전을 갖는 것 그리고 무엇보다도, 열정적으로 그 비전을 실현하는 것이 리더십의 핵심요소이다…비전은 감독자나 중간관리자의 세계에서 상석을 차지하고 있다.

대조를 통해 가장 잘 배울 수 있다는 말이 떠오른다. 리더십과 관리의 차이점은 〈자료 A3.1〉과 같이 정리할 수 있다.

리더십	관리
사람	일
자발성, 뜻밖의 행운	구조
능력 발휘, 임파워먼트	통제
효과성	효율성
프로그래머	프로그램
투자	비용
원칙	기법
변환	거래
원칙 중심의 힘	효용성
통찰	측정
옳은 일을 한다	일을 옳게 한다
방향	속도
이해당사자들과의 관계에 대한 주요 지표	손익
목적	방법
원칙	실천
결정	운영
"옳은 벽에 사다리가 놓여 있는가?"	사다리를 빨리 올라간다

자료 A3.1

낮은 신뢰의 높은 비용

저술가이자 컨설턴트인 마한 칼사Mahan Khalsa는 기업 경영진이 변화를 원하게 만드는 아주 겸손한 방법을 고안했다. 개인이 변화를 주도하고 유지할 수 있도록 조직이 겸손해지기를 원한다면, 상황의 힘을 이용할 줄 알아야 한다. 개인은 변화 태세를 갖추도록 일련의 질문을 이용하여 상황의 영향력을 만들어 낼 수 있다.

이 프로세스는 문제의 핵심에 도달하게 해주는 2개의 질문으로 이루어져 있다. 첫 번째는 증거를 묻는 질문이다. 누가, 언제, 어디서, 무엇을, 어떻게 등 구체적인 질문을 하며 상황에 대한 사실 자료들을 수집한다. 두 번째는 효과를 묻는 질문이다. "그 다음에는 어떻게 되죠?"와 같이 사물의 핵심을 짚어 내는 질문이다.

다음에 소개하는 당신과 동료 전문인 또는 관리자와의 가상 대화는 이 2가지 질문을 사용하여 낮은 신뢰의 높은 비용을 어떻게 진단하는지 보여 줄 것이다. 이 프로세스는 필요한 정보에 접근할 수 있는 사람이면 지위에 상관없이 누구나 사용할 수 있다.

동료 : 직원들이 서로 신뢰하지 않습니다.

이때 "구체적으로 어떤 사람들이 서로 신뢰하지 않습니까? 실제로

서로 신뢰하지 않는 것이 언제 나타납니까? 무엇을 보고 신뢰가 낮다
는 것을 알죠?"라고 질문할 수 있다. 조직에서 낮은 신뢰의 영향을 알
고 싶으면 그 효과를 묻는 질문을 해야 한다.

> **당신** : 서로 신뢰하지 않으면 어떻게 되죠?
> **동료** : 정보를 공유하지 않습니다.

다시 이렇게 증거를 묻는 질문을 한다. "구체적으로 어떤 사람들이
정보를 공유하지 않습니까? 어떤 정보를 공유하지 않죠? 그들이 정보
를 공유하지 않는다는 것을 어떻게 아나요?" 그러나 이때 그 효과에
대해 더 깊이 파고 들어갈 수 있다.

> **당신** : 직원이 정보를 공유하지 않으면 어떻게 되죠?
> **동료** : 프로젝트와 활동의 방향이 회사의 비즈니스 목표와 일치하지 않
> 습니다.

다시 이렇게 증거를 묻는 질문을 한다. "구체적으로 어떤 목표가 방
향이 일치하지 않나요? 구체적으로 어떤 프로젝트와 활동이 방향이
일치하지 않나요? 방향이 일치하지 않는다는 것을 어떻게 아나요?"
다음에는 효과를 묻는 질문을 한다.

> **당신** : 직원이 회사의 비즈니스 목표와 방향이 일치하지 않으면 어떻게
> 되죠?
> **동료** : 신제품 개발 비용이 올라갑니다.

이제 당신의 동료는 낮은 신뢰와 관련하여 실제로 측정할 수 있는 어떤 것을 제시했다. 신제품 개발 비용이 올라간다는 것이다. 측정 가능한 정보를 보거나 들었을 때는 다음과 같은 5가지 유용한 질문을 한다.

1. 그것을 어떻게 측정하는가?
2. 현재의 상태는 어떠한가?
3. 어떤 상태가 되기를 원하는가?
4. 그 차이는 구체적으로 얼마인가?
5. 앞으로 어떻게 되는가?(적절한 관리 일정)

그래서 당신의 동료가 "신제품 개발 비용이 올라갑니다"라고 말했을 때, 이렇게 5가지 질문을 할 수 있다.

당신 : 신제품 개발 비용은 어떻게 측정합니까?
동료 : 신제품 개발에 쓰이는 프로젝트 비용으로 측정합니다.
당신 : 현재의 비용은 얼마죠?
동료 : 50만 달러입니다.
당신 : 얼마가 되기를 원합니까?
동료 : 35만 달러까지는 낮춰야 한다고 생각합니다.
당신 : 그러면 15만 달러의 차이가 나는군요. 1년간 신제품을 몇 개나 생산하고 있습니까?
동료 : 20개입니다.

이제 당신은 동료와 계산을 한다.

당신 : 제품당 15만 달러에 신제품 개수 20개를 곱하면, 연간 약 300만 달러군요. 맞나요?

동료 : 약간 낮습니다.

당신 : 그 비용이 올라가지도 내려가지도 않는다면, 앞으로 3년간 900만 달러의 문제가 되겠군요?

동료 : 그렇습니다.

당신은 효과를 묻는 질문을 하며 '낮은 신뢰'라는 단 한 가지 문제가 향후 3년간 회사에 900만 달러의 비용을 발생시킬 수 있다는 것을 발견했다. 그 수치를 검증하기 위해서는 보다 정밀한 작업이 필요하겠지만, 적어도 당신은 지켜봐야 할 측정 가능한 어떤 것을 가졌고, 당신은 구체적인 어떤 것에 초점을 맞추게 될 것이다. 동료가 그 문제를 구체적인 비용의 측면에서 볼 때, 당신은 변화의 필요성을 느낀다.

당신은 이 프로세스를 통해 동료가 문제의 핵심에 도달할 때까지 증거와 효과를 묻는 질문을 계속해 나간다. 언제나 주체는 상대방 혹은 팀이다. 당신은 안내자, 멘토의 역할만 할 뿐이다. 당신은 동료를 상황의 중심에 그대로 두고, 위협이 되지 않는 멘토링을 제공한다. 대단히 효과적이고 철저한 이 질문 도구는 조직의 문제와 관련된 개인 및 조직의 비용에 객관적으로 접근할 수 있게 해준다.

무엇보다도 이 프로세스는 팀과 조직에 솔직성의 문화를 정착시키고, 신뢰를 강화시켜 줄 것이다. 보다 구체적인 내용을 알고 싶으면 www.franklincovey.com/salesperformance를 이용하기 바란다.

4가지 실행능력 실천 방법

4가지 실행능력은 조직 내의 모든 사람들을 대상으로 한 1~3일간의 워크숍이다. 이 워크숍은 고위 리더팀, 운영팀, 관리자, 개인 기여자를 대상으로 개최할 수도 있다. 프랭클린코비 컨설턴트들이 퍼실리테이팅할 수도 있고, 고객들이 자격 인증을 획득하여 이 과정을 이끌 수도 있다. 워크숍 참가자들은 핵심목표를 분명하게 하고, 그 목표의 기준과 성과표를 정하고, 목표를 새로운 활동과 행동으로 나누고, 목표에 대한 책임감을 유지하기 위해 성과를 확인하는 프로세스를 배운다. 우리는 모든 조직 구성원들이 핵심목표와 전략을 분명하게 이해하고 거기에 헌신할 수 있도록, 조직이 전략을 실행하고 목표를 신속하게 구체화하는 것을 지원한다. 우리는『포춘』선정 100대 기업을 비롯하여 어떤 형태, 어떤 규모의 조직이든 이 방법의 실행을 돕고 있다. 4가지 실행규율에 대해 구체적으로 알고 싶으면 www.franklincovey.com을 이용하기 바란다.

xQ 조사 결과

xQ 조사는 조직의 핵심목표 실행능력을 평가하는 도구이다. IQ 검사가 지능 차이를 측정하듯이, xQ 평가는 목표 설정과 달성 간의 차이인 '실행갭'을 측정한다. xQ는 'execution quotient(실행지수)'의 약자이다.

프랭클린코비사는 약 250만 명을 대상으로 관리자들의 효과성을 조사한 후, 해리스 여론조사소로 유명한 해리스인터랙티브와 공동으로 실행능력을 측정하는 방법을 개발했다.

xQ 조사 결과는 놀랍고도 곤혹스러웠다. 다음 조사 결과는 이 심각한 실행갭을 확인시켜 준다.

표 14	xQ 조사 결과에 나타난 실행갭	
실행의 쟁점		동의자 비율
조직의 방향정렬 모든 직원이 조직의 목표에 초점을 맞추고 있는가?		22%
팀 목표의 질 업무팀은 분명하고 측정 가능한 목표를 갖고 있는가?		9%
팀 계획 수립 업무팀은 함께 목표 달성 방법을 계획하는가?		16%
팀 커뮤니케이션 팀원들이 상호이해하고 창조적 대화를 하는가?		17%
팀 신뢰도 안전한 승-승 업무 환경 속에서 일하는가?		15%

실행의 쟁점	동의자 비율
팀 임파워먼트 직무 수행에 필요한 자원과 자유가 충분한가?	15%
팀 책임 팀원들은 그들의 성과에 대해 서로 책임을 지는가?	10%
팀 기준 – 질 성공 기준은 정확하고 공개적으로 기록되는가?	10%
개인 업무 목표 직원들은 분명하고, 측정 가능하고, 시한이 정해진 업무 목표를 갖고 있는가?	10%
개인 참여도 직원들은 의욕을 갖고 일하는가? 스스로 중요한 일을 하고 있다고 생각하는가?	22%
개인 계획 수립 직원들은 우선순위를 체계적으로 정하는가?	8%
개인 주도성 직원들은 개인적으로 주도성을 발휘하고 결과에 책임 지는가?	13%
조직의 방향 조직의 전략과 목표가 모든 직원에 의해 정확하게 이해되고 있는가?	23%
조직의 협력 팀은 기능에 구애되지 않고 원만하게 업무 협조가 이루어지는가?	13%
조직의 신뢰성 조직은 자신의 가치와 약속을 지키는가?	20%
조직의 성과 향상 일관되고 체계적인 접근방법이 있는가?	13%
개인의 헌신도 직원들은 조직의 방향에 헌신적인가?	39% (대단히 높거나 높다)
조직의 지원 경영진은 업무팀의 목표를 적극적으로 지원하는가?	45% (높거나 대단히 높다)
팀의 초점 부서의 핵심목표에 완전하고 성실하게 초점을 맞추고 있는가?	14%
시간 배분 직원들은 핵심목표에 얼마나 많은 시간을 사용하는가?	60%

표 15	프랭클린코비 xQ 조사의 주요 결과
주요 발견 사항	**측정 결과**
회사가 달성하려고 하는 바를 분명하게 이해한다.	37%가 "조직이 현재와 같은 전략 방향을 갖게 된 이유를 분명하게 이해하고 있다"고 응답했다.
6명 가운데 1명만이 가장 중요한 목표에 성실하게 초점을 맞추고 있다.	14%가 "우리의 가장 중요한 목표에 성실하게 초점을 유지하고 있다"고 응답했다.
리더는 가장 중요한 목표를 알려 주는가?	44%가 조직이 조직의 가장 중요한 목표를 분명하게 알려 줬다고 말했다.
직원들의 업무 방향이 회사의 목표와 일치하는가? 10명 가운데 2명이 그렇다고 대답했다.	22%는 그들의 업무 방향이 회사의 목표와 일치한다고 말했다.
사람들은 회사의 목표에 헌신하고 있는가? 10명 가운데 1명만이 그렇다고 대답했다.	9%가 "완전히 헌신하고 있다"는 항목을 선택했다.
3명 가운데 1명만이 분명하게 정해진 업무 목표를 갖고 있다.	33%가 '적어 놓은' 목표를 갖고 있다고 말했다.
직원들은 긴급하지만 상관없는 업무에 4시간 가운데 1시간을 할애한다.	응답자들은 핵심목표와는 관계가 없지만 즉각적인 행동이 요구되는 활동에 23% 정도의 시간을 쓰고 있다고 생각했다.
직원들은 5시간 가운데 1시간을 조직 내 정치와 번거로운 행정 절차에 사용한다.	응답자들은 17%의 시간을 내부의 번거로운 행정 절차, 내부 싸움, 비리 덮기 등에 사용하고 있다고 생각했다.
직원들의 절반만이 현재의 직무에서 자신의 능력을 모두 발휘하고 있다고 생각한다.	이 설문에는 48%가 동의한다. 조직에 속해 있는 대부분의 사람들은 현재의 직무가 요구하거나 허용하는 것보다 훨씬 더 많은 재능, 지혜, 능력, 창의력을 갖고 있다고 생각했다.

주요 발견 사항	측정 결과
5명 가운데 3명만이 직장에서 솔직하게 자신의 의사를 표현할 수 있다.	이 설문에는 58%가 동의한다. "나는 보복의 두려움 없이 안심하고 솔직하게 의견을 말한다."
5명 가운데 약 2명이 승-승의 환경 속에서 일하고 있다고 말한다.	43%가 "나의 성공이 너의 성공이라는 원칙을 실천하고 있다"는 데 동의했다.
업무 목표에 대한 진행 상황을 점검하기 위해 적어도 한 달에 한 번 관리자와 만나는 사람들이 절반이 채 되지 않았다.	48%가 그렇다고 대답했다.
절반이 예산에 책임을 지고 있다고 말한다.	이 설문에는 50%가 동의한다. "예산 확보에 대한 책임은 우리에게 있다."
과도한 업무량, 자원 부족, 불명확한 업무 우선순위가 실행의 가장 큰 장애요소들이다.	실행의 3대 장애요소를 묻는 설문에, 31%가 '과도한 업무량'을, 30%가 '자원부족'을, 27%가 '불명확한 혹은 자주 바뀌는 업무 우선순위'를 꼽았다.
5명 가운데 약 3명은 회사 측에서 직원들에게 하는 약속을 신뢰하지 않는다.	43%는 회사 측이 "사람들에게 한 약속을 성실하게 지키고 있다"고 말했다.
팀은 자기 소관업무만 챙긴다. 부서 간 업무협조가 활발하지 못하다.	조직내 다른 부서와의 관계를 묻는 질문에, 28%가 "우리는 각자의 목표를 달성하기 위해 서로를 적극적으로 도와준다"는 데 동의했다.
3분의 1만이 목표 성공에 대한 분명한 기준을 갖고 있다고 말한다.	35%가 "성공의 기준이 분명하게 정해져 있다"는 데 동의했다.

xQ 조사를 통해 최우선 과제에 대한 초점 및 실행능력을 진단하고 싶으면, WWW.The8thHabit.com/offers를 이용하기 바란다.

494

다시 보는 〈맥스와 맥스〉

다시 〈맥스와 맥스〉로 돌아가서 트림탭처럼 생각하며, 이 책의 리더십 모델이 얼마나 실용적인지 보여 주도록 하겠다. 리더의 4가지 역할의 문제 해결 방법을 통해 그것을 경험하고 싶으면 영화를 다시 보도록 하라.

맥스는 현실적으로 무엇을 할 수 있는가? 맥스의 상사인 해럴드 씨는 통제하는 것을 좋아하는 사람이다. 그는 부족의 심리를 갖고 있고, 그의 상사를 두려워하여 열심히 일하고, 변화를 모른다. 그는 산업 시대의 통제, 규칙, 당근과 채찍 방식만 알고 있다.

맥스는 상처받은 영혼이다. 좌절하고 무력해졌다. 그는 제1의 대안인 공동의존 상태에 계속 머물러 있을 수 있다. 제2의 대안을 선택해서 싸우거나 조직적으로 저항하거나 도망갈 수 있다(떠날 수 있다). 아니면 제3의 대안을 선택해서 지혜롭게 자신의 영향력의 원 안에 있는 주도력을 행사할 수도 있다.

제3의 대안은 해럴드 씨에게 에토스-파토스-로고스를 사용하는 것이다(주도 수준의 4번째 단계). 맥스는 건의를 할 때 로고스(논리)만 사용했다. 그것도 해럴드 씨가 상사에게 '야단맞은' 직후, 최악의 순간에 사용했다. 맥스 역시 영향력의 원에서 멀리 벗어남으로써 고객을 주도적으로 붙잡아 둔 후에도 해럴드 씨에게 야단맞았다. 이것은 맥스의 마음에 상처를 주었고, 반사적인 공동의존의 사이클이 가속화 되는 계기가 되었다.

그의 영향력의 원은 축소되었다(자료 A7.1).

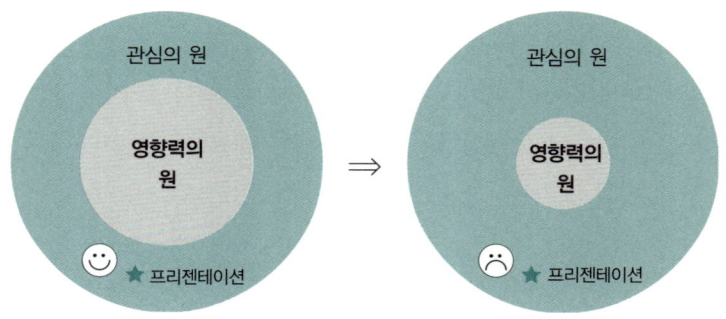

자료 A7.1

그러면 맥스는 어떻게 에토스-파토스-로고스를 실천할 수 있는가? 에토스는 주도적으로 나서서 자신의 일을 훌륭하게 수행하고 다른 사람 들도 적극적으로 도와주는 것이다. 불친절한 고객 지침에 갇혀 있지만, 거래를 성사시키기 위해 긍정적이고 창조적인 자세를 취할 수 있다. 해 럴드 씨를 욕하지 않고, 그 상황에서 최선을 다하고 다른 사람들을 도 와주는 모습을 보여 줄 수 있다. 자신의 소관업무가 아니더라도 영향력 을 발휘할 만한 부분이 있다. 비난하지 않고, 보완해 주는 것이다.

그 다음에 해럴드 씨를 한 번 더 찾아가서 그의 말을 진정으로 경청 하고, 그가 이해하고 있는 것을 이해할 수 있다. 해럴드 씨는 아마 과 거에 고객들에게 '약속만 잔뜩 하고 이행하지 않아서' 회사가 약속불

496

이행 소송에 휘말리게 만드는 창조적이고 경험이 일천한 '사고뭉치들'에게 덴 적이 있을 것이다. 그 같은 일의 재발을 막기 위해 그는 융통성 없는 규칙을 만들고, 모든 사람들을 시시콜콜한 부분까지 관리하고, 문화의 힘을 빼앗았을 것이다.

해럴드 씨가 자신이 이해받고 있다고 느낀다면 방어적이고 부정적인 에너지가 사라질 것이다. 진심으로 이해하려고 노력하는 사람과는 싸울 수 없다. 이것은 파토스 혹은 감정적 방향정렬의 결과이다. 맥스는 해럴드 씨의 반대 의견과 우려 사항을 정확하게 되짚어 주고 난 다음에 로고스를 사용할 수 있다. 맥스는 새로운 고객 확보를 위해 창조적으로 일을 하고 현재의 고객들을 붙잡아 둘 기회와 함께 3개월 동안 준비한 시험 프로그램을 제안할 수 있을 것이다. 해럴드 씨는 그의 협력적 태도와 성실성(에토스), 공감적 태도(파토스)로 자신의 뜻을 충분히 이해시켰다고 느끼고 맥스를 신뢰하게 되어 단점보다는 장점이 훨씬 많은 그의 아이디어(로고스)를 기꺼이 수용할 것이다.

맥스가 석 달 후에 판매액을 25% 높였다고 해보자. 그는 해럴드 씨를 다시 찾아가 이 시험 프로그램을 계속 시행하고, 그가 신뢰하는 다른 세 명의 판매직원에게도 이 프로그램을 적용할 것을 제안한다. 해럴드 씨는 동의하고, 그들도 역시 판매액을 25% 높인다. 그러면 네 사람이 찾아가 모든 판매직원에게 '사고뭉치들'을 걸러 낼 수 있는 엄격한 기준과 함께 교육을 실시할 것을 제안한다. 해럴드 씨는 승인하고 놀라운 판매액 신장에 기뻐한다. 그의 상사는 해럴드 씨에게 "그쪽이 아주 잘했네요, 그렇죠?"라며 축하한다. 해럴드 씨는 씩씩하게 대답한다. "어떻게 그런 성과가 나왔는지 말씀 드리겠습니다."

이와 같은 에토스-파토스-로고스 프로세스(주도 수준의 4번째 단계 '건의한다')를 통해 맥스는 상사의 리더가 되고 회사 내에서 큰 영향력을 갖는다.

이것은 가상 시나리오지만 해럴드 씨의 문제는 완전히 달라질 수 있을 것이다. 만일 그렇다면, 맥스의 반응은 그 차이를 반영하여 다른 방식으로 생산을 높이고 영향을 미쳤을 것이다.

중요한 것은 맥스가 양심에 의해 지배되는 비전, 규율, 열정을 통해 직장에서 내면의 소리를 찾았다는 점이다.

대부분의 '나쁜 상사들'은 대개 공동의존의 문화 속에서 나쁜 행동 양식을 배우고, 다시 그러한 행동의 본보기를 보인다. 이 사이클을 끊을 수 있는 것은 자신의 삶을 창조할 수 있는 사람뿐이다.

해럴드 씨가, 달라진 해럴드 씨가 상처받은 맥스에게 무엇을 할 수 있는지 생각해 보자. 제1의 대안은 '자신의 스타일을 고수'하는 것이다. 계속 맥스를 압박하고, 구슬리고, 위협하고, 파티를 열고, 일을 옳게 할 때마다 칭찬하는 것이다. 즉 그에게 당근과 채찍을 사용하는 것이다(산업 시대 모델).

제2의 대안은 자신의 역할을 '포기하고', 완전히 손을 놓고 맥스가 마음대로 하도록 내버려 두는 것이다. 그러나 이 방법은 의도하지 않은 결과를 가져올 수 있다. 해럴드 씨는 개입하지 않고, 너무 유약하고 소극적인 리더십을 보인다고 상사에 의해 해고되거나 징계를 받을 수 있다. 또한 이 방법은 '사고뭉치들'이 '실적을 올리기 위해' 일방적이고 비현실적인 약속을 하도록 조장할 수 있다.

제3의 대안은 맥스의 독창적인 고객 관계 구축 방법에 대해 호통친 것이 잘못이었음을 인정하고 진심으로 사과하는 것이다. 여전히 공동 의존적인 맥스는 이 '유화적' 접근방법을 신뢰하지 않고 계속 순응적 태도를 보일 수 있다. 해럴드 씨는 자신이 경험했던 것을 솔직하게 털어놓고 진지하고 구체적으로 이렇게 말해야 할 것이다. "이보게, 맥

스, 그때는 내가 상사에게 야단맞고 자네에게 화풀이를 한 걸세. 자네
는 자발적으로 그 고객에게 더 많은 것을 해줬어. 나는 '적은 비용으
로 많이' 생산해야 한다는 압박감을 느껴 왔고, 멍청한 짓을 해서 나
를 더욱 곤란하게 만드는 다른 '사고뭉치들'이 염려가 돼서 규칙을 엄
격하게 적용하는 것 외에는 다른 방법을 생각하지 못했던 것이지. 그
러나 맥스, 자네에게 잘못했어. 그 당시에는 더 좋은 방법을 알지 못했
어. 이제 자네의 제안을 생각하고 연구해 보겠네. 또 다시 '판도라의
상자'를 여는 일은 없었으면 하는 것이 나의 바람이야. 자네의 생각을
이야기해 줄 수 있겠나?"

해럴드의 진실된 모습은 맥스가 자신에 대해 더욱 충실해지도록 고
무할 수 있다. 같은 문제로 씨름하는 두 사람 사이의 진정한 커뮤니케
이션, 수직이 아닌 수평적 커뮤니케이션은 "현실적으로 맥스는 무엇
을 할 수 있는가?"라는 질문에 파고 들어갈 때 시너지적 제3의 대안을
낳을 것이다.

두 경우 모두 순차적 과정이고, 내부에서 시작하여 외부로 향하는
접근방법이며, 전인적 인간을 기초로 한다는 것에 주목하라. 개인적
관계가 진정한 신뢰관계로 발전하고 결국 조직의 사업으로 채택되는
과정(신뢰와 신뢰성이 커지면서 확대되는 시험 프로그램)에 주목하라.

이것이 처음에는 상상하지도 못했을 진정한 제3의 대안이다. 그것
은 창조적 커뮤니케이션에서 나오고, 관계 속에서 다져질 것이다. 또
한 미래에 다른 돌발적인 문제들을 해결할 수 있는 '면역체계'도 만들
어줄 것이다.

이것은 단지 가상 시나리오이고, 상황이 정반대로 전개될 수도 있
다. 그러나 나는 '무엇을 해야 하는가'라고 하는 실천보다는 수많은
실천 가능성을 내포하고 있으며 보편적으로 적용할 수 있는 원칙을 강

조하고 싶다. 나는 효과적인 원칙 중심의 실천의 예로서 〈맥스와 맥스〉를 사용했을 뿐이다.

이제 이론화를 해보자. 먼저 맥스를 살펴보면, 그는 해럴드 씨의 리더가 되는 과정에서 4가지 역할을 수행했다. 효과적인 원칙 중심의 실천 상황에는 항상 이 4가지 역할이 발생한다. 첫째는 모범보이기이다. 맥스는 주도성과 에토스 달성의 모범이 되었다. 파토스를 달성하는 데는 공감적 태도의 본보기를 보였고, 로고스를 달성하는 데는 용기의 본보기를 보였다. 두 사람이 진정으로 대화하고 시너지적 커뮤니케이션이 이루어지면서 해럴드 씨의 승-패적 명령과 통제 방법보다 더 좋고, 아무것도 하지 않고 순응하기만 하는 맥스의 방법보다 더 훌륭한 제3의 대안이 나타났다.

개인과 팀의 모범보이기의 본질은 '성공하는 사람들의 7가지 습관'에서 발견된다.

두 번째 역할인 방향설정은 승-승 시험 프로그램을 나타내며, 맥스와 해럴드 씨가 창조적인 특별한 고객 서비스를 통해 보다 많은 거래처를 확보함으로써 같은 악보를 보게 하는 것이다. 그는 신뢰성과 진정한 커뮤니케이션의 본보기를 보임으로써 방향설정에 필요한 신뢰를 만들어 냈다. 결국 맥스의 내면의 소리는 이 시험 프로그램을 통해 조직의 내면의 소리와 일치점을 찾았다.

세 번째 역할 한방향정렬은 해럴드 씨가 방향설정 역할을 하는 시험 프로그램을 공식적으로 승인했을 때 나타났다. 그는 처음에는 맥스, 다음에는 다른 세 사람, 그리고 결국에는 전체 판매팀의 시험 프로그램을 승인했다. 한방향정렬은 합의된 지침에 따라 방향설정 목표 달성에 필요한 구조, 시스템, 프로세스를 만드는 것을 의미한다. 일치된 내면의 소리는 강화되고, 무엇이든 할 수 있는 힘을 갖는다.

모범보이기, 방향설정, 한방향정렬의 3가지 역할은 임파워해주기 역할을 가능케 하여, 맥스와 다른 세 사람이 합의된 지침의 범위 내에서 판단력과 창조성을 발휘하여 고객을 확보하고 유지하는 데 필요한 행동을 취할 수 있었다. 이제 규칙은 더 이상 판단력을 대신하지 못한다. 만일 그들의 방법을 감독하고 규칙을 엄격하게 적용한다면, 결과에 대해 책임을 지게 할 수 없다. 임파워해주기는 지도된 자율이 가능케 하여, 모든 사람이 자기 내면의 소리를 내고 자기 내면의 소리를 존중받게 되었다.

이제 달라진 해럴드 씨의 지식노동자 반응을 살펴보도록 하자. 그도 역시 명령과 통제를 고수하거나 자신의 임무를 포기하는 방법이 아닌 제3의 대안을 이용하여, 리더의 4가지 역할을 행사했다.

그것은 먼저 모범보이기에서 시작되었다. 해럴드 씨는 자신의 잘못을 인정하고 시너지적 커뮤니케이션을 시작했다. 신뢰가 쌓이고 보다 현실화되었을 때, 방향을 설정하는 해법(제한적 시험 프로그램)이 나왔다. 해럴드 씨의 공식적 권위에는 도덕적 권위가 추가되었고, 그는 1인 시험 프로그램을 공식화 혹은 제도화했다. 이 한방향정렬은 조직문화 속에서 그 시범 프로그램을 정당화시켰고, 맥스가 자율성을 갖고 창의성과 유연성을 발휘하여 새로운 거래처를 확보할 수 있게 해주었다. 이것이 임파워해주는 역할이다.

일이 성공적으로 진행될 때(상호보완적 팀의 모범보이기), 다른 사람들은 새로운 길에 들어섰고(방향설정), 구조, 시스템, 프로세스의 방향이 정렬되고, 궁극적으로 기준에 맞는 모든 사람들이 임파워되었다.

프랭클린코비의 접근방법

어느 조직에서나 지속 가능한 우수한 성과를 얻는 것은 어려운 일이다. 거의 대부분의 조직이 한두 분기 동안은 좋은 성과를 낼 수 있다. 그러나 진정한 도전은 매년 지속적으로 좋은 성과를 낼 수 있는 조직문화를 창조하는 것이다.

그러한 성과를 낼 수 있는 조직은 별로 없다. 유명 비즈니스 서적에서 얻은 다음과 같은 수치는 그러한 사실을 증명한다.

- 『핵심 부문으로부터의 수익Profit from the Core』: 1,854개 기업 가운데 111개(13%)만이 10년 동안 지속적이고 수익성 있는 성장을 이룩할 수 있었다.
- 『좋은 기업을 넘어 … 위대한 기업으로Good to Great』: 1,435개 기업 가운데 125개(9%)만이 10년 이상 주주의 투자수익율이 전체 시장 평균을 상회했다. 그리고 1,435개 기업 가운데 11개(1% 미만)만이 이 연구에서 정한 지속적인 우수한 성과 기준을 충족시켰다.
- 『창조적 파괴Creative Destruction』: 1,008개 기업 가운데 160개(16%)만이 30년 동안 존속할 수 있었다.
- 『성장 정체 시점Stall Points』: 『포춘』 선정 50대 기업 가운데 5%만이 성장을 지속할 수 있었다.

위대한 조직이란 우수한 성과를 내면서 그러한 성과를 지속적으로 낼 수 있는 능력을 키워 가는 조직으로 정의할 수 있다. 그러나 대부분의 조직과 그 리더들은 실패한다. 실패의 원인은 접근방법에 있다.

이솝 우화

어느 날 한 가난한 농부가 아끼는 거위의 둥지에서 번쩍이는 황금알을 발견한다. 그는 믿을 수 없었지만 일단 알을 가지고 와서 자세하게 살펴본다.

농부는 이 행운이 믿어지지 않는다. 알은 순금이다! 그는 다음날에도 거위가 황금알을 낳자 더욱 신이 난다. 그는 매일 일어나자마자 거위 둥지로 달려가서 황금알을 가져온다. 곧 엄청난 부자가 된다.

그러나 재산이 불어나면서 탐욕과 조급증도 생긴다. 농부는 매일 황금알을 기다리지 못하고 한번에 모든 알을 얻기 위해 거위를 죽인다. 그러나 거위의 배 속은 비어 있다. 황금알은 보이지 않는다. 이제는 더 이상 황금알을 얻을 수 없게 되었다. 농부는 황금알을 생산하는 자산을 파괴한 것이다.

이 우화 속에는 조직의 핵심 성과 원칙이 들어 있다. 지속적이고 우수한 성과는 생산되는 것(황금알)과 생산능력(거위)의 함수이다.

만일 조직이 황금알 생산(현재 원하는 결과 얻기)에만 초점을 맞추고 거위(내일을 위한 생산능력 신장)를 소홀히 한다면, 얼마 안 가 황금알을 생산하는 자산을 잃어버릴 것이다. 반대로 만일 조직이 황금알 생산에는 신경 쓰지 않고 거위만 보살펴 준다면, 어느새 거위를 키우는 데 필요한 자금이 바닥날 것이다. 중요한 것은 균형이다.

아마 당신의 조직은 이럴 것이다.

우리는 성과를 내라는 압력에 직면하여 온갖 노력을 다하고 있다. 사람들을 총동원하고 각 개인에게 긴급한 목표 달성을 재촉하는 계획을 세운다. 이번에는 판매액 목표이고, 다음에는 비용 절감 목표, 그 다음에는 또 다른 목표를 달성해야 한다. 우리는 항상 반사적으로 행동하며, '중요한 목표' 혹은 '긴급 사업'에 매달린다. 문제는 회사의 진정한 발전을 위해 필요한 사람이나 프로세스 및 장비에 대한 투자가 부족하다는 점이다. 결국 우리는 지속적인 성과를 생산해 내는 흐름을 만들지 못한다.

혹은 이럴 수도 있다.

우리는 수년 동안 사람과 문화에 많은 투자를 했다. 좋은 시스템과 기술과 재능 있는 훌륭한 인재가 결합되면 자동적으로 지속적인 우수한 성과를 얻을 수 있다는 것이 회사의 생각이다. 우리 회사는 정말로 일하기 좋은 직장이었지만 최근 어려움에 부딪혔다. 치열한 경쟁과 불리한 경제적 여건 하에서 실행능력이 부족하다는 것을 발견했다. 우리는 어쩔 수 없이 좋았던 시절의 직원에 대한 모든 투자를 중단해야 했다. 그들은 환멸을 느꼈으며, 사기는 땅에 떨어졌고, 유능한 많은 인재들이 회사를 떠났다.

프랭클린코비도 같은 경험을 했다. 우리 역시 원하는 결과의 생산과 생산능력의 불균형을 겪은 후 깨달은 바가 있었다. 그것은 귀중한 교훈이었고, 그 경험에 기초한 우리의 접근방법은 이론적 믿음 이상의 가치를 지닌다.

프랭클린코비는 지속적인 우수한 성과라고 하는 목표에 균형적으로 접근한다. 우리는 조직들이 구체적인 성과에 집중하고 그 성과를 낼 수 있도록 도와준다. 동시에 향상된 성과를 만들어 낼 수 있는 능력을 가진 리더와 직원들이 그 생산능력을 키울 수 있도록 도와준다.

프랭클린코비는 고객들에게 두 분야, 즉 성과 달성과 성과 생산능력 향상과 관련하여 3가지 과제를 제시한다. 그것은 8번째 습관에 담긴 위대함의 3개 영역인 조직의 위대함, 리더십의 위대함, 개인의 위대함과 일치한다.

챔피언전에서 우승한 스포츠팀을 어떻게 만드는지 생각해 보자. 선수의 질적 수준과 컨디션 조절에 투자함으로써 팀의 전력은 향상된다. 선수가 좋아지면 팀도 향상되는 것이다. 그러나 선수 개개인이 아

■ 원하는 결과 생산하기

과제 1. 핵심목표의 실행 우리는 고객들이 헌신도 제고, 최우선 목표에 대한 명확한 인식, 목표와 관련된 실행 프로세스 구축 등을 통해 판매 증가, 특정 계획 실행, 질 개선과 같은 구체적인 성과를 얻을 수 있도록 도와준다. 이것은 조직을 위대하게 만든다.

■ 생산능력 향상시키기

과제 2. 리더십과 관리 개발 우리는 고객들이 성품, 팀 강화, 원하는 우수한 결과, 생산에 기초한 지속적인 리더십 능력을 개발하도록 도와준다. 이것은 리더십을 위대하게 만든다.

과제 3. 개인의 효과성 우리는 직원들의 인식, 기술, 개인적 성과를 향상시켜 개인과 팀이 더 큰 성과를 얻도록 도와준다. 이것은 개인을 위대하게 만든다.

자료 A8.1

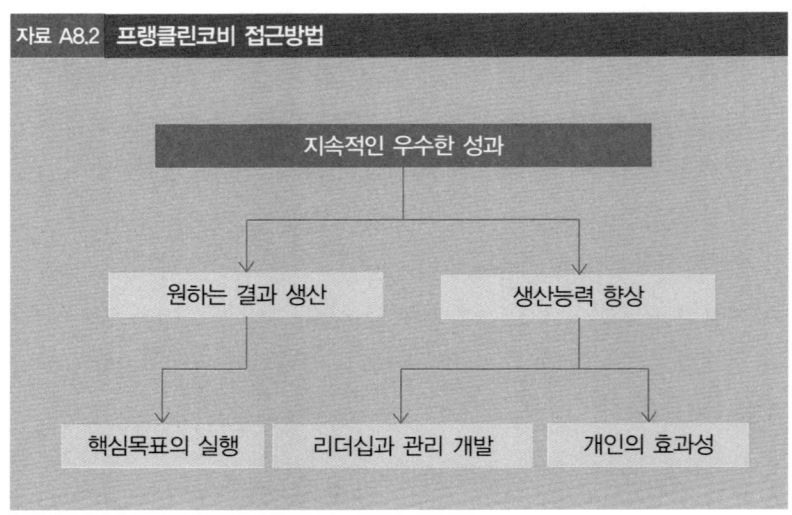

자료 A8.2 프랭클린코비 접근방법

지속적인 우수한 성과

원하는 결과 생산

생산능력 향상

핵심목표의 실행

리더십과 관리 개발

개인의 효과성

무리 훌륭해도, 승리하기 위해서는 팀이 구체적인 목표를 갖고 지속적으로 우수한 기량을 발휘하며 게임을 할 수 있어야 한다.

당신이 원하는 것은 훌륭한 선수와 훌륭한 실행이다. 그런 팀은 모든 시즌에서 지속적으로 좋은 성과를 올릴 수 있다. 이처럼 조직의 능력을 지속적으로 구체적인 성과로 전환시켜 줌으로써 성공하는 조직을 만들어 주는 것, 그것이 바로 프랭클린코비 접근방법이다.

참고문헌

Chapter 1

1. Rogers, C.R., *On Becoming a Person* (Boston: Houghton Mifflin, 1961), p. 26.
2. Rick Levine, Christopher Locke, Doc Searls and David Weinberger, *The Cluetrain Manifesto* (Cambridge, MA: Perseus Books Publishing, 2000), pp. 36, 39.
3. Antony Jay, *The Oxford Dictionary of Political Quotations* (Oxford: Oxford University Press, 1996), p. 68.

Chapter 2

1. Quoted from a speech given by Stanley M. Davis at a conference in Asia in which we both participated.
2. Drucker, Peter F., "Managing Knowledge Means Managing Oneself," *Leader to Leader*, 16(Spring 2000), pp. 8–10.
3. Drucker, Peter F., *Management Challenges for the 21st Century* (New York: Harper Business, 1999), p. 135.

Chapter 3

1. Henry David Thoreau, *Walden* (Boston: Beacon Press, 1997), p. 70.
2. Robert Frost, Elizabeth Knowles, ed., *The Oxford Dictionary of Quotations*, 5th ed. "The Road Not Taken," (1916)(Oxford: Oxford University Press, 1999).

Chapter 4

1. Daniel Ladinsky, *The Gift*: Poems by Hafiz the Great Sufi Master (New York: Penguin Compass, 1999), pp. 67–68.
2. Marianne Williamson, *A Return to Love*: Reflections on the Principles of a Course in Miracles (New York: Harper Collins, 1992), pp. 190–191.
3. Michael C. Thomsett, speech, Oct. 9, 1956, in *War and Conflict Quotations* (North Carolina: Mcfarland & Company, 1997), p. 50.
4. *Munsey's Magazine* (February 1897), 554. Found on the Ella Wheeler Wilcox Society web site visited on May 15, 2004: http://www.ellawheelerwilcox.org.
5. C.S. Lewis, *Mere Christianity* (New York: Simon & Schuster, 1980), pp. 19–21.
6. Doc Childre and Bruce Cryer, *From Chaos to Coherence* (Boston: Butterworth-Heinemann, 1999), p. 23.

7. Ibid., p. 29.

8. Daniel Goleman, *Working with Emotional Intelligence* (New York: Bantam Books, 1998), p. 31.

9. Richard Wolman, *Thinking with Your Soul* (New York: Harmony Books, 2001), p. 26.

10. *The Holy Bible*, King James Version.

11. Danah Zohar and Ian Marshall, *SQ: Connecting with Our Spiritual Intelligence* (New York and London: Bloomsbury, 2000).

12. William Bloom, *The Endorphin Effect* (United Kingdom: Judy Piatkus Publishers Ltd., 2001), p. 12.

13. Anwar el-Sadat, *In Search of Identity: An Autobiography* (New York: Harper and Row Publishers, 1978), p. 303.

14. "The Speaker's Electronic Reference Collection," AApex Software, 1994.

15. YMCA of the USA, Dartmouth Medical School, The Institute for American Values, *Hardwired to Connect: The New Scientific Case for Authoritative Communities*, A Report to the Nation from the Commission on Children at Risk(2003), p. 6.

16. Dee Hock, "The Art of Chaordic Leadership," *Leader to Leader*, 15 (Winter 2000), pp. 20–26.

17. Warren G. Bennis and Robert J. Thomas, Geeks and Geezers: *How Era, Values, and Defining Moments Shape Leaders* (Boston: Harvard Business School Publishing, 2002).

18. Jim Loehr and Tony Schwartz, *The Power of Full Engagement* (New York: Simon & Schuster, 2003).

Chapter 5

1. Philip Massinger, Timoleon, in *The Bondman*, act 1, sc. 3 (1624), *Poems of Philip Massinger*, P. Edwards and C. Gibson, eds. (1976).

2. Susana Wesley, letter to her son dated June 8, 1725. Found on the Wesleyan Church website www.wesleyan.org. visited on 5/14/04.

3. Polly LaBarre, "Do You Have the Will to Lead?," *Fast Company Magazine* 32 (March 2000), p. 222. Found on website visited on May 27, 2004: http://www.fastcompany.com/online/32/koestenbaum.html.

4. Lucinda Vardey, A Simple Path, introduction to Mother Teresa, Lucinda Vardey, ed. (New York: Ballantine, 1995), p. xxxviii.

5. Josef Hell, *Aufzeichnung*, (Institut für Zeitgeschichte, 1922) ZS 640, p. 5.

6. Dag Hammarskjöld, *Markings* (New York: Alfred A Knopf, 2001), p. 124.

7. Albert E. N. Gray Essay "*The common denominator of succes*" (Philadelphia: NALU annual convention, 1940).

8. Harold B. Lee, *Teachings of Harold B. Lee*. Clyde J. Williams, ed. (Salt Lake City: Bookcraft 1996), p. 606.

9. Charles Moore, introduction to *Washington's School Exercises: Rules of Civility and Decent Behavior in Company and conversation*, Charles Moore, ed. (Boston: Houghton Mifflin Company, 1926), pp. xi-xv.

10. Elizabeth Knowles, ed., *The Oxford Dictionary of Quotations*, 5th ed. (Oxford: Oxford University Press, 1999.), p. 396.

11. JoAnn C. Jones, "Brockville," *Ontario-Guide Posts*, January 1996.

12. David O. McKay, *Conference Report*, The Church of Jesus Christ of Latter-day Saints, April 1964, p. 5.

13. John G. Whittier, *Maud Muller* (Boston: Riverside Press, 1866), p. 12.

Chapter 6

1. Peter F. Drucker, *Management Challenges for the 21st Century* (New York: Harper Collins, 1999), p. 8.

2. Philip Evans and Thomas S. Wurster, *Blown to Bits* (Boston: Harvard Business School Press), p. 13.

3. Dave Ulrich, Jack Zenger and Norm Smallwood, *Results Based Leadership* (Boston: Harvard Business School Press, 1999), p. 7.

Chapter 7

1. Del Jones, "What would Attila the Hun do?" *USA Today* (April 6, 2003). Found on *USA Today* website visited on May 27, 2004: http://www.usatoday.com/money/companies/management/2003-04-06-warleaders_x.htm.

2. Tom Peters, *The Project 50* (New York: Alfred A. Knopf, 1999), pp. 48-49.

Chapter 8

1. American Museum of Natural History, found on web site visited on May 15, 2004: http://www.amnh.org/common/faq/quotes.html.

2. Eknath Easwaran, *Gandhi, the Man*, 2nd ed. (Nilgin Press, 1978), p. 145.

3. Lieutenant General Dave R. Palmer '56 (retired) "Competence and Character: Schwarzkopf's Message to the Corps." *Assembly Magazine*, May 1992.

Chapter 9

1. Gordon B. Hinckley, "The True Strength of the Church," *Ensign Magazine*, July 1973, p. 48.

2. Rick Pitino, *Lead to Succeed* (New York: Broadway Books, 2000), p. 64.

3. Elizabeth Knowles, ed., *The Oxford Dictionary of Quotations*, 5th ed.

(Oxford: Oxford University Press, 1999), p. 503.

4. Dag Hammarskjöld, *Markings* (New York: Alfred A Knopf, 2001), p. 197.

5. C.S. Lewis, *Mere Christianity* (New York: Simon & Schuster, 1980), pp. 165–166.

Chapter 10

1. Warren Bennis, *Why Leaders Can't Lead* (San Francisco, Jossey–Bass Publishers 1989), p. 158.

2. Arun Gandhi, "Reflections of Peace," *BYU Magazine*, vol. 54, no. 1 (Spring 2000) pp. 1–6. Found on web site visited on May 14, 2004: http://magazine.byu.edu/bym/2000sp/pages/peace1.shtml#.

3. Ralph Roughton, M.D., used with permission.

Chapter 11

1. J.A. Belasco, *Teaching the Elephant to Dance: The Manager's Guide to Empowering Change* (New York: Plume, 1991), p. 11.

2. Clayton M. Christensen, *The Innovators Dilemma* (Boston: Harvard Business School Press, 1997), pp. xviii–xix.

3. Jim Collins, *Good to Great* (New York: HarperCollins, 2001), p. 96.

Chapter 12

1. Martin H. Manser, *The Westminister Collections of Christian Quotations* (Louisville: Westminister John Knox Press, 2001), p. 76.

2. Randall Rothenberg and Noel M. Tichy: "The Thought Leader Interview," *Strategy + Business Magazine* (Spring 2002), pp. 91–92.

Chapter 13

1. Marcus Buckingham and Donald O. Clifton, *New Discover Your Strengths* (New York: Simon & Schuster, 2001), p. 5.

2. Ibid.

3. Thomas Stewart, *Intellectual Capital: The New Wealth of Organizations* (New York: Doubleday Books, 1997).

4. Stuart Crainer, *The Management Century* (San Francisco: Jossey–Bass Publishers, 2000), p. 207.

5. Peter F. Drucker, *Managing for the Future: The 1990's and Beyond* (New York: Truman Tally Books, Dutton, 1992), p. 334.

6. Max De Pree, *Leadership Is an Art* (New York: Dell Publishing, 1989), pp. 28, 38.

Chapter 14

1. Larry Bossidy and Ram Charan, *Execution: The Discipline of Getting Things Done* (New York: Crown Business, 2002), pp. 19, 34.
2. Louis V. Gerstner, *Who Says Elephants Can't Dance?* (New York: HarperCollins Publishers, 2002), p. 230.
3. Charles Hummel, *Tyranny of the Urgent* (Downers Grove, IL: Inter Varsity Christian Fellowship of the United States of America, 1967), pp. 9–10.

Chapter 15

1. Gordon B. Hinckley, "Testimony," *Ensign Magazine* (May 1998), p. 69.
2. Engraved in a monument at Rockefeller Center, New York City, New York.
3. Nelson Mandela, *Long Walk to Freedom* (Boston: Little, Brown and Company, 1994), pp. 543–544.
4. Engraved in a monument at the entrance of the Nathan Eldon Tanner Building, Marriott School of Management, Brigham Young University, Provo, Utah.
5. Alfred North Whitehead, "The Rhythmic Claims of Freedom and Discipline," *The Aims of Education and Other Essays* (New York: New American Library, 1929), p. 46.
6. Dag Hammarskjöld, *Markings* (New York: Alfred A Knopf, 2001), p. 158.
7. Muggeridge, Malcolm, "A Twentieth Century Testimony," *Malcolm Muggeridge*, Thomas Howard, ed. (London: Collins, 1979).
8. Robert K. Greenleaf, "The Servant as Leader," *Servant Leadership: A Journey into the Nature of Legitimate Power and Greatness*, 25th anniversary ed. (Mahwah, New Jersey: Paulist Press, 2002), pp. 23–24.
9. Jim Collins, "Level Five Leadership: The Triumph of Humility and Fierce Resolve," *Harvard Business Review*, vol. 79, no. 1 (January 2001), p. 67.
10. Jim Collins, *Good to Great* (New York: HarperCollins Publishers, 2001), p. 20.
11. Jim Collins, "And the Walls Came Tumbling Down," *Leading Beyond the Walls*, The Peter F. Drucker Foundation for Nonprofit Management; Frances Hesselbein, Marshall Goldsmith and Iain Somerville, ed. (Jossey–Bass Publishers, 1999).
12. *Peel's Principles of Modern Policing*, 1829.
13. Report of Col. Joshua L. Chamberlain, Twentieth Maine Infantry Field Near Emmitsburg—July 6, 1863.
14. Alice Rains Trulock, *In the Hands of Providence: Joshua L. Chamberlain and the American Civil War* (Chapel Hill: The University of North Carolina Press, 1992), p. 5.
15. Maxwell Anderson, *Joan of Lorraine*, (Washington, D.C.: Anderson House,

1947).

16. Haddon Klingberg Jr., *When Life Calls Out to Us* (New York: Doubleday 2001), p. 8.

17. Trulock, p. 154. Excerpt from the dedication of the Maine Monuments at Gettysburg on the evening of October 3, 1889.

Appendix 1

1. Doc Childre and Bruce Cryer, *From Chaos to Coherence* (Boston: Butterworth Heinemann, 1999), p. 23.

2. C.S. Lewis, *Mere Christianity* (New York: Simon & Schuster, 1980), pp. 124–125.

3. Childre and Cryer, p. 69.

4. Robert Frost, "Two Tramps in Mud Time," *The Poetry of Robert Frost*, Edward Connery Lathem, ed. (New York: Henry Holt and Co., 1969).

5. Lewis, p. 88.

찾아보기

4가지 실행능력(4DX) 175, 384, 395, 397, 490

20인 그룹 186, 188, 189

8번째 습관 22~24, 33, 55, 65, 153, 175, 297, 372, 376, 378~382, 396~397, 418, 426

8번째 습관 도전 64

9개의 점 잇기 458, 459

〈A.B. 콤즈 초등학교〉 95

『SQ : 영적 지능과 연결되기』(조하르와 마셜) 88

USS 산타페 196, 198, 442

xQ(실행지수) 설문 21, 189, 200, 223, 264, 321, 333, 362, 377, 389, 395, 396, 491, 494

ㄱ

가드너, 존 475, 481

가드너, 하워드 474

『가르시아에게 보내는 편지』(허버드) 199

가르치고 실천하면서 배우기 455, 456, 460

『가이드포스트』 125

〈간디〉 419

간디, 마하트마 107, 109, 122, 181, 182, 189, 213, 250, 261, 262, 371, 410, 411, 472

간디, 아룬 5, 261

감성 지능(EQ) 71, 83, 84, 86~89, 93, 96, 102, 128, 174, 186, 241, 371, 424, 425, 459, 462, 464~466

감정은행계좌 232, 234, 235

감정의 암 193

감정적 동일시 182, 410

강력한 성과표를 만들어라(규율 2) 388

개성윤리 211

개인 플래닝 시스템(도구) 222, 223, 225

거스너, 루이스 V. Jr. 376

건물 청소부 316, 358~363

건의한다(주도성 3단계) 191, 195~197, 497

경제적 안정 206, 455

게티즈버그 전투 415, 416

'계획, 실행, 평가' 개념 360, 361, 316

고슴도치 컨셉 302

〈골!〉 306

골먼, 대니얼 86, 89

공, 월터 61

공감적 경청 267, 268

공동의존 41~44, 159, 160, 166, 168, 193, 273, 328, 339, 357, 409, 436, 437, 461, 475~478

공식적 권위 87, 109, 176, 188, 249, 290, 320, 336, 368, 407~414, 419, 427, 484, 501

공통사명 308, 346, 351, 352, 421

관리 방법(방식) 39, 44, 151, 169, 170, 355, 363

관심의 원 189, 190, 203, 496

괴테, 요한 볼프강 폰 63, 254
〈교사 앤 설리번〉 256
『국부론』(스미스) 435
권위주의 문화 434
균형성과표 330, 336, 340, 357, 365, 421, 439, 442
〈그냥 중요한 것이 아니라, 대단히 중요한 것이다!〉 388
그라민 은행 26, 30
그레닌, 해럴드 341
그레이, 앨버트 116
그리스의 영향력 철학 118, 185, 338
그린리프, 로버트 278, 399, 407, 477, 478
〈급류〉 154
급성적 문제 155
기대성과 365, 397
기술적 역량 214
기업의 스캔들 438
'기적의 벽' 98
김대중 416
끊임없이 쇄신하라(습관 7) 24, 217, 218, 221, 463, 464
끝을 생각하며 시작하라(습관 2) 24, 216, 218, 221, 224, 463, 464

ㄴ

나이팅게일, 플로렌스 106
나침반에 의해 상징되는 원칙 88, 311, 401, 426
남북전쟁 305, 415, 416
남아프리카공화국 107, 261, 291, 292, 410
내면의 열정 129, 145, 259, 348

내부 경쟁 158, 160, 166, 324, 325
내부에서 시작하여 외부로 향하는 순차적 과정 32, 56, 83, 163, 188, 204, 297, 499
노리아, 니틴 169, 477
노스캐롤라이나 표지판 85
노예 해방령 435
〈노점상〉 291
농경 시대 35, 36, 401, 436
높은 목표를 구체적인 행동으로 전환하라 (규율 3) 391, 397
느림 228, 252

ㄷ

다그 함마르셸드 115, 252, 406
당근과 채찍 40, 50, 159, 161, 164, 165, 336, 342, 378, 379, 381, 411, 414, 495, 498
『당신의 파라슈트는 어떤 색깔입니까?』(볼레스) 136
대단히 중요한 목표 312, 385~388, 390, 394, 396, 397
대단히 중요한 목표에 초점을 맞춰라(규율 1) 384
대처, 마거릿 107
『대폭발』(에번스와 워스터) 153
데밍, 에드워즈 322
데이비스, 스탠 35
『도덕감정론』(스미스) 435
도덕적 권위 53, 81~83, 88, 93, 95, 107, 109, 128, 146, 164, 176, 188, 206, 219, 228
도스토예프스키, 표도르 122

두 번 창조 109, 110, 221, 311

뒤르켐, 에밀 366, 413

드러커, 피터 35, 38, 114, 151, 348, 378, 476, 483

드프리, 맥스 352, 477, 478

듣기의 5단계 267, 268

ㄹ

러프턴, 랄프 269

레드문, 앰브로즈, 405

레빈, 릭 25

레빈, 커크 441, 475

레잉, R. D. 74

로고스 185~187, 206, 338, 412, 495~497, 500

로리머, 조지 H. 94

로버트슨, 브루스 169, 477

로저스, 칼 20

로크, 크리스토퍼 25, 473

로허, 짐 100, 447

록펠러, 존 398

롬니, 미트 129

루스벨트, 시어도어 211, 329

루이스, C. S. 80, 252, 454, 468, 471

리, 해럴드 118

『리더십은 예술이다』(드프리) 352

〈리더십의 본질〉 353

리더의 4가지 역할 55, 165~170, 172, 173, 176, 219, 220, 297, 330, 331, 335, 350, 351, 362, 372, 373, 383, 396, 423~425, 431, 438, 495, 500, 501

리처즈, 스티븐 8, 429

리츠칼튼 호텔 298, 300, 307

링컨, 에이브러햄 65, 411

ㅁ

마르케트, 데이비드 196, 198

마셜, 이안 88

〈모리셔스〉 204

마이어볼드, 네이선 37

마키아벨리, 니콜로 122

만, 호레이스 116

만델라, 넬슨 107, 182, 399, 410

만성적 문제 155, 156, 158, 160, 161, 165, 166, 172

매슬로, 에이브러햄 194, 473

매신저, 필립 104

매케이, 데이비드 O. 140

맥도널드, 조지 227

〈맥스와 맥스〉 42, 161, 423, 495, 500

머거리지, 말콤 407

먼저 이해하고 다음에 이해시켜라(습관 5) 24, 218, 221, 463

메리어트인터내셔널 4, 328

메리어트, 존 4

메리어트, J. W.(빌) 328, 329

메릴 부부(로저와 레베카) 129, 225

모범보이기 166, 167, 169, 172~174, 176, 181~183, 208, 215, 219, 221, 227, 240, 260, 296, 297, 300, 304, 306, 319, 331, 341, 349~351, 371~376, 383, 390, 423~425, 438, 500, 501

목표 인식 377~380, 383, 388, 423

『몸과 영혼의 에너지 발전소』(로허와 슈워

츠) 100, 447

무관심 57, 159, 160, 166

무력화 160, 165, 166, 174, 204, 334, 352,
371, 423, 456, 460

문화적 소프트웨어 56

미국 독립선언문 304, 435

미국 권리장전 304, 435

미국 헌법 304, 435

『미래경영』(드러커) 348

민주주의 328, 417, 435, 437

ㅂ

바우처 운동 283

반데르 포스트, 로렌스 경 112, 118

방글라데시 26, 27, 30

방어적 태도 158, 160, 166

방향설정 165~167, 169, 172~174, 176,
181, 182, 208, 219, 227, 260, 296, 297,
300~302, 304~306, 311, 313,
319~323, 325, 331, 338, 341, 346,
349~351, 371, 373~376, 383, 386, 389,
423, 425, 500, 501

버뮤다 여행 이야기 322, 325

버크, 에드먼드 28

버킹엄, 마커스 347, 476

범죄의 예방 413, 414, 418

법률 352, 413, 422

베긴, 메나햄 91

베니스, 워런 G. 100, 115, 149, 260, 475,
476, 480

〈베를린 장벽〉 337

벤슨, 에즈라 태프트 329

보시디, 래리 374, 375

보이체커, 윌리엄 125

볼레스, 리처드 136

『봉사자로서의 기관』(그린리프) 400

봉사형 리더(십) 204, 356, 357, 362,
406~408, 414, 430, 477

부버, 마틴 232

부업 159, 160, 166

부족의 심리 44, 214, 242, 326, 405, 406,
495

불교 262

블랜차드, 켄 259, 473

블레이크, 윌리엄 103

블룸, 윌리엄 90

비난의 문화 72, 83, 161

ㅅ

사다트, 안와르 91~93

사람=물건 사고 44, 46, 48, 51, 152

사명서 161~163, 182, 224, 225, 298, 301,
305~308, 311, 312, 315, 379, 443

사회적 거울 102, 104, 174, 371

사회적 자본 154, 349, 434

사혈(피 빼기) 45, 46, 51, 355, 363, 381

산업 시대 36~40, 44, 46, 51, 152, 164,
165, 211, 297, 327, 336, 337, 353, 372,
375, 376, 378~381, 397, 401, 411, 426,
434, 436, 437, 495, 498

삶의 균형 110, 136, 140, 225, 239, 423

『삶이 우리에게 소리칠 때』(클링버그) 428

상상력 109, 111, 112, 127, 139

상호의존성 24, 170, 213, 214, 294, 295,

320, 323, 339

샌드위치 기법(방식) 336, 355, 378, 381

생산성 37, 38, 60, 87, 142, 167, 177, 209, 223, 299, 340, 347, 367

생태계로서의 도덕적 권위 418

서로가 언제나 책임을 져라(규율 4) 392

서머스, 뮤리엘 토머스 96

설즈, 독 25

『성공하는 사람들의 7가지 습관』(코비) 5, 7, 12, 13, 22, 23, 31, 96, 211, 215, 232, 465

『성과기반의 리더십』(울리치, 젱어, 스몰우드) 168

성과평가 198, 336, 355, 378, 381

〈성품의 발견〉 59

세계화 6, 153, 327, 460

세네카, 루시우스 아마우스 102

셰익스피어, 윌리엄 139

소로, 헨리 데이비드 52

소액신용대출 운동 26, 31

소중한 것을 먼저 하라(습관 3) 24, 216, 218, 221, 375, 463, 464

『소중한 것을 먼저 하라』(코비와 메릴 부부), 129, 225

소크, 조너스 86

손자 돌보기 101, 132, 147

수렵채취 시대 35, 36, 401

〈수확의 법칙〉 83

숨겨진 의제 228, 275, 277

슈바이처, 알베르트 145, 430

슈워츠, 토니 100, 447

슈워츠코프, 노먼 214

슐츠, 호스트 298, 307

스리마일 섬 원전사고 365, 438

스몰우드, 놈 168, 477

스미스, 애덤 435, 400

스탈 부인 468

〈스톤〉 126

『스트레스 없는 스트레스』(젤리에) 101

승-승을 생각하라(습관 4) 24, 216, 218, 221, 463, 464

승-승적 사고 264, 266

승-승합의서 342, 352~354, 364, 397, 421, 451

승-패적 사고 242, 324

시간 관리 380, 447

시너지를 내라(습관 6) 24, 217, 218, 221, 463, 464

『시대와 리더십』(베니스와 토머스) 100

시장 현실 302

신뢰성 79, 120, 165, 170, 173, 183, 185~187, 191, 203, 206, 210, 211, 212~215, 219, 226, 254, 297, 298, 321, 323, 346, 350, 358, 373, 375, 376, 499, 500

신문의 기본 역할 334

신체적 지능(PQ) 85, 103, 105, 446, 447

실행갭 376~378, 380, 381, 384, 39C, 397, 491

『실행에 집중하라』(차란과 보시디) 374, 375

실행하고 정기적으로 보고한다(주도성 6단계) 191, 198

실행하고 즉시 보고한다(주도성 5단계)

191, 198

실행한다(주도성 7단계) 191, 198

ㅇ

애덤스, 존 304

아리스토텔레스 117

아웃소싱 38

아이젠하워, 드와이트 데이비드 72, 208, 329, 437

아인슈타인, 앨버트 44, 79, 111, 152

아폴로 11호 432

액튼 경 437

약속하기와 지키기 237

양치기 이야기 414

에고 56, 71, 88, 93, 102, 104, 120, 121, 124, 126, 176, 233, 249, 272, 274, 277, 304, 362, 371, 408

에번스, 필립 153

에버그린 프로젝트 169, 170

에토스 185~188, 202, 206, 338, 412, 495~497, 500

엘리엇, T.S. 97

영국 59, 103, 106, 107, 145, 364, 437

영적 지능(SQ) 71, 83, 87~90, 93, 103, 105, 128, 176, 203, 419, 425, 459, 467, 468, 470

영향력의 원 188~198, 203, 205~207, 338, 437, 495, 496

『영혼과 함께 생각하기』(울먼) 88

예방적 사고 418, 447, 452

와인버거, 데이비드 25

완강한 거부의 원칙 354

외부적 동기 부여 62

울리치, 데이브 168, 477

울먼, 리차드 88, 473

워스터, 토머스 153

워싱턴, 조지 46, 106, 119, 304, 410, 411, 472

원하는 결과의 생산과 생산능력 간의 균형 (P/PC 균형) 331

웨슬리, 수잔나 104

웰치, 잭 327

위고, 빅토르 52, 372

'위기에 처한 아이들 위원회'의 국가 보고 서 96

『위대한 나의 발견 강점 혁명』(버킹엄과 클 리프턴) 347

위대함의 길 56, 442

윈프리, 오프라 265, 266

윌리엄슨, 마리안느 70

윌콕스, 엘라 휠러 78

유누스, 무하마드 26, 31, 131, 420

〈유산〉 33, 48

유스트레스 100, 452

육체노동자 38~40, 358, 363, 436

은퇴 100

의미규정 272, 277

의미 있는 공헌 23~25, 60

『이상한 나라의 앨리스』(캐럴) 296

이스라엘 91~93

이집트 91, 220

이해당사자 148, 162, 302, 303, 307~310, 320, 328, 331, 332, 335, 352, 354, 356, 376, 385, 386, 387, 421, 477, 485

인수합병 294

인식의 차이 277

인종 107, 110, 111, 204, 261, 435

인터넷 25, 26, 35, 153, 228, 259

일기 쓰기 459

일일 계획 225

임파워해주기 166, 167, 169, 172~174, 176, 181, 182, 190, 208, 210, 219, 227, 260, 296, 297, 300, 319, 327, 331, 337, 341, 342, 346, 348, 358, 373~376, 396, 423, 424, 426

ㅈ

자기 내면의 소리 찾기 23, 26, 31, 32, 54~56, 58~61, 65

자기임파워먼트 190, 191, 193, 195, 201, 202, 204, 351

자기정체성 53, 114, 214, 406

자기평가 198, 336, 356

자신의 삶을 주도하라(습관 1) 215, 218, 221, 463, 464

자아의식 74, 81, 82, 86, 455~457, 459, 460, 462, 464

자연적 권위 81

자율관리 351, 462~465

잔 다르크 417

잠재능력 5, 31, 32, 38, 39, 55, 56, 69, 73, 76, 97, 102, 127, 142, 146, 147, 153, 158, 162, 167, 172, 174~176, 181, 208, 227, 233, 254, 256, 259, 260, 296, 308, 319, 341, 345, 346, 348, 371~373, 382, 383, 406, 411, 418, 421, 426, 427, 429,

441

『장벽을 뛰어넘는 리더십』(콜린스) 408

전국교육협회 283

전략계획 182, 301, 305~307, 310~312, 315, 386, 387, 389

전인적 인간 패러다임 46, 47, 50, 156, 157, 160, 350, 380, 422

젊은 CEO들의 모임 89, 283

「정말 효과 있는 관리법」(노리아, 조이스, 로버트슨) 169

정보 · 지식노동자 시대 23, 25, 35~39, 46, 50, 153, 175, 176, 327, 336, 353, 375, 376, 378~381, 396, 397, 401, 436, 457

『정신의 틀』(가드너) 89

정치 게임 158, 160, 161, 166

제1위대함 382, 407, 427

제2위대함 382, 407, 408, 427

제3의 대안 126, 217, 226, 261~267, 271, 274, 279, 280, 281, 283~288, 291, 293, 294, 297, 298, 314, 319, 320~342, 381, 392~394, 406, 410, 413, 419, 421, 435, 437, 441, 495, 498~501

제너럴일렉트릭 327

제도화된 도덕적 권위 328, 373, 435

제멜바이스, 이그나즈 필립 45

제임스, 윌리엄 79, 110, 481, 482

제퍼슨, 토머스 304

젤리에, 한스 161, 452

젱어, 잭 168, 477

조건형성 270, 271

조이스, 윌리엄 169, 477

조하르, 다나 88

존스, 조안 C. 125

존스, 아서 W. 159

『좋은 기업을 넘어 … 위대한 기업으로』(콜
린스) 302, 408, 409, 502

좋은 아버지상 76

주간 계획 224, 225

주정뱅이의 기도 193

줄리아니, 루돌프 392

중요도 검사표 385, 386

중용 262

지식노동자 38, 41, 299, 316, 336, 348,
349, 358, 383, 391, 396, 411, 434, 436,
501

지식의 원 403

지역사회 경찰 활동 413, 415, 418

지적 자본 348

지적 지능(IQ) 71, 83~87, 103, 105, 128,
203, 425, 455, 456

지혜의 시대 35, 36, 171, 175, 396, 400,
401, 430, 431

질문한다(주도성 2단계) 191, 194

ㅊ

차란, 램 6, 374, 375

참모 건의안 작성 지침 195, 196

창의성 106, 231, 349, 353, 392, 446, 453,
501

창조적 문제 해결 171, 415

창조적 협력 217~219, 233, 265, 375, 463,
465

창조적 힘 464

처칠, 윈스턴 329, 425, 472

체임벌린, 조수아 로렌스 415, 416, 429

초점과 실행 172, 309, 313, 364, 374, 375,
383, 388, 395, 396, 423, 424

추도사 쓰기 224

칠드리, 독 85, 446, 466

ㅋ

카이젠 221

카터, 지미 91

칸트, 이마누엘 119, 122

칼사, 마한 486

캐럴, 루이스 296

캘리포니아 대학(버클리) 470

캠프 데이비드 평화협정 91, 92

켈러, 헬렌 256, 257

코비, 샌드라 10, 62, 139

코비, 스티븐 R.(저자) 5~7, 12, 13, 183,
241, 416

코비, 스티븐(저자의 아들) 228

콜린스, 짐 302, 338, 408, 442, 469, 474

쾨스텐바움, 피터 106

쿠퍼, 로버트 89

퀘이커교 격언 113

크라이어, 브루스 85, 446, 466

크레이너, 스튜어트 348

크리스텐슨, 클레이튼 M. 6, 301

『클루트레인 선언』(로크, 레빈, 설즈, 와인
버거) 25

클리프턴, 도널드 O. 347, 476

클링버그, 해던, Jr. 428

킹, 마틴 루터 182

킹목사위원회 111

ㅌ

타격점(스위트스팟) 173, 382~384

타고난 재능 70, 95, 97, 185, 419

타고르, 라빈드라나드 398

탄생의 선물 59, 66, 69, 70~72, 74, 79, 83, 102, 127, 174, 181, 208, 226, 227, 234, 260, 296, 319, 366, 382, 420

테레사 수녀 31, 108, 123, 204

토머스, 로버트 J. 100

토인비, 아널드 39

토킹스틱 273~278, 294, 357

트림탭 173, 181, 188, 197, 198, 200, 204, 205, 208, 227, 260, 296, 297, 319, 341, 351, 423, 495

티치, 노엘 100, 327

팀 강화 리더 294

ㅍ

파스퇴르, 루이스 45

파토스 185~187, 206, 338, 412, 495~497, 500

파탄잘리의 『요가 수트라』 30

팔씨름 비유 263~266

패-승적 사고 233

패튼, 조지 196, 329

평범함의 길 56, 382

포스딕, 헨리 에머슨 319

풀러, 버크민스터 70, 188

풍요의 심리 139, 212~214, 228, 242, 326, 405, 406, 420

프랭클, 빅터 428

프랭클린, 벤저민 273, 304

프랭클린코비 9, 168, 490, 491, 493, 502, 504~506

프레슬리, 엘비스 223

피터스, 톰 200, 476, 484

피티노, 릭 238

피해 의식 56, 103, 158, 185, 371, 467

필, 로버트 경 414

ㅎ

"…하려고 한다"(주도성 4단계) 192, 196, 197, 412

하먼, 윌리스 400

하트매스 조직 466

항공 관제사 385, 386, 388

해리스인터랙티브 21, 189, 491

허버드, 엘버트 199

허치슨, 프랜시스 124

험멜, 찰스 380

헤스버그, 시어도어 M. 301

현금 흐름 116, 150, 160, 161, 166, 293, 385, 387

협상 포기 242, 354

호손, 너새니얼 239

호크, 디 97

홈스, 올리버 웬델 152

화이트헤드, 알프레드 노스 404

휘티어, 존 그린리프 141

히틀러, 아돌프 108, 109, 411

힝클리, 고든 B. 234, 398

프랭클린코비사에 관하여

프랭클린코비사는 개인과 조직, 가족들이 의미 있는 원칙과 자연법칙을 적용함으로써 더욱 효과적인 삶을 살도록 하기 위해 힘쓰고 있다. 개인과 가족들을 위한 상품과 자료를 만들어내고 그들과 함께 작업하고 있으며, 고객 목록에는 〈포춘〉 100대 기업 중 82개 기업과 〈포춘〉 500대 기업 중 3분의 2 이상의 기업, 그 밖에도 수천 개의 중소기업과 지방, 주, 연방정부 기관이 포함되어 있다.

또 프랭클린코비사는 원칙 중심의 지역사회를 만들려는 도시들과 자매결연을 맺고 있으며, 전국적으로 3천 개 이상의 교육 지역 및 대학의 교수와 교사 및 교육행정가들에게 7가지 습관을 교육하고 있다. 현재 27개 주 교육계 지도자들과 협력하여 전국 차원의 교육 프로그램을 실시하고 있다.

프랭클린코비사의 비전은 그들이 스스로를 가르치도록 교육함으로써 결국은 독립할 수 있도록 하는 것이다. 코비사는 조직이 가족에 우호적이 되도록 격려하고 있으며, 사람들이 일과 가족생활의 균형을 잡도록 하는 데 도움이 되는 기술과 자료들을 제공하고 있다.

이들은 "물고기 한 마리를 주면 하루 양식을 주는 것이지만, 물고기 잡는 법을 가르쳐주면 평생 먹을 것을 주는 것이다"는 노자의 영원한 격언에 더하여, "어부들의 교사를 양성하면 전체 사회를 고양시킬 수 있다"고 믿고 있다. 이러한 임파워먼트 과정은 북미지역과 세계 40개국에 산재한 300개 이상의 지역에서 제공되는 공개 워크숍을 통해서는 물론, 유타 주 로키 산맥 부근에 위치한 회사의 각종 시설에서 제공되는 프로그램과 고객 컨설팅 서비스, 개인적 자문과 정례화된 현지 훈련, 고객의 사정에 맞는 훈련 등을 통해 이루어지고 있다.

프랭클린코비사는 정규 교육과정을 가르치는 7천 명 이상의 전문가를 보유하고 있으며, 이들은 매년 75만 명 이상을 훈련시키고 있다. 또 '프랭클린 일정표'와 '7가지 습관 오거나이저'를 포함한 실행 보조자료들과 각종 오디오 및 비디오테이프, 서적과 컴퓨터 소프트웨어 프로그램 등을 공급함으로써 고객들이 7가지 습관의 개념과 기술을 습득하고 이를 효과적으로 활용할 수 있도록 하고 있다. 프랭클린코비사가 면밀하게 선정해 인가한 가족 관련 자료들은 북미지역과 기타 여러 나라에 설립된 100개 이상의 '프랭클린 코비 7가지 습관 상점'에서 구입할 수 있다.

프랭클린코비사의 상품과 자료들은 현재 28개 국어로 시판되고 있으며, 이 가운데 효과적인 시간관리를 하게 도와주는 프랭클린 플래너는 세계적으로 4천만 명이 사용하고 있다. 이 회사는 지금까지 4천 5백만 부의 서적을 판매했으며, 지금도 매년 250만 부를 판매하고 있다. 〈비즈니스 위크〉는 코비 박사의 《성공하는 사람들의 7가지 습관》을 기업 관련 베스트셀러의 1위에, 시간 경영 저서인 《소중한 것을 먼저 하라》를 3위에 선정했다. 프랭클린코비사의 상품과 프로그램의 카탈로그를 얻으려면 아래의 주소와 전화번호를 이용하면 된다. 또 프랭클린코비사의 한국 파트너인 한국리더십센터에 문의해도 된다.

프랭클린코비사(FranklinCovey Company)
2700 West Parkway Blvd
Salt Lake City, UT 84119
전화 801-817-8197 | www.franklincovey.com

전 세계가 극찬한 프랭클린코비 프로그램
한국리더십센터그룹에서 만날 수 있습니다

한국리더십센터그룹(KLCG: KOREA LEADERSHIP CENTER GROUP)은 전 세계에 자기 개혁과 조직 혁신의 새로운 돌풍을 일으키고 있는 미국 프랭클린코비사의 한국 파트너입니다.

스티븐 코비 박사에게 직접 교육 및 강사 훈련과정을 이수한 김경섭 박사가 1994년 10월 1일에 설립한 한국리더십센터그룹은 '7가지 습관'의 효과적인 습득과 실생활 적용을 위한 프랭클린코비사의 독특한 자기개발 프로그램과 기업교육 노하우를 국내에 소개하고 있습니다.

아울러 우리 실정에 맞는 프로그램을 연구개발, 21세기 한국 기업과 한국인의 '질 향상'에 효과적인 도움을 주려고 노력하고 있습니다.

교육을 통해 누구나 성숙한 인간으로 성장 발전할 수 있다는 인본주의적 관점에서 출발하는 프랭클린코비사의 프로그램들은 기존의 교육들이 끝나고 나면 잊히고 마는 반납교육이었던 것에 비해 체계적이고 논리적인 훈련과 교육, 그리고 교육내용을 구체적으로 실천할 수 있게 해주는 다양한 장치들을 갖추었기 때문에 교육은 더 이상 비용이 아니라 변혁의 시대에 가장 필요한 투자임을 확신시켜줍니다. 한국리더십센터그룹의 교육과정을 통해 원칙을 중심으로, 품성에 바탕을 두고, 내면에서부터 변화하여 외부로 향하는 새로운 차원의 패러다임 전환을 경험해보십시오.

〈포춘〉이 선정한 500대 기업 중 430여 개의 기업에서 전사적으로 도입하고 있고, 세계 초일류 기업과 조직들, 개인과 가족들 및 단체들이 참여하고 격찬한 '프랭클린코비' 프로그램! 이제 당신도 책에서 접한 이론들을 한국리더십센터그룹의 프로그램을 통해서 실제로 생활화하고 습관화할 수 있습니다.

성공하는 리더들의 7가지 습관

목적: 성공하는 사람들의 7가지 습관을 통해 글로벌 리더로서의 성품과 역량을 갖추며, 성과를 창출하고, 지속적인 성장이 이루어지는 개인과 조직이 된다.

방법: 책을 정독하고 워크숍을 통해 체화할 수 있다. 성공하는 사람들의 7가지 습관 워크숍은 한국리더십센터그룹의 공개워크숍 뿐 아니라 조직에서 전문강사를 초청(인하우스)하거나 자체 강사를 양성하여 진행(라이선스)하는 워크숍이 있다.

신청: 한국리더십센터그룹(www.eklc.co.kr)

성공하는 대학생들의 7가지 습관

목적: 경쟁과 입시 위주의 교육을 받은 대학생들에게 스스로 진정 원하는 삶을 찾고 자신의 삶을 주도할 수 있도록 하며, 리더로서의 성품과 역량을 갖추어 더 크게 성장할 수 있는 토대를 마련한다.

방법: 책을 정독하고, 캠프 형태로 참여하거나 학점과정으로 좀더 깊이 이해할 수 있다. 한국리더십센터그룹은 '성공하는 대학생들의 7가지 습관 공개워크숍' 과정을 운영하고 있으며, KAIST를 비롯한 30여 곳의 대학에서는 학점 과정으로도 진행이 되고 있다.

신청: 한국리더십센터그룹(www.eklc.co.kr)

Korea Leadership Center Group
KLG 한국리더십센터그룹

서울시 금천구 가산디지털1로 225 (에이스 가산 포휴) 1511호(서울사무실)
전화 (02) 2106-4000 | **팩스** (02) 2106-4001
홈페이지 www.eklc.co.kr

8번째 습관 도전

1. 각 장을 읽어라.
2. 각 장을 읽고 직장 동료, 가족, 친구 등 적어도 두 사람에게 가르쳐라.
3. 매달 그 장에 담긴 원칙들을 실천하기 위해 진지하게 노력하라.
4. 신뢰하는 동료, 가족, 혹은 친구에게 그 장을 실천한 결과와 교훈을 보고하라.

1 고통

2 문제

3 해결책

4 내면의 소리를 찾아라—열어 보지 않은 탄생의 선물

5 내면의 소리를 내고 행하라—비전, 규율, 열정, 양심

6 다른 사람도 내면의 소리를 찾도록 고무하라—리더십 도전

7 영향력의 소리—트림탭이 되라

8 신뢰의 소리—성품과 역량의 모범보이기

9 신뢰의 속도

10 내면의 소리 섞기—제3의 대안을 찾아서

11 한 가지 소리—공동의 비전, 가치, 전략 찾기

12 내면의 소리와 실행능력—목표와 시스템을 원하는 결과에 맞추기

13 임파워해주기—열정과 재능 일깨우기

14 8번째 습관과 타격점

15 내면의 소리를 지혜롭게 사용하기—다른 사람을 돕는 방법

부록 1 4가지 지능 개발하기—실행지침

내면의 소리를 찾고 다른 사람들도 찾도록 고무하라

❶ 읽어라	❷ 2명에게 가르쳐라		❸ 원칙을 실천하라	❹ 결과를 보고하라
☐	☐	☐	☐ 30일	☐
☐	☐	☐	☐ 30일	☐
☐	☐	☐	☐ 30일	☐
☐	☐	☐	☐ 30일	☐
☐	☐	☐	☐ 30일	☐
☐	☐	☐	☐ 30일	☐
☐	☐	☐	☐ 30일	☐
☐	☐	☐	☐ 30일	☐
☐	☐	☐	☐ 30일	☐
☐	☐	☐	☐ 30일	☐
☐	☐	☐	☐ 30일	☐
☐	☐	☐	☐ 30일	☐
☐	☐	☐	☐ 30일	☐
☐	☐	☐	☐ 30일	☐
☐	☐	☐	☐ 30일	☐
☐	☐	☐	☐ 30일	☐